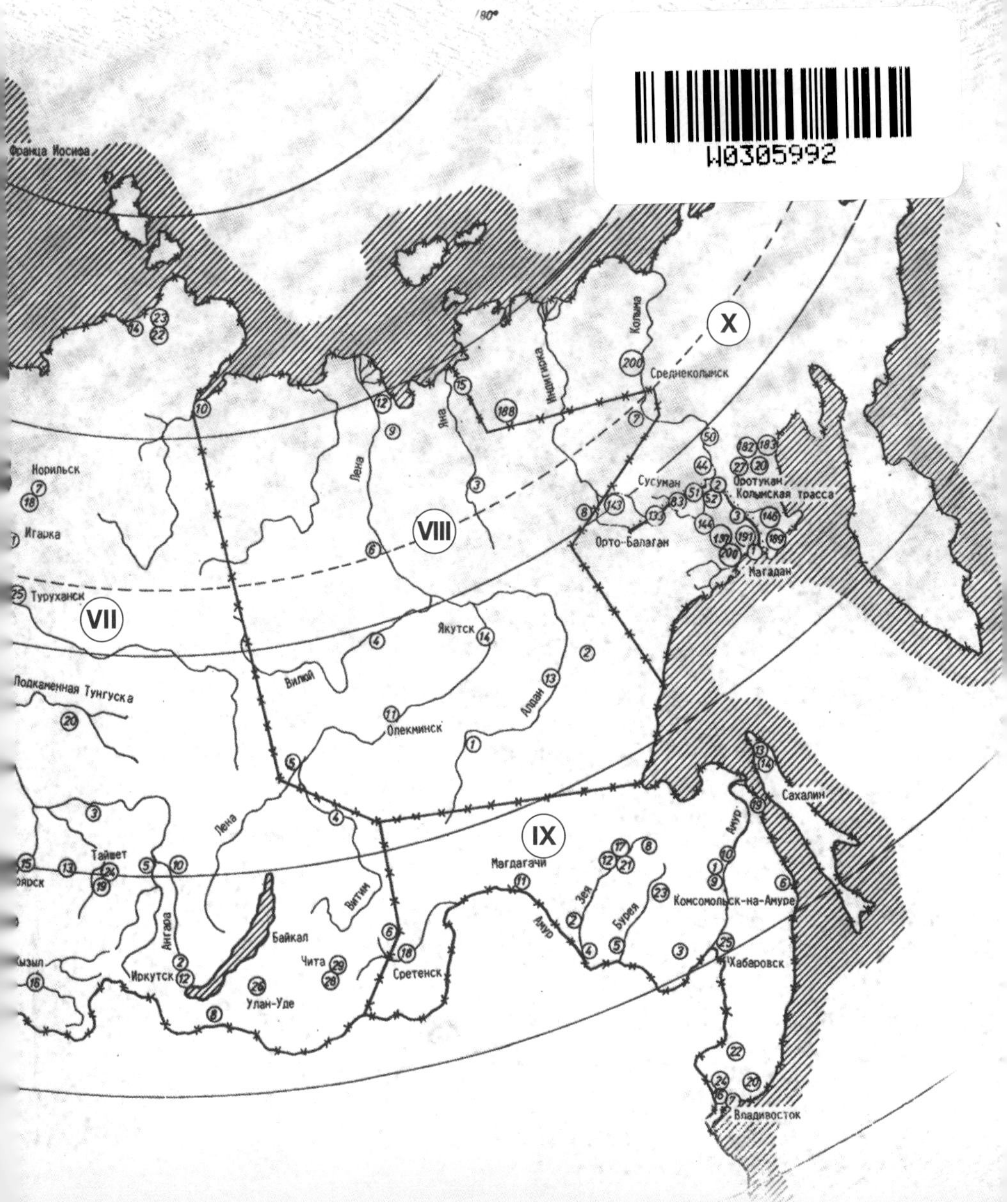

IV Nr. 24 Wjatlag (Zwangsarbeitslager-Komplex im Gebiet von Wjatka/Kirov; Janis)
IV Nr. 3 Ustwymlag (Zwangsarbeitslager-Komplex im Gebiet der Autonomen Republik Komi; Alexander)
IV Nr. 5 Petschorlag (Zwangsarbeitslager-Komplex im Gebiet der Petschora; Alexander)

Sandra Kalniete

Mit Ballschuhen im sibirischen Schnee

SANDRA
KALNIETE

Mit Ballschuhen im sibirischen Schnee

Die Geschichte meiner Familie

Aus dem Lettischen
von Matthias Knoll

Mit 23 Abbildungen
und Dokumenten

Herbig

Titel der lettischen Originalausgabe:
Ar balles kurpēm Sibīrijas sniegos (Riga: Atēna, 2001).
Die deutsche Übersetzung berücksichtigt nachträgliche
Änderungen und Ergänzungen der Autorin.

Bildnachweis:
Alle Abbildungen aus dem Privatarchiv der Autorin,
außer Vorsatzkarte (Riga Memorial 1993:
Ruta Ozoliņa, Levs Domburs)

Besuchen Sie uns im Internet unter:
www.herbig-verlag.de

Schutzumschlag: Wolfgang Heinzel, nach der französischen Ausgabe
(Éditions des Syrtes, Paris 2003), © Sargologo
Umschlagbild: Sandra Kalniete
Herstellung und Satz: VerlagsService Dr. Helmut Neuberger
& Karl Schaumann GmbH, Heimstetten
Gesetzt aus der 11/14,25 Punkt Times Ten
Druck und Binden: GGP Media GmbH, Pößneck
Printed in Germany
ISBN 3-7766-2424-8

Inhalt

Der Mutter meiner Mutter,
Emilija Dreifelde, geb. Gāliņa,

dem Vater meiner Mutter,
Jānis Dreifelds,

dem Vater meines Vaters,
Aleksandrs Kalnietis,
die nicht zurückkehrten

Der Mutter meines Vaters,
Milda Kalniete, geb. Kaimiņa,
die überlebte und zurückkehrte

Wir saßen an einer festlich gedeckten Tafel. Es brannten Kerzen. Die zündet Vater immer an, wenn wir alle drei zusammen sind. In den Kristallgläsern funkelte der Rotwein, den ich aus Frankreich mitgebracht hatte. Mama hatte Schweinebraten gemacht. Wir unterhielten uns über meine Arbeit und das Leben in Paris, über den Alltag der Eltern und über die eindrucksvollsten Ereignisse, die sie erlebt hatten, seit ich das letzte Mal in Riga war. Mit einer gewohnten Bewegung nahm Mama eine Scheibe Brot, brach sie in der Mitte durch und gab die eine Hälfte Vater. Dann säuberten beide mit dem Brot ihre Teller. Bis kein Tropfen Sauce, kein Krümelchen Brot mehr darauf zu sehen war. Seit ihrer Rückkehr aus Sibirien waren 44 Jahre vergangen, doch der dort erlittene Hunger hatte meine Eltern für ihr ganzes Leben geprägt. Wo auch immer wir auf einer Feier oder zu Besuch sind: Beim Abräumen des Geschirrs verfolgt Mama stets mit sorgenvoller Miene, wie ein Teller verschwindet, auf dem noch ein winziger Rest Speise zu sehen ist. Allerdings sind die gesellschaftlichen Normen dann stärker als die sibirische Erfahrung – Mama wagt nicht, sie zu übertreten und zu einem Stück Brot zu greifen.

Meine Mutter Ligita Dreifelde war vierzehneinhalb Jahre alt, als sie und ihre Eltern am 14. Juni 1941 von der Sowjetmacht nach Sibirien deportiert wurden. Ihr Vater Jānis wurde im russischen Babynino von der Familie getrennt. Seitdem waren Mama und Großmutter über sein Schicksal im Ungewissen. Im April 1990 erhielt Mama von der sowjetlettischen Abteilung des KGB die Mitteilung, dass Großvater am 31. Dezember 1941 – sechs Tage vor seinem 63. Geburtstag – gestorben ist. Meine Großmutter Emilija Dreifelde starb am 5. Februar 1950 in der Verbannung in Togur. Mamas drei Brüder Voldemārs, Arnolds und Viktors blieben von der Deportation verschont; Voldemārs und Arnolds waren zum Zeitpunkt der Verhaftung nicht zu Hause, Viktors hingegen war es gelungen, sich in einer Kammer zu verstecken. Starr vor Angst und Entsetzen musste er mit anhören, wie seine Eltern und Schwester abtransportiert wurden. Kurz vor Ende des Zweiten Weltkriegs flohen die Brüder gemeinsam mit ihren Familien und Hunderttausenden weiterer Flüchtlinge vor dem Roten Terror aus Lettland in den Westen. Nach langem und zermürbendem Aufenthalt in einem D.P.-Lager in Deutschland fanden sie in Kanada bzw. Großbritannien Zuflucht.

Mein Vater Aivars Kalnietis wurde als 17-Jähriger zusammen mit seiner Mutter Milda am 25. März 1949 deportiert. Sie galten als »Familienangehörige eines Banditen«, denn mein Großvater Aleksandrs hatte seinen Widerstand gegen die sowjetischen Okkupanten nach dem Krieg als Partisan fortgesetzt. Vaters jüngerer Bruder Arnis entging der Deportation, da er sich gerade bei seiner Oma auf dem Land befand. Als sie bald darauf starb, wurde der Junge zu einem Waisenkind mit lebenden Eltern. Mein

Großvater Aleksandrs Kalnietis wurde im Herbst 1945 vom Volkskommissariat für Innere Angelegenheiten (NKWD) verhaftet, in den Kellern der Rigaer NKWD-Zentrale gefoltert und nach einem Schauprozess nach Sibirien deportiert. Er starb am 18. Februar 1953 in einem der Sklavenlager in der Autonomen SSR Komi. Meine Großmutter Milda überlebte und kehrte mit uns gemeinsam nach Lettland zurück. Sie starb am 5. November 1975 in Riga.

Meine Eltern lernten sich in Sibirien kennen und heirateten am 25. Mai 1951. Ich wurde am 22. Dezember 1952 im Dorf Togur (Rayon Kolpaschewo, Oblast Tomsk) geboren. Zweimal monatlich mussten sich meine Eltern bei der Kommandantur registrieren lassen – auf diese Weise konnten sich die sowjetischen Aufsichtsbehörden vergewissern, dass die Deportierten den Ort ihrer Sonderansiedlung nicht eigenmächtig verlassen hatten. Einen Monat nach meiner Geburt musste mein Vater mich das erste Mal registrieren lassen; somit war auch ich einem Leben in Unfreiheit geweiht. Weitere Sklaven wollten Vater und Mutter der Sowjetmacht nicht gönnen. Ich habe keine Geschwister.

Wir kehrten am 30. Mai 1957 nach Lettland zurück.

Jānis Dreifelds
(1878–1941)
Sandras Großvater mütterlicherseits

Emilija Dreifelde
(1892–1950)
Sandras Großmutter mütterlicherseits

Voldemārs Dreifelds
(*1914)

Arnolds Dreifelds
(1916–1989)

Viktors Dreifelds
(*1919)

Ligita Dreifelde
(*1926)

Sandra Kalniete
(*1952)

Aivars Kalnietis
(*1931)

Aleksandrs Kalnietis
(1907–1953)
Sandras Großvater väterlicherseits

Milda Kalniete
(1908–1975)
Sandras Großmutter väterlicherseits

Arnis Kalnietis
(1938–1986)

Vorspiel

Im August 1939 soll die Sonne wie in blutigen Laken in der Ostsee versunken sein. Alte Frauen haben diese roten Sonnenuntergänge mit schlimmen Vorahnungen betrachtet. Wie viel an diesen Berichten Wahrheit ist und wie viel Phantasie, lässt sich heute nur schwer feststellen. Es hat auch keine entscheidende Bedeutung, denn in der Erinnerung eines Volkes werden Ereignisse und Erscheinungen ausgesiebt, ergänzt und in bedeutsame Zusammenhänge gerückt. Europa befand sich am Vorabend des Krieges, und später in der Rückschau wurde diese bildhafte Erinnerung als bedrohliches Vorzeichen gedeutet, das den blutigsten Krieg der Weltgeschichte ankündigte.

Ich will annehmen, dass auch der Sonnenuntergang des 23. August 1939 blutig war. Der Tag war friedlich vergangen, und für Ende August war es ungewöhnlich warm. Sonne und Südostwind hatten die Luft auf 23 Grad erwärmt. Sommersaat und Weizen waren in Lettland so gut wie abgemäht, und die Bauern waren mit der Ernte zufrieden. Das Wasser der Ostsee war warm wie Milch, und die Menschen genossen dieses letzte Aufflackern des Sommers in vollen Zügen. Der eine badete im Meer, der andere arbeitete auf dem Feld oder sammelte im Wald Pilze.

Am vergangenen Tag war in der Zeitung eine Meldung erschienen[1], dass die UdSSR und Deutschland die Unterzeichnung eines Nichtangriffsvertrags vorbereiteten, der Durchschnittsbürger jedoch war sich der furchtbaren Konsequenzen dieses Ereignisses nicht bewusst. In der Presse wurden zwar aufgeregte Stimmen über die Verschiebung des Kräfteverhältnisses in Europa und die Bedrohung der Sicherheit der baltischen Staaten laut, aber im selben Zug unterstrichen beruhigende Kommentare seitens der

UdSSR und Deutschlands, dass »der Nichtangriffspakt (…) der Unabhängigkeit und Sicherheit der baltischen Staaten nur zugute kommen kann«.[2] Über diplomatische Kanäle drangen Gerüchte nach Riga, dass dem Ribbentrop-Molotow-Pakt geheime Zusatzprotokolle beigefügt waren; eine Bestätigung dessen blieb jedoch aus.

Als die USA die Zusatzprotokolle nach dem Krieg in den Archiven des deutschen Außenministeriums entdeckten und während der Nürnberger Prozesse als Beweisstücke verlesen ließen[3], erfuhr die Weltöffentlichkeit, dass die beiden Großmächte sich an jenem Tag im August 1939 über die Teilung Europas in ihre jeweiligen »Einflusssphären« geeinigt hatten. Die baltischen Staaten waren der UdSSR überlassen worden. Neun Tage später griff Deutschland Polen an. Während die Alliierten ihr Gewissen mit der Parole »Warum für Danzig sterben«[4] beruhigten, bereitete die Sowjetunion sich vor, ihren bewaffneten Arm nach Finnland, Estland, Lettland, Litauen, den polnischen Ostgebieten und Bessarabien auszustrecken.

Weder im Bewusstsein meines Vaters noch in dem meiner Mutter hatte sich der 23. August als besonderes Datum eingeprägt. Mama war zwölf Jahre und neun Monate, mein Vater acht Jahre alt. Welche Gedanken hegten meine Großeltern? Waren sie sich über die Unabwendbarkeit des Krieges im Klaren oder gaben sie sich wie viele außerhalb der Politik stehende Menschen der trügerischen Hoffnung hin, dass schon alles in Ordnung kommen und das Grauen des Ersten Weltkrieges sich in ihrem Leben nicht wiederholen würde? Dieses saß den Letten noch tief in den Knochen, denn ihre Heimat war vier Jahre lang einer der Schauplätze gewesen, auf denen der russische Zar und der deutsche Kaiser ihre Kriegshandlungen austrugen. Menschen, Land und Vieh wurden in Mitleidenschaft gezogen. Tausende und Abertausende Letten flohen ins russische Hinterland und weiter nach Sibirien oder in den Altai.

Die Familie von Milda, meiner Großmutter väterlicherseits,

lebte bei Ausbruch des Krieges bereits in St. Petersburg, da mein Urgroßvater Pēteris Kaimiņš sich aufgrund seiner stattlichen Erscheinung und seines mutigen Auftretens das Privileg erworben hatte, in den Reihen der Somjonowska-Garde zu dienen. Dieser kam die Ehre zu, die Familie des Zaren zu beschützen. Er hatte bereits im Russisch-Japanischen Krieg gekämpft; nun musste er zum zweiten Mal für Zar Nikolaus in die Schlacht ziehen und seine sechsjährige Tochter Milda und den zehnjährigen Voldemārs der alleinigen Obhut seiner Gattin Matilde überlassen. Bereits in den ersten Kriegstagen wurde Pēteris Kaimiņš an die österreichisch-ungarische Grenze verlegt. Im Familienalbum gibt es eine bewegende Fotografie, die Pēteris seinem Töchterchen geschickt hat. »Bewahre sie auf und behalte sie, bis du groß bist, dann wirst du immer in Erinnerung behalten, dass dein Papa ein Soldat war, der gegen den furchtbaren Feind gekämpft hat. Ich küsse dich viele hundert Mal.« Im Unterschied zu Tausenden anderer Kinder in ganz Europa geriet das Foto für Milda nicht zur einzigen Erinnerung an ihren Vater. Pēteris hatte das unverhoffte Glück, auch diesen Krieg unversehrt zu überstehen und zu seiner Familie zurückzukehren.

Über meinen Großvater Aleksandrs ist nur so viel bekannt, dass er ein Waisenkind war. Möglicherweise hat er seine Eltern während des Krieges verloren.

Emilija und Jānis, meine Großeltern mütterlicherseits, lebten seit ihrer Heirat im Jahre 1912 in der Nähe von St. Petersburg, wo mein Großvater ein Handelsunternehmen besaß. So befanden sich die beiden Zweige meiner Familie, ohne voneinander zu ahnen, während des Ersten Weltkriegs in ein und derselben Ecke des großen Russischen Reiches. Nach dem bolschewistischen Staatsstreich von 1917 und der ihm folgenden Enteignung kehrte Familie Dreifelds 1919 in das nunmehr unabhängige Lettland zurück. Auch Familie Kaimiņš ließ sich 1920 in Riga nieder.

Die Eltern meiner Mutter konnten die bedrohlichen Zeichen und Anzeichen nicht übersehen haben, welche eine Wiederholung der Geschichte ankündigten. Ganz bestimmt wurden ihre bitteren Erfahrungen und die im Unterbewusstsein gespeicherten Bilder vom Chaos des Ersten Weltkriegs wachgerufen, aber der Sommer 1939 war so schön, so gar nicht wollte man sich düsteren Gedanken hingeben. An den Abenden unternahmen Emilija und Jānis Arm in Arm und würdigen Schrittes Spaziergänge am Strand. Die Söhne Voldemārs, Arnolds und Viktors lebten bereits ihr eigenes Leben. Ihre Tochter Ligita begleitete sie zwar gelegentlich, doch sah man, dass aus dem Mädchen eine schöne Frau werden würde. Die Gedanken meiner Mama kreisten um die verlockende Vielfältigkeit des Lebens, die schwindelig machte, erregend und vielversprechend war. Jānis und Emilija nahmen wahr, wie ihre Tochter sich veränderte, und versuchten, nicht an den Krieg zu denken, der nun im nahen Polen ausgebrochen war. Ach, das betrifft doch nicht Lettland, beruhigten sie sich gegenseitig, unsere Tochter betrifft das nicht!

Mein Vater Aivars war 1939 ein unbekümmerter und quicklebendiger Junge von acht Jahren, der jenen Sommer ebenso wie alle vorherigen bei seiner Großmutter Matilde verbrachte. Nach dem Tod ihres Mannes setzte sie die Bewirtschaftung eines gepachteten Stück Landes in der Nähe von Jumpravmuiža bei Riga fort und bestritt ihren Lebensunterhalt durch den Anbau von Zuckerrüben. Der Junge balgte sich mit den Gänsen der Nachbarn, spielte mit seinen Freunden Kriegsspiele und ging manchmal, wenn ein Erwachsener Zeit hatte mitzukommen, in der Daugava (Düna) baden. Aivars' wirkliche Leidenschaft jedoch gehörte dem Lesen. Wenn er einen Krimi in die Finger bekam, versteckte er sich hinter dem Stall und tauchte in die sagenhaften Abenteuer ein. Großmama Matilde konnte den Jungen dann weder durch lockendes Rufen noch lautes Schimpfen dazu bringen, ihr zur Hand zu gehen.

Im Unterschied zu meiner Mama Ligita verlebte mein Vater seine Kindheit in sehr bescheidenen Verhältnissen. Sein leiblicher Vater war bereits vor der Geburt des Jungen an den Folgen einer

Lungenentzündung gestorben, und Milda zog ihren Sohn alleine groß. Milda war eine unabhängige und modern denkende Frau, die für eine Frau ihrer Generation eine gute Bildung genossen hatte. Ich erinnere mich, mit welchem Stolz Großmama mir erzählte, dass sie die einzige Schülerin in ihrer Schule war, die auf Wunsch ihrer Eltern vom Religionsunterricht befreit wurde.

Dieser Mut von Großmamas Vater Pēteris Kaimiņš, gegen den Strom zu schwimmen, hat mich immer begeistert, insbesondere, da er sein Brot als einfacher Schuhmacher verdiente. Er war ein heller Kopf, der nicht bereit war, sich den vom Leben aufgezwungenen Einschränkungen zu unterwerfen, und der sich geistig über den Schusterleisten zu erheben vermochte. Nach Absolvierung der Gemeindeschule hatte Pēteris sich auf autodidaktischem Wege weitergebildet, da er der festen Überzeugung war, dass es mit Hilfe der Bildung möglich sei, die Menschheit zu retten. Er wollte, dass seine Kinder gelehrt sein würden; als Milda jedoch Mitte der 20er Jahre das Gymnasium beendete, hatten sich die finanziellen Verhältnisse der Familie verschlechtert, und die Eltern konnten es sich nicht leisten, die Tochter gleich dem Sohn auf die Universität zu schicken. Das Mädchen fügte sich ohne zu murren und wurde Barmherzige Schwester.

Milda hat ihre Berufswahl nie bereut, denn sie hat die Berufung und Erfüllung ihres Lebens gefunden. Im Krankenhaus lernte meine Großmama ihren zweiten Mann Aleksandrs kennen.

Es war ein klassischer Roman: Ein von untätiger Langeweile geplagter Patient verliebt sich in eine Krankenschwester. Es ist mir ein Rätsel, wie Aleksandrs sich in Milda vergucken konnte, als sie das hellblaue Kleid und das weiße, an eine Nonnenhaube gemahnende Kopftuch der Barmherzigen Schwestern trug. Sie war von sehr kleiner Statur und wirkte daher in der Uniform eher wie ein halbwüchsiges Mädchen als eine 30-jährige Frau. Die Schwesterntracht verbarg den weiblichen Schwung von Mildas Hüften und ihr größtes Kapital – die atemberaubenden Beine. Diese wusste meine Großmama in Szene zu setzen: Den Kopf leicht zurückgeworfen und die Beine übergeschlagen, zog sie den Rock unauffällig ein wenig hoch, sodass das Grübchen des Knies zu sehen war. Nun musste sie nur noch etwas mit dem zierlichen Fuß in einem hübschen Schuh wippen und konnte das Ergebnis ihres Manövers genießen. Das nicht lange auf sich warten ließ. Zwar war meine Großmama keine klassische Schönheit, aber sie verfügte über einen Sexappeal, der die Männer unwiderstehlich anzog.

Natürlich war das Krankenhaus nicht der passende Ort, um der Koketterie zu frönen. Das war ihr bewusst, und sie war dort in erster Linie Barmherzige Schwester – freundlich und geschickt. Vielleicht waren es auch Großmamas schöne, große Augen: Sie waren von einem klaren Blau und hatten ein besonderes Strahlen, das Aleksandrs wohl sofort in seinen Bann zog. Das Strahlen ihrer Augen blieb meiner Großmama bis zu den letzten Momenten ihres leidgeprüften Lebens erhalten.

Aleksandrs war auf jeden Fall bezaubert. Zunächst verhielt sich Milda gegenüber seinen Annäherungsversuchen reserviert, aber mein Großvater gab nicht auf und legte eine für ihn untypische Hartnäckigkeit an den Tag. Um nicht allzu aufdringlich zu wirken, versteckte er sich geschickt hinter einer Zeitung, beobachtete aber in Wirklichkeit durch ein kleines Loch jede Geste der Angebeteten. Allmählich eroberte der schlagfertige Aleksandrs Milda, ihr Herz wurde insbesondere durch seine Bereitschaft weich, ihren Sohn zu adoptieren, was kurz nach der Hochzeit Ende 1937 auch geschah.

So wurde mein Vater zu Aivars Kalnietis und nannte Aleksandrs auch sofort seinen Vater, denn einen anderen hatte er nie gekannt. Obgleich mich mit Aleksandrs Kalnietis keine direkte Blutsverwandtschaft verbindet, betrachte ich ihn als meinen Großvater, denn ich habe seinen schönen Nachnamen geerbt, den auch mein Sohn Jānis Aivars und mein Enkelsohn Armands tragen. Die beiden frisch Vermählten aber bekamen bald einen gemeinsamen Sohn, und mein Vater musste sich die Herrschaft über das Herz seiner Mutter fortan mit Arnis teilen.

Im August 1939 hatten die Eltern meines Vaters alles andere als Politik im Sinn. Aleksandrs hatte einen unbeherrschten Charakter, und auch Milda fehlte es nicht an Widerspenstigkeit. Ihr Mann war krankhaft eifersüchtig, was für meine unabhängige und gesellige Großmama unannehmbar war. Wie die meisten Menschen, die als Kind ein Übermaß an elterlicher Liebe genossen haben, konnte sie nicht begreifen, dass sich hinter Aleksandrs' selbstbewusstem und großspurigem Äußeren ein kleiner, verunsicherter Junge verbarg, dessen Herz sich von dem Gefühl der Angst und des Verlassenseins, das sich in der Kindheit nach dem Verlust seiner Eltern einstellte, nicht erholt hatte und nie erholen würde. Er wollte Milda ganz für sich allein, und jedes Mal, wenn seine Frau nicht in der Nähe war, erfasste Aleksandrs die Panik des Verlassenwerdens. Ein Gläschen half ihm, die Angst in den Griff zu bekommen, und dies wiederum missfiel Milda. Aleksandrs ließ Milda für die eingebildeten Zumutungen teuer bezahlen, indem er sie ohne jeden Anlass schier sämtlicher Sünden dieser Welt bezichtigte. Mit einer für die lettische Mentalität untypischen Vehemenz stritten sie sich und beharrten in hitzigen Wortgefechten jeweils auf ihrem Recht. Die stürmischen Szenen spielten sich vor den Augen des schockierten Aivars ab, und sein Kinderherz strömte über vor Mitleid und Liebe gegenüber seiner Mutter, die der Vater ohne Grund demütigte.

So wie viele andere, die vom ruhigen Dahinplätschern des patriarchalischen Ulmanis-Regimes[5] und der alltäglichen Geschäftigkeit eingelullt waren, wollten auch meine Großeltern die großen und kleinen Zeichen nicht wahrhaben, die nach der Unterzeichnung des Hitler-Stalin-Pakts und Deutschlands Angriff auf Polen vom unabwendbaren Nahen eines Unglücks kündeten. Das pathetische Führertum von Präsident Ulmanis und seine Reden über Lettentum, Arbeitsamkeit und die Neutralität des Staates brachten Intellektuelle und Militärs zur Weißglut, denn just in der Neutralität verbarg sich die größte Gefahr für die Unabhängigkeit des Staates. Man musste sich für einen Verbündeten entscheiden – aber für welchen, darüber war die herrschende Elite geteilter Meinung.

Die einen waren der Ansicht, man müsse sich Deutschland annähern, andere hofften auf die Unterstützung Großbritanniens und Frankreichs, und wieder andere zogen in ihren Erwägungen sogar eine Annäherung an die UdSSR in Betracht. Allerdings stieß diese Alternative auf keinen großen Widerhall, denn die Angst vor der Sowjetunion hatte sich tief in den Menschen eingenistet. Unauslöschlich waren die Erinnerungen an die 1919 in Lettland von den Bolschewiken vollbrachten Schreckenstaten. Mit der Unterzeichnung des Ribbentrop-Molotow-Pakts war die Frist für die Wahl von Verbündeten jedoch verstrichen, und am 1. September blieb Lettland nichts anderes übrig, als seine Neutralität zu erklären. Die Falle war zugeschnappt.

Im September 1939 sah sich die Republik Estland gezwungen, der Forderung seitens der UdSSR nachzugeben, auf estnischem Staatsgebiet sowjetische Militärstützpunkte zu errichten. Am 2. Oktober wurde eine ähnliche Forderung auch an Lettland gestellt; nach mehrtägigen Verhandlungen beugte sich Außenminister Vilhelms Munters dem Druck Stalins und Molotows und unterzeichnete einen bilateralen Beistandspakt zwischen der Republik Lettland und der UdSSR. »Beistand« bedeutete nach sowjetischem Verständnis, dass die »Sowjetunion das Recht hat, in den für Militärbasen und Flugplätze vorgesehenen Gebieten auf eigene Kosten eine streng begrenzte Anzahl bewaffneter Land- und Luftstreitkräfte zu stationieren«.[6] Innerhalb kurzer Zeit kamen 21 000 Soldaten der Roten Armee ins Land – nur etwas weniger, als es insgesamt in den lettischen Streitkräften gab.[7]

Meine Mama erinnert sich, dass der Direktor ihres Gymnasiums nach Abschluss des Vertrages die Schüler der oberen Klassenstufen zusammenrief und ihnen in einer langen Rede erklärte, weshalb es den sowjetischen Soldaten gestattet war, sich in Lettland aufzuhalten, wobei er wieder und wieder betonte, dass man sich ihnen gegenüber freundlich verhalten müsse. Der arme Direktor, der ebenso wie andere Schulleiter Worte finden musste, um das Unerklärliche zu erklären!

Zunächst verhielten sich die sowjetischen Soldaten zurückhaltend und waren außerhalb der Stützpunkte kaum zu bemerken. Die anfängliche Beunruhigung über das Vorgefallene legte sich, und die Menschen gingen wieder zur Tagesordnung über. War denn Lettland das einzige Land, auf dessen Territorium sich Militärstützpunkte der Großmacht befanden? Davon geht doch die Welt nicht unter! Vielleicht würde es ja doch noch gelingen, sich aus der Affäre zu ziehen. Es wurden diverse Einschränkungen für Lebensmittel eingeführt, in der Industrie begann es an Rohstoffen zu mangeln und die Reisepässe der lettischen Bürger wurden für ungültig erklärt – aber ansonsten herrschte der gleiche friedliche Zauber des Lebens wie stets. Nur die Scharfsichtigeren begriffen, dass der Staat faktisch seine Unabhängigkeit eingebüßt hatte und Lettland zu einem Protektorat der UdSSR geworden war.

Das zweite böse Vorzeichen war die im November einsetzende massenweise Repatriierung der Deutschbalten.[8] Am 6. Oktober 1939 hatte Hitler sie in einer Reichstagsrede aufgefordert, ins historische Vaterland zurückzukehren.

Die baltischen Deutschen waren seit vielen Generationen im Baltikum beheimatet und hatten es bis vor kurzem auch beherrscht. Ein Teil von ihnen hatte nur widerstrebend die Politik des jungen lettischen Staates akzeptiert, da er ihre Privilegien aufhob und ihnen die wirtschaftliche Macht nahm, indem er ihre großen Ländereien enteignete. Begonnen 1920, hatte es sich um eine der radikalsten Agrarreformen der Welt gehandelt. Auch die Brüder meiner Großmutter Emilija, Einis, Jānis und Kārlis Gāliņš, erhielten Land vom nahen Gut Kapseden (Kapsēdes muiža), zu dessen »Inventar« bis 1817 – dem Jahr der Abschaffung der Leibeigenschaft in Kurland – auch die Ahnen der Familie Gāliņš gehörten. Es muss ein unerhörtes Gefühl des Glücks und Triumphes gewesen sein, als die Brüder die erste Furche in die eigenen Äcker zogen, auf denen ihre Vorfahren jahrhundertelang als rechtlose Leibeigene und später als Knechte oder Pächter gearbeitet hatten.

Nun rief der »Führer«, und die Deutschen mussten das Land verlassen, mit dem sie sich zutiefst verbunden fühlten. Tatsächlich empfanden sie Lettland als ihre eigentliche Heimat, während Deutschland vielen von ihnen fremd war – eine mythische Urheimat, aber einen Mythos kann man schließlich nicht lieben. Höchstens bewundern. Trotzdem gingen sie, obgleich schweren Herzens. Am 12. Dezember hatten bereits 45 000 Deutschbalten Lettland verlassen.[9]

Die Leute beurteilten die Repatriierung der Deutschen unterschiedlich. Es gab solche, die ihnen gute Fahrt wünschten – und zwar »auf Nimmerwiedersehen«. Andere begriffen, dass dies die Flucht von einem sinkenden Schiff war. Auch auf dem Gymnasium von Dubulti gab es einige deutschbaltische Schüler. Einer von ihnen, ein Klassenkamerad meiner Mama, sagte bei seinem Abschied vieldeutig: Wir werden schon noch wiederkommen! Ob er dies einfach so dahergesagte oder einfach wiederholte, was er von seinen Eltern gehört hatte – ein Teil der Deutschbalten kehrte im Sommer 1941 tatsächlich zurück, als mit dem Einmarsch der siegreichen Deutschen Wehrmacht die sowjetische Okkupation Lettlands durch die nationalsozialistische abgelöst wurde. Ligita sollte zu diesem Zeitpunkt bereits auf dem Weg nach Sibirien sein.

Die sowjetischen Militärstützpunkte und die Repatriierung der Deutschbalten waren die offensichtlichsten Anzeichen der Gefahr. Selbst in den furchtbarsten Träumen jedoch wäre damals niemandem in Lettland in den Sinn gekommen, dass auf den Korridoren des Kreml nicht nur die Inszenierung einer »sozialistischen Revolution« mit der ihr folgenden Etablierung der Sowjetmacht in Lettland fast vollständig vorbereitet war, sondern auch die Durchführung der ersten Repressionswelle. Das Schicksal meiner Familie und aller anderen Deportierten war im Prinzip bereits am 11. Oktober 1939 besiegelt – nur fünf Tage nach Unterzeichnung des Beistandspaktes mit Moskau –, als der stellvertretende Volkskommissar für Staatssicherheit der UdSSR, Iwan Serow, den NKWD-Befehl Nr. 001223 »Über die Prozedur der Deportation antisowjetischer Elemente in Litauen, Lettland und Estland« unterzeichnete.[10]

Der Inhalt der Instruktion war weder neu noch originell, denn seit seiner Gründung hatte das NKWD[11] diese »Kunstgattung« bis zur Perfektion gebracht. Die erprobten Muster brauchten lediglich um die »lokale Spezifik« ergänzt werden, und schon waren die Bestimmungen für eine weitere Repressionswelle fertig. Selbst mich, die ich an den bürokratischen und ideologischen Jargon der Sowjets durchaus gewöhnt bin, erschüttert die unmenschliche Terminologie der Instruktion: Waffe im Anschlag, Kontingent, Sammelpunkt, Konvoibildung, Trennung des Familienhaupts von der Familie, Verladen, Ausladen, Transport. Grauenvoll ist diese Instruktion, deren Inhalt das unmenschliche und verbrecherische Wesen des Sowjetregimes unmissverständlich veranschaulicht.

Wie viele weitere Instruktionen ähnlichen Inhalts im Herbst 1939 in Moskau verfasst wurden, wird wohl niemals gänzlich ans Tageslicht kommen. Es ist übrigens möglich, dass die Okkupation der baltischen Staaten ein halbes Jahr früher stattgefunden hätte, wenn Moskau durch die unerwartete Widerspenstigkeit der Finnen nicht aufgehalten worden wäre. Anfang Oktober stellte die Sowjetunion ähnliche Forderungen an Finnland wie an die baltischen Staaten, Finnland jedoch weigerte sich, sein Staatsgebiet für Militärstützpunkte zur Verfügung zu stellen und sowjetische Soldaten ins Land zu lassen. Eine derartige Standhaftigkeit überraschte den Kreml. Als Warnung für andere musste der winzige Staat unverzüglich zurechtgewiesen werden! Die UdSSR bereitete eine bewaffnete Intervention vor. Die Sowjets waren überzeugt, dass sie nur ein paar Salven abfeuern müssten, und die Finnen würden kapitulieren. Sie hatten sich jedoch verkalkuliert, und der Blitzkrieg scheiterte. Auf längeren Widerstand war die Rote Armee nicht vorbereitet, denn im Zuge der Stalinschen Säuberungen der 30er Jahre war ihre Führungselite ermordet worden. Mit Erstaunen und Sympathie sah die Welt zu, wie sich Finnland ohne jegliche internationale Unterstützung 105 Tage lang tapfer gegen die gewaltige Übermacht zu halten vermochte, bis es sich am 13. März 1940 zur Kapitulation gezwungen sah.

Dieser »Winterkrieg« hatte zwar mit der Niederlage Finnlands geendet; faktisch jedoch war die Sowjetunion besiegt worden, denn es war ihr nicht gelungen, die geplante »sozialistische Revolution« mit der unausweichlich folgenden »Bitte des Volkes« um Aufnahme Finnlands in die UdSSR zu inszenieren.

Finnland zahlte für die Verteidigung seiner Unabhängigkeit einen hohen Preis: Während des Krieges waren 23000 Finnen gefallen[12], und zehn Prozent des Staatsgebietes mussten an die Sowjetunion abgetreten werden.[13] Die große Zahl der Opfer und der Ausgang des Winterkrieges festigten in Lettland die Überzeugung, dass die richtige Entscheidung getroffen worden war und es durch das Eingehen auf die Forderungen der UdSSR gelingen würde, die Nation vor der Vernichtung zu bewahren.

Diese Beruhigung sollte sich später als trügerisch erweisen, doch zu jenem Zeitpunkt konnte sich niemand vorstellen, dass dem Land beschieden war, drei Okkupationen durchzumachen – eine sowjetische, eine deutsche und dann wiederum eine sowjetische –, und der für kurze Zeit aufgeschobene Blutzoll ohnehin zu entrichten sein würde. Am Vorabend des Krieges waren Finnland und Lettland hinsichtlich ihrer Lebensweise vergleichbare Länder, der Wohlstand jedoch war in Lettland um einiges höher. Als Lettland 1991 wieder Teil Europas wurde, hatte Finnland uns um genau jene fünfzig Jahre überholt, die wir der Okkupation unterworfen waren.

Okkupation

Am Montag, den 17. Juni 1940 waren Aivars und Arnis mit ihrer Mutter Milda bei Großmutter Matilde auf dem Land. Während Milda und Matilde Zuckerrüben hackten, tollte Aivars sorglos am Ufer der Daugava herum, und sein Brüderchen lag auf einer Decke im Gras. Es war ein Tag wie viele andere, die er in Jumpravmuiža verbracht hatte. Nichts kündete davon, dass das Unabwendbare bereits geschehen und die Rote Armee in Lettland einmarschiert war.

Weder Matilde noch die nächsten Nachbarn besaßen ein Radio, und so stand die einzige aktuelle Informationsquelle nicht zur Verfügung. Erst am nächsten Tag wurde die erschütternde Neuigkeit bekannt. Aivars hatte auf den Weiden von Jumpravmuiža mehrere Flugzeuge der lettischen Luftwaffe landen sehen und war in kindlicher Neugierde losgelaufen, um sie genauer in Augenschein zu nehmen. Den aufgeregten Worten der Piloten und Nachbarn entnahm er, dass die Russen in Riga einmarschiert waren, Panzer auf dem Bahnhofsplatz standen und in der »Moskauer Vorstadt« im Süden Rigas Leute mit roten Fahnen herumliefen.

Im heutigen Informationszeitalter ist es schwer nachzuvollziehen, dass an jenem Tag viele Menschen auf dem Land in Lettland in der gleichen Situation waren und von den tragischen Ereignissen, die sich in Riga abspielten, nichts wissen konnten. Aber nicht einmal ein Radio hätte viel geholfen, denn der Sender wurde bereits von der sowjetischen Armee kontrolliert. Auch die Zeitungen brachten keine klaren Informationen über die Ereignisse.

Heute, da sowohl die in den Archiven anderer Staaten als auch die nach der Wiederherstellung der Unabhängigkeit in Lettland zugänglichen Dokumente sowie die Erinnerungen und Andenken der in alle Welt verstreuten Letten sorgfältig gesammelt und gesichtet sind, kann relativ genau rekonstruiert werden, was am 16. und 17. Juni 1940 tatsächlich geschehen ist. Das Archivmaterial des Rats der Volkskommissare der UdSSR, des Außenministeriums der UdSSR, des Volkskommissariats für Innere Angelegenheiten der UdSSR und des Staatssicherheitskomitees der UdSSR, das einen vollständigen Überblick über die Vorbereitung der Okkupation Lettlands geben würde, ist den lettischen Historikern allerdings bis heute nicht zugänglich.[14]

Wir wissen jedoch, was am Nachmittag des 16. Juni im Präsidentenpalais geschah und was die Regierungsmitglieder, Oberbefehlshaber der Armee und Grenzschützer taten, nachdem vom lettischen Gesandten in Moskau, Fricis Kociņš, ein chiffriertes Telegramm mit dem Wortlaut des Ultimatums der UdSSR eingetroffen war. Es sind Zeugnisse über die Diskussionen der Regierungsmitglieder über die schwere Entscheidung erhalten, Lettland ohne Widerstand aufzugeben, um das Volk vor unnötigem Blutvergießen zu bewahren.

Die breite Masse wusste zu jenem Zeitpunkt so gut wie nichts Konkretes über den nahenden Wendepunkt der Geschichte. Da sonntags keine Zeitungen erschienen, konnte in der Presse nichts über den sowjetischen Überfall auf den Grenzposten Masļenki in der Nacht auf den 15. Juni gemeldet werden, bei dem drei Grenzschützer erschossen sowie zehn Grenzschützer und 27 Zivilisten als Geiseln verschleppt worden waren.[15] Es lagen zwar ungute Vorahnungen in der Luft, da Gerüchte über den Einmarsch in Litauen die Runde machten, aber die Radioübertragung des Lettgallischen Liederfestes wirkte beruhigend – würde man etwa singen, wenn die Lage tatsächlich bedrohlich wäre?

Ach, du Lettgallisches Liederfest! Dem letzten regionalen Liederfest im freien Lettland, das die Schönheit des »Landes der blauen Seen« feiern und dessen Zugehörigkeit zur lettischen Nation unterstreichen sollte, war beschieden, als Schwanengesang in die lettische Geschichte einzugehen. Im Gedächtnis vieler Chorsänger und Zuschauer haben sich die tragischen Ereignisse der darauf folgenden Tage zu einer wehmütigen Legende verdichtet, sodass nicht wenige von ihnen davon überzeugt sind, Präsident Ulmanis habe während des Liederfestes mitgeteilt, dass die sowjetische Armee die lettische Grenze passiert hat. Just diesen Eindruck hat Viktors, der jüngste von Mamas Brüdern, in Erinnerung behalten, der als Mitglied des Kadettenchors der Kriegsschule am Lettgallischen Liederfest teilnahm.

Der Präsident konnte den Einmarsch der Roten Armee nicht verkündet haben, denn noch hatte die lettische Regierung das Ultimatum der UdSSR nicht angenommen. In seiner Radioansprache, die Ulmanis gegen 17.00 Uhr an die Teilnehmer des Festes richtete, ließ der Präsident fast nichts von der Bedrohlichkeit der Lage durchschimmern. Allein aus den Worten »die rasche Folge internationaler Ereignisse in dieser Woche hat alles übertroffen, was wir bisher erlebt haben«[16] lässt sich ein vieldeutiger Wink heraushören. Die Nachricht über die Konzentration sowjetischer Panzer und Infanterieeinheiten im Grenzgebiet – und über den Einmarsch der sowjetischen Armee in Litauen – hatte sowohl das Publikum als auch die Sänger bereits erreicht.

Dass der Präsident es vermied, über diese Vorfälle zu sprechen, interpretierte das Publikum als Zeichen größter Gefahr, und mit verzweifelter Hoffnung sangen die Choristen gemeinsam mit den Zuhörern drei Mal die Nationalhymne »Dievs, svētī Latviju«, »Gott, segne Lettland«. Auch Viktors bat Gott drei Mal, das Land der heiligen Māra[17] zu schützen. Als das Gebet der lettischen Nation gesungen war, erhielten die Kadetten den geheimen Befehl, unverzüglich in die Kaserne zurückzukehren und sich von dort an die lettisch-sowjetische Grenze zu begeben. Bei Sonnenuntergang klang das Lettgallische Liederfest aus, und seine Teilnehmer gingen ihrer Wege.

Als die Rigenser am nächsten Tag – es war Montag, der 17. Juni – wie an jedem Werktag aufstanden, um ihrer alltäglichen

Beschäftigung nachzugehen, sahen sie über der Stadt sowjetische Bomber kreisen, und einige Stunden später rollten Panzer durch die Innenstadt.[18] Der Schock war deshalb umso größer, weil alles praktisch gleichzeitig geschah – das Ultimatum, der Rücktritt der Regierung und der Einmarsch der sowjetischen Truppen.

Erst post factum erfuhren die Bürger aus der Zeitung von der Demission der Regierung und den im Ultimatum der UdSSR vom 16. Juni gestellten Forderungen: »1. unverzüglich eine solche Regierung in Lettland aufzustellen, die in der Lage und bereit ist, die redliche Verwirklichung des sowjetisch-lettischen Beistandspaktes zu gewährleisten; 2. sowjetischen Truppenteilen ohne Verzögerung freien Zutritt auf lettisches Staatsgebiet zu gewährleisten, damit diese in einer solchen Anzahl in den wichtigsten Zentren Lettlands stationiert werden können, wie nötig ist, um die Möglichkeit der Realisierung des bilateralen Beistandspaktes der UdSSR und Lettlands zu gewährleisten und eventuelle provokatorische Akte gegen die sowjetische Garnison in Lettland abzuwenden.«[19] Gleich darunter wurde in Fettschrift mitgeteilt, dass die lettische Regierung den sowjetischen Forderungen stattgebe, »sowjetische Truppeneinheiten im Morgengrauen des 17. Juni die lettische Grenze überschritten« hätten und Präsident Ulmanis den Rücktritt der Regierung akzeptiert habe.[20]

So befremdlich und gar nicht passend waren neben diesen Verlautbarungen auf der ersten Seite der Tageszeitung *Jaunākās Ziņas* die ruhigen Worte der Festansprache des Präsidenten vom Vortag zu lesen. Sie klingen wie aus einer anderen Welt und Epoche. Alles war entschieden. Weder hatte es spontanen Widerstand noch einen Aufschrei des Entsetzens gegeben. Abgesehen von einem kleinen, von den Kommunisten zusammengetrommelten Haufen auf dem Bahnhofsplatz betrachteten die Rigenser wie gelähmt die auf den Plätzen und Straßen der Stadt stehenden Panzer und die Rotarmisten in ihren schlecht sitzenden Uniformen.

Der Nachmittag verging unter Anspannung und Ungewissheit.

Es hieß, der Präsident und die Regierungsmitglieder seien verhaftet worden, aber gegen vier Uhr nachmittags fuhr Ulmanis im offenen Wagen durch die Straßen von Riga zum Präsidentenpalais. Also war er wohlauf. Das war immerhin beruhigend. Am Abend des 17. Juni um 22.15 Uhr hielt der Staatspräsident seine letzte Ansprache an das Volk. Einen Monat später wurde er verhaftet und nach Russland deportiert, wo er unter ungeklärten Umständen starb.[21]

Diese Tatsache sowie die folgenden Ereignisse verleihen der Ansprache eine tragische Bedeutsamkeit; im Laufe der Zeit wurde jedes Wort, jeder Satz verschiedentlich interpretiert, wodurch sich eine vielfältige Mythologie herausgebildet hat. Die bezeichnendsten und am häufigsten zitierten Worte »Ich bleibe auf meinem Posten und ihr auf dem euren«, mit denen der Präsident seine Rede schloss, vermag kaum ein Lette ohne Gemütsregung anzuhören. Auch mir schießen die Tränen in die Augen, wenn ich sie höre oder lese. Sobald ich mir jedoch vorzustellen versuche, wie sie am Abend des Tages der Okkupation geklungen haben, erfasst mich Irritation.

Nach den unverständlichen Vorgängen des Tages erwarteten die Menschen am Abend des 17. Juni vom Präsidenten eine beruhigende Erklärung, die er ihnen jedoch schuldig blieb. Die Rede war voller indirekter Andeutungen und pathetischer Aufforderungen, die nicht Gewissheit verschafften, sondern die Beunruhigung und Verwirrung eher noch steigerten. Die Bedrohlichkeit der Lage ließ sich durch Ulmanis' Bitte erahnen, die einmarschierenden sowjetischen Truppen als freundschaftlich zu betrachten, keine allzu große Neugierde an den Tag zu legen und die Ordnung möglichst nicht zu stören. Der Präsident forderte die Bürger auf, »in der bisherigen Einmütigkeit und Arbeitsamkeit auf eurem Posten zu bleiben und weiterhin der Sache zu dienen, die uns allen hoch und heilig ist – den Interessen Lettlands und unseres Volkes«.[22] Pathetisch bat er: »Beweist in Gedanken, Taten und Haltung die Seelenkraft des Volkes, die in den Blütejahren des erneuerten Lettland gediehen ist. Dann darf ich gewiss sein, dass alles, was jetzt geschieht und fürderhin geschehen wird, der Zukunft unseres Staates und Volkes zugute kommt und den guten und freundschaftlichen Beziehungen zu unserem großen östlichen Nachbarn – der Sowjetunion.«[23] Die Erklärung hinsichtlich des weiteren Vorgehens der Regierung ist ebenso unkonkret und rätselhaft: »Ich bin überzeugt, dass ihr die Anweisungen verstehen werdet, welche die Regierung gegeben hat oder noch geben wird, auch wenn sie im einen oder anderen Fall streng und sogar hart sein werden. Erfüllt sie gewissenhaft, denn sie haben kein anderes Ziel als euren eigenen Frieden und Wohlstand.«[24] Am nächsten Tag wurde die Rede in den Zeitungen abgedruckt.

Es war kein Zufall, dass die Sowjetunion für die Stellung des Ultimatums und die Okkupation der baltischen Staaten[25] genau jene Junitage wählte, da die Welt mit angehaltenem Atem die unvermeidlich bevorstehende Kapitulation Frankreichs verfolgte. Am 14. Juni marschierte die Deutsche Wehrmacht in Paris ein, und am 17. Juni forderte der Held des Ersten Weltkriegs, Marschall Pétain, die französische Armee zur Aufgabe des Widerstands auf. Hitler genoss seine Revanche: Im Wald von Compiègne wurde in eben jenem Eisenbahnwaggon, in dem Deutschland 1918 seine bedingungslose Kapitulation unterzeichnet hatte, mit dem Deutschen Reich ein beschämender Waffenstillstand geschlossen. Was war schon das Schicksal der kleinen baltischen Staaten, verglichen mit diesem, Europa und die ganze Welt erschütternden Drama?

Noch galt Lettland als souveräner Staat. Als Chefregisseur der Inszenierung der »sozialistischen Revolution« schickte Moskau den stellvertretenden Vorsitzenden des Rats der Volkskommissare der UdSSR, Andrej Wyschinskij[26], nach Riga, der bei der Durchführung der Stalinschen Säuberungen besonders glühendes Engagement bewiesen hatte. Er benötigte lediglich 34 Tage, um seine Aufgabe zu erledigen, und am 5. August 1940 wurde Lettland zur 14. Sowjetrepublik.

Als Erstes überreichte Wyschinskij Präsident Ulmanis eine Personalliste der neuen Regierung und erklärte, der Präsident sei nicht berechtigt, diese in irgendeiner Form zu verändern. Ulmanis unterschrieb sie schweigend, so wie er auch andere Dokumente unterzeichnete, womit er all das zerstörte, was er in seiner Arbeit als Staatsmann seit 1918 unermüdlich aufgebaut hatte. Begriff er tatsächlich nicht, dass er die Geschehnisse legitimierte, indem er »auf seinem Posten« blieb – und selber nicht nur zu einem perfekten Instrument des sowjetischen Willens, sondern auch zum Mittäter bei der Liquidierung der Eigenstaatlichkeit Lettlands wurde?

Heute ist es leicht, diese Frage zu stellen, damals jedoch wirkte alles unverständlich und verworren. Aus den Berichten von Zeitzeugen wissen wir: Bis zuletzt hat Ulmanis geglaubt, dass seine persönliche Anwesenheit oberste Pflicht sei und es ihm so gelingen würde, Lettland für die Zukunft zu bewahren, indem er Repressionen und Blutvergießen möglichst vermied.[27] Doch war seine Haltung nicht für jeden nachvollziehbar und akzeptabel. Insbesondere in Militärkreisen wollte man sich mit dem Lauf der Ereignisse nicht abfinden. Seit dem 15. Juni bereiteten sich Offiziere und Soldaten darauf vor, die Heimat ungeachtet der Übermacht des Gegners zu verteidigen und ehrenhaft zu sterben. Entgegen allen Erwartungen kam jedoch der Befehl, die sowjetischen Truppenteile ohne Widerstand ins Land zu lassen. Diese Demütigung konnte nur mit Blut abgewaschen werden. Aus Verzweiflung und Protest erschoss sich General Ludvigs Bolšteins am Morgen des 21. Juni. Seinem Beispiel folgten weitere Offiziere der Lettischen Armee.

Die Ungewissheit, die in jenen Junitagen in der Bevölkerung herrschte, war quälend, schlimme Gerüchte machten die Runde. Von den Vorgängen in den Kreisen der politischen Elite war nahezu nichts genauer bekannt, denn Presse und Radio befanden sich unter der vollständigen Kontrolle der Okkupanten. Zwar erschien weiterhin der größte Teil der Zeitungen, aber ihr Inhalt änderte sich innerhalb weniger Tage komplett. Sie begannen, im Sowjetstil zu leiern: über den Rückhalt der neuen Regierung bei den Massen der Werktätigen, über die Freundschaft zwischen den lettischen und sowjetischen Soldaten, den erhabenen Stalin etc. In der Presse konnte man rührende Geschichten über die Begeisterung und Sympathie lesen, mit denen die befreundete sowjetische Armee angeblich begrüßt wurde, die Wirklichkeit jedoch war bitter. Beim Anblick defilierender Angehöriger der Roten Armee auf den Straßen und Plätzen war das brennende Gefühl der Demütigung nicht zu bändigen. Ihre Anwesenheit verdeutlichte auf das Schärfste, was vor sich ging.

Tagtäglich wurden am Freiheitsdenkmal Blumen niedergelegt. Auch Milda ging nach der Arbeit hin und wieder zum Denkmal, um gemeinsam mit anderen Frauen und Männern die verlorene Unabhängigkeit zu betrauern. Manche fielen am Fuße des Denkmals auf die Knie und beteten zu Mutter Lettland[28], sie möge ihre Kinder schonen und sich nicht von ihnen abwenden. Andere richteten in der Kirche dasselbe Gebet an den himmlischen Vater. So offenbarten sich in jenem für die Nation kritischen Augenblick das aus dem Heidentum ererbte, jahrhundertealte Vertrauen auf die Urmutter und der später eingeführte christliche Glaube an Gottvater als unverbrüchliche Einheit in der lettischen Seele.

Das Freiheitsdenkmal hat seit seiner Enthüllung im Jahre 1935 immer eine besondere Rolle in unserer Geschichte gespielt. Nach langen Jahren der Okkupation begann just an seinem Fuße das »Dritte Erwachen der lettischen Nation«, das zur Wiederherstellung der Unabhängigkeit der Republik Lettland führen sollte. Nach Jahren des Schweigens wagte es 1987 die Dissidentengruppe »Helsinki-86«, die Bevölkerung aufzufordern, am 14. Juni durch das Niederlegen von Blumen am Freiheitsdenkmal der nach Sibirien Deportierten und dort Gestorbenen zu gedenken. Zur festgelegten Stunde gab es nicht viele Beherzte, aber noch mehrere Tage später begaben sich Menschen einzeln oder zu zweit zum Denkmal.

Auch ich hatte meiner Angehörigen zu gedenken. Mehrmals täglich stand ich weinend in der Menge. So wie im Sommer 1940 fielen die Menschen abermals auf die Knie und beteten zur Mutter Lettland. Ich hatte nicht den Mut, mich aus der schweigenden Menge der Sympathisanten zu lösen und unter den wachsamen Blicken von Miliz und KGB-Leuten die Straße zu überqueren. Ich war mir selber zuwider, aber so war ich nun einmal – voll gesogen mit der unsichtbaren Angst einer Deportiertenfamilie, von der ich mich in jenen Tagen allmählich zu befreien begann.

Das erste Okkupationsjahr ist meiner Mama nicht als finster oder furchtbar im Gedächtnis geblieben, sondern eher als grotesk. Überraschenderweise findet sich auch in den Erinnerungen anderer häufig die Aussage, das damals Vorgefallene sei ihnen derart bizarr, unsinnig und unwirklich vorgekommen, dass das Kafkaeske gegenüber dem Dramatischen und Tragischen in den Vordergrund rückte. Das Leben nahm scheinbar seinen gewohnten Gang, da die Alltagsebene von den oben vor sich gehenden Umwälzungen nicht sofort betroffen war. Die Geschäfte und Kinos waren wie immer geöffnet, in den Fabriken wurde weiterhin gearbeitet. Im Seekurort Jūrmala herrschte Hochsaison. Mit unzähligen Johannisfeuern wurde die Sommersonnenwende gefeiert. Konzerte und Gartenfeste wurden veranstaltet. Lediglich am Strand war eine neue, eigentümliche Klientel aufgetaucht – russische Urlauber, die in gestreiften Pyjamas umherliefen.

Emilija und Jānis hatten keine Lust mehr, abends spazieren zu gehen. Die sowjetischen Uniformen stachen unangenehm ins Auge. Nirgendwo konnte man sich ihnen entziehen. Insbesondere sonntags, wenn die mit der Mission der Kulturannäherung beschäftigten Rotarmee-Orchester Dünen und Musikpavillons mit schmissigen Sowjetmärschen beschallten. Ihr gekünstelter, infantiler Enthusiasmus konnte der poetischen Weltsicht der Letten fremder nicht sein. Es war zwar unangenehm, aber ein Gefühl wirklicher Bedrohung stellte sich deshalb noch nicht ein.

Jānis Dreifelds nahm die Gegebenheiten resigniert hin und

beruhigte die besorgte Emilija: »Wir werden auch unter den Russen überleben. Ich kenne die Russen. Sie sind gutmütig und ein wenig einfältig. Ich werde schon mit ihnen zurechtkommen.« Er stützte sich auf seine Erfahrungen in jungen Jahren. Wie hätte Großvater sich auch vorstellen können, dass die Bolschewiken der russischen Bevölkerung innerhalb von 20 Jahren so gründlich das Gehirn gewaschen hatten, dass ihnen das Verständnis von Gut und Böse vollkommen durcheinander geraten war und sie die Vernichtung unschuldiger Menschen als notwendige Norm akzeptierten? Als er später, während der grausamen Erfahrungen im Gulag, seinen Irrtum begriff, wird er sich wegen seiner Naivität und Kurzsichtigkeit sicherlich Vorwürfe gemacht haben. Allerdings ohne Grund – es lag nicht in der Macht eines gewöhnlichen Sterblichen, das Unvorhersehbare vorherzusehen und geschickter zu sein als die perverse Vernichtungsmaschinerie der Sowjetmacht. Früher oder später bekam sie ihre Opfer so oder so zu fassen.

In jenen Junitagen glaubte Großvater noch an seine Fähigkeit zu überleben und machte sich in weiser Voraussicht an den Kauf von Lebensmittel- und Petroleumvorräten. Wie viele andere versuchte auch er, Papiergeld in sichere Silbermünzen umzutauschen. Nachbarn und Freunde erzählten einander komische Begebenheiten, durch die sich die Unzivilisiertheit, Leichtgläubigkeit oder Einfalt der sowjetischen Okkupanten offenbarte. Indem sie ihre »Befreier« verhöhnten, kompensierten die Letten die tiefe Demütigung, die ihnen durch die Okkupation zugefügt worden war. Es war eine Schutzreaktion, die ihnen half, die Selbstachtung zu bewahren und sich den Okkupanten zumindest innerlich überlegen zu fühlen.

Tatsächlich jedoch war das Gelächter eine Flucht vor der Wirklichkeit in eine illusorische Welt, in der sich der Klügere stets als der Stärkere erweist. Auch ich habe gelacht, wenn ich als Kind Großmama Mildas Geschichten über russische Offiziersfrauen zuhörte, die in seidenen Spitzennachthemden ins Theater gingen, oder über Rotarmisten, die in ungläubigem Staunen bei der Verkäuferin wieder und wieder nachfragten, ob man Weißbrot und Butter wirklich jeden Tag und in unbegrenzter Menge kaufen könne. Diese Folklore blieb während der ganzen Jahre der Sowjetokkupation lebendig, indem sie von Generation zu Generation weitergereicht wurde.

Blättert man die Zeitungen der ersten Okkupationsmonate durch, so wird deutlich, weshalb niemand die sowjetische Propagandasprache ernst nehmen konnte, die ohne jegliche Modifikation dieselben übertriebenen Losungen und Bilder auf Lettisch verbreitete, die in der Sowjetunion als wirksam galten. Wie lächerlich klangen für das lettische Ohr Parolen wie »Lenin, der Bergadler« oder »Die Sowjetunion – der größte Staat der Welt, Moskau – die schönste Stadt der Welt«. Das konnte man vielleicht den Sowjetmenschen weismachen, die gerade den Analphabetismus überwunden und nichts von der Welt gesehen hatten, aber nicht den Letten, die zu jenem Zeitpunkt hinsichtlich der Zahl der Studierenden und Universitätsabsolventen einen führenden Rang in Europa einnahmen.[29] Zwar verfassten linksgerichtete Intellektuelle diverse Schmähschriften über das autokratische Ulmanis-Regime oder die korrupte Natur hochrangiger Regierungsmitglieder, aber der Effekt dieser Pamphlete war genau das Gegenteil des Erhofften. Die tragischen Vorkommnisse hatten dem Präsidenten und den Mitgliedern der Regierung eine Aureole des Märtyrertums verliehen, die durch jegliche Verunglimpfung nur noch strahlender wurde.

Auch die Demonstrationen der Werktätigen, die in den sowjetischen Geschichtsbüchern, aus denen ich später lernen musste, so nachdrücklich gepriesen werden, wirkten inszeniert und wurden von den Rigensern belächelt. Wer waren diese aus dem Nichts aufgetauchten Menschen mit starren Gesichtern, die, von Fremdlingen beaufsichtigt, wie auf Kommando in akkuraten Reihen marschierten und riesige Konterfeis von Lenin, Stalin und anderen den Rigensern unbekannten Personen trugen? Durch fast menschenleere Straßen marschierten sie einem nur ihnen bekannten Ziel entgegen. Es wirkte wie ein absurdes Theaterstück, in dem es Regisseur, Hauptdarsteller und Statisten gab. Dem Volk war die Rolle des Zuschauers zugedacht.

Die Angst wuchs allmählich. Als die ersten Gerüchte über Verhaftungen umgingen. Durch die zunehmend aggressive Sprache in der Presse. Durch das Verbot der *Aizsargi*[30] und anderer Verbände und Organisationen. Die erste schmerzliche Erschütterung war die Verhaftung der Aktivisten des Demokratischen Blocks.

Für den 14. und 15. Juli waren Parlamentswahlen angesetzt worden. Ungeachtet der lächerlich kurzen Wahlkampagne von zehn Tagen war es den entschlossensten lettischen Politikern gelungen, sich zum Demokratischen Block zusammenzuschließen; ihre Liste wurde jedoch nicht zur Wahl zugelassen, da in Wyschinskijs Szenario der »sozialistischen Revolution« nur für den »Block der werktätigen Bevölkerung Lettlands« eine Rolle vorgesehen war. Die Beherzten gaben nicht auf und setzten die Wahlkampagne fort. Als der nationale Widerstand eine ernst zu nehmende Bedrohung darzustellen begann, wurden seit dem 9. Juli nach und nach mehrere Hundert Aktivisten des Demokratischen Blocks verhaftet, um unliebsame Überraschungen bei der »demokratischen Wahl« auszuschließen.[31]

Die erschreckende Nachricht über diese Vorfälle verbreitete sich rasch. Sie wirkte ernüchternd. Auch meine Großeltern begriffen, dass sie es sich nicht leisten konnten, nicht zu wählen, denn für die Teilnahme an der Wahl bekam man einen Stempel in den Pass – und das Fehlen dieses Stempels konnte das Unglück über die ganze Familie herbeirufen.

Als ich im Lettischen Staatsarchiv die Akte meines Großvaters Aleksandrs Kalnietis einsah, entdeckte ich zwischen den ihm abgenommenen Gegenständen auch den Pass meiner Urgroßmutter Berta Matilde Kaimiņa. In ihm ist ein Stempel, der ihre Teilnahme an der Wahl am 14. Juli 1940 bestätigt. Auch in den Pässen meiner Großeltern Jānis, Emilija, Aleksandrs und Milda dürfte ein solcher Stempelabdruck zu finden sein.

Entsprechend den offiziellen sowjetischen Daten hatten sich 94,8 Prozent der lettischen Wahlberechtigten an der Wahl beteiligt und 97,8 Prozent für den Block der Werktätigen gestimmt.[32] Diesen Zahlen hat man damals ebenso wenig Glauben geschenkt wie während der Okkupationsjahre und heute. Aufgrund eines Irrtums meldete die sowjetische Nachrichtenagentur TASS bereits am 14. Juli die Wahlergebnisse in den baltischen Staaten, obwohl die Wahllokale in Estland und Lettland bis zum 15., in Litauen sogar bis zum 17. Juli geöffnet waren.[33] Die gemeldeten Zahlen entsprachen exakt den drei Tage später publizierten offiziellen Ergebnissen.

Nun hatte der sowjetische Emissionär Andrej Wyschinskij den schwersten Teil der »sozialistischen Revolution« hinter sich und musste nur noch die erste Parlamentssitzung überwachen. Er war überzeugt, dass keine Zwischenfälle mehr möglich waren, denn die Abgeordneten waren sorgfältig ausgesucht worden. Ebenso sorgfältig waren in der sowjetischen Botschaft korrekte Reden der Abgeordneten und korrekte Beschlussentwürfe verfasst und ins Lettische übersetzt worden. Wyschinskij hatte sie selber durchgelesen und noch einige Unebenheiten geglättet.

Die Parlamentssitzung verlief ohne Zwischenfälle, und die neugewählten Abgeordneten erfüllten gehorsam ihre Aufgabe – nämlich einstimmig »um Aufnahme (...) Lettlands als Unionsrepublik in die Union der Sozialistischen Sowjetrepubliken zu bitten«.[34] Am 30. Juli begab sich eine Parlamentsdelegation unter Führung des Marionettenministerpräsidenten Augusts Kirhenšteins nach Moskau und bat den Obersten Sowjet der UdSSR, die »glühende Sehnsucht der Werktätigen« zu erfüllen. So wurde Lettland Mitglied der UdSSR, und am 5. August 1940 hatte die Republik Lettland de facto aufgehört zu existieren. Meine Eltern behielten in Verbindung mit diesem tragischen Moment einen komischen Vierzeiler in Erinnerung:

Vor Stalins Tür steht Kirchenstein, rot
vor Scham, und bittet um Salz und um Brot,
er bittet und bettelt, doch Stalin sagt harsch
zum jammernden August: »Leck mich am A...!«

Seit jenem 5. August wurde die Angst zum Bestandteil des Lebens eines jeden in Lettland. Menschen aus dem Bekanntenkreis wie Persönlichkeiten des gesellschaftlichen Lebens begannen zu verschwinden. Auf die Gesichter legten sich Achtsamkeit und Anspannung. Immer seltener wurde gelacht, und das Gift des gegenseitigen Misstrauens legte sich wie ein Spinnennetz über die Gesellschaft. Wie es in Augenblicken einer großen Prüfung zu sein pflegt, entfesselte die ungesunde Atmosphäre die niedrigsten Instinkte, und, angestachelt von Neid, Missgunst und Böswilligkeit, verfielen die Schwächeren der Anbiederei und dem Denunzieren. Diese einheimischen Kollaborateure halfen den sowjetischen Beamten, die »Volksfeinde« aufzuspüren und den von Moskau verordneten Plan der Isolierung »sozial gefährlicher Elemente« zu erfüllen.[35]

Ihren Höhepunkt erreichte die Angst am 14. Juni 1941, als 15 424 Einwohner Lettlands deportiert wurden[36], darunter zahlreiche Greise – der älteste war im Jahre 1857 geboren – und Säuglinge.[37] Mehrere Kinder kamen während der Fahrt nach Sibirien in den Viehwaggons zur Welt und starben auch dort. In den letzten Junitagen erhöhte sich die Zahl der Festgenommenen und Deportierten um weitere 13 077 Menschen. Diesen sind noch die Opfer des ersten Okkupationsjahrs hinzuzurechnen – Ermordete und Vermisste –, wodurch die Gesamtzahl 34 250 erreicht, wobei die Zahlen der Verhafteten und Verschleppten je nach Quelle um einige Hundert schwanken.[38] Somit hat Lettland im ersten Okkupationsjahr nach ungefähren Schätzungen rund 1,8 Prozent seiner Einwohner verloren[39] – Letten, Juden, Russen und Vertreter anderer Ethnien.[40]

Deportation

Stets habe ich mich gefragt, wie eine so umfassende Aktion wie die Massendeportation vom 14. Juni 1941 unter vollkommener Geheimhaltung vorbereitet werden konnte. Es waren zahlreiche Vorarbeiten zu bewältigen: Die Listen der zu Deportierenden mussten aufgestellt, Viehwaggons umgebaut und zu Zügen zusammengekoppelt, Fahrzeuge für den Transport der Verhafteten zum Bahnhof organisiert, die Festnahmekommandos zusammengestellt werden usw. Wie konnten derart umfangreiche Vorbereitungen unbemerkt vonstatten gehen? Auch aus den Erinnerungen anderer Deportierter geht hervor, dass sie – ebenso wie die Familie meiner Mama – von der Deportation unvorbereitet überrascht worden sind. Zwar wurde allerlei geredet, aber Gerüchte gab es schließlich immer.

Meinem von der sowjetischen Lebenserfahrung korrumpierten Bewusstsein erscheint es so selbstverständlich, dass man Angst haben muss, wenn einem etwas Derartiges zu Ohren kommt, egal, ob man schuldig ist oder nicht. Aber ich darf eines nicht vergessen: Die lettischen Bürger hatten verinnerlicht, in einem Rechtsstaat zu leben, in dem man einen unschuldigen Menschen nicht wie einen Verbrecher nachts aus seinem Bett reißen, in einen Viehwaggon stecken und mit unbekanntem Ziel verschleppen kann. Dergleichen hatte es in Lettland zu Friedenszeiten niemals gegeben, ebenso wenig wie in anderen Staaten der freien Welt, und daher hätte ein Franzose, Amerikaner oder Brite ähnlich gehandelt – er hätte weder Angst gehabt noch die Flucht ergriffen, denn er wäre von seiner Sicherheit als unschuldiger Mensch überzeugt gewesen.

Auch Jānis und Emilija schenkten der Warnung eines ihrer Mieter, des Eisenbahners Šveheimers, keine Beachtung. Nachdem er gesehen hatte, wie Viehwaggons für den Transport von Menschen umgebaut und zu langen Zügen zusammengekoppelt wurden, war er am 12. Juni besorgt zu Jānis gekommen, um ihm seine Beobachtungen mitzuteilen. Aber Jānis und Emilija verstanden die Warnung nicht. Sie waren einfache Leute, die der Politik fern standen und sich deshalb in Sicherheit wähnten. Einige Tage zuvor war Jānis zur Miliz beordert worden, wo ihn ein liebenswürdiger sowjetischer Milizionär einige Stunden lang nach Strich und Faden über Familie und Besitz ausgefragt hatte. Beim Abschied rühmte der russische Offizier meinen Großvater: Wenn jeder so anständig wäre wie Jānis Kristapowitsch, dann würde man besser leben in dieser Welt.

Als er nach Hause kam, sagte Jānis erleichtert zu seiner Frau: »Jetzt werden sie uns bestimmt in Ruhe lassen! Nun können wir leben.« Der einzige Gefährdete in der Familie könnte ihr jüngster Sohn Viktors sein, der Offizier der Lettischen Armee war. Es waren Gerüchte über Repressionen gegenüber Armee- und Selbstschutzleute im Umlauf, aber die übrigen Familienangehörigen? Nein, diese Dinge können sich nicht auf uns beziehen, entschieden Jānis und Emilija. Sonst hätte Jānis die Seinen niemals allein gelassen, um am Freitag, den 13. Juni ins Dreifelds'sche Landhaus »Upītes« bei Ķemeri zu fahren und bis zum Sonntag dort zu bleiben.

Wie hätten meine Großeltern auch wissen können, dass der Hauptmann der sowjetlettischen Abteilung des NKWD, Semjon Schustin, bereits am 9. Juni einen von Unteroffizier Mutin ausgearbeiteten »Beschluss über die Verhaftung von Dreifelds J. K.« mit dem Hinweis »Streng geheim« abgezeichnet hatte?[41] In dem Beschluss wird das Wort »verhaftet« als Feststellung einer bereits vollzogenen Handlung gebraucht, obgleich bis zur tatsächlichen Festnahme noch vier Tage vergehen sollten. In der Begründung für die Verhaftung bezichtigt Genosse Mutin das angebliche ehemalige Mitglied der radikalen *Pērkoņkrusts*-Organisation[42] Jānis Dreifelds der antisowjetischen Tätigkeit.

Diese Anklage entbehrte jeglicher Grundlage, denn Großvater hielt sich von der Politik so fern wie nur irgend möglich. Er war nie Mitglied einer politischen Organisation oder Vereinigung gewesen – und erst recht kein Pērkoņkrustler, die Großvater als Unruhestifter betrachtete. Seine einzige gesellschaftliche Tätigkeit war diejenige im Hausbesitzerverein von Jūrmala. Auf der Grundlage der aus der Luft gegriffenen Anklage trug der NKWD-Mann Mutin den Beschluss in einen Vordruck ein, »*die folgenden Familienmitglieder* Sohn Dreifelds Viktors, geb. 1919 *des Verhafteten* Jānis Kristapowitsch Dreifelds *hinter die Grenze der Lettischen SSR zu verschicken*«.[43] Mutins Beschluss wurde mit dem Vermerk »Akzeptiert« vom Chef der Geheimen politischen Abteilung des NKWD, Gavars, unterzeichnet.

In diesem ersten Beschluss werden meine Großmutter und meine Mama nicht genannt. Als wäre die Schludrigkeit bemerkt worden, wurde später ein neuer Deportationsbeschluss verfasst, in dem neben dem Sohn Viktors Dreifelds auch die Ehefrau Emilija Dreifelde und die Tochter Ligita Dreifelde aufgeführt sind.[44] Nach der eigenartigen Logik des NKWD galten die Söhne Voldemārs und Arnolds nicht als »sozial gefährliche Elemente« und waren nicht zur Deportation vorgesehen. Allerdings ist es möglich, dass in den NKWD-Abteilungen von Skrunda bzw. Ventspils, wo die beiden Brüder damals lebten und arbeiteten, sie betreffende Beschlüsse vorlagen.

Ohne etwas von dem bevorstehenden furchtbaren Wendepunkt in ihrem Leben zu ahnen, arbeitete Ligita mit einigen ihrer Klassenkameradinnen seit drei Tagen in einer der Arbeiterkantinen, die nun in mehreren der enteigneten Villen von Jūrmala eingerichtet waren. Ligita hatte gegen das sowjetische Prinzip »Wer nicht arbeitet, kriegt nichts zu essen« nichts einzuwenden. Solange sie denken konnte, hat jeder in der Familie immer gearbeitet. Das Mädchen hatte die neun Prüfungen, die es am Ende der ersten Gymnasialklasse ablegen musste, erfolgreich bestanden. Nun gehörte der Sommer ihr.

Die Eltern hatten ihr für jede bestandene Prüfung den Besuch eines Balls versprochen, und am nächsten Tag, dem 14. Juni, stand der erste Tanzabend bevor. Schon tagelang kreisten Ligitas Gedanken um die für ein junges Mädchen so wichtigen Fragen, was sie anziehen und wie sie ihr Haar frisieren sollte. Vor einigen Tagen war sie mit Emilija bei der Schneiderin gewesen, um die für die Sommersaison genähten Kleider zum letzten Mal anzuprobieren. Das grüne Seidenkostüm war umwerfend schön! Ligita sah wie ein erwachsenes Fräulein darin aus. Sie und ihre Mutter kamen überein, dass ein Hut mit gewölbter Krempe aus dem gleichen Material großartig zu dem Kostüm passen würde. »Den müsste man«, sagte Emilija, »aus der gleichen grünen Seide anfertigen, Ligitalein. Soll die Schneiderin so einen machen.« Ligita war begeistert.

Als Viktors abends von der Arbeit nach Hause kam, hatte er ein Geschenk für seine kleine Schwester mitgebracht – ein Paar wundervoller Samtschuhe mit hohem Absatz und Korksohle. »Und, gefallen sie dir? Wirst du sie anziehen?« Das Mädchen fiel ihrem Bruder vor Begeisterung um den Hals und probierte die Schuhe sofort an. Sie passten wie angegossen. Zu diesem Zeitpunkt konnte sie nicht wissen, dass dieses Paar Schuhe im ersten Deportationswinter ihre einzige Fußbekleidung sein würde. Mit Ballschuhen im sibirischen Schnee!

In jener Nacht schlief Ligita im elterlichen Schlafzimmer. Dieses Privileg kam ihr stets zu, wenn der Vater in Arbeitsangelegenheiten unterwegs oder ins Landhaus gefahren war. Dann kuschelte sie sich neben ihrer Mutter in die Atlasdecke und schlief zufrieden ein. In Wärme und Geborgenheit. Doch dieses Mal wurde ihr Schlaf von harten Schlägen gegen die Tür unterbrochen. Verschlafen hörte sie, wie Emilija aufstand und zur Haustür ging.

Später, an den langen, hoffnungslosen sibirischen Abenden, sollten die beiden die Ereignisse dieser Nacht wieder und wieder besprechen. Es war gegen drei Uhr nachts. Bevor sie die Tür öffnete, gelang es Emilija, zur Treppe zu laufen, die in den ersten

Stock führte, und Viktors nach oben zuzurufen, dass die Polizei da sei. Offenbar hatte Viktors dem sorglosen Frieden seiner Eltern nicht getraut und an jenem Abend, als würde er etwas ahnen, die Sicherungen herausgeschraubt. Während Emilija mit der Elektrizität beschäftigt war, verging ein Augenblick. Es wurde immer nachdrücklicher geklopft. Wütende Ausrufe waren zu hören. Mit vor schlimmen Ahnungen bebendem Herzen öffnete Emilija die Tür. In ihrem Schrecken schien meiner Großmutter, dass es sechs oder sieben waren. Tatsächlich waren es fünf, wie aus dem Bericht des Leiters des Festnahmekommandos, Rūdolfs Briedis, über die »Durchführung der Aktion« hervorgeht.[45] Aus Briedis' Bericht erfahre ich auch die Namen der übrigen Mitglieder des Kommandos: Dumbergs, Bogorad, Steinbaum und Sosonow.

An Hausecke und Tür hatte das Kommando jeweils eine bewaffnete Wache postiert. Die Eintretenden hatten rasch die Räumlichkeiten im Erdgeschoss durchsucht, dann traten sie an die Treppe. Briedis fragte: »Was ist da oben?« Emilija antwortete mit ruhiger Stimme: »Da wohnen Mieter.« Trotzdem überzeugten die NKWD-Männer sich selber. Emilija hörte, wie gegen die Zimmertür des Sohnes geschlagen und diese geöffnet wurde. Einen Augenblick später kamen sie zurück – ohne Viktors. Nie hat Emilija erfahren, was Viktors den NKWD-Männern gesagt hat, aber wie durch ein Wunder hatten sie seiner verzweifelten Lüge Glauben geschenkt. Vielleicht wollten sie unnötigen Lärm vermeiden, denn es war ihnen eingeschärft worden, die »Schuldigen« diskret zu verhaften, möglichst ohne die Aufmerksamkeit der Nachbarn zu erregen.[46] So hat Emilija ihren Sohn Viktors vor der Deportation und dem sicheren Tod gerettet.[47]

Mit vor Angst bis zum Kinn hochgezogener Decke lauschte auch Ligita den bedrohlichen Geräuschen und den fremden, unwirschen Stimmen. Die Ungewissheit war unerträglich. Endlich kam Emilija zurück. Zusammen mit ihr drang ein uniformierter Soldat ins Schlafzimmer ein. Briedis. Emilija sagte liebevoll zu ihrer Tochter: »Du musst aufstehen, Ligitalein.« Der Fremde unterbrach sie und befahl barsch, sich anzuziehen und zu packen. Sie würden an einen anderen Wohnort verbracht werden. Innerhalb Lettlands, nicht weit weg von hier, nach Ogre. Er fragte, wo sich Jānis und Viktors Dreifelds befänden. Emilija antwortete, dass sie nicht wüsste, wo ihr Sohn sei, aber ihr Mann sei im Landhaus, und ohne das Haupt der Familie würde sie nirgendwo hinfahren. Die NKWD-Männer ließen einige Wachen zurück und fuhren zum Landhaus, um meinen Großvater abzuholen.

Möglicherweise wären Jānis seine Leiden und sein Tod in Sibirien erspart geblieben, wenn Großmutter den Aufenthaltsort ihres Mannes nicht offenbart hätte. Es gab Fälle, da die NKWD-Leute von der weiteren Verfolgung eines Gesuchten absahen, wenn sie seiner nicht sofort habhaft wurden; auf diese Weise gelang es nicht wenigen, sich am 14. Juni zu retten. Zu jenem Zeitpunkt wusste Emilija noch nicht, welch Leidensweg ihnen bevorstand – es hieß, sie müssten zwangsweise nach Ogre umziehen, rund 70 Kilometer von Dubulti entfernt. Wie hätte sie ohne Jānis fortgehen können?

Während die einen NKWD-Männer unterwegs waren, um ihn abzuholen, setzten die anderen die sorgfältige Durchsuchung des Dreifelds'schen Hauses fort. Emilija und Ligita versuchten hilflos, irgendwelche Sachen zusammenzupacken. Was sollte man mitnehmen und was nicht? Unbeantwortbare Fragen schossen durch den Kopf, und in der Aufregung fiel ihnen alles aus den Händen. Emilija wartete verzweifelt auf die Rückkehr ihres Mannes. Er würde bestimmt wissen, was zu tun ist.

Endlich hörte man einen Lastwagen vor dem Haus halten. Nun würde alles gut werden! Nun konnte ihnen nichts Schlimmes mehr geschehen, denn Jānis würde auch diesmal wieder für alles sorgen. So wie damals, als er seine Familie aus dem vom Bürgerkrieg zerrissenen Russland nach Lettland in Sicherheit zu bringen wusste.

Von energischer und praktischer Natur, begann er sofort zu handeln. Nun hatte jeder seine Aufgabe. Decken, Kissen, Betttücher, Kleidung und Schuhe mussten eingepackt werden. Auch die unerlässlichsten Alltagsgegenstände mussten mit.

Als sie die ungewöhnlichen Geräusche im Erdgeschoss hörte und einen Lastwagen vor dem Gartentor stehen sah, kam eine Mieterin, Frau Mačans, die Treppe herunter, um nachzusehen, was bei Familie Dreifelds los war. Sie öffnete ein wenig die Tür und prallte erschrocken zurück. Einer der NKWD-Männer befahl der Unbekannten unwirsch, hereinzukommen, dann fragte er sie aus, wer sie sei, und als er in Erfahrung gebracht hatte, dass sie mit den Dreifelds in keinerlei verwandtschaftlicher Beziehung stand, hieß er sie warten, bis »die Operation fertig ist«.[48] Als sie sich von dem Schock erholt hatte, versuchte Frau Mačans so gut sie konnte beim Packen zu helfen. Sie bestand darauf, dass sämtliche im Hause vorhandenen Buttervorräte mitzunehmen seien, mit denen sie einen Fünf-Liter-Topf füllte. Aus der Vorratskammer wurden ein Stück geräucherter Speck und ein Laib Schwarzbrot gebracht – mehr Proviant sei ja nicht nötig, um bis nach Ogre zu kommen.

Jānis nahm heimlich Geld aus der Schreibtischschublade und drückte es seiner Frau in die Hand. Emilija steckte sich das Geld ins Mieder. Nach Not und Elend, die er in den Jahren des Ersten Weltkriegs in Russland durchgemacht hatte, war Jānis weitsichtig geworden. Er verließ sich nur auf sich selbst. Schon bald nach dem Einmarsch der Russen im Juni 1940 hatte er im Schuppen Lebensmittelvorräte vergraben – Mehl, Grütze, Zucker und Räucherspeck. Eine Anordnung der Sowjetmacht sah für das Anlegen von Lebensmittelvorräten harte Strafen vor, daher sollten diese vorläufig zurückbleiben – sie würden den Tschekisten doch nicht zeigen, wo sich das Versteck befand. In derselben Ecke des Brennholzschuppens war auch Emilijas Schmuck und das Silber vergraben. Sie würden das alles irgendwann später von Ogre aus holen kommen. Auch Viktors' Dienstwaffe war im Schuppen versteckt.

Die NKWD-Männer hatten den Schuppenschlüssel zwar

gefunden und konfisziert, die versteckten Sachen laut Briedis' Bericht jedoch nicht gefunden. Nach der Durchsuchung im Dreifelds'schen Haus wurden folgende Gegenstände »herausgenommen: eine Schreibmaschine, Schießpulver, Jagdschrot, verschiedene Dokumente, der Schlüssel zu einem Schuppen, in dem sich verschiedene Baumaterialien befinden – Zement, Kalk, ein Petroleumkanister usw.«.[49] Mager war die Beute ausgefallen – keine Waffen, keine konterrevolutionäre Literatur, keine ausländische Währung. Für die Anklage war nichts von den beschlagnahmten Dingen zu gebrauchen.

Als die Söhne später den Familienschmuck in der Scheune ausgraben wollten, fanden sie nichts. Offensichtlich war ihnen jemand zuvorgekommen. So sind die Wertsachen in der Welt verstreut, und wer weiß, welche Familie nun schon in dritter Generation das altertümliche Silberbesteck mit dem rätselhaften Monogramm ED – Emilija Dreifelde – benutzt.

Unterdessen hatte Ligita angefangen, ihren kleinen blauen Koffer zu packen. Auch sie muss das Allernotwendigste mitnehmen. Crème, Parfüm, Nagellack – dort wird es ja auch Bälle geben, zu denen sich junge Mädchen herausputzen. In Ogre kann es nicht schlechter sein als hier. Es ist ein schöner Ort. Ogre liegt in Lettland. So versuchte meine Mama sich in ihrer kindlichen Unschuld zu beruhigen. »Was machst du da für Unsinn, Ligita«, fuhr Emilija ihre Tochter ungewohnt heftig an, kippte die zusammengesammelten Schätze mit einer raschen Bewegung auf die Atlasbettdecke und warf den Koffer in eine Ecke. Ligita schluchzte auf. Die Welt war plötzlich rau geworden. Die Zeit des Träumens und Spielens war vorbei.

Die NKWD-Männer trieben die Dreifelds zur Eile – durch die Fahrt nach Ķemeri waren sie ohnehin schon in Verzug geraten. »Schneller! Schneller! Schluss mit dem Getrödel!«, blafften sie. Schließlich mussten sie gehen. Vor der Haustür wandte sich Ligita zum Hof. Sie wollte sich von ihrem geliebten Hund Jack verabschieden. Ein NKWD-Mann hinderte sie daran. Stieß sie in Richtung Gartentor. Das Mädchen presste sich an die Ecke ihres Elternhauses und weinte bitterlich. Emilija legte ihrer Tochter den Arm um die Schultern und sagte mit leiser, trauriger Stimme: »Es wird schon alles gut werden, Ligitalein. Gehen wir!« Aber auch ihre Stimme brach tränenerstickt. Verbittert rief Jānis den Frauen zu, sodass es die Männer des Festnahmekommandos deutlich hören konnten: »Steigt ein, bei diesen Halunken nützt euer Weinen nichts!« Dies waren die letzten Worte, die Viktors aus dem Munde seines Vaters hörte.

Sie kletterten in den Frachtraum des Lastwagens, wo sich bereits andere Unglückliche befanden – der Ortspolizist Anškins mit seiner Frau und der Tochter Nellija. Der Lastwagen hielt sonst nirgendwo mehr an.

Zunächst wurden sie zum Bahnhof Torņakalns in Riga gebracht. Dort waren jedoch alle Waggons schon voll, und das Festnahmekommando erhielt Order, den »Transport« zu einem anderen »Verladepunkt« zu bringen. Auf dem Bahnhof Šķirotava hieß man die Familien Dreifelds und Anškins aussteigen. Unablässig trafen Lastwagen ein und brachten immer mehr Unglückliche herbei. Frauen, Kinder, Greise drängten sich vor den schwarzen Schlünden der Viehwaggons. Überall erklang Gejammer und Geweine. Konsterniert sahen die Dreifelds sich um, fassungslos, warum man in Viehwaggons nach Ogre fahren müsse. Aber wohin dann?

In der Menge waren die Gesichter von Bekannten auszumachen. Jānis Dreifelds gelang es, den Fabrikanten Muška zu grüßen. Dann wurde ihnen befohlen, in einen der Viehwagen zu steigen. Von Zeit zu Zeit wurde die Tür geöffnet und eine weitere Familie in den ohnedies schon überfüllten Waggon gezwängt. Diesen hatte die Sowjetmacht »komfortabel« eingerichtet: An beiden Enden befanden sich breite, grob gezimmerte doppelstöckige Pritschen und oberhalb von ihnen vergitterte Luken. Der Mittelteil des Waggons war leer, ein Loch bei der Außenwand diente zur Verrichtung der Notdurft. Unmittelbar daneben war eine Reihe Kastenbrote gegen die Wand gestapelt. In dem Waggon der Dreifelds waren rund 40 Menschen zusammengepfercht, darunter kleine Kinder.

Der Zug stand drei Tage lang, vom 14. bis zum 16. Juni, auf dem Bahnhof Šķirotava. Die eingesperrten Menschen durften die Waggons nicht verlassen. Sogar die Notdurft musste vor aller Augen im Waggon verrichtet werden. Die Übrigen wandten zwar verschämt den Blick ab, trotzdem war es ungeheuer erniedrigend. Insbesondere für die jungen Mädchen und Frauen, die sich nicht überwinden konnten, zu dem stinkenden Loch zu gehen. Endlich gab jemand ein Laken her, und das Loch wurde notdürftig verhängt, was zwar vor den Blicken schützte, den hygienischen Zustand jedoch nicht verbesserte. Einmal täglich wurden zwei Eimer Wasser in den Waggon gestellt. Das ergab einen halben Liter Trinkwasser pro Person. Von Waschen konnte keine Rede sein. Diejenigen, die ein Gefäß bei sich hatten, borgten es denjenigen, die im Schock der Festnahme nicht gegenwärtig genug waren, solche simplen Gebrauchsgegenstände mitzunehmen.

Die Menschen kauerten auf den Pritschen oder auf ihrem Gepäck im Mittelteil des Waggons. Die Niedergeschlagenheit wurde von Klagen und Weinen unterbrochen. Durch die vergitterten Luken war zu sehen, was draußen vor sich ging. Die ganze Zeit trafen Lastwagen ein, und weitere Menschen wurden in die Waggons gesperrt. Essen wurde keines gebracht, aber es hatte auch niemand Appetit.[50] Jānis Dreifelds wies Emilija und Ligita zwar energisch an, etwas von dem Mitgenommenen zu essen, aber sie bekamen die trockenen Bissen nicht hinunter. Ohnehin saß ihnen die ganze Zeit ein Kloß im Hals. Am schlimmsten war der Durst, aber das Wasser reichte nicht aus, und mehr stand den »Verbrechern« nicht zu.

Um die Mittagszeit des 16. Juni liefen NKWD-Männer die Waggons ab, riefen die Namen der zu Deportierenden aus und ließen sie irgendein Stück Papier unterzeichnen. In der Nacht vom 16. auf den 17. Juni setzte sich der Zug schließlich in Bewegung. In der Hoffnung, ihre Nächsten über ihr Schicksal unterrichten zu können, warfen die Menschen Zettelchen aus den Luken. Im Fahrtwind des Zuges wirbelten sie wieder und wieder empor und taumelten wie weiße Schmetterlinge die Gleisstränge entlang. Später sammelten die Bewohner der in der Nähe der Bahnlinie stehenden Häuser die Zettel auf und ließen sie den Angehörigen zukommen. Die Dreifelds waren zu niedergeschlagen, um etwas zu schreiben.

Gegen Morgen überquerte der Zug bei Zilupe die lettische Grenze. Mit tränenerstickter Stimme sangen Jānis, Emilija und Ligita »Adieu nun, liebes Livland, ich werde nicht mehr sein in diesem Land …«[51] Acht Jahre später, am 25. März 1949, sollten meine Großmama Milda und mein Vater Aivars dasselbe Lied singen, als sie die lettische Grenze überquerten und ihren Leidensweg nach Sibirien antraten. Die Erinnerungen vieler Deportierter berichten von dem letzten Lied, das erklang, als sie Lettland verließen. Die einen sangen »Gott, segne Lettland«[52], die anderen »Weht, ihr Windlein, treibt mein Schiffchen …«[53], wieder andere »Ich werde von dir singen, Vaterland …«[54] So verließ die Familie meiner Mutter am 17. Juni 1941, dem ersten Jahrestag der Okkupation Lettlands, gemeinsam mit mehr als 15000 anderen Unglücklichen Lettland. Viele von ihnen sollten nie wieder zurückkehren, andere erst nach langen Jahren.

Wie sich die Landschaft jenseits der lettischen Grenze veränderte! Windschiefe Hütten. Verwahrloste Felder. Abgehärmtes, kraftloses Vieh. So sah also die Sowjetunion aus! Wie sehr unterschied sie sich doch von den im ersten Jahr der Sowjetmacht verbreiteten Geschichten von den frohen und freien Sowjetmenschen, die glücklich in einem wohlhabenden und reichen Land unter der klugen Führung Stalins leben. Der Zug fuhr immer weiter nach Russland hinein. Von Zeit zu Zeit blieb er für eine Weile auf einem Bahnhof stehen, aber niemand durfte aussteigen. Einmal täglich wurde polternd und quietschend die Tür geöffnet, um zwei Wasserträger zu bestimmen.

An den Waggons liefen zerlumpte, hungrige, unterernährte Kinder entlang und bettelten um Brot. Die Deportierten warfen ihnen etwas zu, der eine aus Mitgefühl, der andere deshalb, weil das im Waggon aufgestapelte Kastenbrot zu schimmeln begann. Fast niemand aß es, denn die meisten verfügten noch über von zu Hause mitgenommene Lebensmittel. Außerdem schmeckte es ihnen nicht. Frauen in grauen Kleidern versuchten, den zur Deportation Bestimmten eine gekochte Kartoffel oder einen Schluck Milch zu verkaufen, und waren glücklich, diese Dinge gegen eines der von den Letten geschmähten Kastenbrote eintauschen zu können. Jānis Dreifelds versuchte, sich einen der Wachsoldaten gewogen zu machen, indem er ihm Geld versprach, wenn er etwas zu essen kaufen würde. Der Soldat lehnte ab, denn solch Weichherzigkeit gegenüber den »Verbrechern« wurde streng bestraft. Trotzdem erlag einer der Versuchung, und so kam die Familie an ein Päckchen trockener, fader Kekse – etwas anderes war im Bahnhofsbüfett nicht erhältlich.

Jānis versuchte herauszubekommen, wohin man sie bringt, aber die einfachen Soldaten beantworteten keine Fragen. Höchstwahrscheinlich wussten sie selber nichts. An ihrer Stelle dachte die Obrigkeit. Die Ungewissheit über ihr Schicksal war zermürbend. Aufgeregt diskutierten die Verschleppten die eventuelle Endstation der Fahrt. Zu jenem Zeitpunkt kam es ihnen entsetzlich vor, dass man sie an so ärmlichen Orten wie den Straßendörfern ansiedeln könnte, die durch die vergitterten Luken zu sehen waren. Wie sollten sich die Unglücklichen auch vorstellen können, dass die Ansiedlung in einer solchen Armut, verglichen mit Hunger und Kälte, die ihnen in Sibirien bevorstanden, ihre Rettung gewesen wäre?

Nach fünf Tagen erreichte der Zug den Bahnhof Babynino. Dort stand er eine Weile. Ob sie ihren neuen Wohnort erreicht hatten? Endlich öffnete sich die Tür des Waggons, und den Frauen und Kindern wurde befohlen auszusteigen. Die Frauen widersetzten sich, sie protestierten und schrieen. Sie weigerten sich, ihre Männer und Söhne, Brüder und Väter zu verlassen. Als sie mit Strenge nichts erreichten, griffen die NKWD-Männer zu einer List. Sie sagten, die Familien würden später wieder vereint. Dass Erwägungen des sowjetischen Humanismus eine solche Trennung diktieren würden, denn es sei unsittlich, wenn Frauen und Männer sich für längere Zeit zusammen auf so engem Raum befinden. Dies würde den sowjetischen Ordnungsvorschriften widersprechen.[55] Es blieb nichts anderes übrig, als sich zu fügen, und Emilija und Ligita stiegen gemeinsam mit anderen Frauen, Kindern und einigen Greisen zögernd aus dem Waggon.

Beide glaubten, dass sie sich nur für ein paar Tage von ihrem Ehemann bzw. Vater trennten, deshalb verabschiedeten sie sich nicht einmal richtig. Auch Jānis war davon überzeugt – wie sonst hätte er zugelassen, dass Frau und Tochter derart leicht bekleidet und mit einem kleinen Köfferchen in der Hand weiterfuhren? Obwohl die NKWD-Leute keine Zeit zum Aufteilen und Umpacken der Habseligkeiten ließen, hätte es mein findiger Großvater ganz bestimmt geschafft, ihnen ein paar Bündel zuzuwerfen, aber er wollte seine Frau und seine Tochter nicht mit schwerem Gepäck belasten. So wie stets war er bereit, alle Last auf sich zu nehmen, um die Frauen seiner Familie zu schonen. So trennten sich Emilija und Ligita auf dem Bahnhof Babynino von Jānis Dreifelds, ohne zu wissen, dass es ein Abschied für immer war. Bis zum Frühjahr 1990 sollte unsere Familie über das weitere Schicksal meines Großvaters im Ungewissen bleiben.

Mein Großvater Jānis

Ich weiß sehr wenig über meinen Großvater Jānis. Als ich ein kleines Mädchen war, betrachtete ich mit Interesse die von Verwandten erhaltenen Familienfotos. Sie zeigten Großvater als untersetzten Mann mit entschlossenem, ja sogar finsterem Gesicht. Ich hätte Angst gehabt, mich ihm zu nähern und in seiner Nähe herumzutollen – so dachte ich, als ich sein Gesicht musterte. Allerdings habe ich Mama nichts von meiner Furcht erzählt, denn sie sprach stets sehr liebevoll von ihrem Vater.

Ligita war das Kind der Reifejahre ihrer Eltern. Gewollt und besonders ersehnt, denn nach ihren drei Söhnen wünschten sich Emilija und Jānis inniglich ein Töchterchen. Als sich dieser Wunsch 1926 endlich erfüllte, war mein Großvater knapp 48 Jahre alt. Die kleine Ligita wickelte den gestrengen Jānis Dreifelds um den Finger, wie es ihr gefiel: Über die Tollereien seiner Tochter lächelte der Vater lediglich, während die Söhne gewöhnlich einen Rüffel einstecken mussten.

Als ich erwachsen wurde, entdeckte ich an Stelle des strengen Familienpatriarchen den Mann Jānis Dreifelds. Die scheinbare und vielleicht auch ein wenig gespielte Strenge trat nun in den Hintergrund, und ich bemerkte auf den Fotografien, was für ein attraktiver Mann mein Großvater war. Stattlich, selbstbewusst, energisch – und doch mit einem lustigen Funkeln in den Augenwinkeln. Er soll beweglich und behände gewesen sein und stets rasch zugepackt haben.

Jānis wurde in Russland in der Nähe von St. Petersburg geboren, wo sein Vater Kristaps Dreifelds, genannt Krišs, auf einem Gut als Förster arbeitete. Jānis absolvierte die Grundschule und begann zu arbeiten. Er war geschickt und gewitzt, und schon bald besaß er seinen eigenen Laden und ein Restaurant. Nun war es an der Zeit, eine Familie zu gründen, und daher fuhr er 1912 auf Brautschau nach Kurland, die Heimat seiner Vorfahren. In Liepāja/Libau[56] besuchte er seine Tante, die dort einen Großhandel betrieb. Bei dieser Gelegenheit traf er die junge und schöne Ilze Emilija Gāliņa, die im Geschäft der Tante als Verkäuferin arbeitete.

Bei Jānis war es Liebe auf den ersten Blick. Er hatte seine Frau und die Mutter seiner künftigen Kinder gefunden. Die beiden begannen einander zu schreiben, wobei sie ehrfürchtig die strengen Höflichkeitsnormen jener Zeit einhielten: sehr verehrtes Fräulein Gāliņa, hoch geschätzter Herr Dreifelds ... Diese Korrespondenz dauerte etwa ein halbes Jahr, und dann fuhr Jānis abermals nach Libau. Er lud Emilija zu einem Spaziergang ein und machte ihr auf dem jedem Libauer bekannten Rosenplatz[57] einen Heiratsantrag. Emilija nahm den Antrag an. Nun waren sie verlobt. Jānis küsste seiner Braut die Hand. Beugte sich zaghaft zu ihren Lippen, aber sie wich verschämt zur Seite. Dann schenkte er Emilija einen goldenen Verlobungsring und ein Armband. Es war das zweite Mal, dass sie einander begegnet waren.

Die Tatsache, dass Emilija den Antrag ohne Zögern annahm, belegt, dass er nicht unerwartet kam. Demnach hatte jemand die junge Frau vorbereitet, und sie wusste von den Absichten des Herrn Dreifelds. Wem sonst als seiner Tante, Frau Kļaviņa, hätte Jānis seine Zukunftspläne anvertraut und gebeten, Emilijas Haltung zu erkunden? Schließlich wollte er nicht zurückgewiesen werden. Und so begann Frau Kļaviņa Emilija von Jānis' guten Eigenschaften und seinem erworbenen Wohlstand zu erzählen, bis das Mädchen die alberne Sehnsucht nach einer großen, romantischen Liebe aufgab und den Worten ihrer Chefin aufmerksamer zuhörte. Bestimmt werden auch meine Urgroßmutter Lība und andere Verwandte ihr Scherflein zu Jānis' Lobpreisung beigetragen haben.

Für die damalige Zeit war er eine gute Partie – fähig, eine Familie zu ernähren und seiner Gattin ein Leben in Wohlstand zu sichern. Emilija wusste, was Armut ist. Sie hatte gesehen, wie schwer und über ihre Kräfte gehend ihre Eltern Lība und Indriķis gearbeitet hatten, um die sechs Kinder durchzubringen. Meine Großmutter wusste die ihr gebotene Möglichkeit zu schätzen, den Mangel hinter sich zu lassen, und gab Frau Kļaviņa zu verstehen, dass sie Jānis' Antrag nicht ablehnen würde. Aufgeregt sah sie seinem angekündigten zweiten Besuch in Libau entgegen.

Ob Emilija Jānis liebte? Zu jenem Zeitpunkt noch nicht, aber trotzdem freute sie sich auf die bevorstehende Ehe und das künftige wohlhabende Leben. Am Anfang des 20. Jahrhunderts wurden viele Lebensbünde auf diese Weise geschlossen, denn die Ehe war kein Vergnügen. Sie war in erster Linie eine Pflicht, und wenn man Glück hatte, wurde diese Pflicht auch von Liebe geziert. Emilija hatte Glück. Sie begann Jānis zu lieben.

Emilijas und Jānis' drittes Treffen war ihre Hochzeit. Sie wurde an Martini 1912 in Libau gefeiert. Vor der Ehe hatte Jānis Emilija kein einziges Mal geküsst. Für das junge Paar war ein luxuriöses Hotelzimmer reserviert. Dort waren sie in ihrer Hochzeitsnacht zum ersten Mal allein zu zweit. Es ist kaum möglich, sich die Gefühle der frisch Vermählten auszumalen, als sie vor dem Ehebett standen. Meine Großeltern waren einander beinahe Fremde. Emilija war im viktorianischen Geist erzogen worden und bereit, »diese Dinge« pflichtgemäß zugunsten des ehelichen Glücks zu erdulden. Bewundernswert ist die Entschlossenheit und Willenskraft meiner Großmutter – die noch nie geküsst worden war –, ihre Scham zu überwinden und sich ihrem angetrauten Mann, einem Fremden, körperlich hinzugeben.

Sie hatte sich vorgenommen, glücklich zu sein, aber zwischen »wollen« und »sein« sind tausend Hürden zu nehmen. Daher gebührt auch meinem Großvater Respekt, der über Takt und Geduld verfügte, die Gefühle seiner Frau zu erobern. Aus den Erzählungen von Großmutters Schwester Anna weiß ich, dass Emilija Jānis schon bald innig liebte, und dies ist in meinen Augen die höchste Auszeichnung für Großvaters Persönlichkeit. Die Ehe meiner Großeltern war glücklich.

Eine Woche nach der Hochzeit kuschelte sich Emilija in den Pelz, den ihr Mann ihr geschenkt hatte, und die beiden machten sich nach Russland auf, wo sie in dem Kleinstädtchen Kikerino unweit von St. Petersburg künftig leben würden. In den langen Jahren seines Lebens hatte Jānis Russland und die Großzügigkeit und Herzlichkeit seiner Menschen lieben gelernt, für Emilija hingegen war dieses Land fremd und unbekannt.

Zwar lebten in Kikerino auch andere Letten, darunter Jānis' Schwester Aleksandrina Vilnīte mit ihrem Mann Jēkabs und ihren drei Kindern. Trotzdem hatte Emilija in der ersten Zeit sehr großes Heimweh. Die flache Weite Russlands bedrückte sie. Auch waren die Menschen in Russland ärmer als in Lettland und anderswo in Europa. Sie hatte ein wenig von der Welt gesehen – als junges Mädchen war sie von einem wohlhabenden, aber kinderlosen Ehepaar aus der Verwandtschaft gerne auf Seereisen mitgenommen worden, und so wusste sie, dass in Amsterdam, Rotterdam, Hamburg und anderen großen europäischen Hafenstädten der gleiche Wohlstand und Lebensstil herrschte wie in Riga und Libau.

In Kikerino lernte Emilija rasch, fließend russisch zu sprechen. Die Sprache war ihr nicht fremd, denn aufgrund einer Anordnung Zar Alexanders III.[58] war seit 1885 das Russische die einzige erlaubte Unterrichtssprache an den Schulen in den Provinzen des russischen Imperiums. Auf diese Weise hatte der Zar versucht, freidenkerischen Ideen von Gymnasiasten, Studenten und anderen »Revolutionären« entgegenzuwirken, die seine absolute Macht zunehmend bedrohten. Und Menschen, die nur eine Sprache sprechen, sind eben leichter zu kontrollieren.

Emilija half ihrer Schwiegermutter Paulīne im Restaurant. Dies ermöglichte Jānis, dem Holzhandel mehr Zeit zu widmen. Emilijas erste Schwangerschaft zerstreute ihr Heimweh, und die Gedanken der werdenden Mutter wurden gänzlich von dem erwarteten Kind beherrscht. Jānis war stolz und glücklich. Er schonte seine Frau, wo er nur konnte. Am 1. April 1914 kam ihr Sohn Voldemārs zur Welt. Nun erhielt Emilijas und Jānis' Leben einen ganz anderen Inhalt und eine tiefe Erfüllung. Mit liebevollen Augen verfolgte Jānis, wie sich ein Wunder vollzog – nach der Geburt des Sohnes blühte die schüchterne, verschämte Emilija in weiblichem Selbstbewusstsein auf. Emilija entdeckte in sich starke, früher nicht gekannte Gefühle. Sie begann sich der Schönheit ihres Leibes und dessen Macht über sich und ihren Mann bewusst zu werden. Beide waren berauscht von den erregenden und ergreifenden Freuden des Gebens und Nehmens der neu entdeckten Sinnlichkeit. Sie waren maßlos glücklich. Die beiden wussten noch nicht, dass die Zeit ihres erfüllten Lebens und Arbeitens bald enden sollte.

Über Europa zogen sich bereits die Wolken des Krieges zusammen. Am 28. Juni wurde in Serbien der Thronfolger des österreichisch-ungarischen Reiches getötet, und am 1. August erklärte Deutschland Russland den Krieg. In den Schreckenswogen des Ersten Weltkriegs wurde die vormalige Weltordnung erschüttert. Das österreichisch-ungarische und das russische Imperium brachen zusammen. Im Februar 1917 sah sich Zar Nikolaus II. gezwungen abzudanken, und erstmals in der Geschichte Russlands gab es Hoffnung auf die Bildung einer Demokratie.

Um Russland noch mehr zu schwächen und zu spalten, gestattete Kaiser Wilhelm II. den Führern der russischen Bolschewiken, durch Deutschland aus der Schweiz nach Russland zurückzukehren. Die Kommunisten hatten große Machtambitionen, und es fiel ihnen nicht schwer, das von Missregierung, Krieg und Chaos gebeutelte Volk aufzuwiegeln. So gelang den Bolschewiken am 25. Oktober 1917[59] ein Staatsstreich; die provisorische Regierung wurde verhaftet, und für lange sieben Jahrzehnte wurde die Entwicklung der Demokratie in Russland gestoppt. Der anfänglich von den Bolschewiken versprochene und vom Volk erhoffte Rechtsstaat verwandelte sich schon bald in eine blutige »Diktatur des Proletariats«. Europa wurde von russischen Aristokraten, Intellektuellen, Beamten, Unternehmern und Händlern überschwemmt, die vor dem kommunistischen Terror auf der Flucht waren – von jenen, die genug Entschlossenheit und Glück hatten zu entkommen.

Nachrichten über die Ereignisse in Lettland erhielten Jānis und Emilija in Briefen ihrer Verwandten. Die wahren Ausmaße des Elends konnten sie sich jedoch nicht vorstellen, denn in ihrer beider Erinnerung war Lettland noch immer jenes Land des Friedens und Wohlstands, das sie eine Woche nach ihrer Hochzeit im November 1912 verlassen hatten. Bei ihrem Rückzug aus Kurland hatte die russische Armee Häuser und die Ernte in Brand gesteckt. Außerdem waren alle erwachsenen Männer eingezogen worden. Am 8. Mai 1915 nahmen die Deutschen Libau ein.

Emilija sorgte sich um ihre Eltern, denn sie wusste nicht, ob diese gemeinsam mit 400 000[60] anderen Kurländern geflohen oder in der Stadt geblieben waren. Lība und Indriķis hatten sich trotz allem zum Bleiben entschieden. Sie verfügten über keinen großen Besitz, den sie hätten verlieren können, und arbeitsame Hände werden unter jedem Regime gebraucht. Ein Jahr später hatten bereits 850 000[61] Letten ihre Heimat verlassen und sich nach Estland und weiter nach Russland begeben. Drei Jahre lang verlief die Front über lettisches Gebiet. Die Zeitungen berichteten über die heldenhaften Kämpfe der neugebildeten Divisionen der Roten Lettischen Schützen gegen das deutsche Heer auf der Todesinsel. Allerdings fanden die immensen Verluste, die unter Schützen wie Zivilisten zu beklagen waren, in den Berichten keine Erwähnung. Erst nach dem Krieg, als die Meldungen über Gefallene, Getötete und Vermisste ausgewertet wurden, ging die Zahl von 30 000 lettischen Soldaten[62], deren Leben der Erste Weltkrieg ausgelöscht hatte, in die Annalen der lettischen Geschichte ein. Unter den Vermissten war auch Jānis' Bruder Juris, den die Familie nach dem Krieg jahrelang ohne Erfolg suchte.

Nach dem bolschewistischen Staatsstreich im Oktober 1917 waren die Nachrichten über die Ereignisse in Lettland bruchstückhaft und widersprüchlich, und meine Großeltern schwankten, ob es sicherer war, in Russland zu bleiben und zu warten, bis das Chaos vorbei war, oder alles zurückzulassen und nach Lettland zu fliehen.

Die Ereignisse in Lettland entwickelten sich ebenso dramatisch wie in Russland selbst. Eine Woche nach dem Waffenstillstand von 1918, als Deutschland im Wald von Compiègne seine bedingungslose Kapitulation gegenüber den Alliierten unterzeichnete, trat am 18. November in Riga der Lettische Volksrat zusammen und proklamierte die Gründung des souveränen lettischen Staates.[63] Es war eine zerbrechliche Unabhängigkeit, die bereits im Dezember durch die Intervention der Bolschewiken bedroht wurde. Nach den sinnlosen Verlusten, die die Lettischen Schützen während des Krieges aufgrund des Unvermögens der zaristischen Oberbefehlshaber erlitten hatten, waren diese gespalten, und ein Teil hatte sich auf die Seite der Bolschewiken geschlagen.

Die Roten Lettischen Schützen sollten für ihre falsche Wahl teuer bezahlen. Im Zuge der Stalinschen Säuberungen von 1934 und 1937 wurden rund 70 000 der in der Sowjetunion verbliebenen Letten ermordet oder Repressalien ausgesetzt[64], unter ihnen eine große Zahl Revolutionsveteranen bzw. ehemalige Rote Schützen. Just mit deren Bajonetten intervenierte Russland 1919 in Lettland und etablierte – nach einem ähnlichen Szenario wie in Petrograd – einen Arbeiter- und Bauernrätestaat.

Die Kommunisten verloren bald die Unterstützung der ihnen anfangs gewogenen ärmeren Bevölkerungsschichten, als diese den Roten Terror kennen lernten. Aus Furcht vor einer Ausbreitung des Bolschewismus entschieden sich die Entente-Mächte, die neue lettische Regierung zu unterstützen, und die ihr loyalen Lettischen Schützen sowie Verbände der Landwehr bezwangen in aufopferungsvollen Kämpfen sowohl die Bolschewisten als auch die dem unabhängigen Lettland feindlich gesinnten Freikorps General von der Goltz' und Bermont-Awalows. Auch Emilijas Brüder Einis, Jānis und Kārlis Gāliņš kämpften für die Unabhängigkeit Lettlands.

Im Februar 1920 war das lettische Staatsgebiet vollständig von fremden Truppen befreit. Russland sah sich gezwungen, seine Niederlage einzugestehen, und am 11. August 1920 wurde in Riga der lettisch-russische Friedensvertrag unterzeichnet, in dem »(...) Russland die Unabhängigkeit, Selbstständigkeit und Souveränität Lettlands uneingeschränkt anerkennt und freiwillig und auf ewige Zeiten auf sämtliche souveränen Rechte an Volk und Land Lettlands verzichtet«.[65] Dieser Verzicht hinderte die Sowjetunion freilich nicht, diesen Vertrag sowie fünf weitere bilaterale Verträge im Jahr 1940 zu brechen.[66] Am 26. Januar 1921 verabschiedete die Konferenz der Alliierten den Beschluss »Über die Anerkennung der Republik Lettland de jure als Staat«.[67]

Als er sah, wie Russland in dem wechselhaften Glück des Bürgerkriegs schwankte, wurde Großvater Jānis schmerzlich bewusst, dass ein neues, anderes Russland im Entstehen begriffen war, das keinerlei Ähnlichkeit mehr hatte mit jenem Land, das er kannte und liebte, in dem er fast sein ganzes Leben verbracht hatte. Unweigerlich nahte der Sieg der Bolschewiken, und die Entscheidung, ob sie bleiben oder fortgehen sollten, duldete keinen Aufschub mehr. Es war schwer für Jānis, sein Lebenswerk aufzugeben, denn alles, was er sich erarbeitet hatte, musste er in Russland zurücklassen. Nach der Hyperinflation hatte auch das Gesparte keinerlei Wert mehr, und die Familie musste sich nahezu mittellos auf den Weg nach Lettland machen. Aber Emilija beruhigte ihren Mann: »Lass uns aufbrechen. Retten wir uns. Als ob wir nicht von vorne anfangen könnten. Wenn wir nur heil bis nach Lettland kommen.« Jānis beschloss, nach Lettland zurückzukehren und seine Familie in Sicherheit zu bringen: seine Frau, seine Mutter Paulīne und die drei Söhne. Seine Schwester Aleksandrina Vilnīte, deren Mann und ihre Kinder blieben in Russland. Den letzten Brief von seiner Schwester erhielt Jānis 1937.[68] Aleksandrinas weiteres Schicksal ist nicht bekannt, doch ist anzunehmen, dass sie und ihr Mann im Zuge der Stalinschen Säuberungen 1937 den Tod fanden.

Der Weg war voller Gefahren, denn sowohl in Russland als auch in Lettland tobte noch der Bürgerkrieg. Wie die Dreifelds in Lettland eintrafen – ob per Eisenbahn oder mit dem Pferdewagen –, ist nicht bekannt. Jedenfalls war die Familie Ende 1919 in Lettland.[69] Ihre Ankunft fiel mit den letzten lettischen Freiheitskämpfen zusammen. Um das Verlorene grämten sich Jānis und Emilija nicht allzu sehr. Hauptsache, die Söhne waren gesund und munter. Selber waren sie beide jung und voller Kraft, und ein arbeitsamer Mensch kann überall sein Brot verdienen. Sie hatten sogar einen besseren Start als viele andere Flüchtlinge, die nach dem Elend und Entsetzen in Russland nach Lettland zurückgekehrt waren: Jānis hatte von seinem Onkel ein Haus mit Grundstück in Jūrmala geerbt. Dort ließ sich die Familie nieder. Für den Anfang lieh ihnen Emilijas Bruder Einis etwas Geld, damit Jānis das Nötigste kaufen konnte, um einen Brennholzhandel aufzuziehen.

Den Dreifelds blieben jene Schwierigkeiten erspart, denen sich viele lettische Flüchtlinge ausgesetzt sahen, die sich zum Zeitpunkt der Unterzeichnung des lettisch-russischen Friedensvertrages im August 1920 noch in Russland befanden. Da Lettland nun ein souveräner Staat war, mussten sie, um eine Ausreisegenehmigung zu erhalten, beweisen, dass sie in ihrer jeweiligen Gemeinde polizeilich gemeldet gewesen waren, bevor sie sich in Russland niedergelassen hatten, und somit als lettische Staatsbürger galten. Zwar wurden insbesondere die Bestimmungen zur Rückkehr von Flüchtlingen im lettisch-russischen Friedensvertrag präzisiert und die Übereinkunft erzielt, dass die russischen Behörden die Rückkehr der lettischen Staatsbürger nicht behindern würden[70] – aber ein Vertrag und seine Einhaltung sind zwei ganz verschiedene Dinge.

Die russische Beamtenschaft verzögerte oftmals mutwillig die Aushändigung der erforderlichen Dokumente, oder aber es wurde versucht, den Letten die Informationen über das Recht, in ihre Heimat zurückzukehren, vorzuenthalten. Seit den Kriegsjahren waren in Russland lettische Flüchtlingskomitees tätig, aber auch ihnen wurden allerlei Hindernisse in den Weg gelegt und die Kommunikation mit den über die russischen Weiten verstreuten Volksangehörigen behindert. So sahen sich rund 150 000[71] Letten gezwungen, für immer in Russland zu bleiben – die meisten von ihnen unfreiwillig.

Zwanzig Jahre nach der Rückkehr nach Lettland hatte sich Emilijas Überzeugung, dass sie den erlittenen materiellen Verlust durch Arbeit würden wettmachen können, rundum bestätigt. Die Dreifelds waren zwar nicht reich, aber nach lettischen Verhältnissen eine wohlhabende Familie der Mittelschicht. Der bei der Hypothekenbank aufgenommene Kredit für den Bau eines zweigeschossigen Hauses mit vier Wohnungen war 1938 getilgt. Sägewerk und Holzhandel in Sloka liefen gut. Auf der Bank hatten sie Rücklagen.

Jānis und Emilija konnten es sich leisten, an einen friedlichen Ruhestand zu denken. Beide waren auf dem Land aufgewachsen und sehnten sich zur Scholle zurück, weshalb Jānis 1936 in der Nähe von Ķemeri sieben Hektar Grund erwarb und dort ein Landhaus baute. An diesem floss ein kleiner Fluss vorbei, und so wurde das Haus denn auch »Upītes« – Flüsschen – getauft.

Die Söhne hatten ihre Ausbildungen abgeschlossen: Voldemārs, der älteste, hatte Agronomie studiert, Viktors, der jüngste, die Kriegsschule absolviert und seine Offizierskarriere begonnen. Arnolds stand der Sinn nicht nach Studieren, aber er hatte handwerkliches Geschick und arbeitete als Schmied. Das Nesthäkchen Ligita besuchte das Gymnasium und träumte von einem Universitätsstudium. Im Gegensatz zu ihren Brüdern wusste das Mädchen nichts von den Schwierigkeiten und dem Mangel in den ersten Jahren nach der Rückkehr. Es war bereits in dem neuen Haus und in Wohlstand geboren.

So waren die Verhältnisse der Familie Dreifelds, als die sowjetische Armee am 17. Juni 1940 in Lettland einmarschierte. Laut sowjetischer Terminologie war Jānis Dreifelds ein Klassenfeind, der »durch die Ausbeutung der Bauern- und Arbeiterklasse reich geworden« war und daher als »sozial gefährliches Element« einzustufen sei, das laut Befehl des stellvertretenden Volkskommissars für Staatssicherheit der UdSSR vom 11. Oktober 1939 aus Lettland zu deportieren ist.[72]

Wjatlag

Es ist Juli 2000. Ich bin im Lettischen Staatsarchiv und halte einen bräunlichen, dünnen Aktendeckel aus Pappe in den Händen. Darauf steht auf Russisch »Delo Nr. 13207 po obwinjeniju Dreifeld(s) Janisa Kristapowitscha«.[73] Die Akte wurde am 14. Juni 1941 angelegt und am 3. März 1942 abgeschlossen. Sie umfasst 39 Blatt Papier.

Ich kann mich nicht überwinden, Großvaters Akte aufzuschlagen. Meine Hände sind kraftlos, der Atem geht schwer. Ich bin mir bewusst, der erste Angehörige zu sein, der die Papiere berührt, die davon zeugen, was geschehen ist, nachdem meine Großmutter Emilija und meine Mama Ligita auf dem Bahnhof Babynino aus dem Viehwaggon geholt wurden und Großvater allein blieb. Wie unglaublich dünn ist diese Akte! Wie kann eine so dünne Akte das Leiden und Sterben meines Großvaters Jānis und die 16 Deportationsjahre meiner Großmutter und meiner Mama beinhalten!

Schließlich reiße ich mich zusammen und schlage den Deckel auf. Das erste Dokument ist ein am 17. Dezember 1941 unterzeichneter Festnahmebeschluss. Ich bin irritiert. Wie? Der Beschluss zu Großvaters Festnahme wurde sechs Monate nach seiner faktischen Festnahme gefasst?! Rasch blättere ich die anderen Papiere durch: ein Häftlingsfragebogen, ein Vernehmungsprotokoll, ein Beschluss zur Anklageerhebung, die Anklageschrift usw. Alles datiert mit jenem 17. Dezember.

Und dann folgt ein etwa 9 × 12 Zentimeter großes Stück grauen Papiers, auf dem in schnörkeliger Handschrift eine Meldung geschrieben steht. Vor Aufregung vermag ich nur einige Worte und ein Datum zu lesen – 31. XII. 41. Ich begreife, dass dies die Meldung über den Tod meines Großvaters ist! Dieser unschein-

ХРАНИТЬ ВЕЧНО

СССР

НАРОДНЫЙ КОМИССАРИАТ ВНУТРЕННИХ ДЕЛ

Riga

ДЕЛО № 13207

По обвинению Дрейфельда Яниса Кристаповича

Начато 14 июня 1941 г.

Окончено 26 3 1942 г.

В 1 томах

Том №

Арх. № 20293 / 1030

Сдано в архив " " 194 г.

Die Deportationsakte von Jānis Dreifelds (LVA, Fonds 1987, Aktenverzeichnis 1, Akte 20293)

bare Fetzen Papier, der von irgendeinem linierten Formular abgerissene Rand, ist das Dokument, das den Tod meines Großvaters konstatiert … Ich nehme mich zusammen und beginne zu buchstabieren, kann die kyrillische Handschrift jedoch nicht entziffern. Ich bitte den Historiker Ainārs Bambals um Hilfe. Die Meldung wurde in der Krankenstation des Wjatlag-Lagers Nr. 7 ausgestellt.[74] Darin heißt es, Dreifelds Jānis Kristapowitsch sei am 31. Dezember 1941 an kruppöser Lungenentzündung und chronischer Myokarditis gestorben.

Diese Berührung mit der Primitivität der Todesmaschinerie des Gulag schockiert mich; als ich mich wieder gefasst habe, schlage ich abermals das erste Blatt der Akte auf und beginne, systematisch und sorgfältig zu lesen. Ich verbiete mir, mich Emotionen hinzugeben. Ich muss bis zum Ende von Großvaters Akte kommen, denn auf mich warten noch neun Bände mit den Akten meines Großvaters väterlicherseits, Aleksandrs Kalnietis, meiner Großmutter väterlicherseits, Milda, und meines Vaters Aivars.

Auf der vierten Seite jedoch erwartet mich eine weitere Erschütterung. Auf dem Häftlingsformular ist neben der Unterschrift meines Großvaters sein Fingerabdruck. Die Tränen schießen hervor. Ich lege die Hand auf Großvaters Fingerabdruck und gebe mich der Illusion hin, dass sich unsere Hände berühren …

Mit dem Verfassen der Anklageschrift meines Großvaters war ein Ermittler des mobilen Einsatzkommandos des Volkskommissariats für Staatssicherheit der Lettischen SSR namens Wid beschäftigt. Unter Führung des NKWD-Offiziers Jānis Vēveris fabrizierte diese Gruppe seit Mitte August 1941 im Wjatlag und Usollag in hohem Tempo Anklageschriften für die Eingabe zur Bearbeitung im Bezirksgericht Kirow oder bei der Sonderberatung des NKWD der UdSSR.[75] Nachdem sich Genosse Wid am 17. Dezember mit dem ihm »zur Verfügung stehenden Material über das verbrecherische Vorgehen des Jānis Dreifelds vertraut gemacht« hatte (der Beweis für dieses verbrecherische Vorgehen ist die Tatsache, dass Großvater ein Haus mit vier Wohnungen, ein Jahreseinkommen von 12000 Lat und eine Landwirtschaft besaß), hatte der Ermittler es »als sachdienlich befunden«, Dreifelds Jānis Kristapowitsch bis zur Gerichtsverhandlung in einem Wjatlag-Lager in Untersuchungshaft zu nehmen. Der Umstand, dass er bereits seit dem 9. Juli dort inhaftiert war, irritierte den gewissenhaften Tschekisten Wid keineswegs.

Nachdem dieses Papier nun geschrieben war, konnte man sich mit dem soeben ausgefüllten Häftlingsformular vertraut und sodann an die Vernehmung machen. Das Verhör dauerte nur anderthalb Stunden, was hoffen lässt, dass Großvater nicht geschlagen und gequält worden ist. Genosse Wid wollte wissen, in welchen Organisationen Großvater tätig war, welche er finanziell unterstützte, ob es irgendwelche repressierten Verwandten gebe, aber in den Antworten war nichts zu entdecken, was für die Anklage von Nutzen wäre. Also musste auf die übliche Frage nach der antisowjetischen Tätigkeit zurückgegriffen werden, die Großvater verneinte. Wid fuhr ihn entrüstet an: »Sie sagen nicht die Wahrheit! Erzählen Sie, wie Sie Ihre Unzufriedenheit mit der Sowjetmacht in Lettland zum Ausdruck brachten.«[76] Großvater bezeugte ruhig, dass er mit der Sowjetmacht zufrieden war.

Genosse Wid begann des ausgezehrten Alten überdrüssig zu werden. In der Tat, schwer ist die Arbeit eines Tschekisten! Monatelang musste man unter unzivilisierten Bedingungen in irgendwelchen stinkenden Lagern leben und tagein, tagaus allerlei Gesindel verhören, das ansteckende Krankheiten hatte und völlig verlaust war. Und dann musste man sich die Beweise der Schuld auch noch selber ausdenken. Nachdem er sich routinemäßig nach Jānis' Besitz und Einkünften erkundigt hatte, entdeckte Wid auf dem Häftlingsformular etwas Interessantes – der Häftling hat eine Schwester, die in Russland lebt. Ob man da nicht einen Hinweis auf konterrevolutionäre Tätigkeit finden kann? Nein, es sah nicht so aus, denn die Verbindung zwischen Bruder und Schwester war 1937 abgebrochen. Offensichtlich war die Bürgerin Vilnīte bereits entlarvt und bestraft worden. Das musste später überprüft werden. Es war gleich Zeit für die Mittagspause, und Wid beschloss, Ruhe zu geben.

So war das Verhör meines Großvaters am 17. Dezember 1941 um 12.00 Uhr zu Ende. Am Nachmittag verfasste Wid die übrigen Dokumente, und die Ermittlungsakte war entsprechend den Anforderungen der sowjetischen Prozessordnung ausgefertigt und konnte an die Sonderberatung des Volkskommissariats für Innere Angelegenheiten der UdSSR weitergeleitet werden. In der Anklageschrift wird »Dreifelds Jānis Kristapowitsch angeklagt, dass er ein Haus mit vier Wohnungen mit einem Jahresumsatz von 1200 Lat, eine Landwirtschaft mit sieben Hektar Land, ein Handelsunternehmen mit einem Jahresumsatz von 12 000 Lat besaß, ausgebeutet wurde ein Arbeiter«.[77] Für dieses Verbrechen wird die Verbannung in entlegene Gebiete der UdSSR für eine Dauer von fünf Jahren empfohlen. Im Vergleich zu den 20 Jahren oder der Todesstrafe, wie das Urteil für die meisten Deportierten lautete, war Wid ungewöhnlich milde. Wahrscheinlich wirkte mein Großvater dermaßen entkräftet, dass der erfahrene NKWD-Mann sich dachte: Der wird ja sowieso bald verrecken, was soll man da noch lange Strafen fordern. Er sollte Recht behalten. Vierzehn Tage später war mein Großvater tot.

Ich blättere noch einmal die Früchte der Bemühungen des Tschekisten Wid durch und wundere mich, warum sich die Sowjetjustiz so sehr um die Erzeugung der Illusion von Rechtmäßigkeit bemühen musste, um dahinter die Massenvernichtung von Menschen zu verstecken. Das erforderte doch Zeit, überflüssige Ausgaben und beschäftigte unnötigerweise eine riesige Armee von NKWD-Leuten und Beamten des Gerichtssystems. Einfacher wäre es gewesen, auf das Theater zu verzichten und die Todesmaschinerie ohne diese Papierberge zu betreiben. Aus irgendeinem Grunde jedoch wurden die Vorschriften der sowjetischen Prozessordnung sorgfältig eingehalten. Das verleiht dem Geschehenen eine surreale Tragik. Die rechtswidrig aus ihren Häusern geholten, von ihren Familien getrennten und vor Hunger geschwächten zu Verhörenden wurden gezwungen, diese Farce der Rechtmäßigkeit mitzuspielen.

Die korrekte Ausfertigung der Akte erforderte sechs Unterschriften des Angeklagten. Zuerst hatte mein Großvater Jānis den Beschluss zur »Anordnung der verfahrenssichernden Ermittlungsmaßnahme« zu unterzeichnen. Danach bestätigte er mit seiner Unterschrift das auf Russisch ausgefüllte Häftlingsformular. Die dritte Unterschrift auf dem Protokoll bezeugt, dass das während des Verhörs Gesagte »nach meinen Worten aufgezeichnet und mir auf Lettisch vorgelesen wurde«.

Allein dies scheint bereits merkwürdig – warum wurde das auf Russisch geschriebene Protokoll auf Lettisch verlesen, obgleich Jānis Dreifelds des Russischen mächtig war? Er hätte es selber auf Russisch durchlesen oder anhören und verstehen können. Offensichtlich war dies eine Ermittlungsvorgabe oder aber es war praktischer so, denn ohne nötiges Aufsehen zu erregen konnte das Unterschreiben von allem Möglichen erzwungen werden –

die meisten Verhörten konnten kein Russisch, und dies hatte auch, wie der Fall meines Großvaters darlegt, keinerlei Bedeutung. Die benötigte Unterschrift wurde so oder so geleistet, ob im Guten oder im Bösen. Es bedurfte nicht einmal einer besonderen Anstrengung. Die Häftlinge waren geschwächt und apathisch, nur selten hatte jemand die Kraft, etwas einzuwenden, geschweige denn zu widersprechen. Diejenigen, die nicht sofort unterschreiben wollten, wurden geschlagen, bis sie aufgaben. Als Warnung für die anderen wurden die Widerspenstigsten die Nacht über bei 50 Grad Frost ausgesperrt. Danach brauchte der Fall nicht weiterverfolgt werden, denn selbst die sowjetische Prozessordnung hatte ihre Absurdität nicht bis zur Anklage von Leichen perfektioniert.

Der nächste Abschnitt der Verfahrensfarce war die Verlesung der Anklage, die mit der obligatorisch-rhetorischen Frage abgeschlossen wurde, ob der Angeklagte sich »im Sinne der Anklage für schuldig bekennt«.[78] Als ob er eine Wahl gehabt hätte! Natürlich bekannte sich mein Großvater für schuldig, ebenso wie viele andere vor und nach ihm auch. Großvaters letzte Replik in diesem absurden Theater ist seine Unterschrift unter dem Protokoll zum Abschluss der Ermittlungen. Dessen Text ist vorgedruckt, und auf eine frei gelassene Stelle hat der Ermittler rasch gekritzelt, »Dreifelds Jānis Kristapowitsch wünscht der Ermittlung nichts hinzuzufügen und bestätigt die zuvor gemachte Aussage«.[79]

Das weitere Prozesstheater blieb meinem Großvater erspart. Er starb vor der Behandlung des Falls durch die Sonderberatung des Volkskommissariats für Innere Angelegenheiten der UdSSR, und mit einem Beschluss vom 25. März 1942 wurde die Ermittlung beendet und der Fall ans Archiv überstellt.

Da der Fall Jānis Dreifelds nicht zur Aburteilung kam, wurde die von Wid verfasste Ermittlungsakte zusammen mit dem ersten Dokument abgelegt – der am 14. Juni 1941 angelegten Erfassungsakte der Familie des Deportierten Jānis Dreifelds. Diese enthält auch – ohne eigene Identität – die administrativ verschickten

Angehörigen Emilija und Ligita Dreifelde. Ihre Namen erscheinen nicht einmal auf dem Aktendeckel. Es ist für mich unfassbar, dass meine Großmutter und Mama für ihre 16 Deportationsjahre keine persönliche Akte verdient haben! Wie Beigaben, wie Gegenstände, wie Möbel sind sie in die Akte des Jānis Dreifelds eingetragen, und der längst verstorbene Jānis Dreifelds fährt bis 1957 und noch länger fort, das Schicksal unserer Familie zu beeinflussen. Zum letzten Mal wurde die Akte am 29. Dezember 1988 vom stellvertretenden Innenminister der Lettischen SSR, Zenons Indrikovs, eingesehen. Um sich davon zu überzeugen, ob Sandra Kalniete, Aktivistin der Lettischen Volksfront[80], in irgendeiner Verbindung zu dem Deportierten Jānis Dreifelds steht.[81]

Die korrekt zusammengestellte Anklageakte des Jānis Dreifelds gibt keine Auskunft über die Zeit zwischen der Ankunft auf dem Bahnhof Babynino und dem 17. Dezember, an dem der erste Eintrag in ihr vorgenommen wurde. Nichts ist dort über sein Leben zu finden: Wie gelangte er bis zum Wjatlag? Was geschah mit der Familienhabe, die bei Großvater geblieben war? Was hat er gegessen, wenn er überhaupt etwas zu essen hatte? Was hatte er zum Anziehen? An welchen Krankheiten litt er tatsächlich? An Mangelerscheinungen? Wie ist er gestorben? Wo begraben?

Diese realen Fakten spielen für die surreale sowjetische Prozessordnung keinerlei Rolle. Sie war mit dem Klassenkampf beschäftigt und zeigte für den Gegenstand dieses Kampfes – den Menschen – kein Interesse. Mir bleibt nichts anderes übrig, als den Leidensweg meines Großvaters anhand von Erinnerungsbruchstücken von Überlebenden des Wjatlag und historischen Forschungen zu rekonstruieren.[82] Ich bin mir darüber im Klaren, dass diese Rekonstruktion lediglich eine Annahme ist, in groben Zügen jedoch waren die Etappen der Häftlinge einander ähnlich: von Babynino ins Durchgangslager Juchnow. Von Juchnow über Babynino ins Wjatlag-Lager Nr. 7.

Im Fundus des Lettischen Okkupationsmuseums[83] erwartet mich eine weitere Erschütterung. In der Liste der im Wjatlag inhaftierten und umgekommenen Letten – zu diesem Zeitpunkt die vollständigste Dokumentation über deportierte Einwohner Lettlands, die innerhalb eines Lagerkomplexes gestorben sind – kann ich den Namen von Jānis Dreifelds nicht finden. Das ist bitter. Nicht einmal der ehrenvolle Platz auf einer Opferliste ist ihm vergönnt. Ja, beruhigt mich eine Museumsmitarbeiterin, auch die Namen ihrer Familienmitglieder sind bislang auf keiner der Listen entdeckt worden. Demnach gibt es viele wie Jānis Dreifelds, deren Tod zwar durch eine Meldung in ihrer Akte bezeugt wird, deren Name im Chaos der Lagerwirtschaft jedoch aus der Kartei der operativen Erfassung verschwunden ist oder aber durch ein Missverständnis oder eine Unachtsamkeit in einem anderen Verwaltungsgebiet registriert wurde.

Jānis Dreifelds galt laut NKWD-Angaben als in Russland geboren. Vielleicht ist sein Name deshalb nicht auf der Liste der im Wjatlag gestorbenen Letten zu finden. Erst als im Jahr 2001 zum Gedenken an den 14. Juni 1941 das vom Lettischen Staatsarchiv herausgegebene Buch *Aizvestie* (Die Fortgebrachten bzw. Verschleppten) erscheint, finde ich dort auf Seite 560 endlich den Namen meines Großvaters.[84] Doch auch dieses Buch ist sicherlich lückenhaft, denn die Akten hoher Staatsmänner, Diplomaten und der Generalität sind für die historische Forschung noch immer nicht zugänglich, weshalb die Fakten über die Umstände und den Ort ihres Todes weiterhin unklar sind.

Bald nachdem Emilija und Ligita in einen anderen Zug verfrachtet worden waren und dieser weiterfuhr, wurde den im Waggon zurückgebliebenen Männern befohlen auszusteigen. Das Gepäck hatte auf einem Haufen neben dem Zug zu bleiben.

Der Arzt Jānis Šneiders beschreibt das Weitere wie folgt: »(…) alle wurden nacheinander durchsucht und sämtliche Schreibutensilien, auch Messer und sogar Nagelfeilen, abgenommen. Auf dem Bahnhof saßen an mehreren Tischchen Offiziere, denen man alle Gold- und Silbersachen, Uhren, Schmuckstücke usw. abgeben musste. Gepäckstücke und Koffer wurden auf einem Haufen gestapelt und wir alle in Sechserreihen aufgestellt. Rundum waren Wachen, sowohl zu Fuß als auch zu Pferd, und schlussendlich gab es auch Hunde.«[85]

Höchstwahrscheinlich hat auch mein Großvater die Kilometer, die Babynino von Juchnow trennen, in einer solchen Kolonne zurückgelegt. In den Erinnerungen der Häftlinge unterscheidet sich die Einschätzung der Entfernung. Manche sprechen von 15, andere von 30 oder 40 Kilometern. Auch diese Unterschiede sind bezeichnend, denn sie spiegeln den Grad der Erschöpfung oder die seelische Verfassung der Marschierenden wider. Tatsächlich liegt Juchnow 50 Kilometer von Babynino entfernt.

Die Häftlingskolonne stolperte über den stellenweise ausgetretenen Trampelpfad dahin. Noch hatten die Männer ja die in Lettland angesammelte Kraft in den Knochen. Nur der Durst war quälend, denn sie erhielten nichts zu trinken. Aus dem Glied treten oder zurückbleiben durfte man ebenfalls nicht, denn die Wachen hatten gedroht, dass sie sofort schießen würden. Die Langsameren wurden durch Schläge mit dem Gewehrkolben aufgemuntert. Mancher verlor einen Zahn oder handelte sich größere Blutergüsse ein. Wenn meinem Großvater wenigstens die Schläge erspart geblieben sind, denn er war doch nicht mehr der Kräftigste!

Nachdem sie sich viele Stunden dahingeschleppt hatten, zog das Gekrächze von Krähen die Aufmerksamkeit der Häftlinge auf sich. Wie eine schwarze Wolke kreisten die Vögel über einigen in der Ferne auftauchenden Gebäuden. Die Kolonne näherte sich dem Durchgangslager Juchnow, das auf einem ehemaligen Landgut eingerichtet war. Vor dem Transport aus Lettland waren hier aus den von der UdSSR okkupierten Gebieten Polens deportierte polnische Offiziere interniert. Die Häftlinge wurden in einen von Abfällen und Glasscherben übersäten Gemüsegarten getrieben, wo ihre Registrierung und abermalige Leibesvisitation begann. Die aufgebracht krächzenden Krähen kreisten ununterbrochen über den Köpfen der Verdammten. Die Erde war zerwühlt. In der Luft lag ein unangenehmer Gestank. Den beunruhigten Menschen schien es Verwesungsgeruch zu sein, und sie fragten sich selbst und einander, ob dies nun das Ende sein würde.

Einer verliert die Nerven, er zückt ein in seiner Kleidung verstecktes Messer, holt aus und rammt es sich in die Schläfe. Blut spritzt nach allen Seiten. NKWD-Männer und Wächter brüllen in Panik: »Hinlegen oder wir schießen!« Blutüberströmt stolpert der Unglückliche ein paar Schritte weiter und bricht dann zusammen. Nun ist Juchnow mit lettischem Blut geweiht.

Bald nach diesem Zwischenfall setzten die Aufseher die Registrierung der Häftlinge fort und teilten sie in Gruppen zu je 100 Mann ein. Sobald eine Hundertschaft komplett war, wurde sie ins Lager getrieben. Die Gemüter beruhigten sich ein wenig – dann werden sie wohl doch nicht gleich erschossen! Insgesamt wurden 80 Hundertschaften gebildet.[86] Auf einem abgezäunten benachbarten Gelände waren 300 Offiziere der Lettischen Armee und auf einem weiteren mehrere Frauen eingesperrt.

Im Lager von Juchnow nahte der *Līgo*-Abend[87], und allem zum Trotz trafen die Männer Vorbereitungen, ihn zu feiern. Zwischen dem im Lager herumliegenden Gerümpel fand sich ein metallenes Fass. Um das darin entzündete Johannisfeuer saßen sie im Kreis. Wie schwer einem auch ums Herz war, man durfte sich nicht der Niedergeschlagenheit hingeben, und indem die Männer sangen, gaben sie sich fröhlich voreinander. Als er seine Schicksalsgefährten ansah, versuchte Jānis Dreifelds die Verzweiflung zu unterdrücken, die er in sich aufsteigen spürte. Er sehnte sich so sehr nach seiner Frau und den Kindern.

Er erinnerte sich an das letzte Johannisfest, als das Nesthäkchen Ligita ihnen große Sorgen bereitet hatte. Jānis und Emilija hatten den *Līgo*-Abend damals zusammen mit den Nachbarn bei Dr. Ozoliņš gefeiert. Als die beiden gegen Morgen genug gesungen und gefeiert hatten und nach Hause kamen, stellten sie fest, dass Ligita nicht da war. Was war das doch für eine Aufregung! Das Mädchen hatte sich aus dem Haus geschlichen, ohne dem

Dienstmädchen etwas zu sagen. Als die Sünderin nach einigen Stunden glücklich und mit rosigen Wangen heimkehrte, hatte Jānis sie ordentlich ins Gebet genommen – wie konnte sie es wagen, ohne Erlaubnis! Wie immer versuchte Emilija, sich sanft für die Tochter einzusetzen, aber diesmal war ihr Gatte nicht zu beeinflussen. Die durchstandene Aufregung und der Zorn über die Eigenmächtigkeit des Mädels machte den Familienpatriarchen unerbittlich. Donnernd kam das Urteil: eine Woche Stubenarrest! Verletzt schluchzte Ligita auf – sie hatte doch nichts Böses getan. Ihre Freundin Aina und sie wollten nur das Johannisfeuer am Strand sehen. Sie waren ein wenig spazieren gegangen, hatten sich scherzhaft mit Kalmus durchgewalkt und sich dann beide auf dem Heuboden von Ainas Mutter schlafen gelegt. Nachdem es seinen Zorn über die Ungerechtigkeit herausgeschrieen hatte, war das Mädchen nach oben in sein Zimmer gestürzt. Emilija sah ihren Mann vorwurfsvoll an und folgte ihrer Tochter …

Bald war Jānis' Zorn verraucht. Sie war doch nur ein närrisches Kind. Draußen vor der Haustür erklang ein Lied. Wie jedes Jahr hatten sich Musikanten zusammengefunden, um Jānis zu seinem Namenstag zu gratulieren. Als sie die Musik vernahmen, vergaßen auch Emilija und Ligita den Zwischenfall. Emilija trat leise ans Fenster und schob den Vorhang ein wenig zur Seite. Dann flüsterte sie ihrem Mann zu: Es sind sechs. Nun wusste Jānis, wie viel Geld er für die Musikanten bereitlegen musste. Ligita begriff, dass dies der richtige Augenblick war, um sich mit ihrem Vater auszusöhnen, sie fiel ihm um den Hals und flüsterte: »Verzeih mir, Papi!« … Ach, Emilija und Ligita! Wo sie jetzt wohl sein mochten? Sein Blick wurde von Tränen verschleiert. Jānis holte tief Luft und richtete sich auf. Er durfte sich nicht Erinnerungen und der Verzweiflung hingeben. Dieser Wahnsinn konnte nicht ewig fortdauern, und das Leben würde in seine gewohnten Bahnen zurückkehren. Man musste nur hoffen und abwarten.

Zu Johanni 1941 ging das Gerücht um, dass der Krieg begonnen hat. Einem Häftling war es gelungen, einem Fahrer eine Zeitung abzukaufen, und so ging die Nachricht von Mund zu Mund, dass Deutschland am 22. Juni die Sowjetunion angegriffen hatte. Die Häftlinge waren aufgeregt, der Krieg machte ihnen Hoffnung, freizukommen und nach Lettland zurückzukehren. Die Männer erörterten eifrig, dass die Russen sich nicht lange halten würden, nach zwei oder drei Monaten würde der Krieg vorbei sein und somit auch die Macht der Sowjetunion über Lettland. Irgendwo in der Ferne, aus Richtung Smolensk, war hin und wieder Geschützdonner zu vernehmen. Auch innerhalb des Lagers zeugte alles von zunehmender Anspannung: die Lautsprecher schwiegen, die Brotration wurde gekürzt, die Wachposten waren noch barscher und brutaler geworden und beschimpften die deportierten Letten immer häufiger als Faschisten.

Am 25. Juni begann der Weitertransport der Häftlinge, und die im Lager Zurückbleibenden mussten sich mit Spekulationen über das Los quälen, welches die Abtransportierten und sie selber erwartete. Wieder gingen Gerüchte über Erschießungen um. Bei einigen flackerte die unsinnige Hoffnung wieder auf, dass sie nun endlich dorthin gebracht würden, wo die von ihnen getrennten Frauen und Kinder auf sie warteten.

Am 29. Juni verließen die letzten Hundertschaften das Durchgangslager Juchnow. Demnach wird zwischen dem 25. und 29. Juni auch mein Großvater wieder in Reih und Glied aufgestellt und unter Bewachung zum Bahnhof Babynino getrieben worden sein. Dort durfte er irgendetwas von dem vor einer Woche unter freiem Himmel zurückgelassenen und nunmehr vom Regen durchweichten, von den anderen Deportierten mehrfach umgeschichteten und durcheinander gebrachten Gepäck zusammenklauben. Zweifellos wird Großvater Jānis aus Sorge um Emilija und Ligita versucht haben, möglichst viel Notwendiges mitzunehmen. Dann wurde er in einen Waggon getrieben. Ich weiß nicht, ob es einer der Viehwaggons war, in dem rund 50 Häftlinge »transportiert« wurden, oder aber ein großer Pullmanwagen, in den 90 bis 100 Menschen gepfercht wurden.

Die Entfernung zwischen Babynino und Moskau beträgt nur rund 200 Kilometer, aber die Häftlingstransporte brauchten für die Strecke über Umwege und mit langen Zwischenaufenthalten auf kleinen Bahnhöfen zwei bis fünf Tage. Die Fahrt wurde von den ununterbrochen gen Westen rollenden Zügen mit Soldaten und Waffen aufgehalten. Es war unerträglich heiß. Zu essen bekamen sie nichts. Die Luft war zum Ersticken, es gab kein Wasser. Vor Durst und Hitze wurden die Menschen oft ohnmächtig. Die Häftlinge waren vollkommen von der Außenwelt isoliert und wussten nicht, welcher Seite das Kriegsglück hold war. Auf den Bahnhöfen gab es keine Lautsprecherdurchsagen. Dr. Šneiders erinnert sich, dass er in Moskau durch einen Spalt in der Wagenwand Sperrballons am Himmel gesehen hat – also bedrohten die deutschen Flugzeuge bereits Moskau. Von Moskau ging die Fahrt über Gorki und Kotelnitsch weiter nach Kirow.

In Kirow stand der Zug mehrere Tage; während der gesamten Zeit waren die Menschen in den Waggons eingesperrt. Dann fuhr der Zug in Richtung Norden bis zu dem Dorf Rudnitzkaja, wo die Lager des Wjatlag begannen. Laut NKWD-Dokumenten trafen die ersten Deportierten aus Lettland am 9., der größte Teil am 10. und die letzte Gruppe spätestens am 13. Juli im jeweiligen Internierungslager (»Lagpunkt«) ein.

Im Herbst 1941 waren insgesamt 3281 Einwohner Lettlands im Wjatlag interniert.[88] Aus den Berichten von Dr. Šneiders erfahre ich mehr über das Wjatlag-Lager Nr. 7, wo sich anfangs überwiegend Letten befanden und in dem auch mein Großvater interniert war. Möglicherweise sind sie einander begegnet, denn als Arzt lernte Šneiders viele der Deportierten kennen. Nach der Ankunft wurden die Neuankömmlinge wieder durchsucht und in Reih und Glied aufgestellt; dann befahl man ihnen, alles mitgebrachte Gepäck abzugeben, das ihnen nach der Freilassung wieder ausgehändigt würde. Die über das abgenommene Gepäck ausgestellte Quittung wurde ihnen bereits bei der ersten Durchsuchung wieder abgenommen.

Wenn meine Mama erzählt hatte, das gesamte Gepäck der Familie sei bei Großvater geblieben, tröstete ich mich damit, dass die Sachen wenigstens ihm von Nutzen waren, um sich wärmer anzuziehen oder um sie gegen Lebensmittel einzutauschen. Aber nein. Das Gepäck wurde entweder gestohlen oder verschimmelte sinnlos in einem Lagerraum, während mein Großvater im Wjatlag und meine Großmutter und meine Mama in einer anderen Gegend Sibiriens froren und hungerten.

Nach der Konfiszierung des Gepäcks wurden die Häftlinge in Holzbaracken getrieben. Dort fanden die Unglücklichen nackte Holzpritschen vor, in deren Ritzen sich hungerstarre Wanzen versteckt hielten. Als sie die Wärme von Menschen spürten, erwachte das Leben in ihnen, und sie stürzten sich zu Tausenden auf die Ankömmlinge. Die Baracken waren dreckig. Auf dem Boden lag Abfall herum, und unter den Pritschen wurde Brennholz gelagert. Obwohl der gusseiserne Kanonenofen im Winter Tag und Nacht beheizt wurde, waren die Wände der Baracke vereist.[89] Nachts wurde die Baracke von außen verschlossen, und die Häftlinge mussten ihre Notdurft in so genannten *paraschas* verrichten, metallenen Kübeln, die die Männer jeden Morgen hinaustrugen. Es hatte den Anschein, dass der Gestank von Urin und Exkrementen sich überall hineinfraß – in die Luft, die Kleidung, die Haut, in die Nahrung. Er war dermaßen penetrant, dass er den Männern auch außerhalb der Baracke und sogar bei der Arbeit im Wald anhaftete. Auch die auf dem Lagergelände stehenden Latrinen wurden nicht gereinigt und verwandelten sich im Winter in einen stetig anwachsenden, gefrorenen Unrathaufen.

Der Arbeitstag begann um sechs Uhr morgens und endete um acht Uhr abends. Manchmal mussten dringende Arbeiten auch nachts verrichtet werden. Zu Arbeitsbeginn wurden die Häftlinge in Reih und Glied aufgestellt und unter Bewachung zur Arbeit in den Wald getrieben. Diejenigen, die die Tagesnorm erfüllten, bekamen Lebensmittelscheine, für die sie eine wässrige Brühe oder eine Kelle Grütze mit einem Stück Brot erhielten. Gelegentlich bekamen sie auch einen Dörrfisch als Zukost. Wenn jemand die Norm nicht erfüllte, erwartete ihn der Karzer – bei Kälte, Dunkelheit und fast ohne Nahrung. Die Aufseher zögerten nicht, auch körperliche Züchtigungen anzuwenden, um einen solchen Schuldigen zu »erziehen«.

Entsprechend der Lagerordnung wurden die Häftlinge im Gulag in die Gruppen A (für schwere körperliche Arbeit tauglich), B (für leichte bzw. Hilfsarbeiten geeignet) und C (nicht zählende Invaliden) eingeteilt. Zu Gruppe C wurden auch Untersuchungshäftlinge gerechnet, von denen die kräftigsten nichtsdestotrotz schwere Arbeiten verrichten mussten. Also war auch mein Großvater Jānis jener Gruppe zugeteilt. Entsprechend der Gruppenzugehörigkeit war auch die in Friedenszeiten geltende Lebensmittelrationierung vorgesehen. Angehörige der Gruppe A erhielten für die Erfüllung der Norm 500 Gramm Brot am Tag, diejenigen der Gruppen B und C 400 Gramm.[90] Theoretisch konnten die in den ersten beiden Gruppen Arbeitenden durch gute Arbeit und Übertreffen der Norm ihre Brotration erhöhen, aber schon bald begriffen die Häftlinge, dass das zusätzliche Stück Brot die investierte Energie nicht aufwog. Die zur C-Gruppe Gehörenden hatten diese Möglichkeit nicht.

Mit Ausbruch des Krieges wurden die Lebensmittelrationen von der Lagerverwaltung eigenmächtig reduziert, denn die Lieferungen trafen nur noch unregelmäßig ein. Die Häftlinge wurden noch mehr von der Außenwelt isoliert: Die Bewachung wurde verstärkt und die Radioübertragung abgeschaltet, die Zeitungen erreichten das Lager nicht mehr, jegliche Korrespondenz und das Empfangen von Paketen waren verboten.[91]

Die Lager wurden zu Inseln des Grauens in einem Meer von Eis und Schnee. Die aus Lettland Deportierten mussten mit Mördern und anderen Kriminellen unter demselben Barackendach leben. Die gebildetsten und fähigsten Persönlichkeiten der Nation waren nicht nur gezwungen, sich der Brutalität des Lagerpersonals zu unterwerfen, sondern auch im verkommenen Umfeld von Verbrechern, in dem eigene Gesetze herrschten, um ihr Überleben zu kämpfen. Zudem kooperierte die Lagerverwaltung mit den Kriminellen in Sachen »Aufrechterhaltung der Ordnung« – und drückte hinsichtlich deren Vergehen an den »Intelligenzlern« und »Kontras« beide Augen zu.

Jānis Dreifelds war 63 Jahre alt. Bereits vor der Deportation hatten sich die ersten Anzeichen des Alters eingestellt, die Großvater – wie ein jeder, der einst über eine eiserne Gesundheit und große physische Kraft verfügt hatte – zutiefst erschüttert zur Kenntnis nahm. Er murrte über die Ermahnungen seiner Frau zur Mäßigung beim Essen oder sich wärmer anzuziehen, da er zu häufigen Erkältungen neigte. In Sibirien taugte Jānis nicht mehr zur Schwerarbeit im Wald. In der ersten Zeit hatte er vielleicht noch die Kraft, etwas auf dem Lagergelände zu erledigen, doch bald schon war er durch Hunger und Kälte entkräftet und krank.

Aus den Erinnerungen anderer erfahre ich, dass die ersten Symptome der Schwächung sich bereits Anfang August zu zeigen begannen: Geschwüre, eitrige Wunden, Skorbut. Um irgendwie gegen die Avitaminose anzukämpfen, tranken die Häftlinge einen *chwoja* genannten Sud aus Kiefernnadeln. Wahrscheinlich hatte das erzwungene Hungern meinen stattlichen Großvater bis zur Unkenntlichkeit entstellt – entweder war er vor Hunger aufgedunsen oder aber infolge der Dystrophie abgemagert. Letten, die den Wjatlag oder den nahe gelegenen Usollag überlebt haben, bezeugen, dass der Winter 1941/42 der schlimmste war. Ihr Gewicht reduzierte sich um mehr als die Hälfte, manche wogen nur noch 35 Kilogramm.[92] Laut den bei der Expedition »Wjatlag-Usollag '95« gesammelten Daten sind zwischen 1941 und Juli 1942 hier 2337 Einwohner Lettlands umgekommen. Von ihnen starben 1603 Menschen – unter ihnen mein Großvater Jānis – bereits während des »Ermittlungsverfahrens«.[93]

Die Lagerführung betrachtete Häftlinge wie meinen Großvater als unnützen Ballast, der die »Produktionsstatistik« verschlechterte, und war daran interessiert, dass die »nicht zählenden

Invaliden« möglichst schnell starben und vom Lebendinventar gestrichen werden konnten.

Die Sorgen der Leitung waren typisch sowjetisch, denn in der Sowjetunion wurde alles geplant. Der Produktionsplan eines Lagers war abhängig von der Anzahl seiner Inhaftierten. Die Arbeit eines jeden Lagerleiters wiederum wurde von den höheren Instanzen entsprechend seinem Vermögen beurteilt, die Häftlinge auszubeuten und den Produktionsplan zu erfüllen. Die Obrigkeit interessierte sich nicht für Rechtfertigungen, dass die »Produktionskräfte« ohne Nahrung, Kleidung und minimale Erholung nicht in der Lage seien zu arbeiten. Bei Ausbruch des Krieges wurde der ohnehin schon lange Arbeitstag um drei Stunden verlängert[94] – die Waffenindustrie benötigte verstärkt Holz und Brennstoff. Wegen des Kriegs verringerte sich auch der Zustrom neuer Häftlinge, denn das Regime benötigte die Menschen an der Front, und so trat der Kampf gegen den »inneren Feind« für eine Weile in den Hintergrund. Den festgesetzten Produktionsplan musste die Lagerleitung mit der vorhandenen Anzahl an Häftlingen erfüllen.

Wie furchtbar die Haftumstände waren, geht aus einer Rede des damaligen Wjatlag-Chefs, Lewinson, auf der Sitzung des Bezirksparteiaktivs hervor. In den Lagern gebe es weder Beleuchtung, Heizung, Trocken- und Waschräume noch Matratzen auf den Pritschen. Die Häftlinge müssten bis zur totalen Erschöpfung 16 Stunden am Tag arbeiten. Die Lebensmittel würden aus der Küche gestohlen, und die Häftlinge würden nicht einmal ihre reduzierte Lebensmittelration erhalten. Aufgrund des Mangels an Schuhen und Kleidung würden sich die Menschen regelmäßig Erfrierungen zuziehen.[95]

Es wäre naiv zu schlussfolgern, dass Lewinson ein Philanthrop war, der sich selbstlos für die Verbesserung der Lebensbedingungen der Häftlinge einsetzte. Nein, er war um sein eigenes Los besorgt, denn in Stalins Regime war niemand vor dem Etikett »Schädling und Feind der Sowjetmacht« gefeit. Der erfahrene

NKWD-Offizier war sich darüber im Klaren, dass ein ungefüttertes Stück Menschenvieh den Produktionsplan nicht erfüllen kann – und er dafür die Verantwortung würde übernehmen müssen.

Als im Februar 1989 die von Dr. Šneiders aufgestellte Liste von 409 im Wjatlag gestorbenen Letten veröffentlicht wurde[96], las sie meine Familie fieberhaft – ebenso wie die Angehörigen anderer Deportierter in ganz Lettland – auf der Suche nach den Namen der Ihrigen in den Spalten. Diese Liste gab vielen zum ersten Mal Auskunft über ihre zugrunde gegangenen Verwandten. Der Name Dreifelds stand dort nicht. Zum Zeitpunkt der Veröffentlichung der Liste wusste unsere Familie noch immer nichts über Großvater Jānis' Schicksal, und er konnte ebenso in einem anderen »Lager der weiten sowjetischen Heimat« gestorben sein.

Erst im Juni 1989 brachte meine Mutter den Mut auf, sich an das KGB zu wenden, um Auskunft über ihren Vater zu verlangen. In der am 21. April 1990 erhaltenen Antwort heißt es: »Dreifelds Jānis, Sohn d. Kristaps (Kriŝs), geb. 1878, seit dem 14. Juni 1941 in Haft, gestorben am 31. Dezember 1941 im Wjatlag, rehabilitiert am 6. April 1990.«

Was der Wjatlag war, sollte ich erst später erfahren. Mein Großvater war bis zum 14. August gemeinsam mit Dr. Šneiders im Lager Nr. 7 interniert, als dieser zusammen mit 900 anderen Letten ins Lager Nr. 11 verlegt und zur Forstarbeit eingesetzt wurde. Seine Totenliste hat Dr. Šneiders seit dem 26. August geführt, also erst, nachdem er das Lager Nr. 7 verlassen hatte.

In Jānis Dreifelds' Totenschein heißt es, er sei an einer chronischen Herzmyokarditis und einer kruppösen Lungenentzündung gestorben. Diese Diagnose ist auf fast allen offiziellen Totenscheinen des Wjatlag zu finden. Die Zeugnisse der Gulag-Ärzte, insbesondere die einzigartige Liste von Dr. Šneiders, auf der er die Daten der im Wjatlag-Lager Nr. 11 verstorbenen Häftlinge festgehalten hat, sowie der Bericht von Dr. Silvestrs Čamanis[97] belegen, dass die unmittelbaren Krankheits- und Todesursachen die unmenschlichen Lebensbedingungen, der Hunger und die durch ihn verursachte Dystrophie und Avitaminose sowie die schwere, übermenschliche Arbeit waren. Den häufigsten Todesursachen Enteritis und Enterokolitis folgten Meningitis, Pneumonie, Lungenfell- und Gelenkentzündungen, weiterhin litten die Sterbenden an Tuberkulose, Schlaganfällen, Nephritis, Otitis, Dystrophie und anderen Krankheiten. Ähnliche Krankheitsbilder bzw. Todesursachen weisen auch die Erinnerungen von Häftlingen anderer Lager auf. Die Krankenstationen verfügten über so gut wie keine Medikamente und wurden »Sterberei« genannt. Dorthin kamen lediglich die Schwächsten, die hoffnungslosen Fälle. Wer auf der Krankenstation landete, wusste, dass er sterben würde. Von dort kehrte niemand zurück.

Auch Jānis Dreifelds wusste, dass die Stunde seiner Erlösung nahte. Was dachte mein Großvater, als er auf dem Sterbebett lag? Am quälendsten waren die Gedanken an die Familie. Er wusste nichts über das Schicksal seiner Frau und seiner Tochter. Im ersten Kriegsjahr der Sowjetunion war jeglicher Kontakt mit der Außenwelt untersagt, und Großvater mochte stockenden Herzens denken, dass Emilija und Ligita in einem anderen Lager des Gulag ähnliche Qualen durchzustehen hatten und vielleicht schon gestorben waren. Weshalb sollte er auch etwas anderes denken, da es doch sogar unter den Häftlingen des Wjatlag Frauen gab? Es ist zu bezweifeln, dass der Ermittler Wid am 17. Dezember so barmherzig war, gegenüber diesem »Ausbeuter und sozial gefährlichen Element« etwas über die Verhältnisse zu offenbaren, unter denen meine Mama und Großmutter in der Verbannung lebten. Ein echter sowjetischer Tschekist war durch den Klassenkampf abgehärtet und kannte kein Mitleid mit dem Klassenfeind.

So starb Jānis Dreifelds, ohne etwas über Emilija und Ligita zu wissen[98], ebenso wenig wie über seine Söhne Voldemārs, Arnolds und Viktors. Wer weiß, ob sie an einem anderen, nur dem NKWD bekannten Tag nicht auch in einen Viehwaggon gepfercht wurden, um ihrem Vater nach Sibirien zu folgen? Jānis Dreifelds hat

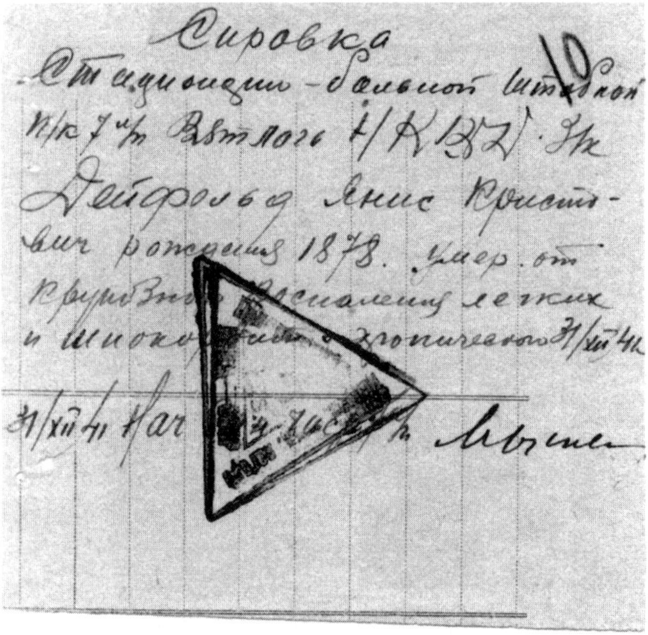
Справка
Дрейфельд Янис Кристианович рождения 1878. умер от крупозного воспаления легких и миокардита хронического 31/XII 41
31/XII 41

Todesmeldung von Jānis Dreifelds (LVA, Fonds 1987, Aktenverzeichnis 1, Akte 20293, Blatt 10)

sich stets für seine Familie verantwortlich gefühlt. Ob er sich in seinem Pflichtbewusstsein als Familienvater nicht die Schuld an allem zuschrieb? Möglicherweise machte sich Großvater seit jener fernen Nacht des 14. Juni bis zu seiner Todesstunde wieder und wieder Vorwürfe, warum er damals nicht auf die Warnungen des Eisenbahners Šveheimers gehört und seine Familie gerettet hatte. Sie hätten sich doch im Landhaus oder auch bei Emilijas Brüdern in der Nähe von Liepāja verstecken können. Aber wenn seine Schwäger nun auch irgendwo in Sibirien sind? Vielleicht sind alle Letten in Sibirien, und das Volk existiert nicht mehr! Und Lettland auch nicht …

Jānis Dreifelds starb im Dezemberfrost. Am letzten Tag des alten Jahres, einem besonderen Festtag nach sowjetischer Tradition. Und wie es sich für ein rechtes Fest gehört, betrank das

Wachpersonal des Lagers sich tüchtig. Der Schnaps machte die verhärteten Seelen weich und löste die Zunge. Sie fluchten über ihr Los, das sie an dieses Ende der Welt verschlagen hatte – wobei sie vergaßen, dass die Privilegien des NKWD sie vor dem sicheren Tod auf dem Schlachtfeld bewahrten. Von Zeit zu Zeit labten ihre slawischen Seelen sich an schluchzenden Liedern. Schließlich waren sie doch auch Menschen und wünschten sich ein schönes Leben. So wie es ihnen der erhabene Führer des Volkes, Genosse Jossif Wissarionowitsch, beschieden hatte, der in Moskau den grell illuminierten Kreml-Tannenbaum betrachtete und unermüdlich auch an sie im fernen Wjatlag dachte.

Jānis Dreifelds starb allein. In einem Raum, der mit anderen sterbenden Körpern überfüllt war. Der eine rief Gott an, der andere verfluchte das Schicksal. Mancher schrie stöhnend nach Frau und Kindern. Als sie gestorben waren, wurden die Toten vollständig ausgezogen, ihre Kleidungsstücke mit Dampf desinfiziert und den noch lebenden Unglücklichen überlassen. Jeder Leiche wurde ein Draht um den Hals gebunden, an dem ein Holztäfelchen mit der eingekerbten Aktennummer des Häftlings hing. Dann wurden die nackten Körper auf einen Karren geworfen und zu einer in die froststarre Erde gehackten Mulde gebracht, hineingekippt und mit gefrorenen Erdklumpen bedeckt. Nicht einmal der Tod gab den Opfern ihre Namen zurück. Sie waren aus lebendem zu totem Inventar geworden.

Die sterbliche Hülle meines Großvaters fand in der Nähe des Geländes von Lager Nr. 7 ihre letzte Ruhestätte. An die Lage des Begräbnisplatzes der Letten erinnern sich nur noch die ältesten Einwohner des nahe gelegenen Dorfes Lesnoje. Der Wind hat einen Birkenhain auf der fruchtbaren, mit den Leibern der Toten gedüngten Erde ausgesät.

1995 führte die Expedition »Wjatlag-Usollag '95« zu den Orten des Leidens der Letten. An der Pilgerfahrt nahmen Ilmārs Knaģis und Alfrēds Puškevics – Söhne von im Wjatlag Gestorbenen, die selber ebenfalls Repressalien ausgesetzt waren – sowie Zigurds

Šlics, der Historiker Ainārs Bambals und der Kameramann Ingvars Leitis teil. Auf einem Hügel im Mittelpunkt des Wjatlaggebiets in der Nähe von Lesnoje errichteten sie ein eigenhändig gezimmertes und geteertes, sechs Meter hohes Holzkreuz. Unter ihm ist ein irdenes Gefäß mit einer Hand voll Erde vergraben, die vom Großen Kreuz auf dem Rigaer Waldfriedhof (Meža kapi) stammt. Etwas Erde des Wjatlag brachten die Expeditionsteilnehmer mit nach Lettland und betteten sie unter das Große Kreuz, neben die Erde, die aus vielen anderen Grabstätten von Letten im Gulag dorthin gebracht worden ist. Am Fuß des Gedenkkreuzes im Wjatlag ist eine Bronzetafel eingelassen, auf der in lettischer, russischer und englischer Sprache die Inschrift »Den Bürgern der Republik Lettland, die Opfer des kommunistischen Terrors wurden. Lettland 1995« zu lesen ist.

Das Kreuz erhebt sich über die von den Häftlingen gerodeten Wälder und das Dorf Lesnoje, in dem noch immer die Nachfahren der NKWD-Leute leben, die nun selber im weiterhin bestehenden Wjatlag arbeiten: im K-231, einer Besserungsanstalt geschlossenen Typs. Das Lager Nr. 7, in dem mein Großvater Jānis inhaftiert war, ist niedergebrannt. Lesnoje ist von Torfmooren umgeben, deren Ausdehnung sich durch das schonungslose Abholzen des Waldes während der Blütezeit des Gulag vergrößert hat. Im Herbst verwandeln sich die Wege in Morast und sind unbefahrbar. Ebenso wie zu der Leidenszeit der am 14. Juni 1941 deportierten und im Wjatlag internierten Häftlinge fällt der erste Schnee im September, und schon bald erreicht der Frost 40, ja 50 Grad unter Null.

Im Zentrum von Lesnoje stehen noch immer Denkmäler für Lenin und Dzierzyński[99], und auf dem regulären Friedhof kann man auf den Grabsteinen die Namen der NKWD-Männer der Stalin-Ära, der Aufseher, Vernehmungsoffiziere und Peiniger meines Großvaters und anderer Letten lesen. Und so haben ihre Nachfahren denn auch die unverbrüchliche Einheit der Wörter »Kommunismus« und »Terror« nicht begriffen.

Der Krieg in Lettland

Mein Vater Aivars wurde in den ersten Kriegstagen verletzt, als deutsche Jagdbomber während des Rückzugs der Roten Armee den noch im Bau befindlichen Flugplatz bei Jumpravmuiža angriffen, der sich unweit des Hauses von Vaters Großmutter Matilde befand – etwa einen Kilometer vom Güterbahnhof Šķirotava entfernt, von dem aus wenige Tage zuvor, am 14. Juni, die Familie meiner Mama in einem Viehwaggon nach Sibirien deportiert worden war. An dem Bahnhof führte einer der Hauptrückzugswege der Roten Armee vorbei. Die Rotarmisten flohen in großer Hast auf der Landstraße von Daugavpils in Richtung Riga.

Wie die meisten Lausebengel war Aivars neugierig und drückte sich, trotz des Verbots seiner Großmutter, im Gebüsch am Straßenrand herum, um nur ja nichts von den aufregenden Geschehnissen zu verpassen. Rings umher detonierten deutsche Fliegerbomben und russische Flakgeschosse. Der Junge hatte Angst, aber die machte das Geschehen noch aufregender. Ganz in seiner Nähe suchten einige Rotarmisten im Straßengraben Deckung vor dem Fliegerangriff. Das ist das letzte Bild, das Aivars in Erinnerung behalten hat, bevor ihn die Druckwelle einer ohrenbetäubenden Explosion wie einen Gummiball durch die Luft schleuderte. Beim Aufprall zog sich der Junge Prellungen und einen Beinbruch zu.

Großmutter Matilde war verzweifelt. Rings umher explodierten Bomben, es gab weder einen Arzt, an den man sich wenden konnte, noch ein Pferd, um den Knaben zu einem Arzt zu bringen. Sie konnte auch Milda nicht über das Unglück benachrichtigen, das dem Jungen zugestoßen war, denn durch die Kriegshandlungen war die Verbindung zu ihr unterbrochen. Die Mutter meines Vaters erfuhr erst nach mehreren Tagen, dass ihr Sohn bei einem Fliegerangriff verletzt worden war. Ohne ärztliche Hilfe wuchs das Bein nicht richtig zusammen. Unter normalen Umständen hätte man dies noch korrigieren können, aber dazu wäre der Eingriff eines qualifizierten Chirurgen erforderlich gewesen. In den Wirren der Kriegs- und Nachkriegsereignisse wurde dies versäumt, und mein Vater sollte für immer hinken.

Deutschland griff die Sowjetunion in der Nacht des 22. Juni 1941 an, und bereits innerhalb weniger Tage hatte die Deutsche Wehrmacht die lettische Grenze überschritten. Es ging alles so schnell, dass die Rotarmisten nicht einmal Stalins Befehl befolgen konnten, beim Rückzug alles zu vernichten, was dem Feind von Nutzen sein könnte, und alle Einwohner mitzunehmen, deren berufliches Profil der Roten Armee nützlich wäre.[100] Die Rotarmisten und die sowjetischen Beamten flüchteten derart unorganisiert und in solcher Panik, dass manche nicht einmal ihre Waffen mitnahmen. Der Straßenrand der Livländischen Chaussee war zwischen Riga und Sigulda mit Plündergut, Uniformmänteln, Gasmasken, Munition und fahruntüchtigen Kraftfahrzeugen übersät.

Am 1. Juli war Riga in deutscher Hand. Nach fast einem Jahr erklang im Radio zum ersten Mal wieder die lettische Nationalhymne, und in den Straßen flatterte die rot-weiß-rote Fahne. Zwar neben der roten Fahne des Deutschen Reichs mit dem schwarzen Hakenkreuz in der Mitte, aber dieser Umstand warf im Bewusstsein der Letten zu diesem Zeitpunkt keinen Schatten auf die Schönheit ihrer Nationalfahne. Die Menschen begaben sich mit Blumen zum Freiheitsdenkmal, zur Mutter Lettland, um ihre Freude über die Befreiung zum Ausdruck zu bringen, und in den Kirchen wurden Dankgottesdienste abgehalten. Wahrscheinlich wurde die Deutsche Wehrmacht nirgendwo sonst in Europa mit einem derartigen Enthusiasmus begrüßt. Außer vielleicht in den beiden anderen baltischen Staaten. Das schockiert bis heute jene

Europäer, die so wenig über die Geschichte Lettlands und die vom kommunistischen Regime verübten Verbrechen wissen. Westeuropa hat die Schrecken des Nationalsozialismus erlebt, während der Kommunismus im Bewusstsein von vielen eher als eine Art unschuldiger intellektueller Begeisterung für Salongeplauder über Gleichberechtigung und soziale Gerechtigkeit figuriert.

Tatsächlich waren sowohl der Nationalsozialismus als auch der Bolschewismus verbrecherische, totalitäre Regime, die die Massenvernichtung von Menschen betrieben. Aufgrund historischer Gegebenheiten haben die Letten zuerst den Bolschewismus und seine Verwaltungsmethoden kennen gelernt; aus diesem Grund wurde die Deutsche Wehrmacht nach dem durchlittenen Jahr der Sowjetokkupation und den Massendeportationen vom 14. Juni als Befreier empfangen. Nach dem Krieg machte sich die sowjetische Propaganda diesen Umstand ausgiebig zunutze, um ihre westlichen Verbündeten von der »faschistischen und antisemitischen Einstellung des lettischen Volkes« zu überzeugen. Die Bilder vom Einmarsch der Deutschen in Riga sind bis heute immer wieder in westeuropäischen Fernsehsendungen zu sehen, aber die Kommentatoren pflegen den Grund für die damalige Haltung der Letten zu vergessen – oder sie kennen ihn einfach nicht. Sie erklären den Zuschauern und Zuhörern nicht, was während des ersten Jahres der sowjetischen Okkupation in Lettland geschehen war.

Die NKWD-Männer hatten sich während ihres Rückzugs beeilt, ihre Gefangenen im ganzen Land massenweise zu erschießen. Am 4. Juli wurde Riga von der Nachricht erschüttert, dass beim Zentralgefängnis die Leichen von 98 Erschossenen exhumiert worden waren, und die Rigenser kamen in Scharen, um ihre vermissten Angehörigen zu suchen. Nun konnten die Menschen endlich offen über die Schrecken des sowjetischen Jahres reden, über ihre verschleppten und verschwundenen Angehörigen. In den Zeitungen erschienen seitenweise Todes- und Vermisstenanzeigen.

Täglich wurden neue Fakten über die vom NKWD verübten Verbrechen bekannt: Weder Beamte und Offiziere noch Greise,

Schüler und Frauen, ja nicht einmal Kinder waren in den Folterkammern des NKWD geschont worden.[101] Wegen der mangelnden Offenheit unter den Sowjets hatte jeder seinen Schmerz und seine Angst für sich behalten, und darum hatte niemand eine umfassende Vorstellung vom Ausmaß der entsetzlichen Verbrechen. Die deutsche Propagandamaschine benutzte die Geschehnisse des »Jahrs des Grauens«, um die Angst vor dem Bolschewismus noch mehr zu schüren und das Bewusstsein zu festigen, dass das lettische Volk nur unter dem Schutz des Deutschen Reichs auf eine Zukunft hoffen dürfe.

Zu jenem Zeitpunkt war dies den Letten einerlei, denn die Leichen waren real und ebenso der Schmerz. Jeder war davon betroffen, und auch die Kinder nahmen an der Trauer der Erwachsenen Anteil. Unter den näheren Angehörigen meines Vaters gab es keine Deportierten oder Erschossenen, aber Aivars kann sich daran erinnern, welchen Kummer und seinem Kinderherzen bis dahin unbekannten Zorn er beim Anblick der Opfer der Kommunisten empfunden hat, als sie im Sommer '41 am Haus von Großmutter Matilde vorbeitransportiert wurden. Die Wagen mit den in weiße Laken gehüllten Leichnamen wurden von deutschen Soldaten und lettischen *Aizsargi* begleitet.

Unter den vielen im Zentralgefängnis Erschossenen war auch ein Arzt, mit dem Großmama Milda viele Jahre im Rotkreuz-Krankenhaus zusammengearbeitet hatte. Ich kann mich gut daran erinnern, wie Großmama einmal, als ich noch klein war, alle Vorsicht vergaß. Als sie in der sowjetlettischen Zeitschrift *Veselība* (»Gesundheit«) einen Artikel über den ehemaligen Kollegen gelesen hatte, brach es aus ihr heraus, wie barbarisch die NKWD-Männer den Arzt vor seiner Erschießung gepeinigt hatten. Ihm sollen Nägel unter die Fingernägel getrieben und einige Fingernägel sogar ausgerissen worden sein. Ich hörte mit vor Entsetzen weit aufgerissenen Augen zu und vermochte nicht zu glauben, was Großmama erzählte. So hätten Faschisten handeln können, aber keine Tschekisten, die, wie ich in der sowjetischen Schule gelernt hatte, der Inbegriff des Edlen und Menschlichen waren. Ich war noch ein Kind und glaubte alles, was man mir in der Schule beibrachte. Um keine Schwierigkeiten zu bekommen, hüteten sich meine Eltern wiederum sorgfältig, die sowjetischen Märchen zu dementieren, die ich ihnen nach der Schule begeistert erzählte.

Wie groß wäre mein Schock gewesen, wenn Vater erzählt hätte, was er 1943 in den Kellern des NKWD sah. Von jugendlicher Neugierde getrieben, wollte er sich davon überzeugen, ob die Schreckensgeschichten, die er von den Erwachsenen gehört hatte, der Wahrheit entsprachen. Sie taten es! Die Besichtigung begann mit dem Freigang der Häftlinge im Hof, dann folgten die Keller, die die Deutschen zu Propagandazwecken für die Öffentlichkeit zugänglich gemacht hatten. Die Decken der Zellen waren erdrückend niedrig, in jeder hing eine Liste mit den Namen der Gepeinigten an der Wand. Zwar waren in der Hinrichtungszelle keine Einschusslöcher in den Wänden zu sehen, aber die Öffnung im Boden für das Abfließen des Bluts sprach eine deutliche Sprache. Den bedrückendsten Eindruck auf meinen Vater hinterließ die Vernehmungszelle, an deren Wand ein Porträt von Dzierzyński hing. Der große Tschekist blickte mit hochmütiger Gleichgültigkeit auf die Folter- und Prügelwerkzeuge und ein Kästchen mit ausgezogenen menschlichen Fingernägeln herab, das auf dem Tisch stand.

Dies und noch vieles mehr berichtete Vater widerwillig, als ich mit der Arbeit an diesem Buch begann. In meiner Kindheit wurde die Vergangenheit nur im Zusammenhang mit alltäglichen Begebenheiten oder Familienereignissen erwähnt, so gut wie nie jedoch in politischen oder historischen Dimensionen. Ich wuchs unter dem Einfluss der sowjetischen Propaganda auf, fast ohne etwas über die wahre Geschichte Lettlands zu wissen. Über ihr lag Schweigen. Diese Selbstzensur spiegelt den Wunsch meiner Eltern wider, das Leben ihres Kindes nicht durch unbeantwortbare Fragen und gefährliche Zweifel zu belasten. Mehr als alles andere wollten sie mich vor der Wiederholung ihres eigenen tragischen Schicksals bewahren.

Erst heute weiß ich zu schätzen, wie segensvoll dieses Schweigen war – meine Kindheit wurde nicht durch Angst vergiftet, denn ich war mir nicht bewusst, welche Strafe für den freien Gedanken drohen konnte und zu welchen Schreckenstaten der sowjetische Staat in der Lage war. Meine Eltern schwiegen, und deshalb musste ich in der Schule, auf der Straße, unter Menschen nicht lügen oder heucheln, was die Entstehung einer quälenden Persönlichkeitsspaltung in meinem Charakter bewirkt hätte. Später, als ich über die Zusammenhänge der Dinge nachzudenken begann, stellte die entdeckte negative Wahrheit über das Wesen der Sowjetmacht keine Gefahr mehr für die Integrität meiner Persönlichkeit dar. Diese Erkenntnisse führten mich zu jenen Menschen, die sich gegen das kommunistische Regime wandten.

Die Letten waren von ihrer leichtgläubigen Begeisterung über die abermalige »Befreiung« bald ernüchtert. Die deutsche Verwaltung wies sämtliche Vorschläge einheimischer Politiker zur Bildung einer Selbstverwaltung oder Bitten, sich an der Verwaltung Lettlands gleichberechtigt beteiligen zu dürfen, strikt zurück. Am 17. Juli beglückte Hitler die Letten mit der Mitteilung, dass sie gemeinsam mit den Esten, Litauern und Weißrussen fortan im Ostland lebten und Ostländer hießen.[102] Riga wurde die große Ehre zuteil, die Hauptstadt des Ostlands zu sein, in der alle Sicherheits- und Verwaltungsstrukturen konzentriert werden sollten. Nach der Meinung der Letten zu diesem Beschluss erkundigte sich allerdings niemand.

Die Zeitungen und das Kulturleben wurden nicht anders als während der Sowjetherrschaft streng kontrolliert.[103] Die lettische Identität wurde zwar nicht so brutal verfolgt, durfte aber nur eingeschränkt artikuliert werden, damit sie über das Alltägliche nicht hinausreichte. Ebenso wie unter den Sowjets war es verboten, am 18. November den lettischen Nationalfeiertag[104] zu feiern. Die Nationalfahne verschwand aus dem Stadtbild, und die Hymne wurde nicht mehr gespielt. Die Brīvības iela (Straße der Freiheit) wurde in Adolf-Hitler-Straße umbenannt und das Foto von

»Väterchen Stalin« in den Zeitungen durch das Porträt des »Führers« ersetzt. An Stelle der Rotarmisten wurden die Soldaten der Deutschen Wehrmacht in Ruhmesliedern als heldenhafte Befreier besungen, und die Aufforderungen, Russisch zu lernen, wurden durch Anzeigen für Deutschkurse abgelöst.

Für die Verwaltung des neuen Gebiets kamen rund 25000 Beamte aus dem Reich nach Lettland.[105] Unter ihnen waren auch viele der 1939 »heim ins Reich« gerufenen Deutschbalten, die mit ihren Familien zurückkehrten und den Triumph der Revanche genossen. Ihre Vertreter hatten Hitler bereits in Berlin ihr historisches Anrecht auf das Baltikum eingeflüstert, welches doch politisches Erbe des Deutschen Reichs sei und diesem 1918 abgenommen wurde. Dies passte ausgezeichnet zu den Plänen der Führer des Reichs, Lettland nach dem Krieg zu kolonisieren. Für die Ansiedlung der Kolonisten wurden Häuser, Liegenschaften und Land benötigt, weshalb die deutsche Verwaltung die während der Sowjetherrschaft enteigneten Immobilien nicht nur nicht zurückgab, sondern im Gegenteil die Enteignung in verdeckter Form fortsetzte.[106] Deutschland erkannte die in den 20er Jahren von Lettland durchgeführte Agrarreform nicht als rechtmäßig an und plante, die »seit 700 Jahren bestehenden Besitzverhältnisse« wiederherzustellen. Bis zur Verwirklichung dieser Pläne war der lettische Bauer im juristischen Sinne nunmehr Verwalter seiner ehemaligen Landwirtschaft, welchem die dem Reich gehörende Liegenschaft zur Nutzung überlassen war!

Was im ersten Okkupationsjahr nicht nach Moskau gebracht wurde, das wurde jetzt nach Berlin geschafft. Innerhalb weniger Monate kauften die Deutschen die Geschäfte leer, denn die deutsche Verwaltung hatte die Preise eingefroren und einen dem realen Wert der Reichsmark nicht angemessenen Wechselkurs festgelegt. Am 1. September wurde ein Bezugskartensystem eingeführt, das, typisch deutsch, bis ins kleinste Detail ausgeklügelt war. Der am sorgfältigsten gelesene Teil der offiziellen Tageszeitung *Tēvija* (»Vaterland«) waren so auch die entsprechenden

Anordnungen und Bekanntmachungen, die dort regelmäßig veröffentlicht wurden.

Je länger der Krieg dauerte, desto knapper wurden Lebensmittel und andere Waren des täglichen Bedarfs. Deshalb florierte der Schwarzmarkt, von dessen Betreibern die deutschen Ordnungshüter stattliche Abgaben kassierten. Es war eine Form staatlicher Erpressung. Die lettische Landwirtschaft ächzte unter der Abgabenlast, aber die Bauern konnten sich wenigstens satt essen und hin und wieder Tauschgeschäfte mit den Städtern machen, die trotz des Verbots der deutschen Verwaltung Hamsterfahrten aufs Land machten.

Völlig ungeniert erließen die Deutschen Bestimmungen und Verordnungen, welche die Unterschiede zwischen »Reichsdeutschen« und »Einheimischen« unterstrichen. Die Lebensmittelrationen der Einheimischen waren um 33 Prozent, die Löhne und Gehälter bis zu 50 Prozent niedriger.[107] Durch diese und andere Erscheinungsformen der Ungleichheit wurde der anfängliche Enthusiasmus über die »Befreiung« innerhalb weniger Monate von Verbitterung abgelöst. Die »Befreiten« begriffen, dass eine abermalige Okkupation begonnen hatte und keinerlei Hoffnung auf die Bildung einer Selbstverwaltung auf dem Territorium Lettlands bestand. Die Letten waren wieder zu den Knechten der deutschen Herren geworden.

Gegen Herbst war das gebrochene Bein von Aivars – allerdings falsch – wieder zusammengewachsen, und er kehrte zu seiner Mutter zurück. Sie lebten in einer Einzimmerwohnung in der Mēness iela, einer Straße in einem Arbeiterviertel, das von den Gefechten um Riga nicht in Mitleidenschaft gezogen worden war. In dem Haus war keine einzige Fensterscheibe zu Bruch gegangen, während die Gebäude der Innenstadt mit den schwarzen Augen leerer Fenster gen Himmel starrten. Die Altstadt lag in Trümmern. Die Petrikirche war ausgebrannt, das Rathaus und das Schwarzhäupterhaus, der ganze Stolz der Rigenser, zerbombt. Die Daugavabrücken waren gesprengt.

So sah Riga aus, als Aivars zum Schulbeginn dorthin zurückkehrte. Seine Klasse befand sich nicht mehr in den hellen Räumen im zweiten Stock. Für die lettischen Kinder standen in der Schule nur noch das Erdgeschoss und der Keller zur Verfügung; in den oberen Etagen waren aus dem Reich eingetroffene Beamte mit ihren Familien einquartiert worden. Auch in das in Schulnähe befindliche Viertel zwischen Miera und Hospitāļu iela, das im Volksmund »Deutscher Garten« genannt wurde, waren dessen ehemalige deutschbaltische Bewohner zurückgekehrt.

Obwohl die Lehrer sich bemühten, ihre wahre Einstellung zu verbergen, ahnten die Schüler sie dennoch. Genauso, wie die lettischen Jungen darauf warteten, dass die in Hitlerjugend-Uniformen steckenden »Fritzen« aus den Obergeschossen der Schule herunterkamen, um sie zu verdreschen, so vergaßen die Lehrer nie, unauffällig das Lettisch-Patriotische hervorzuheben. Aivars erinnert sich an die feierliche Stille, die in der Klasse herrschte, als der Lettischlehrer den Jungen aus dem Roman »Dvēseļu putenis« (Schneesturm der Seelen) von Aleksandrs Grīns über die Befreiungskämpfe der Lettischen Armee vorlas.

Erst als mein Vater nach dem Krieg am Polytechnikum zu studieren begann, begriff er, welch große Bildungslücken die Schulzeit während der deutschen Okkupation hinterlassen hatte. Den Ostländern wurde nur das elementarste Wissen vermittelt, um sie zu geeigneten Arbeitskräften der künftigen deutschen Kolonisten zu machen. Mein Vater hatte sich mit Arithmetik und der Geschichte des Deutschen Reichs zu begnügen, Algebra, Geometrie sowie umfassendere Kenntnisse in Physik und Chemie wurden als überflüssiger Luxus betrachtet.

In Hitlers Plänen war kein Platz für intellektuelle Ostländer. Das Baltikum sollte zu einem germanischen Land werden. Einige »humaner« gesinnte Theoretiker des Reichs ließen zwar den Gedanken zu, dass man die rassisch wertvolleren Letten eindeutschen könnte, die »Unverbesserlichen« jedoch, das heißt die bereits vorhandenen Intellektuellen, sollten nach Russland umgesiedelt werden, um als »Menschen zweiter Klasse« den Deutschen dabei zu helfen, die dortigen »Menschen dritter Klasse« zu unterwerfen.[108] Ob sowjetische oder deutsche Okkupation – für die Letten bedeutete beides den Weg nach Osten.

Allmählich gewöhnten sich die Letten an die vielen deutschen Verordnungen, Bekanntmachungen und Anordnungen, und es stellte sich ein gewisser Alltag ein. Bei Kriegsausbruch arbeitete meine Großmama Milda im 1. Städtischen Krankenhaus von Riga als Barmherzige Schwester. Nach dem Einmarsch der Deutschen wurde dort ein Lazarett eingerichtet und Milda zunächst einer Station zugeteilt, auf der sowjetische Kriegsgefangene behandelt wurden, wo sie ihre Arbeit auch gewissenhaft verrichtete. Damals konnte Großmama sich nicht vorstellen, dass sie praktisch zum Tode Verdammte behandelte, die aus dem Krankenhaus geradewegs ins Kriegsgefangenenlager geschickt werden würden.

Später sollten mehrmals aus dem KZ Salaspils geflohene Kriegsgefangene an die Tür von Aivars' Großmutter Matilde klopfen. Einmal ist auch mein Vater einem von ihnen von Angesicht zu Angesicht begegnet. Das war im Winter 1942, als er die zehn Kilometer von der Mēness iela zu Fuß zurückgelegt hatte, um seine Großmutter zu besuchen. Es klopfte an der Tür, und ein Kriegsgefangener in sowjetischer Uniform trat ein. Er bat, sich aufwärmen zu dürfen. Matilde setzte ihm einen Teller Suppe vor. Gierig begann der geschwächte Mann, die warme Mahlzeit zu löffeln. Er strich meinem Vater über den Kopf und sagte, dass er auch einen Sohn habe. Der Zufall wollte es, dass just an diesem Tag die Botin der Gemeindeverwaltung etwas bei Matilde zu erledigen hatte, und sie sah den Fremden.

Als der geflohene Gefangene satt war und sich aufgewärmt hatte, bat er, über Nacht bleiben zu dürfen, was Matilda ihm schweren Herzens verwehrte – sie konnte es nicht riskieren, die Verordnung der deutschen Kommandantur zu übertreten, indem sie einem Entflohenen Zuflucht gewährte. Am nächsten Morgen sah Aivars, dass die Fußspuren im Schnee zu einem in der Ferne sichtbaren Heuschober führten, wo der Mann die Nacht verbracht hatte. Über sein weiteres Schicksal ist nichts bekannt.

Im Lazarett wurden auch verletzte deutsche Soldaten und Offiziere behandelt. Nach der Versorgung der sowjetischen Kriegsgefangenen wurde Milda befördert, und fortan hatte sie die Ehre, Patienten arischer Abstammung zu betreuen. Auch für die Deutschen sorgte meine Großmutter gewissenhaft. Die gepflegten, ausgesucht höflichen und weltmännischen deutschen Herren überschütteten die gewitzte kleine Barmherzige Schwester mit galanten Komplimenten und steckten ihr hin und wieder eine Tafel Schokolade zu, die Milda sogleich für die Kinder beiseite legte. Trotzdem ließ sich Milda von der äußeren Zivilisiertheit nicht mehr täuschen.

Es war unbegreiflich für ihr mitleidiges Herz, wie man sich so unmenschlich gegenüber Kriegsgefangenen und Juden verhalten konnte. Als sie allein oder zusammen mit Aivars zu ihrer Mutter nach Šķirotava ging, hatte sie oft die zu Bauarbeiten herangezogenen sowjetischen Kriegsgefangenen gesehen. Sie waren in der Februarkälte blau gefroren, denn sie trugen nur dünne Kleidung aus Sackleinen an ihren ausgezehrten Körpern. Sie hatten Mulden in die Erde gegraben, die ein wenig Schutz vor dem eisigen Wind boten.

Gelegentlich hielten auch Züge mit Kriegsgefangenen auf dem Bahnhof Šķirotava an. Aivars erinnert sich, dass sie an Schnüren befestigte Konservendosen aus den kleinen Luken der Viehwaggons herabgelassen hatten, um zu versuchen, während der Fahrt des Zuges ein wenig Schnee vom Bahndamm zu erhaschen. Manchmal gelang es, aber es kam auch vor, dass die Schnur riss und die Dose scheppernd über den Schotter rollte und die letzte Hoffnung mitnahm, den Durst zu löschen.

Die Deutschen waren derart überzeugt von der Überlegenheit ihrer Rasse, dass sie sich nicht einmal bemühten, ihren unmenschlichen Umgang mit den Gefangenen zu verbergen, und so trieben sie die Kolonnen sogar durch die Innenstadt. Eines Morgens war

Aivars, zufrieden mit seinem Talent als »Geschäftemacher«, auf dem Heimweg vom Markt, wo er einige Lebensmittel eingetauscht hatte. Aufseher des deutschen Arbeitsdienstes trieben Kriegsgefangene über die Brīvības iela (die Letten nannten sie nie Adolf-Hitler-Straße) stadtauswärts. Es waren um die hundert. Alle zerlumpt, jeder trug am Leibe, was er eben hatte. Manche hatten sich sogar in Zementsäcke gewickelt. Sie waren derart geschwächt, dass sie sich kaum auf den Beinen halten konnten. Als einer von ihnen stürzte, schlug ein Wachsoldat – ein höchstens 18-jähriger Bursche – mit dem Gewehrkolben auf den ohnmächtig am Boden Liegenden ein. Nachdem er seinen Zorn entladen hatte, ließ der Soldat von ihm ab. Die Gefangenen richteten ihren Kameraden auf und taumelten weiter.

Es tat ungeheuer weh, dies alles mit ansehen zu müssen, aber den Passanten – auch meinem Vater – blieb nichts anderes übrig, als den Blick zu senken und schweigend weiterzugehen. Ein jeder fühlte sich mitschuldig an dem Vorfall, und die eigene Ohnmacht war erniedrigend.

Seit 1940 hatte sich eine Art Fluch über Šķirotava gelegt. Es war zu einem Ort des Unglücks geworden, an dem sich die Schicksale vieler dem Verderben Bestimmter kreuzten. Zuerst die Massendeportationen vom 14. Juni, dann, nach dem Einmarsch der Deutschen, die gewaltigen Transporte von Kriegsgefangenen und westeuropäischen Juden, die auf dem Bahnhof Šķirotava »entladen« oder von dort aus weitergeschickt wurden. Das alles geschah vor den Augen der in der Umgebung Wohnenden.

Die entsetzlichsten Tage waren der 30. November und 8. Dezember 1941, als in Rumbula 24 000 lettische und etwa 1000 deutsche Juden ermordet wurden.[109] Obgleich SS-Obergruppenführer Jeckeln mit der ihm eigenen Gründlichkeit alles perfekt geplant hatte, war es nicht möglich, einen solchen Umfang des Massenmordens geheim zu halten. Zur Augenzeugin dieser Ereignisse wurde auch meine Urgroßmutter Matilde.

Während der sowjetischen Okkupation hatten Rotarmisten

damit begonnen, ein paar Kilometer von Matildes Haus entfernt einen Luftwaffenflugplatz zu bauen. Weder der Flugplatz noch seine Zufahrtsstraße konnten bis Ausbruch des Krieges fertig gestellt werden. Es gab lediglich die Aufschüttung für die Straße, die heute eingeebnet ist. Sie befand sich in etwa 400 Meter Entfernung von Urgroßmutters Haustür. Eines Sonntagmorgens wurde Matilde durch Schreie und lautes Stöhnen aufgeschreckt. Sie stürzte zur Tür hinaus und sah, dass unter strenger Bewachung eine endlose Kolonne von Menschen über die Straßenaufschüttung getrieben wurde. Es waren Juden – Frauen mit Kindern, Greise, Männer. Der Anblick war entsetzlich. Es waren Flüche von den Aufsehern zu hören, sowohl auf Deutsch als auch auf Lettisch.[110] Hin und wieder stürzte einer der Marschierenden vor Entkräftung oder Verzweiflung zu Boden. Matilde hörte auch Schüsse. Wie erstarrt blickte sie auf die Unglücklichen, die sich in Richtung Rumbula schleppten. Den ganzen Tag war der Widerhall ununterbrochener Schüsse in der Gegend zu hören.

Nach einer Woche wiederholte sich der grauenhafte Marsch. Und wieder hallten bis zum Einbruch der Dunkelheit die Schüsse in Matildes Kopf wider. Vor Bestürzung wusste sie nicht, was sie tun sollte. Die Ereignisse mit den Nachbarn zu besprechen, wagte Matilde nicht. Auch die Nachbarn taten so, als hätten sie nichts gehört und gesehen. Erst als am Wochenende Milda und Aivars zu ihr kamen, konnte sie sich endlich über das bedrückende Erlebnis aussprechen. Obgleich Matilde und Milda dem Jungen einschärften, den Mund zu halten und sich von Rumbula fern zu halten, fuhr er, als der Frühling nahte, auf Langlaufskiern über noch nicht geschmolzene Schneefelder zum Ort des Schreckens. Der Bericht seiner Großmutter wäre vielleicht schon längst verblasst, aber das dort Gesehene prägte sich tief in sein Gedächtnis ein.

Umgeben von Kiefern befanden sich dort zwei Freiflächen. Eine größere und eine etwas abseits gelegene kleinere. Der Schnee war zum Teil schon weggeschmolzen. Die kleinere Wiese war über und über mit lettischen und ausländischen Pässen, anderen in unbekannten Sprachen verfassten Dokumenten und fremdländischen Geldscheinen übersät. Auch Dienstausweise der Roten und der Lettischen Armee lagen dort herum. Aivars fand sogar den Ausweis eines Trägers des Lāčplēsis-Ordens[111]. Auf dem größeren Platz waren deutlich sechs Gruben mit schräg abfallenden Rändern zu erkennen, die während der Schneeschmelze eingesunken waren. In der Nähe lagen zurückgelassene Schippen und andere Werkzeuge für Erdarbeiten.

Ringsum verstreut lagen verschiedene Kleinigkeiten: ein abgerissener Riemen, ein durchweichter Strumpf oder ein Wäschestück, das die Unglücklichen zurückgelassen hatten, bevor sie sich in das Grab legen und erschießen lassen mussten. In der Luft lag leichter Verwesungsgeruch. Aivars fühlte, dass seine Beine zitterten und eine Welle der Übelkeit in ihm aufstieg. Er machte auf dem Absatz kehrt und stürzte Hals über Kopf davon.

Um wie viel größer wäre das Entsetzen meines Vaters gewesen, wenn er damals gewusst hätte, wie die Exekution verlaufen war. Auf der kleineren Wiese musste sich ein jeder selber ausziehen und seine Habe auf präzise bezeichnete Haufen sortieren, damit dem Deutschen Reich nichts Wertvolles entginge. Dann musste er nackt zu der ausgehobenen Grube gehen und warten, bis er an der Reihe war, in das Grab zu steigen und sich auf die noch warmen Körper der soeben Erschossenen zu legen.

Als die Deutschen 1943 merkten, dass sie dem Druck der Roten Armee nicht würden standhalten können, wurde auf Anweisung Himmlers mit dem Ausgraben und Verbrennen der Leichen begonnen, um die Spuren des Verbrechens zu beseitigen. Dann legten sich dichte, stinkende Rauchschwaden über die nahe gelegenen Häuser, und bei Südostwind erreichte der Geruch brennender Knochen und verwesenden Fleisches sogar die Rigaer Innenstadt.[112]

Als er von der Exekutionsstätte floh, konnte mein Vater nicht ahnen, dass die erste Arbeit, die er fünf Jahre später in der sibirischen Deportation verrichten musste, der Transport der im Durchgangslager Gestorbenen zum Anatomikum des Medizinischen

Instituts von Tomsk sein würde. Zum größten Teil waren dies zehn- bis zwölfjährige Kinder, die seit einigen Tagen tot waren und an deren Gesichtern sich bereits die Ratten satt gefressen hatten. Gut, dass die Angehörigen niemals davon erfuhren.

Schon in den ersten Tagen der deutschen Okkupation starteten die Deutschen eine intensive antisemitische Kampagne, indem sie die Juden der im Jahr des Grauens verübten Gräueltaten bezichtigten. Das Wort »Jude« wurde zum Synonym für die Worte »Tschekist« und »Bolschewist«. Selbst Präsident Ulmanis[113] und anderen Mitgliedern der lettischen Regierung wurde vorgeworfen, sie hätten »nach von Juden und Freimaurern ausgearbeiteten Anweisungen«[114] gehandelt – mit dieser Propaganda wurde von deutscher Seite aus versucht, die Eigenstaatlichkeit Lettlands zu kompromittieren.

Es war eine wahre Lawine des Hasses, die sich über die Letten ergoss, die sich von dem grauenvollen Anblick an den Massengräbern der vom NKWD zu Tode gepeinigten Opfer noch nicht erholt und die Deportationen vom 14. Juni in lebendiger Erinnerung hatten. Die verzweifelten Angehörigen schenkten den unbegründeten Behauptungen leicht Glauben[115], und so entstand ein neuer Mythos von den jüdischen Kommunisten, der das psychologische Verlangen befriedigte, einen Schuldigen zu finden.

Auf dieselbe Weise wurden die Letten in den 1970er Jahren mit Hilfe der sowjetischen Propagandamaschine als »Judenschießer« verteufelt. Das tatsächliche Ziel der Sowjets war es, die Exilletten zu kompromittieren, wofür es neuer »Fakten« bedurfte. Das KGB produzierte eine Reihe von Veröffentlichungen, die erstaunlicherweise zu »Quellen« zahlreicher Holocaust-Forscher avancierten.[116]

Trotz der Bemühungen vieler Forscher, die Haltlosigkeit dieser beiden Mythen mit Hilfe von Tatsachen zu belegen, sind sie in der europäischen Politikwissenschaft und in historischen Aufsätzen weiterhin lebendig. Es verletzt und demütigt mich jedes Mal, wenn ich von der wie ein Axiom beschworenen »besonderen Sympathie der Letten für den Faschismus« oder ihrem »angeborenen Antisemitismus« lese. Meine Urgroßmutter Matilde war eine einfache Frau vom Land, die ohne zu zögern ihr Brot mit einem geflohenen sowjetischen Kriegsgefangenen oder Jüdinnen teilte, denen es geglückt war, aus dem Konzentrationslager Jungfernhof[117] zu entkommen und sich bis zu den nächsten Häusern durchzuschlagen. Meine Großmama Milda pflegte verletzte sowjetische Kriegsgefangene und wusste sehr gut, dass eine befreundete Zahnärztin ihren jüdischen Mann in der Wohnung versteckt hielt. Ich hege keinen Zweifel daran, dass viele Letten ebenso gehandelt haben, denn dies verlangte die elementare Menschlichkeit.[118]

Ich weise das Bestreben zurück, mir und anderen anständigen Einwohnern Lettlands die »angeborene Schuld« aufzubürden, weil nach dem Einmarsch der Deutschen in Riga eine Gruppe willfähriger Abenteurer unter der Führung eines Viktors Arājs eine Brigade bildete, zu deren Hauptaufgabe die Erschießung von Juden, Kommunisten und Zigeunern wurde.[119] Diese Tatsache allein zeugt nicht von einem aggressiven lettischen Antisemitismus.

Ein Bodensatz findet sich in jedem Volk. Ein totalitäres Regime und Okkupation sind besonders günstige Voraussetzungen, unter denen sich Glücksritter und Opportunisten unterschiedlichen Kalibers sowie Menschen ohne jede Moral in den Vordergrund drängen und zu gefügigen Instrumenten für die Erledigung der Drecksarbeit des jeweiligen Regimes machen. Die Verantwortung für die Entscheidung des nationalsozialistischen Deutschland jedoch, unser okkupiertes Land ohne unsere Zustimmung zum Schauplatz des Massakers an lettischen wie westeuropäischen Juden zu machen, kann nicht auf den lettischen Staat und das lettische Volk abgewälzt werden. Die Verantwortung hierfür lastet voll und ganz auf den Staatsmännern des Dritten Reichs.

Eine Okkupation ist eine außerordentliche Situation. Ihre Folgen belasten die Menschen des jeweiligen Staates nach seiner Befreiung noch über Jahrzehnte, und die »Korrekten« beschuldigen die »Inkorrekten« des erlittenen Unglücks und der begangenen Verbrechen. In Frankreich währte die nationalsozialistische Okkupation fünf Jahre. Ähnlich war es in anderen europäischen Staaten. In diesen Ländern gibt es bis heute Fragen, die noch nicht gänzlich beantwortet sind, und Personen, deren Grad der Kollaboration Gegenstand hitziger Diskussionen ist. Lettland hat nacheinander drei Okkupationen durchgemacht, deren Gesamtdauer – 50 Jahre – alles im Europa des 20. Jahrhunderts Dagewesene übertrifft, weshalb die Frage der individuellen Verantwortung eines jeden und der Kooperation mit den verschiedenen Okkupationsregimes besonders schmerzlich ist.

Erst seit der Wiederherstellung der Unabhängigkeit der Republik Lettland sind wir gänzlich frei, über unsere Geschichte zu urteilen und sie von den Lügen und der Propaganda, mit der sie von fremden Regimes durchsetzt wurde, zu reinigen. Beide Regime haben in Lettland Verbrechen begangen, und die Schuldigen – unabhängig davon, ob sie im Namen der nationalsozialistischen oder der bolschewistischen Doktrin tätig waren – müssen ebenso wie ihre Kollaborateure, die sich an Zivilisten vergangen haben, für ihre Handlungen die Verantwortung übernehmen. Für Verbrechen gegen die Menschlichkeit gibt es keine Verjährung.

Der von Hitler geplante Blitzkrieg gegen die Sowjetunion schlug fehl, und nach der Gefangennahme von General Paulus und seiner Armee an der Wolga im Januar 1943 sah es so aus, dass die Feinde des Deutschen Reichs und »Judenfreunde« Roosevelt, Churchill und Stalin eine gemeinsame Sprache finden würden. Im Oktober 1943 fand in Moskau eine Konferenz der Außenminister der USA, Großbritanniens und der Sowjetunion statt.[120] Dies erweckte große Besorgnis in Berlin, und es wurde die Anweisung in das Ostland gesandt, in Riga, Reval (Tallinn) und Wilna (Vilnius) umfassende Protestdemonstrationen der Ostländer zu organisieren. Der Reichskommissar von Lettland, Hinrich Lohse, befahl das Niederlegen der Arbeit und die Unterbrechung des Unterrichts, und angeblich auf Aufforderung des Gewerkschaftsrats wurden die Menschen mit Transparenten ausgestattet und auf den Domplatz geschickt. Wie sehr erinnerte diese »spontane« Kundgebung an die Manipulationen sowjetischen Stils während der »sozialistischen Revolution der Werktätigen« von 1940!

Auch mein Vater Aivars war unter den »Hunderttausenden, die gegen die von den Angloamerikanern unterstützte Absicht der Bolschewisten protestierten, das lettische Volk abermals zu versklaven«.[121] Seine Klasse stand beim Bankgebäude an der Westseite des Platzes. Das Rundfunkgebäude und andere Hausfassaden waren prächtig mit Hakenkreuz- und lettischen Nationalfahnen ausstaffiert. Die Jungen standen schon seit dem frühen Morgen auf dem Platz und langweilten sich. Kurz vor dem festgesetzten Beginn der Demonstration tat sich noch immer nichts auf der Rednertribüne. Das Gerücht ging um, dass Reichskommissar Lohse persönlich auftreten würde. Die Jungen stießen und schubsten einander, als ein lauter Knall ertönte. Um 9.30 Uhr war in einem an der Wand des Rundfunkgebäudes befestigten Abfallbehälter eine Bombe explodiert. Bewegung ging durch die Menge, Schreie waren zu hören, es brach jedoch keine Panik aus, und niemand durfte fortgehen. Von Mund zu Mund verbreitete sich die Nachricht, dass es drei Tote, darunter einen zehnjährigen Jungen, und zwei Schwerverletzte gebe. Einer von ihnen erlag später seinen Verletzungen.[122]

In der Granitverkleidung des Rundfunkgebäudes sind noch heute die Spuren der Explosion zu sehen. Auf sie wies mein Vater in den 80er Jahren eine Fremdenführerin hin, die Touristen auf dem Domplatz von heldenhaften sowjetischen Untergrundkämpfern erzählte, deren »Explosion in Lettland und ganz Europa widerhallte, womit sie die unbeugsame Entschlossenheit des lettischen Volkes bewiesen, auf ewige Zeiten in der brüderlichen Gemeinschaft des Sowjetvolkes zu verbleiben«.[123] Vater hielt es nicht aus und erzählte, dass unschuldige Menschen bei der Explosion zu Schaden kamen – das stand im Widerspruch zur offiziellen sowjetischen Version. Die junge Frau hörte schweigend zu. Was konnte sie auch sagen? In Anwesenheit der Touristengruppe nachzuhaken wäre einem Bezweifeln der sowjetischen Wahrhaftigkeit gleichgekommen. Und wer hätte das gewagt?

Auch mir wurde in der Schule beigebracht, dass diese Explosion der großartigste Akt des antifaschistischen Widerstands während des Krieges war. Jahr für Jahr war dieser Tag im Kalender besonders hervorgehoben, und die Schüler mussten Aufsätze über die heldenhaften Komsomolzen Imants Sudmalis, Maldis Skreija und Džems Bankovičs schreiben. Mein Vater hat nie auch nur mit einer Silbe erwähnt, dass er zum Zeitpunkt der Explosion auf dem Domplatz gewesen ist. Wer weiß, was mein Vater dachte, als er meine politisch korrekten Aufsätze las. Und wie er es aushielt, sie nicht ironisch zu kommentieren.

Bisher habe ich noch nicht viel über meinen Großvater Aleksandrs berichtet. Seit November 1941 arbeitete er als Kfz-Mechaniker in einer Einheit der Deutschen Wehrmacht und war dort wohlgelitten. Aleksandrs hatte den Beruf des Mechanikers zwar nicht gelernt, verfügte aber über Geschicklichkeit und angeborenes Talent. Er vermochte Motoren wieder in Gang zu setzen, um die sich andere vergeblich bemüht hatten und die als hoffnungslos galten.

Seit Kriegsbeginn war seine und Mildas Beziehung noch komplizierter geworden, denn Aleksandrs wurde immer eifersüchtiger. Die unschuldigsten Kleinigkeiten dienten als Anlass für eine Szene. Während einer Feier stieß Milda mit jemandem an und sah ihm dabei, wie es schließlich üblich ist, in die Augen, und sofort war Aleksandrs mit Vorhaltungen zur Stelle, warum sie diesem Mann so bedeutungsvoll zugezwinkert und ob sie ein Verhältnis mit ihm habe. Die Patienten beweisen Milda ihre Dankbarkeit durch kleine Geschenke oder einen Blumenstrauß – aber doch nicht nur wegen ihrer schönen Augen, da musste mehr dahinter stecken! Und in blindem Zorn zerrupfte Aleksandrs die Blumen. Als Milda mit ihrer Busenfreundin Lidija etwas länger im Café blieb, schrie ihr Mann wieder etwas von Stelldicheins und einem Liebhaber und versuchte herauszufinden, wie er hieß.

STRASSENTRANSPORTLEITUNG

Dienstausweis Nr. 37047

Kalnietis — Name
Alexander — Vorname
5.3.1907 — geb.
Kraftfahrer — Beruf
Riga — Wohnort
Himmelfahrtstr. 1 — Strasse
Lette — Staatsangehörigkeit
Gebietskommissariat

19 IV	19
19	19
19	19

O. U., den 25.11.19

I. A.

Eigenhändige Unterschrift des Inhabers

Unterschrift

Dienstausweis von Aleksandrs Kalnietis, ca. 1941 ausgestellt (LVA, Fonds 1986, Aktenverzeichnis 1, Akte 17170, Band 8, Blatt 134)

Wie die meisten von eifersüchtigen Ehemännern verfolgten Frauen hatte Milda zu Beginn ihres Ehelebens sich bemüht, nichts zu tun, was Aleksandrs provozieren könnte. Bald jedoch wurde ihr klar, dass die Eifersucht ihres Mannes durch ihr Verhalten nicht vermindert wurde. Er brachte es trotzdem fertig, wegen jeder Kleinigkeit einen Streit vom Zaun zu brechen. Da gab Milda auf und lebte fortan so, als würde die Eifersucht ihres Mannes nichts mit ihr zu tun haben. Das war schwer und erforderte große psychische Kraft. Als ich ein halbwüchsiges Mädchen war und mit Großmama meine ersten romantischen Gefühle besprach, schärfte sie mir ein, mich nicht in einen Eifersüchtigen zu verlieben. »Es gibt nichts Schlimmeres«, fügte sie nach einem längeren Augenblick des Schweigens hinzu. In ihrer Beziehung kam es gelegentlich zu echten Krisen, da Aleksandrs die Tür hinter sich zuknallte und »für alle Zeiten fortging«. Dennoch kam er immer wieder zurück, denn er liebte Milda, wenn auch auf unvollkommene und quälerische Art. Er kam mit der unabhängigen Natur seiner Frau einfach nicht zu Rande.

So konnte meine Großmama in der schlimmsten Zeit des Krieges nicht mit Aleksandrs' Unterstützung rechnen und musste die beiden Söhne Aivars und Arnis alleine durchbringen. Sie selber aß im Krankenhaus und brachte auch den Jungen manchmal etwas Suppe mit nach Hause. Ihre Verwandten auf dem Land und ihre Mutter halfen Milda, wo sie konnten, aber trotzdem war Schmalhans Küchenmeister. Mein Vater erinnert sich noch gut an den ewigen Hunger, der ihn als Jugendlicher im Wachstum gequält hat.

Damit Aivars halbwegs wieder zu Kräften kam, beschloss Milda im Sommer 1943 und 1944, ihn als Hirte auf die Weide zu schicken. So wurde er wenigstens satt und konnte sich noch eine Kleiderkarte für den Winter und fünf Kilo Speck dazuverdienen. Im ersten Sommer hütete er das Vieh auf dem Kalna-Krāņi-Hof in der Gemeinde Virķēni bei Rūjiena. Im nächsten Sommer wurde Aivars auf dem Ozoliņi-Hof in Carnikava verdungen. Die Wirte waren freundliche und anständige Menschen, die den Jungen gut behandelten. Er durfte Milch trinken, so viel er mochte. Nur die ewigen gebratenen oder geräucherten Karauschen, die so gut wie jeden Tag auf den Tisch kamen, mag mein Vater bis heute nicht.

Als sie das Nahen der Ostfront spürten, begannen die Führer des Reiches, nachgiebiger über die Erweiterung der Rechte der Ostländer nachzudenken. Sie mussten die aufgrund der diskriminierenden Politik verlorenen Sympathien der einheimischen Bevölkerung zurückgewinnen. Seit 1943 war in offiziellen Reden dann und wann das Wort »Lettland« zu hören, und auf den Straßen tauchte wieder die rot-weiß-rote Fahne auf. Mit Hitlers Genehmigung wurde im Februar beschlossen, die teilweise Rückgabe von Privateigentum wiederaufzunehmen.[124]

Zu Beginn des Krieges wollten die Deutschen von der Bildung lettischer militärischer Einheiten nichts hören, doch als sich das Kriegsglück wendete und es an der Front an Soldaten mangelte, wurden gegenüber den Leitern der lettischen »Selbstverwaltung« vage Andeutungen über eine Wiederherstellung der lettischen Eigenstaatlichkeit nach dem Krieg gemacht[125] – die Letten müssten nur aufopferungsvoll gegen die Bolschewiken kämpfen.

Am 10. Februar 1943 befahl Hitler die Aufstellung einer der Waffen-SS unterstellten »Lettischen Freiwilligen-Legion«.[126] Mit dem Wort »freiwillig« wollten die Deutschen vertuschen, dass es sich dabei um eine Verletzung der Haager Konvention von 1907 über die Bestimmungen der Kriegsführung handelte, die untersagt, Einwohner okkupierter Gebiete in die Armee einzuberufen.[127] Die Einberufung wurde mit deutscher Präzision geplant und in mehreren Schüben umgesetzt, indem die Anzahl der Einzuberufenden nach Altersgruppen festgelegt wurde, was überzeugend belegt, dass die Deutschen selber nicht mit einer besonderen Freiwilligkeit rechneten. Am 9. März wurden die Männer der jüngsten Gruppe einberufen, und so ging es immer weiter, bis am 15. Juli 1944 die totale Mobilmachung ausgerufen wurde. Anfangs war mein Großvater Aleksandrs aus Altersgründen nicht von der Einberufung betroffen. Sein Einberufungsbefehl traf am 26. März 1944 ein. Abgesehen von einer kurzen Unterbrechung diente Aleksandrs bis zur Kapitulation in der 19. Lettischen Division als Kfz-Mechaniker. Danach wurde er gemeinsam mit Tausenden anderer Letten ein *mežabrāļis*, ein Waldbruder.[128]

Obwohl Zeitungen und Rundfunk im Herbst 1943 und Winter 1943/44 weiterhin von einem taktischen Rückzug der Deutschen Wehrmacht berichteten, der zum Sammeln der Kräfte für den nächsten, sieghaften Vorstoß diente, rückte die Ostfront unaufhaltsam näher. Den Einwohnern waren die Radioapparate nicht abgenommen worden, und so wie viele andere auch hörte Aivars regelmäßig den britischen Rundfunk. Er hatte sich eine Karte besorgt, auf der er entsprechend der Meldungen der Briten die Verschiebungen der Front mit Fähnchen fixierte.

Im Februar 1944 hatte die Rote Armee die lettische Grenze erreicht. Angst lag in der Luft. Die Deutschen waren zwar nicht beliebt, aber die Erinnerungen an das Jahr des Grauens und die Schreckensgeschichten von den Untaten der sowjetischen Soldaten in den zurückeroberten Gebieten hatten den Horror vor dem Bolschewismus im Bewusstsein der Bevölkerung immer größer werden lassen. Überall wurde nur davon gesprochen, dass die Rache der Russen nach ihrer Rückkehr schrecklich sein würde. Aivars hatte Angst. Mutter Milda und seine Großmama Matilde auch. Die Menschen versuchten sich an der Illusion festzuhalten, dass ein Wunder geschieht und die Lettische Legion ihr Land mit Unterstützung der Deutschen würde halten können. Es gab Gerede von einer Wunderwaffe, die den Deutschen innerhalb kürzester Zeit zur Verfügung stünde, und dann würde das Kriegsglück zurückkehren.

Für die Männer in der Lettischen Legion war es ein heiliger Krieg um ihr Vaterland. Sie sangen »Wir schlagen die Verlausten [d.h. Russen] und danach die Feldgrauen [d.h. Deutschen]« und starben mit dem Namen Lettlands auf den Lippen. Vorläufig mussten sie die »Feldgrauen« ertragen, um Lettland vor der Rückkehr der Bolschewiken zu bewahren.[129] Wenn das geschafft war, würde die Reichsführung das den Legionären gegebene Versprechen bezüglich der Wiederherstellung des lettischen Staates einlösen müssen.[130] Daran glaubten die Männer fest.

Im Hochsommer '44 gab es keinen Zweifel mehr an der Katastrophe. Im August begannen die Deutschen mit der Evakuierung.[131] Auf den Straßen wurden Passanten aufgegriffen, um sie zum Arbeitsdienst nach Deutschland zu verschleppen oder in Kurland Schützengräben ausheben zu lassen.[132] Milda brauchte nicht um sich zu fürchten, denn sie arbeitete in einem deutschen Lazarett und wurde hier vor Ort gebraucht. Auch Aivars war als Hütejunge in Carnikava in Sicherheit. Arnis hatte sie zu Matilde gebracht. Von Aleksandrs traf von Zeit zu Zeit ein Brief ein.

Im August erhielt Milda das Angebot, sich zusammen mit dem Lazarett evakuieren zu lassen. Einen Augenblick lang war Großmama versucht, zuzustimmen, aber das Risiko, die Kinder zu verlieren, war zu groß. Es wurde versprochen, sie gesondert zu evakuieren und später mit den Eltern zusammenzubringen, doch

Milda hatte Zweifel – wenn nun im Kriegsverlauf irgendetwas geschah und sie sich nicht wiedertreffen würden? Was wäre denn ihr Leben ohne Aivars und Arnis!

So beschloss meine Großmama zu bleiben. In Zeiten des Chaos ist es am wichtigsten, die Familie zusammenzuhalten. Aivars kehrte nach Riga zu seiner Mutter zurück, einige Tage später trafen auch Arnis und Matilde in der kleinen Wohnung in der Mēness iela ein, und gemeinsam warteten sie nun auf das Ende. Wo sich Aleksandrs befand oder ob er überhaupt noch lebte, wusste die Familie nicht.

In Riga hatten bereits die Luftangriffe begonnen. Zuerst heulten die Sirenen über die Stadt hin. Die Menschen stürzten in die Keller. Als Fatalistin entschied Milda, dass bei einem Einschlag auch der Keller nichts nützen würde, und so saßen sie alle in der Stube und warteten. Es war grauenhaft zu hören, wie das Dröhnen der Bomber immer lauter wurde. Dann begannen die ersten Detonationen. Und bei jedem Einschlag nur ein Gedanke: Gleich erwischt es uns. Ein weiterer Einschlag, und wieder die gleiche bodenlose Angst. Bis das Motorengedröhn sich allmählich entfernte und die Anspannung sich löste. Aus dieser lähmenden Angst befreite sie Matildes Bruder, der Wirt Eglīte vom Ārgaļi-Hof, der mit seinem Sohn Arvīds und zwei Gespannen in die Stadt kam, um Matilde, Aivars und Arnis abzuholen und nach Straupe in Sicherheit zu bringen.

Es war eine entsetzliche Fahrt. Die Landstraße nach Sigulda wurde hin und wieder bombardiert. Deutsche Armeefahrzeuge und Gespanne kamen ihnen entgegen. Die Pferde scheuten. Die Autos hupten. Als dem Ältesten unter den Jungen waren Aivars die Zügel des zweiten Wagens anvertraut worden. Trotz des ringsum herrschenden Durcheianders war er einen Augenblick eingenickt, und um ein Haar wäre das Gespann mit einem entgegenkommenden Automobil zusammengestoßen. Ein zorniger Deutscher ohrfeigte den Jungen – was hat so einer im Straßenverkehr zu suchen! Dann ließ er ihn wieder laufen. So erreichten sie unter

Schwierigkeiten und Angst am Abend des nächsten Tages ihr Ziel. Nach dem Wahnsinn in Riga wirkten die ländliche Stille und der Frieden geradezu unnatürlich. Sogleich wurde den erschöpften Reisenden deftiges Roggenbrot, Speck und Käse vorgesetzt. Nach der mageren Kost in der Stadt war das ein wahres Festmahl. Einen Moment lang schien es, als gäbe es keinen Krieg und würde ewig so sein. Wie im Paradies.

Meine Großmama Milda blieb allein in der Stadt zurück. Im August wurde das Lazarett evakuiert und das deutsche Personal reiste ab – nicht ohne alles mitzunehmen, was für das Deutsche Reich von Nutzen sein konnte: Medikamente, Krankenhausinventar, Instrumente. Die Okkupationsverwaltung befahl den lettischen Ärzten, die geplünderten Krankenhäuser zu übernehmen, und so erhielt das ehemalige deutsche Lazarett wieder seinen Status als 1. Städtisches Krankenhaus zurück.

Am 13. Oktober 1944 wurde Riga von der Roten Armee zurückerobert. In den Augen der Rotarmisten waren die Letten Faschisten, die über keinerlei Rechte verfügten. Man konnte sie ausrauben, zusammenschlagen, erschießen, vergewaltigen.

Eines Abends tauchte ein Grüppchen russischer Soldaten auf dem Hof des Hauses in der Mēness iela auf. Durch einen Spalt im Vorhang beobachtete Milda die abgerissenen, schlecht gekleideten Soldaten. Sie hatten sich auf den Stufen niedergelassen, ließen eine Flasche kreisen und rissen lautstark allerlei Witze. Einer von ihnen zeigte lachend seine mit einem Strick befestigte Stiefelsohle und fragte auf Russisch: »Und, schaff' ich's mit dem hier bis Berlin?« Fassungslos schüttelte Milda den Kopf – dieses Lumpenpack! Als ob man die bis nach Berlin lassen wird! Damals glaubte sie, die Briten und Amerikaner würden von ihrer Freundschaft mit den Russen wieder zur Besinnung kommen und ihnen nicht erlauben, sich in Europa breit zu machen.

Lediglich Kurland[133] vermochte die Rote Armee nicht einzunehmen. Bis zum 9. Mai 1945 dauerten dort die verbissenen Gefechte, an denen auch die Männer der 19. Division beteiligt waren.[134]

Bitte mich freizusprechen oder zu erschießen

Am 8. Mai 1945 um 23.01 Uhr unterzeichnete Großadmiral Dönitz die Vollmacht zur bedingungslosen Kapitulation des Deutschen Reichs vor den siegreichen Alliierten. Die deutschen Einheiten im Kurlandkessel und die tschechoslowakische Hauptstadt Prag ergaben sich erst am nächsten Tag, und aus diesem Grund feierte die Sowjetunion den Tag des Sieges am 9. Mai.

Mein Großvater Aleksandrs Kalnietis befand sich zu diesem Zeitpunkt in der Nähe von Vāne in Kurzeme. Während der Endphase des Krieges hatte er in der 19. Division als Kfz-Mechaniker des 6. Korpsstabs gedient. Als den Soldaten am Abend des 7. Mai mitgeteilt wurde, dass sie sich in alle Himmelsrichtungen zerstreuen können, machten sich Aleksandrs und mehrere seiner Kameraden mit einem Lastwagen auf den Weg nach Ventspils, in der Hoffnung, von dort aus über die Ostsee nach Schweden fliehen zu können. Kurz vor Ventspils erfuhren sie von Entgegenkommenden, dass es kein einziges Schiff mehr gebe. Sogar Wracks seien auf die offene See hinausmanövriert worden.

Aleksandrs war unschlüssig, was er nun tun sollte. Nach Riga zu gehen war riskant, weil die Jagd der sowjetischen Behörden nach »Vaterlandsverrätern« wie ihm bereits in vollem Gange war. In Kurzeme herrschte noch Chaos, deshalb schien es besser zu sein, dort zu bleiben. Zunächst brauchte er etwas anderes zum Anziehen, denn in Legionärsuniform herumzulaufen war alles andere als klug. In einem verlassenen Haus fand Aleksandrs passende Kleidungsstücke. Nun fühlte er sich sicherer. In der Nähe des Hauses entdeckte er ein zurückgelassenes Auto. Der Motor funktionierte nicht, aber im Tank befand sich Treibstoff. Dies schien ein Wink des Schicksals zu sein, dass noch nicht alles verloren war.

Aleksandrs machte den Wagen rasch flott und beschloss, noch einmal in Ventspils sein Glück zu versuchen. Wenn es nun doch gelingt, irgendwie nach Schweden überzusetzen!

Aber es gelang nicht. Mehrere Tage irrte er durch die Stadt. Die Deutschen hatten nicht mehr geschafft, die Armeelager zu evakuieren, und die zurückgelassenen Gegenstände, Lebensmittel und Schnapsvorräte waren nun Allgemeingut. Was ringsum geschah, erinnerte an ein Gelage während der Pest, als die Menschen versuchten, Kummer und Verzweiflung im Alkohol zu ertränken. Es war ein Leichenschmaus für Lettland, an dem auch Aleksandrs teilnahm. Er trank aus Zorn über die verfluchten Kriege, die zweimal sein Leben zerstört hatten. Der erste hatte ihm seine Eltern genommen und dieser nun alles – Heimat, Gesundheit und Familie. Er trank bis zur Besinnungslosigkeit, um zu vergessen und nichts mehr zu empfinden ... Als er am nächsten Morgen zu sich kam, beschloss Aleksandrs, diesen Ort des Elends, in dem schon die ersten Wagen der Roten Armee auftauchten, zu verlassen. Der einzige sichere Ort war der Wald. So wurde mein Großvater zum *mežabrāļis*, einem »Waldbruder«.

Der Wald war nicht Aleksandrs' freie und bewusste Wahl. Ebenso wie viele andere Legionäre hatte er überhaupt keine Wahl.[135] Er hatte auf Seiten der Deutschen gekämpft. Aus sowjetischem Blickwinkel war er ein Vaterlandsverräter. Wohlwissend, wie die NKWD-Leute im Jahr des Grauens mit völlig unschuldigen Menschen verfahren waren, konnte Aleksandrs sich ebenso wie viele andere Legionäre die Foltermethoden vorstellen, die für »Vaterlandsverräter« vorgesehen waren. Und welchen Vertreter der neuen Macht hätte es schon interessiert, dass Aleksandrs seine Tätigkeit als Kfz-Mechaniker bei der Deutschen Wehrmacht 1941 auf Anweisung der Arbeitsbehörde angetreten hatte?[136] Später, im März 1944, wurde er trotz einer akuten Tuberkulose im linken Lungenflügel in die so genannte Freiwilligenlegion der Waffen-SS eingezogen. Er konnte sich nicht wie mancher Zivilist bei Verwandten auf dem Land verstecken oder desertieren, da er bereits bei der Wehrmacht arbeitete. Im Falle seiner Weigerung hätte ihm das Kriegsgericht gedroht.[137]

Im Januar 1945 wurde Aleksandrs aufgrund seines Gesundheitszustands zwar aus der Armee entlassen, dafür jedoch zum Arbeitsdienst nach Deutschland geschickt. Kurz vor dem Untergang Lettlands wurde mein Großvater am 22. März abermals eingezogen und der 19. Division der Freiwilligen-Legion zugeteilt, die im Kurlandkessel verzweifelt kämpfte. Der Krieg raubte ihm wie Millionen anderer Menschen die Möglichkeit, selber über sein Leben zu bestimmen.

Es gibt keine verlässlichen Nachrichten darüber, wo und mit wem Aleksandrs zusammen gewesen ist. Als ihn die Verhörspezialisten des NKWD nach seiner Verhaftung peinigten, um Namen und Aufenthaltsorte anderer »Waldbrüder« aus ihm herauszuprügeln, hat Großvater seine Angaben mehrfach geändert. Seit dem dritten Verhör jedoch bekommt sein Bericht eine gewisse Stabilität.

Nachdem er Ventspils verlassen hatte, irrte Aleksandrs einige Tage allein umher, bis er in der Nähe von Zūras auf einige Schicksalsgenossen traf. Als sie sich eine Weile unterhalten hatten, forderten sie Aleksandrs auf, sich einer Gruppe anzuschließen, die in den NKWD-Dokumenten »Sils« genannt wird. Er blieb bis Mitte Juli bei den Sils-Männern, dann wechselte er zu Oļģerts Stūris, genannt Labietis, dessen Partisanengruppe in der Gegend um Kuldīga operierte. Bereits Mitte August war Aleksandrs in Birzgale, von wo aus er sich Ende Oktober zu seiner Familie nach Riga durchschlug. Dass er mit einigen Männern die Daugava überquert und seit Anfang September in Livland (Vidzeme) operiert hatte, verriet Großvater den NKWD-Leuten nicht; offensichtlich wollte er die zahlreichen Verwandten seiner Frau Milda nicht gefährden, die in der Gegend von Straupe wohnten und sofort als Verdächtige verhört, wenn nicht sogar verhaftet worden wären.

Nach seiner Rückkehr nach Riga hatte Aleksandrs meinem Vater ein wenig von seinen Erlebnissen erzählt. Der Stützpunkt der »Waldbrüder« in Livland war der Ceplīši-Hof. Dort konnte man sich für einen Augenblick wie ein Mensch fühlen: tüchtig essen, im Badehäuschen (*pirts*) ordentlich durchgewärmt werden, ein sauberes Hemd anziehen und ungestört ausschlafen. Eines Abends Ende Oktober hatten die Männer sich nach der *pirts* auf dem Heuboden des Ceplīši-Stalls gerade für die Nacht eingerichtet, als draußen Schüsse ertönten. Das Stallgebäude war von NKWD-Leuten umstellt. Ohne einen Augenblick zu zögern, sprang Aleksandrs aus der Heuluke, kam zu Boden, überschlug sich und sprintete im Zickzack auf ein nahe gelegenes Wäldchen zu. Die Kugeln pfiffen um seinen Kopf, aber Großvater rannte wie ein Wahnsinniger. In seiner weißen Unterwäsche gab er eine gute Zielscheibe ab, und sie jagten ihn zwischen den Büschen wie ein Kaninchen. Dennoch konnte sich Aleksandrs wie durch ein Wunder in Sicherheit bringen.

Im Wald sank Aleksandrs erschöpft zu Boden und blieb lange im kalten, feuchten Moos liegen. Er war am Leben, aber für wie lange? Es war Spätherbst, und ein kalter Winter stand ins Haus. Er hatte nicht einmal mehr Kleidung und Schuhe, nur noch Unterhosen und ein Hemd. Er wurde von Fieberanfällen geschüttelt, denn seine tuberkulöse Lunge taugte nicht für das raue Leben der Partisanen.

Großvater war es müde, sich zu verstecken und in Heuschobern oder Bodensenken zu übernachten. Nirgendwo konnte er zur Ruhe kommen. Nachdem Kurland gefallen war, internierten die Russen sämtliche Männer zwischen 16 und 60 Jahren in so genannten Filtrationslagern.[138] Dann durchkämmten sie die Wälder, um sie von »Banditen« zu säubern. Eine Weile schien es in Livland ruhiger zu sein, aber auch hier kam es immer häufiger zu gegen die Partisanen gerichteten Aktionen des NKWD.

Aleksandrs schenkte den Gerüchten, dass die Engländer und Amerikaner den okkupierten baltischen Staaten bald zu Hilfe eilen würden, keinen Glauben. Das waren nur leere Versprechungen. Warum sollten die Alliierten, nachdem sie die Russen nach Europa hineingelassen und im Krieg gegen Japan sowjetische Hilfe erfleht hatten, wegen irgendwelcher Balten ihre Beziehungen zu der mächtigen UdSSR gefährden? Nein, das Leben im Wald hatte keinerlei Zukunft. Er musste nach Riga. Im Dickicht der Stadt bestand noch Aussicht, irgendwo Obdach zu finden und zu überwintern. Auf Mildas Hilfe konnte Aleksandrs kaum hoffen, denn ihr letzter Abschied war unterkühlt gewesen. Er hatte seine Frau zu sehr verletzt, als dass sie ihm hätte verzeihen können. Nur der Wunsch, seinen Sohn Arnis wieder zu sehen, war übermächtig.

Zu früher Morgenstunde wagte es Aleksandrs, an ein Fenster zu klopfen. Die ganze Gemeinde wusste bereits über die Schüsse auf dem Ceplīši-Hof Bescheid, und die Leute hatten Angst, dass ihnen im Handumdrehen das Gleiche widerfahren könnte. Aleksandrs bekam Kleidung aus grobem Sackleinen und ein Stück Brot als Wegzehrung zugesteckt. Er solle machen, dass er fortkommt. Auch Großvater hatte es eilig, denn er wollte zurück in den Schutz des Waldes. So begann Aleksandrs von Wald zu Wald in Richtung Riga zu marschieren. Er konnte nicht schnell laufen, denn er hatte keine Schuhe. Um die Füße ein wenig vor der Kälte und den spitzen und scharfen Unebenheiten des Waldbodens zu schützen, umwickelte er sie mit Lumpen, die er irgendwo unterwegs gefunden hatte.

Der mitgegebene Brotlaib schwand dahin, und Großvater wurde von Hunger gequält, aber er hatte Bedenken, sich einem fremden Haus zu nähern. Als er einmal einem einsamen Passanten begegnete, wagte er, ihn anzusprechen und um etwas Nahrung zu bitten. Während er auf die Rückkehr des Fremden wartete, versteckte sich Aleksandrs und beobachtete angespannt, ob der Ankömmling womöglich einen Schatten hatte. Nein, alles war in Ordnung, und endlich konnte er etwas Anständiges essen. An der Mauer des Friedhofs von Līgatne vergrub Großvater seine Parabellum. Später beschrieb er meinem Vater die genaue Stelle und trug ihm auf, sie zu holen und sorgfältig zu verstecken. Im nächsten Sommer grub Aivars die Pistole aus, brachte sie nach Riga und versteckte sie in der Mēness iela auf dem Dachboden. Möglicherweise liegt die Waffe noch heute dort.

Am 30. Oktober traf Aleksandrs in Riga ein.

Es war später Abend. An der Tür klingelte es. Ein solches Klingeln verhieß im Riga der Nachkriegszeit nichts Gutes, und meinem Vater fuhr ein gehöriger Schrecken in die Glieder. Er war allein zu Hause; Milda hatte Nachtdienst im Krankenhaus, und Arnis war auf dem Land bei der Großmutter. Zaghaft fragte Aivars: »Wer ist da?« Nach einem kurzen Schweigen kam die Antwort: »Vater«. Rasch öffnete Aivars die Tür. Im aus der Küche dringenden Licht stand vor dem Hintergrund des dunklen Treppenhauses die Gestalt Aleksandrs'. Sein Äußeres war abstoßend – er trug schmutzige, zerrissene Kleidungsstücke aus Sackleinen und über der Schulter eine Bogensäge. Das bärtige Gesicht wurde teilweise von einer seltsamen wattierten Mütze verdeckt, aber am erbärmlichsten sahen die Füße aus, die in von Schnüren umwickelten Lumpen steckten. So kehrte mein Großvater Aleksandrs heim.

Milda stand zu Aleksandrs. Die einstigen Unstimmigkeiten zwischen den beiden schienen eine ferne, unbedeutende Vergangenheit zu sein, die vollkommen von der Katastrophe des Kriegsendes überschattet war – den Hunderttausenden von Flüchtlingen und dem bolschewistischen Terror.[139] Nach der langen Ungewissheit freute sich Milda, dass ihr Mann am Leben war. Zu diesem Zeitpunkt wusste sie nicht, dass die kommenden 13 Tage bis zu Aleksandrs' Verhaftung die letzten Tage in ihrem Leben als Frau sein sollten. Milda war 37 Jahre alt.

Die Freude über die Heimkehr ihres Mannes wurde von dem Bewusstsein getrübt, wie überaus gefährlich seine Anwesenheit für Aivars und Arnis war. Milda rang mit sich und kam zu dem Entschluss, dass Aleksandrs sich bei der Miliz melden und legalisieren lassen musste. Von dem, was sie mir in meiner Kindheit erzählt hat, weiß ich: Im Grunde ihrer Seele hatte meine Großmutter gehofft, dass ihrem Mann nichts Schlimmeres als das Gefängnis drohen würde. Heute verstehe ich, dass in jenem kritischen Moment in ihrem Bewusstsein eine Art Selbstzensur wirksam war – in der Absicht, ihre beiden Söhne zu schützen –, die die im Jahr des Grauens gemachten Erfahrungen blockierte und Milda sich der Illusion hingeben ließ, dass »uns so etwas nicht passieren kann«, »wir sind ja immer arme Leute gewesen«, »mein Mann hat doch nichts Böses getan« – als ob die sowjetischen Schergen eine Graduierung konkreter Schuld interessiert hätte.

Aleksandrs war einverstanden. Allerdings glaubte er nicht, dass die Bolschewiken ihr Versprechen diesmal halten und die ehemaligen »Kollaborateure der Deutschen«, die sich stellten, ungeschoren davonkommen lassen würden. Wie am Tag der Kapitulation hatte mein Großvater abermals keine Wahl. Im Wald erwartete ihn der sichere Tod, denn mit seiner kaputten Lunge hatte er keine Chance, den Winter dort zu überleben. Indem er sich den Roten auslieferte, war sein Schicksal die Deportation nach Sibirien und am Ende wiederum der Tod. Er war unendlich erschöpft und fügte sich fatalistisch in das Unabwendbare.

Aleksandrs musste mit warmer Kleidung und Stiefeln versorgt werden. Das war das Mindeste, um sich auf das Unvorhersehbare vorzubereiten, bevor er sich stellte. Aus der Vorkriegszeit gab es noch einen Mantel. Von Freunden wurden weitere Kleidungsstücke zusammengesammelt, die Stiefel jedoch mussten auf dem Schwarzmarkt gekauft werden. Das Familiensparschwein war wie immer leer, und so mussten sie Mildas nächsten Lohntag abwarten.

Für diese Zeit wurde ein primitives Versteck unter dem Küchentisch eingerichtet, wo sich Großvater vor ungebetenem Besuch verstecken konnte, und Aivars wurde eingeschärft, dass er niemandem auch nur ein Sterbenswörtchen von der Heimkehr seines Vaters sagen durfte. Aivars wusste sehr gut, wie wichtig es war, den Mund zu halten. In den Kriegsjahren hatte er so viel erlebt, dass seine Kindheit zu Ende war, bevor sie richtig begonnen hatte. Ende Oktober 1944, als Aivars vom Land in das wieder einmal »befreite« Riga zurückkehren musste, herrschten ringsumher Anarchie und Gewalt.

Während der NS-Okkupation hatte zumindest eine gewisse Ordnung in der Stadt geherrscht. Mit dem Einmarsch der Russen brach das Chaos aus, und man war selbst in der eigenen Wohnung nicht mehr sicher, ganz zu schweigen auf der Straße. Nicht nur bewaffnete Banditen raubten und vergewaltigten, sondern auch Soldaten, die glaubten, dass dies ihr legitimes Recht als Sieger sei. Ihrer Ansicht nach hatten die »Lettenfaschisten« nichts Besseres verdient. Obgleich nur hinter vorgehaltener Hand über die Raubüberfälle und Vergewaltigungen gesprochen wurde, wusste Aivars genau, dass auch in ihrem Haus mehrere Frauen dergleichen erlitten hatten. Der kleine Laden an der Ecke der Mēness iela war drei Mal von bewaffneten Räubern überfallen worden.

Riga veränderte sich. In der Stadt standen viele Wohnungen leer, deren Besitzer in Richtung Westen geflohen waren.[140] Dort richteten sich die roten »Befreier« ein. In ihr Mietshaus war ein ehemaliger Nachbar zurückgekehrt, der sich 1941 dem Rückzug der Roten Armee angeschlossen hatte. Er war felsenfest davon überzeugt, dass alle, die in Lettland geblieben und nicht umgekommen waren, Nazis oder deren Mitläufer waren. Er war der Erste, der einen versteckten »Banditen« melden würde, und deshalb war Milda derart vorsichtig, dass sie beschloss, dem auf dem Land weilenden Arnis nichts von der Rückkehr seines Vaters mitzuteilen, weil der Siebenjährige sich in seiner kindlichen Naivität leicht hätte verplappern können. Somit blieb Aleksandrs' Herzenswunsch, seinen jüngsten Sohn noch einmal zu sehen, unerfüllt.

Mein Großvater Aleksandrs Kalnietis wurde in der Nacht vom 13. auf den 14. November verhaftet, zwei Tage vor dem Lohntag meiner Großmutter Milda. Es wurde laut an die Tür geklopft. Die Eltern schliefen in der Küche und Aivars auf einer kleinen Couch in der Stube. Durch den Türspalt beobachtete er verängstigt, was geschah: Sein Vater schlüpfte rasch unter den Tisch. Milda ordnete das Bett, sodass kein Abdruck eines zweiten Kopfes auf dem Kissen zu sehen war, warf sich einen Morgenrock über die Schultern und öffnete die Wohnungstür. Zwei bewaffnete Männer stürmten in die Küche, richteten ihre Waffen und eine Taschenlampe direkt auf das Versteck und brüllten auf Russisch: »Komm raus, Bandit, sonst wird geschossen!« Sie wussten genau, wo Aleksandrs sich versteckt hielt. Also hatte jemand den NKWD über seine Rückkehr informiert. Wer? Niemand außer Alīna, der Frau von Mildas Bruder Voldemārs, war in der Wohnung gewesen. Sie allein kannte Aleksandrs' Versteck.

Aleksandrs kam unter dem Tisch hervorgekrochen und hob die Hände. Die NKWD-Leute brüllten ihn an, er solle seine Waffe herausrücken. Nachdem sie sich davon überzeugt hatten, dass er unbewaffnet war, befahlen sie ihm mitzukommen. Aleksandrs zog sich ohne Hast an. Er steckte seine gelbe Brieftasche ein, in der er seine Dokumente sowie Fotografien von seinen Angehörigen aufbewahrte. Dann nahm er das Kleiderbündel, das Milda ihm geschnürt hatte, umarmte seine Frau zum Abschied und strich dem angsterstarrten Aivars über den Schopf. So trat Aleksandrs in leichten Sommerschuhen den letzten Abschnitt seines fremdbestimmten Weges an. Aivars' letzte Erinnerung an seinen Vater ist dessen dunkle Silhouette in der Küchentür. Weder Milda noch Aivars war es beschieden, Aleksandrs jemals wieder zu sehen, weder tot noch lebendig.

Er wurde in das NKWD-Hauptquartier in der Stabu Ecke Brīvības iela[141] gebracht. Ein Verhaftungsformular wurde ausgefüllt. Dann befahl man ihm sich auszuziehen und nahm ihm seine Brieftasche ab. Deren Inhalt befindet sich noch heute in Aleksandrs' Akte im Lettischen Staatsarchiv.[142] Nicht einmal die Fotografie seines Sohnes Arnis durfte der »Bandit« behalten.

Am selben Tag um 14.10 Uhr begannen NKWD-Leute, meinen Großvater zu verhören. Die erste Sitzung dauerte elf Stunden, während derer der Protokollant mit ausladender Handschrift zehn Seiten füllte. Das durchschnittliche Schreibtempo betrug somit knapp eine Seite pro Stunde. Wie alle Ermittlungsdokumente ist das Protokoll auf Russisch abgefasst.

Anhand der Berichte von Partisanen, die durch die Keller des NKWD gegangen sind und Sibirien überlebt haben, kann ich mir die Qualen vorstellen, die mein Großvater durchmachen musste. Der das Verhör leitende Offizier beteiligte sich nicht an der körperlichen »Arbeit«, auch der Protokollant nicht. Dafür gab es einen speziellen Schläger. Er schlug unerwartet zu und traf stets die empfindlichsten Stellen. Wenn der zu Verhörende zu Boden ging, wurde er mit Tritten malträtiert. Ein Fuß in schweren Armeestiefeln ist ein hervorragendes Folterinstrument. Ob Aleksandrs noch weitere Verhörmethoden des NKWD erdulden musste – Aufhängen an Hand- oder Fußgelenken, Aufhängen an hinterrücks zusammengebundenen Händen, stundenlanges Verharren in erzwungenen Körperhaltungen, Daumenschrauben usw. –, kann man nur mutmaßen.

Wie entsetzlich es war, lassen die sechs Briefe ahnen, die meine Großmutter Milda Anfang der 50er Jahre erreichten, als sie selber bereits in Sibirien war. Aleksandrs schrieb: »Nach all dem, was ich durchgemacht habe, kann der Tod mir nur wie ein Freund, wie ein Erlöser sein, und er hat für mich schon lange nichts Furchtbares mehr. Ich könnte auch tot sein, aber ich tue es aus purem Trotz: ich lebe!«[143] Sie brachten ihn, halb ohnmächtig, aus den Folterkammern im vierten Stock des NKWD-Gebäudes in den Keller und warfen ihn in eine feuchte, kalte Zelle, in der Tag und Nacht eine helle Glühlampe brannte. Das grelle Licht hinderte am Einschlafen. »Lichttherapie« und Übermüdung waren weitere Zermürbungstechniken, denn die Verhöre fanden größtenteils nachts statt. Danach durfte der Gepeinigte nur auf dem Rücken liegen und die Augen nicht mit den Armen bedecken. Darauf achtete das Wachpersonal mit großer Sorgfalt.

Das nächste Verhör fand zwei Tage später statt. Offensichtlich war mein Großvater nach dem ersten »Gespräch« in einem derartigen Zustand, dass es früher nicht möglich war. Insgesamt musste Aleksandrs sieben Verhöre über sich ergehen lassen, was im Vergleich mit demjenigen, was andere Partisanen erlitten haben, nicht viel ist. Aber auch eine einzige Begegnung mit einem NKWD-Meister seines Fachs konnte reichen, um für immer zum Krüppel zu werden. Nach jeder »Sitzung« wurde mein Großvater wieder in den Keller zurückgebracht, wodurch sich seine Tuberkulose verschlimmerte.

Jedes Mal stand Aleksandrs vor einem anderen Ermittler, der wieder und wieder die schon so oft gestellten Fragen wiederholte, bis meinem Großvater die eigenen Aussagen vor Schmerz, Übermüdung und Durst durcheinander gerieten. Die NKWD-Leute wollten wissen, wo und mit wem er operiert hatte, über welche Waffen die Gruppe verfügte, welche Gruppen außerdem in Kurland und anderswo in Lettland operierten, wie die Gruppen untereinander kommunizierten, ob der Weg zu den Lagerplätzen vermint war, wer die Banditen unterstützte usw. In den ersten Verhören brachte Aleksandrs absichtlich alles durcheinander, was ihm in den Sinn kam. Er konnte nicht ahnen, dass jedes Verhörprotokoll sorgfältig ausgewertet und jeder Orts- und Familienname und jedes Datum mit Rotstift unterstrichen und überprüft wurde.

Die NKWD-Leute sind sich bald über die Widersprüche in Großvaters Berichten im Klaren, und er wird schwerer misshandelt. Im dritten Verhör verspricht Aleksandrs, alles zu sagen, was er weiß. Aber die Ermittler erwartet eine Enttäuschung, denn er weiß nicht viel. Es ist das längste Verhör und erstreckt sich über fast zwei Tage. Das Protokoll weist mehrere Unterbrechungen von einigen Stunden auf. Hatte Aleksandrs das Bewusstsein verloren?

Seine Aussagen haben niemandem geschadet; die Männer, deren Namen er nannte, waren tief im Wald versteckt und operierten dort noch mehrere Jahre. Von Großvaters Selbstbeherrschung zeugt auch, dass er mit keiner Silbe seine Operationen in Livland erwähnte und so Mildas Verwandte vor der sicheren Verhaftung und Deportation bewahrte. Nach diesem Verhör ist Aleksandrs' Unterschrift auf dem Protokoll so zittrig und gequält, dass sie kaum zu identifizieren ist. Nach dem siebten Verhör begreifen die NKWD-Leute endlich, dass sie nichts mehr aus ihm herausprügeln können, und entscheiden, den Fall abzuschließen. Aleksandrs wird ins Zentralgefängnis überführt und in eine riesige, überfüllte Zelle gesperrt, in der rund 40 Menschen – neben politischen Gefangenen auch kriminelle Straftäter – zusammengepfercht sind.[144] Nun beginnt für meinen Großvater ein neuer Abschnitt seines Leidensweges, denn er muss lernen, nach den gnadenlosen Gesetzen der Verbrecherwelt zu leben. Am 6. Mai 1946 ist schließlich der Tag der Gerichtsverhandlung.

Um die Statistik aufzubessern, vereinten die NKWD-Leute einzeln verhaftete »Banditen« zu »bewaffneten Banden«. So konnten beeindruckende Prozesse fabriziert und Auszeichnungen für den Kampf gegen die »faschistischen Banditenbanden« eingeheimst werden.

Am 30. März 1946 wurde Aleksandrs mit den Unterlagen des Ermittlungsverfahrens bekannt gemacht. Er erfuhr nun, dass ihm als Mitglied der so genannten Ragnija-Jansone-Bande, deren Akte neun Bände umfasst, der Prozess gemacht würde. Großvater hatte während der Verhöre keinen einzigen Namen der Mitangeklagten genannt. Ebenso wenig hatten die übrigen 24 »Bandenmitglieder« den Namen Kalnietis erwähnt; aus diesem Grunde wiesen ihm die NKWD-Leute der Glaubwürdigkeit halber die Rolle des Verbindungsmannes der Vereinigung der Lettischen Nationalpartisanen zu. Dies würde erklären, weshalb ihn niemand gekannt hatte.

In der Akte befindet sich eine schematische Darstellung der Kommunikation zwischen den Gruppen der Widerstandsbewegung[145], auf der Großvaters Name in kyrillischen Buchstaben in einem isoliert stehenden Kästchen vermerkt ist. Aus dem Briefwechsel mit den überlebenden Verurteilten des Jansone-Prozesses geht hervor, dass nur fünf der 25 Angeklagten zuvor gemeinsam operiert hatten. Die anderen 20 wurden in das Verfahren einbezogen, um den Prozess aufzubauschen. Sie haben einander im Gerichtssaal zum ersten Mal in ihrem Leben gesehen.

Die Sitzung des Kriegstribunals fand unter Ausschluss der Öffentlichkeit statt. Ganz wie es sich für das sowjetische Rechtswesen gehörte, nahmen an dem Prozess mehrere Richter, ein Staatsanwalt und – überraschenderweise – auch ein Verteidiger teil. Insgesamt wurden 31 Zeugen vernommen. Der Prozess wurde auf Russisch geführt, dessen die meisten Angeklagten nicht mächtig waren.

Die Diener der Justitia – Major Rugalow, Leutnant Oleinikow und Leutnant Lewan – waren sicher gelangweilt, denn sie mussten nicht zum ersten Mal so tun, als würden sie ein gerechtes Verfahren führen. Ihre Rollen konnten sie auswendig, und Überraschungen waren keine zu erwarten. Die Ermittler hatten gründlich gearbeitet, und die gerichtlichen Bestimmungen wurden vorbildlich erfüllt. Jeder Angeklagte wurde nochmals verhört. Aleksandrs stritt ab, die Flucht nach Schweden versucht, antisowjetische Flugblätter verteilt zu haben und nach Riga gekommen zu sein, um Kontakt mit anderen »bewaffneten Banden« aufzunehmen, aber es war vergeblich. Dann folgte der Auftritt des Staatsanwalts: Mit Schaum vor dem Mund und einem Temperament, das eines Wyschinskij würdig gewesen wäre, bewies er die Verbrechen der Banditen gegen die Sowjetmacht. In der Anklageschrift meines Großvaters heißt es:

»Kalnietis Aleksandrs Janowitsch (...) hat bis zum Tag seiner Verhaftung am 14.11.45 die Aufgaben eines Verbindungsmannes zwischen Banditengruppen in Nordkurland erfüllt und war in der konterrevolutionären Untergrundorganisation terroristischer Saboteure ›Vereinigung der Lettischen Nationalpartisanen‹ aktiv. Als Mitglied der Banditengruppe hat er Einwohner Nordkurlands terrorisiert, darunter Sowjet- und Parteiaktiva, sowie Bauern bei der Erfüllung der staatlichen Kornabgaben und anderer Lieferungen behindert. Er hat antisowjetische Flugblätter verteilt, auf denen er zum aktiven Widerstand gegen die Sowjetmacht aufforderte.

Es wird beschlossen: Kalnietis Aleksandrs Janowitsch entsprechend der §§ 58-1a, 19-58-8, 19-58-9, 58-10 II d. und 58-11 des Strafgesetzbuches der RSFSR zur Verantwortung zu ziehen.«[146] Ähnliche Anklagen wurden auch gegen die anderen Beschuldigten erhoben. Nach einer blassen Rede des Verteidigers Kusin zog sich das Gericht zur Urteilsfindung zurück. Es wirkte tatsächlich so, als hätte das Urteil nicht schon vorher festgestanden. Offensichtlich wurde die fünfstündige Pause eingehalten, um den Anschein der Rechtmäßigkeit zu wahren. Vielleicht ist die Erklärung auch viel banaler – es war Mittagszeit. Während man ohne Eile zu Mittag aß und ein paar anstehende Angelegenheiten erledigte, waren die fünf Stunden schnell vergangen. Am 10. Mai um 17.45 Uhr wurde auf Russisch das Urteil verkündet. Ob die Angeklagten das Gesagte verstanden, interessierte das »humanste Gericht dieser Welt« nicht. Kein Mitglied der »Gruppe« wurde zum Tode verurteilt. Fünf Personen wurden zu 20 Jahren Lager mit Strafregime, gefolgt von fünf Jahren Sonderumsiedlung, verurteilt. Aleksandrs gehörte zu denjenigen, deren Vergehen milder geahndet wurden: zehn Jahre Lager mit Strafregime, gefolgt von fünf Jahren Sonderumsiedlung.

Die letzten Worte meines Großvaters vor der Urteilsverkündung waren: »Bitte mich freizusprechen oder zu erschießen.«[147]

Seine Bitte war ein rhetorischer Schrei der Verzweiflung, denn Aleksandrs wusste, dass er nicht freigesprochen würde. Demnach hoffte er auf die Todesstrafe als Erlösung. So unerträglich war die Vorstellung, dass das in den Folterkammern des NKWD Erlittene und das im Zentralgefängnis Erlebte sich weiter und weiter fortsetzen könnte. Und trotzdem setzte es sich fort.

Ebenso wie Jānis Dreifelds, mein Großvater mütterlicherseits, musste auch Aleksandrs Kalnietis eine endlose Fahrt in einem überfüllten Viehwaggon überstehen. Im Unterschied zu Jānis, der auf dem Weg zum Lager wenigstens mit anständigen Menschen zusammen und vor der Berührung mit Verbrechern geschützt war, waren in Aleksandrs' Transport Politische und Kriminelle gemischt. Dies sowie Durst und Sommerhitze machten jeden durchrüttelten Bahnkilometer noch unerträglicher. Auf diese Weise erreichte Aleksandrs in mehreren Etappen von Gefängnis zu Gefängnis sein erstes Lager, von dem seine Angehörigen bis heute nicht wissen, wo es sich befand.

Aleksandrs setzte sich 1950 zum ersten Mal mit seiner Familie in Verbindung, als er bereits in das Lager mit der Anschrift »Postfach Nr. 219« im Rayon Welsk, Oblast Archangelsk, verlegt war. Ob ihm die Korrespondenz vorher untersagt worden[148] oder dies seine eigene Entscheidung war, ist nicht bekannt. Der aus dem Lagerlazarett abgeschickte Brief wanderte unter Freunden von Hand zu Hand und traf schließlich bei seiner Schwiegermutter Matilde und seinem Sohn Arnis in Lettland ein. Aus dem Antwortschreiben seines Sohnes erfuhr Aleksandrs, dass Milda und Aivars am 25. März 1949 als »Familienangehörige eines Banditen« nach Sibirien deportiert worden waren.

Es war genau dasjenige eingetroffen, was Milda so unbedingt vermeiden wollte. Es war unerträglich schmerzlich für Aleksandrs, Matildes schonungslose Vorwürfe zu lesen, die in Arnis' kindlicher Handschrift niedergeschrieben waren. Er sei die alleinige Ursache für das ganze Unglück der Familie. Statt des erhofften Mitleids erhielt Aleksandrs Vorwürfe. Welch Ungerechtigkeit! Als die Verletztheit verflog, begriff Großvater, dass aller Zorn vergebens war, denn Matilde sah die Dinge von der Warte einer Mutter.

In seinem ersten Brief an Aivars – der in Wirklichkeit an Milda gerichtet war – fragt Aleksandrs: »(...) halten andere Mütter ebenfalls ihre Söhne, Brüder und Männer für schuldig – oder andere, nämlich die tatsächlich Schuldigen?«[149]

Großvaters erster Brief wurde am 5. Mai 1950, sein letzter am 27. April 1951 abgeschickt. Er starb am 18. Februar 1953. Sämtliche Briefe schrieb er in verschiedenen Lagerlazaretten. Die Tuberkulose und die Verhöre in den Folterkammern des NKWD hatten das Ihrige bewirkt. Seit dem 26. Oktober 1946 galt Aleksandrs offiziell als arbeitsunfähig, doch dies störte die Lagerverwaltung nicht, ihn mehrfach immer weiter nach Norden zu verlegen. Großvaters letzter Brief stammt aus dem Ustwymlag, die Todesbescheinigung hingegen wurde im Petschorlag-Lager AA-274[150] ausgestellt. Das Ustwymlag befindet sich rund 400 Kilometer nordöstlich von Welsk, das Petschorlag liegt unmittelbar am Polarkreis. Dieser Lagerkomplex wurde eingerichtet, um den Bau der Eisenbahnlinie durch den ewigen Frost mit kostenlosen Arbeitskräften zu versorgen.

Die Verlegung eines Invaliden in derart extreme Klimaverhältnisse ist rational nicht zu erklären. Dieses groteske Vorgehen liegt in der bürokratischen Dienstbeflissenheit des stalinistischen Lagersystems begründet, da jeder Lagerkommandant bemüht war, auch die absurdesten Anweisungen von oben buchstäblich und exakt zu befolgen, um sich selber vor dem Vorwurf der Sabotage zu schützen. Wenn die Anweisung kam zu verlegen, wurde eben verlegt.

In seinem dritten Brief schreibt Aleksandrs an Milda: »Nichts ist auf ewig! Bin wieder verlegt worden, noch weiter nach Norden! Die lassen einen eben nicht an einem Ort sterben, sondern zerren einen durch die Gegend wie der Teufel den Heiland, und man kommt einfach nicht zum Verrecken. Ich bin derzeit schwer krank – die Folgen des vorbildlichen Viehtransports, und so bald werde ich wohl nicht wieder auf die Beine kommen. Ich schreibe im Liegen und deshalb wahrscheinlich unleserlich. Ich bin weit im Norden jenseits des Polarkreises in der Nähe irgendeines großen

Flusses, der im Ural entspringen soll und auf dem auch Flussschiffe verkehren, recht große, und der in die Nördliche Dwina mündet. Schade ist es wohl um mein altes Plätzchen. Ich war zwei Jahre und sieben Monate dort und hatte mich schon ganz gut eingelebt. Ich hatte meinen eigenen Garten mit Kartoffeln, Roten Beeten, Möhren, ein paar Zwiebeln und Knoblauch, Salat und Rettich. Rettich und Salat bekam ich für meine Mühen. Alles andere musste ich dalassen. Ich muss nun von neuem Wurzeln schlagen, wenn ich nur nicht verrecke. Die Gesundheit ist nicht besonders, und wenn einmal keine Briefe mehr von mir kommen, dann weißt du, dass ich nicht mehr bin. So ist das nun mal, ewig werde ich ja nicht leben und die ewige Hölle aushalten, und schade ist es nicht drum!«[151]

Der ehemalige Direktor des Tuberkulosekrankenhauses von Tērvete, Puriņš, war zur gleichen Zeit wie Großvater im Ustwymlag interniert. Aleksandrs war bereits in Lettland bei ihm in Behandlung gewesen. Nach der Untersuchung des Patienten bescheinigte der Arzt, dass Großvaters Zustand hoffnungslos war. Unter normalen Umständen wäre mit frischer Luft, guter Ernährung und Ruhe noch etwas zu machen gewesen, aber im Lager war außer der frischen und trockenen – allerdings eisigen – Luft nichts davon greifbar. Rings umher herrschte eine ungeheure Trostlosigkeit – Tundra, Schnee, beinahe Polarnacht. Wie soll man als Todkranker unter solchen Umständen nicht in Depression verfallen?

In Welsk hatte das Musizieren in dem kleinen Häftlingsorchester, in dem Großvater Geige und Mandoline spielte, ihm geholfen, sich am Leben zu halten. Aleksandrs war ein guter Zeichner, und vielleicht hat er manchmal, wenn ein Fetzen Papier und ein Bleistiftstummel aufzutreiben waren, etwas gezeichnet – eine nordische Landschaft beispielsweise oder eine unschuldige Karikatur. In diesen Augenblicken fühlte er sich vielleicht als Mensch. In Welsk waren auch die anderen Häftlinge nicht so niedergeschlagen, denn die Lebensumstände waren ein wenig besser als im Ustwymlag, wo sich die Lagerverwaltung um Äußerlichkeiten wie das soziale Leben der Häftlinge nicht einmal ansatzweise kümmerte. Hier gab es überhaupt nichts, das Großvater aus seiner finsteren Hoffnungslosigkeit herausreißen konnte. Zwar schrieb er Milda, dass er versuche, viel zu laufen, bei 40 Grad Frost jedoch stach die Luft mit jedem Atemzug wie mit tausend winzigen Nadeln in die Lungen. So musste man also im bunkerartigen Lazarett hocken und bis zur Verblödung die gekalkten Wände anstarren.

Aleksandrs fühlte sich sehr einsam. Einsamer als viele andere, denn die Korrespondenz mit seinen Nächsten wollte nicht in Gang kommen. Die ersehnten Briefe waren selten, und manchmal gingen sie auch unterwegs verloren. Dann schien es Aleksandrs, dass er von allen vergessen war. Am meisten schmerzte ihn die Gleichgültigkeit seines Sohnes Arnis, dem in seiner kindlichen Beschäftigung mit sich selbst nicht bewusst war, wie sehr der Vater auf die paar von ihm so widerwillig geschriebenen Zeilen wartete. Der Krieg und der Missklang zwischen den Eltern hatte den beiden so selten erlaubt zusammen zu sein, dass Arnis sich kaum an seinen Vater erinnern konnte.

In der Erinnerung des Vaters war der Sohn, den er zum letzten Mal 1944 vor seiner Einberufung gesehen hatte, ein sechsjähriger Knabe und kein Halbwüchsiger, der mit zäher Ausdauer um das Überleben kämpfte, denn er und seine Großmutter Matilde hatten es seit der Deportation von Milda und Aivars außerordentlich schwer. Sie waren auf das Mitleid anderer Leute angewiesen und litten oftmals Hunger. In seiner selbstgerechten Verzweiflung sah Aleksandrs nur sich selbst und sein Leid. Sein ganzes Leben lang hatte er, der Waisenjunge, sich danach gesehnt, geliebt zu werden – ohne gelernt zu haben, selber Liebe zu geben.

Aleksandrs' letzter Brief an Milda ist Beichte und Anklage, Abrechnung mit dem Leben und Testament zugleich.

»Lange habe ich überlegt, ob es sich überhaupt lohnt, dir zu antworten, denn letztendlich musst du dich ja doch irgendwann daran gewöhnen oder mit dem Gedanken abfinden, dass ich nicht mehr bin. Dieser Augenblick ist nicht mehr fern, denn in so langer Zeit zerfrisst die Zeit das Eisen, und nicht die eiserne Gesundheit allein, noch dazu unter solchen Lebens- und klimatischen Bedingungen, unter denen ich leben muss. (…) Ich habe mich mit diesem Gedanken abgefunden und bin darauf vorbereitet. Wenn wir schon einmal dabei sind, dann kann ich dir sagen, dass ich nicht als Bereuender aus dem Leben scheide, sondern als Verlierer. (…) Ich habe im Einklang mit meinem Gewissen gehandelt und mich vom gesunden, logischen Menschenverstand leiten lassen, anders konnte ich nicht. Wenn ich dir wehgetan habe, dann bin ich dafür von meinem Gewissen gestraft worden, und das ist eine schwere Strafe. Für das, was du mir angetan hast, wurdest du von deinem Gewissen gestraft. (…) Wir waren nicht geeint, meine Schuld dir gegenüber bekenne ich und betrachte meine Schuld als abgegolten und der deinen als ebenbürtig. Bleibt Aivars. Im Bezug auf ihn wären vom Schicksal einige Jahre des Zusammenlebens nötig, und ich bin fest davon überzeugt, dass wir uns verstehen und gute Freunde sein würden. (…) Ich wünsche ihm von Herzen das Beste, und meine guten Wünsche werden ihn begleiten, und es wird ihm gut ergehen.

Wenn ihr vielleicht den Gedanken hegt, dass ich die Ursache für euer Unglück und die gegenwärtigen Lebensumstände bin, dann irrt ihr euch einfach aufgrund der Unkenntnis des Kerns der Sache. Ihr braucht nicht besonders bekümmert zu sein, denn *dort* geht es unseren Landsleuten nicht viel besser als euch. (…) Die letzten Briefe, die ich geschrieben habe, waren am 20. August und am 2. November an dich und am 13. November an Arnis. Da ich auf keinen von ihnen Antwort erhalten habe, habe ich beschlossen, den Kontakt zu euch gänzlich abzubrechen. (…) Auch Arnis habe ich seitdem nicht mehr geschrieben und beabsichtige auch nicht, es künftig zu tun. Er ist alt genug, um den Kern der Sache zu begreifen. Wenn er es dennoch nicht tut, dann ist das seine Angelegenheit. Dem Schicksal hat es gefallen, ihn frühzeitig vor das reale Leben zu stellen, und sein Leben muss er selber leben. Das Einzige, was ich Arnis von meiner Seite empfehle und wünsche, ist, dass er im kommenden Jahr anfängt, einen Beruf zu erlernen. Teile ihm dies bitte mit.

Ein Gruß an die in *jener* Heimat. Ein Gruß auch an euch und herzlichen Glückwunsch zu eurer beider Geburtstag. Alles Gute. A Kalnietis.«[152]

Milda schrieb noch mehrere Briefe an ihren Mann, erhielt jedoch keine Antwort.

Aleksandrs starb im Dunkel der Polarnacht. Langsam und quälend. Zuerst verwandelte sich der gewohnte trockene Husten in blutigen Auswurf. Aleksandrs schwitzte und wurde von Fieber geschüttelt. Es gab auch bessere Tage, da die Hoffnung zu leben mit gewaltiger Kraft zurückkehrte. Dann versuchte er aufzustehen und sich in dem kargen Lagerlazarett fieberhaft zu betätigen. Als Aleksandrs zum ersten Mal das widerlich schleimige, warme Gurgeln im Mund verspürte und ein Schwall roten Blutes über seine Lippen kam, da wusste er, dass dies das Ende war. Fortan betrachtete er mit distanzierter Gleichgültigkeit, wie er seine eigene Lunge in porösen, blass-blutigen Brocken Stück für Stück ausspie. Er rang nach Luft, und auf der Brust lag etwas Schweres, nicht Wegzubewegendes. Die kleinste Bewegung hallte als scharfer Stich und reißender Schmerz im Körper wider. Aleksandrs' Gedanken gingen ihre eigenen, vom ausgezehrten Leib unabhängigen Wege. Im Delirium der Fieberanfälle hatte die Zeit ihre grausame Kontinuität und Unwiederbringlichkeit verloren. Aleksandrs war wieder ein kleiner Junge und spielte mit seinem besten Freund, der in Wirklichkeit sein eigener Sohn Arnis war. Seine längst gestorbenen Eltern waren wieder mit ihm, dem kleinen Sascha, zusammen. Endlich war er wieder bei den Seinen, geliebt und umhegt. So in seinem eigenen Blute liegend, erlosch mein Großvater Aleksandrs Kalnietis.

Mein Großvater starb ohne zu wissen, dass seine Enkeltochter Sandra das Licht der Welt erblickt hatte. Mildas Brief mit dieser

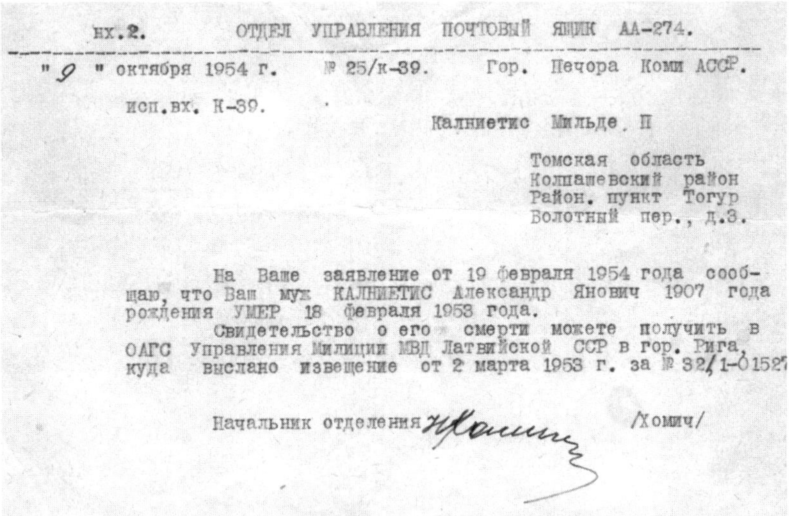

нх.2. ОТДЕЛ УПРАВЛЕНИЯ ПОЧТОВЫЙ ЯЩИК АА-274.

"9" октября 1954 г. № 25/к-39. Гор. Печора Коми АССР.

исп.вх. К-39.

Калниетис Мильде. П

Томская область
Колпашевский район
Район. пункт Тогур
Болотный пер., д.3.

На Ваше заявление от 19 февраля 1954 года сообщаю, что Ваш муж КАЛНИЕТИС Александр Янович 1907 года рождения УМЕР 18 февраля 1953 года.

Свидетельство о его смерти можете получить в ОАГС Управления Милиции МВД Латвийской ССР в гор. Рига, куда выслано извещение от 2 марта 1953 г. за № 32/1-01527

Начальник отделения /Хомич/

Mitteilung über den Tod von Aleksandrs Kalnietis

Nachricht erreichte das Lager erst nach seinem Tod. Einer seiner Leidensgenossen machte meiner Großmutter über das traurige Ende ihres Mannes Mitteilung.

Nach Stalins Tod begann 1954 die Revision von Einzelfällen der während der Zeit des Personenkults Verurteilten, und die Urteile über viele Legionäre wurden abgeändert oder aufgehoben. Neben dem Namen meines Großvaters verzeichnete die Kommission der »Gerechten«: »Urteil als richtig zu betrachten.«[153] Ein weiteres Mal wurde der »Fall Jansone-Gruppe« im Januar 1990 revidiert, und der Staatsanwaltsgehilfe der Lettischen SSR, Batarags, entschied, es gäbe »keinen Grund, das Urteil des Kriegstribunals vom 10.05.1946 aufzuheben. Die Schuld aller 24 Verurteilten ist in der Akte bewiesen und unterliegt nicht der Rehabilitierung.«[154] Damals war Lettland nur noch drei Monate von jenem 4. Mai entfernt, an dem der neugewählte Oberste Rat der LSSR die Deklaration zur Wiederherstellung der Unabhängigkeit Lettlands verabschieden sollte, welche Aleksandrs Kalnietis das Recht zurückgab, rehabilitiert zu sein. Postum.

Sonderumsiedlung und Hunger

Drei Wochen nach der Trennung von Jānis Dreifelds auf dem Bahnhof Babynino am 20. oder 21. Juni 1941 näherten sich Emilija und Ligita dem Endpunkt ihrer Reise. Die Berge des Ural waren bereits überquert und die Städte Tscheljabinsk, Kurgan, Petropawlowsk und Omsk passiert, als die Anordnung gebrüllt wurde, sich zum Aussteigen auf dem nächsten Bahnhof bereitzumachen.

Bis zu diesem Zeitpunkt hatten Großmutter und Mama den Waggon kein einziges Mal verlassen, sie hatten sich weder waschen noch die Wäsche wechseln können. Vielen anderen Frauen ging es genauso, da das Gepäck bei den Männern geblieben war. Diejenigen, deren männliche Familienangehörige bereits in Lettland auf dem »Verladebahnhof« von ihnen getrennt worden waren, konnten ihrem verdreckten Körper wenigstens eines der mitgenommenen Kleidungsstücke überziehen. Natürlich war dieser Luxus nur dann möglich, wenn die überrumpelten Menschen bei ihrer Festnahme geistesgegenwärtig genug gewesen waren, etwas für unterwegs einzupacken – und wenn die NKWD-Leute ihnen dies nicht eigenmächtig untersagt hatten.

Im Waggon meiner Mama gab es zum Glück nicht viele Kleinkinder, und so mussten sie wenigstens nicht ohnmächtig deren Qualen mit ansehen. Das einzige Kind war Inta, die dreijährige Tochter von Frau Balodis. Die junge Frau erwartete ihr zweites Kind, und ihr einziger Wunsch war, dass sie nicht im Viehwaggon niederkommen würde. Ihr Gebet wurde erhört, und das Kind kam an ihrem ersten Umsiedlungsort zur Welt. Wegen der schlechten Ernährung und der Strapazen hatte die Mutter keine Milch, um den Säugling am Leben zu erhalten, und das Kindlein starb bald. Inta überlebte und kehrte gemeinsam mit ihrer Mutter nach Lettland zurück.

Die Nachricht vom Angriff Deutschlands gegen die Sowjetunion erreichte den Zug am 23. Juni, dem *Līgo*-Abend. Dies schien eine wunderbare Neuigkeit zu sein, die Veränderungen und eine baldige Rückkehr nach Lettland verhieß. Zum ersten Mal seit der dramatischen Nacht des 14. Juni lebten die Menschen auf, da die Hoffnung wieder erwachte. Durch sie erschien die *Līgo*-Nacht sogar schön, denn nach der Überquerung des Urals wurde gestattet, außerhalb der Städte die Waggontüren geöffnet zu halten. Emilija und Ligita betrachteten den dunklen, gestirnten Himmel, sangen gemeinsam mit den anderen *Līgo*-Lieder und vergaßen für einen Augenblick den stinkenden Waggon. Auch aus den anderen Waggons waren Lieder zu hören, und es war so schön, sich der Illusion hinzugeben, dass sich gleich hinter den dunklen Bäumen dort das Ufer der Ostsee erstreckt, wo die Leute fröhlich das *Līgo*-Fest feiern.

Sie sprachen auch über den lieben Papi Jānis, der am nächsten Tag Namenstag hatte. Über die schönen Dinge, die sie nach ihrer Rückkehr nach Lettland machen würden. Dann wird Voldemārs mit seiner Mutter und Schwester in die Oper gehen, und die beiden werden die schönsten Kleider der Welt anhaben. Mit angehaltenem Atem sehen sie zu, wie das Licht des wundervollen Kristallleuchters langsam erlischt. Und dann erklingt die Musik ... Dieses Bild – das verlöschende Licht des Kronleuchters in der Oper – war all die langen Jahre in Sibirien der Traum meiner Mutter, ein Symbol des unerreichbaren zivilisierten Lebens. Jedes Mal, wenn ich mit meiner Mutter die Oper besuche und in das verlöschende Licht schaue, weiß ich, dass dies ein heiliger Moment für meine Mama ist. Und er ist es auch für mich.

Der Zug hielt in Nowosibirsk. Alle mussten aussteigen und zum Ufer des Ob marschieren, wo ein riesiger Lastkahn auf sie wartete. So groß, dass er alle aufzunehmen vermochte, die sich in dem langen Eisenbahnzug befunden hatten. Es war so eigenartig zu laufen. Ungewohnt. Einige der kleineren Kinder hatten das Laufen verlernt.

Dort, am Ufer des Ob, konnten Emilija und Ligita sich zum ersten Mal waschen. Ohne Scham vor den Blicken der Aufseher, die schon so viel gesehen hatten, wusch sich die ganze riesige Menge der Deportierten. Es war ein ganz vergessenes Wohlgefühl, das kalte, frische Wasser auf der Haut zu spüren. Der von Schmutz verkrustete und stinkende Körper wurde erquickt, und damit kehrte auch das verloren gegangene Interesse am eigenen künftigen Schicksal zurück. Die Frauen begannen die Wachposten nach ihren Männern auszufragen: Wann und wo war die Zusammenführung der Familien vorgesehen? Sie sollten nur in den Kahn steigen, damit Platz ist für die Männer. Deren Zug sei noch nicht eingetroffen. Sie hätten doch selber gesehen, dass sie als Erste losgefahren waren. Sie sollten zum angewiesenen Ort fahren und sich auf die Ankunft ihrer Männer vorbereiten.

Die Frauen begriffen nicht, dass die Wachposten gewöhnlich logen, denn es ist gefährlich, einer so großen Menge die Wahrheit zu sagen. Sogar geschundene Frauen können im Zorn unkontrollierbar werden. Die Argumentation der Wachposten klang glaubwürdig. Es stimmte – als sie losfuhren, stand der Zug mit den Männern noch. Also war ein Wiedersehen vorgesehen. Als ich meine Mama fragte, in welchem Augenblick sie begriffen hatte, dass dies nur leere Versprechungen waren und ein gemeinsames Leben niemals geplant war, schwieg sie bekümmert. Sie erinnerte sich nicht mehr – so viele Grausamkeiten und Lügen hatte sie ertragen müssen, dass sich im Gedächtnis alles zu einem einzigen, unentwirrbaren Knäuel verheddert hatte.

Nach der langen Fahrt war Emilija sehr geschwächt, denn von dem schmutzigen Trinkwasser, das die Wachposten oftmals einfach aus dem Graben am Bahndamm schöpften, hatte sie Durchfall bekommen. Von Ligita gestützt, schleppte sie sich mehr schlecht als recht zum Lastkahn und sank dort in sich zusammen. Sie war nicht die Einzige: Fast alle litten an derselben Krankheit.

Kurz darauf traf es auch Ligita, allerdings nicht in so schwerer Form wie bei Emilija. Sie konnte wenigstens noch laufen.

Über die Bordwand des Kahns hingen zwei Holzbuden hinaus, vor denen die Kranken ununterbrochen in einer Schlange standen. Sobald man in der Bude gewesen war, musste man sich praktisch gleich wieder anstellen. Nach einigen Tagen der Fahrt auf dem Ob traten die ersten Typhusfälle auf, und die Gesunden gerieten in Panik. Es war unmöglich, sich zu schützen. Es gab so wenig Platz, dass sich nicht einmal jeder ausstrecken konnte, und so dämmerten die Kranken halb sitzend, halb liegend neben den Gesunden vor sich hin.

An den Anlegestellen machten kleinere Boote an dem Lastkahn fest, in die die Menschen gruppenweise umsteigen mussten. Das waren traurige Momente, als die Zurückbleibenden lauschten, wie das von den Wegfahrenden gesungene Abschiedslied immer leiser wurde und schließlich gänzlich erstarb. Schließlich waren auch Ligita und Emilija an der Reihe, in ein anderes Boot umzusteigen.

Nach einer mehr als einwöchigen Fahrt auf dem Ob und dessen Nebenfluss Parabel erreichten sie die Kolchose »Bolschoi Tschigas«, die der erste Umsiedlungsort meiner Großmutter und Mama werden sollte. Damals wussten sie nicht, dass Emilija niemals mehr beschieden sein würde, jene 6000 unendlichen Kilometer bis Lettland zu überwinden – und Ligita diesen Weg noch zweimal zurücklegen musste. Das erste Mal voller Hoffnung im Frühjahr 1948, als den deportierten Kindern und einigen Jugendlichen die Rückkehr nach Lettland gestattet wurde, jedoch sollten sich die Sicherheitsbehörden nach einem Jahr und vier Monaten dieser Weichherzigkeit gegenüber den Klassenfeindkindern besinnen und viele, darunter auch meine Mama, wie Verbrecher etappenweise durch Gefängnisse abermals nach Sibirien verschleppen. Erst 1957 wird die Sowjetmacht Ligita Kalniete, geborene Dreifelde, als vollwertigen Sowjetmenschen anerkennen und ihr wieder das Recht zugestehen, in Lettland zu leben.

Vom Flussufer bis zum Kolchosendorf waren es acht Kilometer, und obgleich Emilija sich so weit von ihrer Krankheit erholt hatte, dass sie ohne Hilfe das Festland betreten konnte, war sie doch nicht in der Lage, eine solche Entfernung zu Fuß zurückzulegen. Der gutmütige russische Bauer, der ihnen entgegengekommen war, erlaubte ihr, auf den klapprigen Pferdewagen zu klettern. So zuckelten sie über die eben noch erkennbaren Überreste eines Weges durch ein Moor zur Kolchose.

Ligita ging neben dem Wagen her. Um ihre einzigen Schuhe zu schonen – jenes Paar, das sie am Abend vor der Verschleppung von ihrem Bruder geschenkt bekommen hatte –, zog sie sie aus. Ihre Füße waren zart und nicht gewohnt, barfuß über die unebene, mit spitzen Stöckchen übersäte Erde zu gehen. Es tat weh, und manchmal weinte Ligita vor Verzweiflung. Das änderte freilich nichts, denn weitergehen musste sie so oder so. An das Weinen hatte sie sich bereits gewöhnt.

Die Ankunft der Fremden war ein großes Ereignis, denn noch nie zuvor hatten die Ortsansässigen so gut gekleidete Menschen gesehen. Höchstens in sowjetischen Propagandafilmen, in denen hübsch angezogene Kolchosebauern und Arbeiter glücklich von ihrem schönen Leben unter der Sonne Stalins sangen. Nun waren solche Filmhelden also in ihr eigenes Dorf gekommen.

Auch die Dörfler waren Klassenfeinde, allerdings mit längerer »Dienstzeit«. In den 30er Jahren hatte Stalin sie nach Sibirien deportieren lassen, weil sie entweder wohlhabende Bauern, sprich »Kulaken«, oder deren Mitläufer, sprich »Saboteure«, waren, die dem Kollektivierungsprozess und dem Arbeiter- und Bauernstaat ablehnend gegenüberstanden, wie die Sowjetregierung a priori annahm.[155]

Die Leidensgeschichte dieser Menschen ist erschütternd. Nachdem ihnen alles genommen worden war, wurden sie ohne Saatgut und Vieh in der Taiga zurückgelassen – zum Sterben. Sie gruben sich Höhlen in die Erde, und als sich diejenigen, die vor Hunger und Kälte nicht verreckt waren, nach ein paar Jahren ein wenig eingerichtet und eine Kuh, ein Schwein oder ein Schaf erworben hatten, da waren sie in den Augen der Sowjetmacht abermals zu »Kulaken« geworden, die umzusiedeln seien. Diese unfassbare Sinnlosigkeit hatte die Leute dermaßen abgestumpft, dass sie sich nun nicht mehr bemühten, ihre Lage auch nur im Geringsten zu verbessern, sondern stumpfsinnig in der ärmlichen Kolchose arbeiteten und darauf warteten, dass abermals die Beschuldigung der Sabotage über sie hereinbrach.

Sie wussten, was es heißt zu leiden, und waren herzlich und hilfsbereit. Meine Mama erwähnt diese Menschen stets voll Dankbarkeit, die das wenige, das sie hatten, bereitwilliger mit den deportierten Letten teilten als die Einheimischen, die bereits seit mehreren Generationen in Sibirien lebten.

Schweigend sah die Menge zu, wie sich die Ankömmlinge in der örtlichen Schule einrichteten, einem neuen Gebäude mit zwei geräumigen Zimmern, in denen sich gut zwei Dutzend Menschen niederließen. Einige Tage später erschien der Kommandant im Dorf und ließ jeden Erwachsenen unterschreiben, dass er für die Dauer von 20 Jahren sonderumgesiedelt ist, ohne das Recht, den Ansiedlungsort eigenmächtig zu verlassen.[156] Fortan erschien jeden Monat ein Vertreter der Kommandantur und überprüfte, ob jemand geflohen war. Als ob man irgendwohin hätte fliehen können! In späteren Jahren wurden die Registrationspapiere den Sondersiedlern ausgehändigt, und ein jeder hatte sich am 1. und 15. jeden Monats selber bei der Kommandantur zu melden.

Auf jedem Formular gab es 21 Felder. Wenn alle ausgefüllt waren, waren zehneinhalb Monate vergangen, und man musste mit dem Ausfüllen eines neuen Blattes beginnen.[157] Dies war das einzige Personaldokument der »Sondersiedler«, auf dem genau das Gebiet vermerkt war, innerhalb dessen Grenzen sie sich, »unter offener Aufsicht stehend«[158], mit einer besonderen Erlaubnis der Kommandantur bewegen durften. Ohne eine solche Erlaubnis war man nicht berechtigt, den Ansiedlungsort weiter als drei Kilometer zu verlassen. Gleich unter dieser Warnung war ein Hinweis gedruckt: »Ohne Eintrag über das rechtzeitige Erscheinen zur Registrierung ist die Bescheinigung ungültig.« Die Bescheinigung wurde durch die Unterschrift von zwei NKWD-Beamten des entsprechenden Rayons bzw. der entsprechenden Stadt sowie zwei Stempel bestätigt.

In den ersten sechs Verbannungsjahren wurden Emilija und Ligita neun Mal gezwungen, ihren Wohnort zu wechseln. Die Verlegung folgte keinerlei Logik. Die Anweisung umzuziehen traf gewöhnlich unerwartet ein und war unverzüglich zu befolgen. Niemand interessierte sich für die Verzweiflung eines Sondersiedlers, wenn er seinen kleinen Gemüsegarten zurücklassen musste, den er angelegt hatte, um dem Hunger irgendwie entgegenzuwirken. »Sie« entschieden, und wieder musste man an einen anderen Ort umziehen, der für das Überleben eines Menschen zumeist völlig ungeeignet war.

Als ich meine Mama fragte, warum die Verbannten so oft umgesiedelt wurden, antwortete sie trocken: »Damit man sich nirgendwo einleben konnte und schneller starb.« Heute ist bekannt, dass sogar das NKWD in seinen Dienstberichten der Ansicht war, dass gerade im Gebiet Nowosibirsk »die Lebensumstände der in der Verschickung Angesiedelten außerordentlich unbefriedigend sind«[159] und die »in der Verschickung Angesiedelten unter sehr schweren Bedingungen leben. Es sind Fakten wie Hunger, Armut und ›Arbeitslosigkeit‹ anzutreffen. (...) Niemand im NKWD-Apparat beschäftigt sich mit diesen in der Verschickung Angesiedelten und ist für ihre Lage verantwortlich.«[160] Trotzdem wurde nichts unternommen, um die Lebensumstände der Unglücklichen auch nur im Geringsten zu verbessern.

Als der September näher rückte, musste das Schulgebäude verlassen und Obdach bei den Dörflern gefunden werden. Für ein paar Rubel kamen Emilija und Ligita bei Frau Sidorenko unter, deren Mann im Krieg gefallen und die über das unverhoffte Zubrot glücklich war. Sie bekamen einen Schlafplatz in der Küche neben dem Herd zugewiesen. Emilijas und Ligitas Zim-

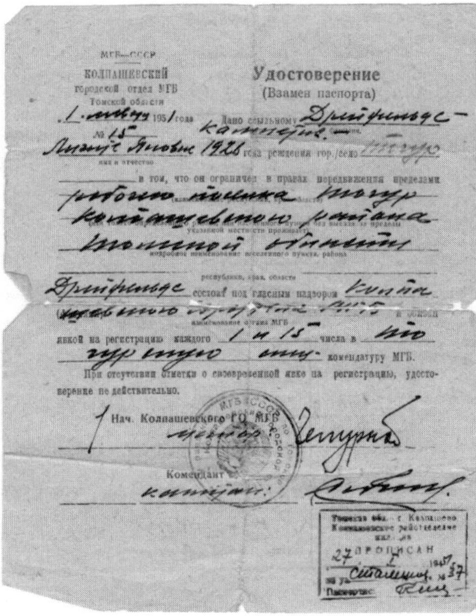

МГБ—СССР
КОЛПАШЕВСКИЙ
городской отдел МГБ
Томской области

Удостоверение
(Взамен паспорта)

1 ___ 1951 года № 15

Дано ссыльному ___
имя и отчество ___ 1926 года рождения гор./село ___
___ в том, что он ограничен в правах передвижения пределами
___
___
указанной местности проживать)
___
подробное наименование населенного пункта, района
___
республики, края, области
___ состоит под гласным надзором ___
(___) наименование органа МГБ ___ и обязан
явкой на регистрацию каждого 1 и 15 числа в ___
___ комендатуру МГБ.

При отсутствии отметки о своевременной явке на регистрацию, удостоверение не действительно.

Нач. Колпашевского ГО МГБ
Комендант

ПРОПИСАН
27 I 1951

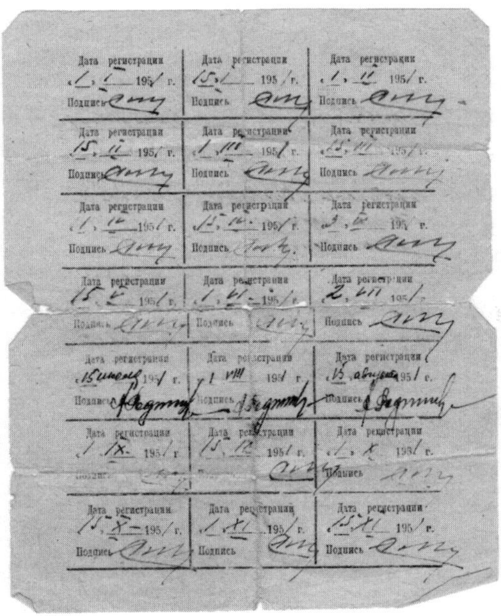

Дата регистрации 1. I. 1951 г. Подпись	Дата регистрации 15. I. 1951 г. Подпись	Дата регистрации 1. II. 1951 г. Подпись
Дата регистрации 15. II. 1951 г. Подпись	Дата регистрации 1. III. 1951 г. Подпись	Дата регистрации 15. III. 1951 г. Подпись
Дата регистрации 1. IV. 1951 г. Подпись	Дата регистрации 15. IV. 1951 г. Подпись	Дата регистрации 3. V. 1951 г. Подпись
Дата регистрации 15. V. 1951 г. Подпись	Дата регистрации 1. VI. 1951 г. Подпись	Дата регистрации 2. VII 1951 г. Подпись
Дата регистрации 15 июля 1951 г. Подпись	Дата регистрации 1 VIII 1951 г. Подпись	Дата регистрации 15 августа 1951 г. Подпись
Дата регистрации 1. IX. 1951 г. Подпись	Дата регистрации 15. IX. 1951 г. Подпись	Дата регистрации 1. X. 1951 г. Подпись
Дата регистрации 15. X. 1951 г. Подпись	Дата регистрации 1. XI. 1951 г. Подпись	Дата регистрации 15. XI. 1951 г. Подпись

Registrierkarte von Emilija Dreifelde als Sondersiedlerin

mergenossin war die magere Kuh ihrer Wirtin, die sie der Kälte wegen nicht im Stall zu halten wagte.

Die Spalten zwischen den Balken waren voller Wanzen, und auf dem Kopf und in der Kleidung machten sich allmählich die Läuse breit. Von diesem Zeitpunkt an bis zum Herbst 1946 gehörten die Parasiten unvermeidlich zum Leben Emilijas, Ligitas und der übrigen Deportierten. Die Einheimischen hatten sich an die Blutsauger gewöhnt und fühlten sich keineswegs durch sie beeinträchtigt. Die Insekten zogen zusammen mit den Verbannten von einem Sondersiedlungsort zum anderen um, paarten sich mit den dort bereits vorhandenen, und nach einer Auffrischung des genetischen Materials fuhren immer neue Generationen fort, sich von den abgezehrten Körpern zu ernähren. Es fehlte sowohl an Kraft als auch an Hygieneartikeln, um sich gegen die Parasiten zur Wehr zur setzen. Das einzige Hilfsmittel war ein aus einem Rinderknochen geschnitzter Läusekamm, der von Hand zu Hand wanderte und nur für kurze Zeit das unerträgliche Jucken auf dem Kopf verringern konnte.

Den ersten Winter überstanden die Deportierten einigermaßen, denn noch verfügten sie über genügend Habe und Kleidungsstücke, die sie gegen Kartoffeln oder andere Lebensmittel eintauschen konnten. Emilijas und Ligitas einziger Rückhalt war der mitgenommene Buttertopf, der die Kartoffeln eine Weile mit Fett bereicherte, aber der Vorrat ging rasch zur Neige. Das Geld, das Großmutter im Moment ihrer Festnahme noch im Mieder hatte verstecken können, hatte im Elend des Dorfs nicht seinen eigentlichen Wert, trotzdem fand sich von Zeit zu Zeit jemand, der bereit war, eine Kleinigkeit zu essen zu verkaufen. Die Einheimischen interessierten sich sehr viel mehr für die Habe der Deportierten, doch Emilija hatte so gut wie nichts zum Tauschen, denn das ganze Gepäck war bei Jānis geblieben. Sie hatten weder eine Decke noch Laken oder ein Kissen. Lediglich das, was sie am Leibe trugen, und ein paar Kleidungsstücke, die sich zufällig in dem Köfferchen befanden, das sie in Babynino mitgenommen hatten – ein wenig Wäsche, ein Wollkleid und Jānis' lange Unterhosen. Diese zog meine Mama an und umwickelte sie noch mit Lumpen, um die Waden vor Erfrierungen zu schützen

Alles, worauf man irgendwie verzichten konnte, wurde veräußert. Emilija trennte sogar den Futterstoff aus ihrem Mantel und nähte daraus ein glänzendes Seidenkleid, für das sie einen Eimer Kartoffeln eintauschte. Die Brillantohrringe gingen für den gleichen Preis weg. Höchstwahrscheinlich begriff die Käuferin gar nicht, was sie da erhandelt hatte, und staunte nur begeistert über die so hell glitzernden »Glasstückchen«. Für Ligita wurde ein altes Paar Stiefel gekauft, damit sie etwas Vernünftiges an den Füßen hatte, wenn es sich nicht vermeiden ließ hinauszugehen.

Wahrscheinlich sind überall dort in Sibirien, wohin Balten deportiert wurden, noch heute eigentümliche, dem Kulturkreis der einheimischen Bevölkerung fremde Gegenstände in den Dörfern und Häusern zu finden, von deren Herkunft man keine Ahnung mehr hat. Die Kleider sind abgetragen, die Uhren kaputt, die Schmuckstücke verloren.

Nach dem auf der Schlafstelle bei Frau Sidorenko verbrachten ersten Winter zogen Ligita und Emilija gemeinsam mit den drei Schwestern, der Mutter und der Großmutter der Familie Upīte[161] in einen winzigen, halbverfallenen Stall, den ein Einheimischer ihnen für ein geringes Geld überlassen hatte. Der Stall war randvoll mit getrocknetem Dung, aber nachdem die Frauen ausgemistet, das Dach mit Birkenrinde gedeckt und den Boden mit aus dem Stall der Kolchose stibitzten Brettern ausgelegt hatten, war eine annehmbare Unterkunft daraus geworden. Nun fehlten nur noch Schlafpritschen aus Birkenstecken und ein Ofen aus handgemachten Ziegelsteinen. Wie primitiv die Wohnstatt auch war, es war doch angenehmer, unter sich zu sein. Als der Winter nahte, legten sie von außen Strohbüschel gegen die Wände, um die Wärme ein wenig zu halten. In dieser schummerigen und halb eingeschneiten Hütte verbrachten sie den zweiten Winter in Sibirien, der für Emilija und Ligita sehr viel schwerer war als der erste.

Im zweiten Winter waren sämtliche aus Lettland mitgebrachten Reserven erschöpft, und sie mussten von dem leben, was sie im Sommer und Herbst hatten ernten können. Emilija musste in der Kolchose arbeiten, die Entlohnung war jedoch derart gering, dass sie die eingesetzte Kraft nicht aufwog. Das höchste, was man verdienen konnte, waren 300 Gramm Brot pro Tag. Gemeinsam mit den Upīte-Schwestern sammelte Ligita Beeren, Pilze und Nüsse und band Besen, die sie gegen Kartoffeln und gesalzenen Fisch eintauschte. Die Beeren wurden – freilich ohne Zucker – für den Winter eingekocht. Die ölreichen Nüsse waren sehr aromatisch und nahrhaft.

Gegen Herbst beteiligten sich alle am Flachsrupfen und Ährenlesen. Wer die Tagesnorm schaffte, bekam dafür eine Brotration, etwa ein halbes Kilogramm. Am lukrativsten war es, Kartoffeln auszubuddeln. Die Einheimischen griffen gerne auf die Sondersiedler zurück, denn sie wussten, dass diese bereit waren, für einen Hungerlohn zu arbeiten. Die Kartoffeln wurden in einer unter dem Fußboden der Hütte ausgehöhlten Grube eingelagert – ohne zu bedenken, dass die Erde im Winter gefrieren und die Kartoffeln ungenießbar werden würden. Trotz aller Vorsorge reichten die Lebensmittel nicht, und es herrschte ewig Hunger in der Hütte.

Emilija hatte irgendwo eine zerschlissene alte wattierte Jacke, eine *fufaika* gefunden, für die nicht einmal mehr die Einheimischen Verwendung hatten. Sorgfältig nähte meine Großmutter die Fetzen des Deckstoffs mit Netzgarn Stich für Stich an die Wattereste. Es geriet so hübsch, dass die Jacke fortan ironisch »Persianer« genannt wurde, denn die schwarzen und grauen Garnstiche machten aus der Entfernung den Eindruck eines gelockten Schaffells. Als die neue Oberbekleidung fertig war, beschlossen sie, ihre beiden Mäntel aus Lettland zu verkaufen, aber auch die dafür erworbenen paar Eimer Kartoffeln konnten den bodenlosen Hunger nur für einen kurzen Augenblick stillen.

Alle waren bis zur Unkenntlichkeit abgemagert. Am 31. März starb Großmutter Upīte. Nach ihrem Tod suchten die beiden jüngeren Upīte-Töchter und ihre Mutter in einem nahe gelegenen Städtchen Arbeit. Die älteste der Schwestern, Rūta, blieb bei Emilija und Ligita in der Hütte zurück.

In diesem Elend wärmte Ligita ein inneres Licht, denn das Wunder der Liebe hatte sie berührt. Zum ersten Mal hatte sie den jungen, kräftigen Mann schon auf der Barke auf dem Weg von Nowosibirsk zur Kolchose bemerkt. Die nächste bedeutsame Begegnung fand auf einem Tanzabend der Verbanntenjugend statt.

Die Lehrerin des Orts, eine ehemalige Städterin und jetzige »Volksfeindin«, besaß ein Grammophon und ein paar Platten mit Walzer-, Foxtrott- und Tangostücken. Die Kolchosler konnten solche Städtertänze nicht tanzen. Sie fanden ihr Vergnügen darin, sich zu betrinken, zu prügeln und nach Hause zu torkeln. Als der Pöbel den kleinen Saal des Klubs verlassen hatte, holte die Lehrerin das Grammophon hervor, und die *tschuschesemci*, die »Fremdländler«, begannen ihr Fest. Ein paar einheimische Jungen und Mädchen verfolgten mit Verwunderung und Neugier, vielleicht auch mit Sehnsucht, diese ihrer Meinung nach seltsame Methode körperlicher Annäherung, aber das war den Deportierten egal. Ihre Jugend forderte auch dann Freude und Ausgelassenheit, wenn diese ihnen verwehrt waren.

An jenem Abend hatte Ligita wieder das Funkeln ihrer Augen und das schelmische Lächeln gefunden. Sie fühlte sich wie eine Ballkönigin, die von den Höhen ihrer Schönheit herab jene lettischen Jünglinge beglückte, denen es aufgrund des unerklärlichen Zusammenspiels von Umständen vergönnt war, bei ihren Familien zu bleiben, und die nun gemeinsam mit einer drei Mal so großen Schar von Mädchen ausgelassen feierten. In ihrem Glücksgefühl erschien ihr die Welt für einen Augenblick ebenso herrlich wie auf dem Gymnasiumsball in Dubulti, wenn die Jungen der oberen Klassen und die Freunde ihrer Brüder darum gewetteifert hatten, wer das spritzige Fräulein Dreifelde zum Tanz auffordern durfte. Die anderen Mädchen hatten das Ganze mit einem sauren Lächeln verfolgt, und das vermehrte Ligitas Siegesfreude nur noch. Mit erhobenem Kinn und zurückgeworfenen blonden Locken hatte sie sich übermütig in einem Tanz nach dem anderen gedreht.

An diesem Abend machte es Ligita genauso, nur galt jedes Lächeln und jede Tanzdrehung diesmal nur dem einen. Er tanzte nicht, sondern schaute nur still und zurückhaltend zu. Meine Mama wusste, dass er nur wenige Tage vor der Deportation geheiratet, der 14. Juni seiner Ehe jedoch ein Ende gemacht hatte. Endlich vernahm Ligita die ersehnten Worte: »Darf ich bitten, Fräulein Dreifelde?« Innerlich zutiefst verwirrt, schmiegte Ligita sich in seine Arme. Mama wollte schweigen und sich dem Zauber der ersten Berührung hingeben, doch eine unsinnige Furcht, dass er ihre Gefühle erraten könnte, ließ sie schäkern und kokettieren. Sie tanzten noch ein paar Tänze, und dann war der Abend zu Ende. Er begleitete Ligita bis zu ihrer jämmerlichen Hütte und küsste sie nicht einmal.

Dies war der Beginn der ersten Liebe meiner Mama, der keine Erfüllung beschieden war, denn die Wirklichkeit war zu rau. Nach einiger Zeit wurde er nach Prokopjewsk zum Kohlebergbau geschickt, und meine Mama kam auf die Todesinsel Bylina. 1945 begannen sie einander zu schreiben. Als sie den Briefwechsel der beiden jungen Leute bemerkte, ermunterte seine Mutter Ligita eindeutig, sie besuchen zu kommen – aus Angst, ihr Sohn könnte eine Einheimische zur Frau nehmen.

Mit Emilijas Unterstützung floh meine Mama heimlich aus dem Ansiedlungsort. Sie musste sich per Autostopp bis Prokopjewsk durchschlagen, denn ohne Genehmigung der Kommandantur konnte sie keine Bahnfahrkarte kaufen – abgesehen davon, dass sie kein Geld dafür gehabt hätte. Im Winter war eine Entfernung von 600 Kilometern ein beschwerlicher und gefahrvoller Weg. Als Ligita ihrem Liebsten endlich gegenüberstand, zeigte sich, dass die schweren Prüfungen die beiden verändert und einander entfremdet hatten. Nach einigen Wochen gab sich

Ligita geschlagen und kehrte schweren Herzens zu Emilija zurück.

Wenn ich mir die Gefühle dieser beiden zur Unfreiheit verdammten Menschen vorzustellen versuche, dann wundere ich mich, wie sie in diesem Elend noch die Kraft hatten zu lieben. Er, der über das Schicksal seiner Frau im Ungewissen war, und meine Mami, gekleidet in einen aus den besten Stücken eines zerschlissenen wollenen Schultertuchs zusammengesteppten Rock und eine aus aufgetrennten Baumwollsöckchen selbst gestrickten Bluse, barfuß in schweren Schnürstiefeln. Beide beinahe ohne einen Bissen im Magen. Wie war es unter solchen Umständen möglich, einander mit von Liebe erfüllten Augen anzuschauen?

Der ersehnte Frühling war kalt und regnerisch. Brot wurde nicht mehr an die Deportierten ausgegeben, und es blieb ihnen nichts anderes übrig, als sich der Anweisung der Kommandantur zu beugen und in der Kolchose zu arbeiten. Dort waren fast alle Pferde verendet, und so gab es nichts, was vor den Pflug gespannt werden konnte. Daher hatte die Kolchosleitung den scharfsinnigen Einfall, an Stelle von Pferd und Pflug Sondersiedler einzusetzen. So wurden die entkräfteten Frauen also angewiesen, die Felder mit dem Spaten für die Kartoffelsaat umzugraben. Die ersten Frösche begannen zu quaken, und Ligita lernte sie zu fangen. Gekocht schmeckten sie wie Hühnchen.

Den ganzen Winter hatten sie kleine Kartoffelstücken mit Augen gesammelt, die sie im Mai in die eben aufgetaute, aufgelockerte Erde setzten. Jeder Setzling war ein kleiner Beweis heldenhafter Selbstüberwindung und ein dem ausgehungerten Magen vorenthaltener, unersetzbarer Bissen. Wie sich herausstellen sollte, war das Opfer vergeblich gewesen, denn am 27. Mai kam die Anweisung, alle in der Kolchose lebenden Letten in das benachbarte Städtchen Parabel zu schaffen, wo Sondersiedler aus der ganzen Umgebung konzentriert wurden.

Emilija litt an Malaria, und so wurde sie, halb ohnmächtig daliegend, weggeschafft und in der ehemaligen Kirche von Parabel, die nun die Bezeichnung »Klub« trug, auf den Boden gelegt. Die Menschen lagen so dicht nebeneinander, dass man keinen Fuß vor den anderen setzen konnte. Die spärliche Verpflegung wurde auf Lagerfeuern am Flussufer zubereitet, wo sich die Leute auch wuschen. Als nach einem Monat zur nächsten Etappe aufgebrochen wurde, hatte meine Großmutter die Malaria überwunden.

Dort am Ufer des Parabel wurde Ligita zum ersten Mal ins Joch gespannt, um eine Barke flussaufwärts zu treideln. Dies war eine in Russland seit Urzeiten bekannte Zwangsarbeit – mit dem Unterschied, dass zu Zarenzeiten Frauen von ihr verschont wurden. Mama erinnert sich daran, dass das Schwerste die Überquerung der kleinen Nebenflüsse war, weil das eiskalte Wasser manchmal bis zum Hals reichte. Durchnässt und ausgehungert musste sie Stunde um Stunde den Weg über die vom Regen durchweichte Uferböschung fortsetzen.

Die Boote mussten auch be- und entladen und Salz oder Ziegelsteine mehrere Kilometer vom Lager zum Ufer oder umgekehrt getragen werden. Die Ziegelsteine wurden zu jeweils vieren vor der Brust und auf dem Rücken zusammengeschnürt, und 200 Menschen schleppten sich im Gänsemarsch zum Ufer und zurück. In dem aufgeweichten Lehmboden sanken die Füße bis zu den Knien ein. Aus der Ferne mag das komisch ausgesehen haben, denn die Schreitenden hoben die Beine langsam in die Höhe, als würden sie einen rituellen Tanz vollführen. Es war eine Qual, denn die in schlechtem Schuhwerk steckenden Füße waren durchweicht, schwollen an und entzündeten sich. Die Stricke schnitten in die Schultern, aber ob Regen oder Sonnenschein: innerhalb von zwei Wochen waren die Ziegelsteine in die Barken geladen.

Die meisten der in Parabel Zusammengezogenen wurden mit dem Schiff »Taras Schewtschenko« auf die kleine, flache Insel Bylina auf Höhe der Einmündung des Ket in den Ob gebracht, auf der außer ein paar Weiden nichts wuchs. Auf der Insel duckten sich vier Fischerhütten und ein größeres Gebäude – ein Fischkombinat, das nie den Betrieb aufgenommen hatte. Das Schiff fuhr weg und ließ 300 Menschen – Letten und Bessarabier – ohne Obdach auf dem offenen Feld als Nahrung für die Mücken und winzigen Stechfliegen zurück. Sie wurden hergebracht, damit sie verrecken, hatten die Matrosen beim Ablegen gefeixt. Bereits am nächsten Tag begannen sich diese Worte zu bewahrheiten. Als Erster starb ein kleiner Junge. Bylina sollte für viele die letzte Ruhestätte werden. Von 200 Letten fanden 50 dort den Tod.[162] Emilija und Ligita glückte es, lebend von der Todesinsel zurückzukehren.

Auf Bylina regnete es häufig, und die einzige Zuflucht war ein Bretterdach. Es bot nicht für alle Platz, und die Übrigen errichteten aus Decken oder Laken provisorische Zelte. Nach seiner Ankunft am nächsten Tag ordnete der Kommandant an, die Grasnarbe auszustechen, um eine Erdhütte zum Wohnen zu bauen. Auf dem Boden wurde ein etwa 80 × 5 Meter großes Rechteck bezeichnet. In die Ecken wurden Pfähle gesetzt, die Umrisse mit Holzplanken ausgelegt und auf diesen die quadratischen Rasenstücke übereinander gestapelt, sodass sie eine meterdicke Wand mit Aussparungen für Tür und Fenster bildeten. Mit der Zeit wuchsen sie fest zusammen.

Der Bau der Erdhütte bot nicht für alle Arbeit, weshalb ein Teil der Verbannten zum Beeren-, Pilze- und Nüssesammeln in der Taiga abkommandiert wurde. Auch Emilija und Ligita hatten das Glück, zu den Sammlern zu gehören, die mit Booten etwa zehn Kilometer vom Lager fortgebracht und bis zum Spätherbst im Wald zurückgelassen wurden.

Die prachtvolle Natur der Taiga, die Stimmen der Vögel, der Wind und der Fluss erlaubten es, die traurige Wirklichkeit für eine Weile zu vergessen und sich der Illusion der Freiheit hinzugeben. Die Natur Sibiriens ist von gewaltiger Schönheit. Sie flößt dem Menschen ein Gefühl der Nichtigkeit und Ehrfurcht ein. Meiner Mama ist das Lager in der Taiga als eine lichte Unterbrechung der Hoffnungslosigkeit von Bylina in Erinnerung geblieben. Ringsumher wuchsen große, süße Preiselbeeren, die schwarzen Johannisbeerbüsche reichten bis über den Kopf. Sie schafften es nicht nur, die auferlegte Norm zu erfüllen, sondern auch satt zu werden und außerdem noch Eingemachtes für den Winter in Gefäßen aus Birkenrinde herzustellen. Über dem Lagerfeuer kochten sie zum Abendessen in einem Töpfchen Beeren oder rösteten Nüsse.

Als der Hunger gestillt war, tauschten sie Erinnerungen aus dem Leben in Lettland aus. Wenn es ihnen zu schwer ums Herz wurde, erzählten sie einander lustige Geschichten oder sangen Lieder. Gemeinsam mit Emilija und Ligita arbeitete eine Sängerin des Moskauer Bolschoi-Theaters, die nach einem Konzert unvorsichtigerweise erwähnt hatte, dass ihr die alten Lieder besser gefielen. Das reichte, um sie »zu den Eisbären zu schicken«. Manchmal sang sie ihren Schicksalsgenossen Opernarien und russische Romanzen vor, die inmitten der mächtigen Natur und im Widerschein des Lagerfeuers eigentümlich und wild klangen.

Ende September wurde es kalt, und im Oktober kamen gemeinsam mit dem ersten Schnee die Boote, um die Beerenpflücker zurück nach Bylina zu bringen. Das Grausamste geschah bei der Rückkehr. Die Aufseher durchsuchten das Gepäck der Ankömmlinge und nahmen allen die Gefäße mit dem Eingemachten ab.

Das Leben auf Bylina unterschied sich durch nichts von der Lagerhaft.[163] Musste man dort in einer überfüllten Baracke hausen, so war es hier die Erdhütte, und es gab so gut wie keinen Kontakt mit der Außenwelt. Die Sondersiedler brauchten allerdings nicht so scharf bewacht zu werden, da sie im Sommer nicht von der Insel fliehen konnten und es im Winter ohnehin nicht tun würden. Auf Bylina kam es der Sowjetmacht zum ersten Mal in den Sinn, für die Kleidung der Verbannten zu sorgen, und ihnen wurden wattierte Stulpen mit Holzsohle und aus verschiedenfarbigen Ziegenfellstücken zusammengenähte grobe Pelzjacken ausgehändigt.

Auch die Lebensmittelrationen waren die gleichen wie im Gulag, und etwas anderes zu essen gab es nicht. Auf dem Festland konnte man sich bei den Einheimischen wenigstens eine Kartoffel oder einen Schluck Milch dazuverdienen. Einige Entschlossene gingen manchmal über das Eis ins nahe gelegene Dorf, um die ihnen noch verbliebene Habe gegen etwas Essbares einzutauschen, die Einheimischen waren auf die Sachen der Fremden jedoch nicht mehr so erpicht. Die erhandelte Kleinigkeit wog die bei dem Marsch verbrauchte Energie nicht auf. Es begann eine regelrechte Hungersnot – sie aßen Stroh, Baumrinde und unter dem Eis erstickte Fische. Die Menschen verwandelten sich in Gespenster und waren von Geschwüren übersät.

Nach einem schweren Winter, der für viele der letzte war, wurden die Überlebenden im April 1944 vor Beginn des Frühjahrshochwassers aufs Festland gebracht und in dem Straßendorf Petropawlowka angesiedelt. Gemeinsam mit einigen der »Kampfgenossen« von Bylina richteten sich Emilija und Ligita in einer der halbfertigen Hütten ein, die ursprünglich für die Unterbringung deportierter Russlanddeutscher vorgesehen waren.

Die wirbelnden Frühlingsfluten von Ob und Ket spülten den unter solchen Mühen errichteten Erdbunker im Handumdrehen weg. Möglich, dass mit dem Hochwasser auch die sterblichen Überreste der Letten fortgerissen wurden, die wegen des Frostes im Winter in nur geringer Tiefe begraben werden konnten – dann wären die Knochen der Unglücklichen bis hin zum Nordpolarmeer verstreut.

Auch wenn die auf Bylina und in Petropawlowka überstandenen Winter ihre schwersten bleiben sollten, blieb der Hunger bis 1947 ein fester Bestandteil von Emilijas und Ligitas Leben. Ebenso wie die schwere, wenig produktive Sklavenarbeit. Der Vorsitzende der Kolchose setzte die Deportierten für diverse Hilfsarbeiten ein, mit denen man sich nur schwerlich die Brotration verdienen konnte. Sie mussten Netze flicken, Fische einsalzen, Balken schleppen, Baracken bauen, Bäume fällen, Äcker umgraben, Barken beladen und treideln, Getreide mähen oder Kartoffeln ausgraben. Besonders schwer war die Arbeit im Winter, denn es gab weder angemessene Kleidung noch Schuhe. Die Menschen waren vom Hunger geschwächt, und das machte die Zwangsarbeit umso quälender.

Als ich mich während der Recherchen zu diesem Buch mit Mama über die Zeit in Bylina und Petropawlowka unterhielt, verbot ich mir zu fühlen. Meine Aufgabe war es, den Fluss der Erinnerungen nicht zu unterbrechen und leidenschaftslos Fragen zu stellen, um möglichst genau in Erfahrung zu bringen, wie der Hunger den Körper des Menschen schwächt und seinen Geist verändert. Als ich die aufgezeichneten Gespräche später anhörte, erschien mir deren ruhiges Dahinfließen angesichts der Unfassbarkeit ihres Inhalts unerträglich. Das von Mama mit alltäglicher Stimme Berichtete brannte in mir mit jähen Wellen von Schmerz. Mein Körper wurde von Zittern geschüttelt, und ich musste mich in den Tisch verkrampfen, um nicht laut loszuheulen. Ich ertrug meine sachliche Stimme nicht, die fragte, wie Rattenfleisch schmeckt, oder sich wunderte, dass Mama nach dem Essen von Pferdeaas nicht gestorben ist.

Ebenso alltäglich, ohne den geringsten Anflug der Erschütterung antwortete Mama, dass Ratte nach Staub und Schimmel schmeckt, und dann lachte sie: »Man bekam sie gar nicht so leicht! Aber deine Großmutter kannte jemanden, der im Hühnerstall der Kolchose arbeitete.« Auch ich lachte gemeinsam mit Mama, denn wozu brauchte man im Sowjetreich nicht alles Beziehungen – selbst um Ratten für einen Brennnesseleintopf zu bekommen! Als wir die Lachtränen aus den Augen gewischt hatten, fügte Mama hinzu: »Es ist wirklich ein Wunder, dass wir an den verendeten Pferden, Kälbern und Ratten, die wir fraßen, nicht gestorben sind. Die Ratten waren nicht weniger gefährlich, denn sie waren an Gift gestorben. Als wir sie aßen, kam es uns gar nicht so widerlich vor. Wir brauchten damals einfach etwas zu essen …«

Nur einmal hat sich meine Mama an einem irgendwo gefundenen Fisch vergiftet. War ein paar Stunden ohnmächtig und hatte nach dem Aufwachen für eine Weile das Gedächtnis verloren. Hat nicht einmal ihre eigene Mutter erkannt.

Der Hunger veränderte alles. Er wurde derart unerträglich, dass er Besitz von den Gedanken und Worten ergriff. Die einstigen Normen der Höflichkeit und des Anstands zerfielen. Es war alles erlaubt, was früher verboten gewesen war – um der Nahrung willen durfte man stehlen und lügen. Wie die anderen auch, unternahm meine Großmutter nächtliche Raubzüge auf die Kartoffeläcker der Kolchose. Für eine solche Sabotage drohte das Gefängnis – aber was war schon das Gefängnis gegen den Hunger, und wodurch unterschied es sich von dem jetzigen Elend?

Einmal verirrten sich die Enten eines fernen Nachbarn zur Hütte der Verbannten. Ohne ein Wort zu wechseln sahen Ligita und ihre Freundin Aina einander viel sagend an, und innerhalb kürzester Zeit war das Federvieh gefangen, gerupft, gebraten und verspeist. Als der Nachbar sich später erkundigte, ob sie die Enten nicht gesehen hätten, log Emilija ohne jegliche Gewissensbisse, dass sie sich am Morgen gezeigt hätten, sie würden ja jeden Tag hier herumlaufen, und wies mit der Hand zum Wald.

Schier alles war essbar. Gras, Baumrinde, Brennnesseln, verfaulte Kartoffeln, Leinsaat, Frösche, Aas. Von den großen Mengen gedünsteter Brennnesseln und anderem Nahrungsmittelersatz streikte der Magen, weshalb das Verspeiste so gut wie unverdaut wieder herauskam. Die gerösteten Leinsamen machten benommen, und nach ihrem Genuss stellte sich eine Art Dämmerzustand ein, aber der Hunger war so furchtbar, dass die Verbannten, als sie die unverdauten Samen in ihren Exkrementen bemerkten, bereit waren, sie auszuspülen und zum zweiten Mal zu essen.

Der Hunger veränderte den Körper. Die einen magerten ab, die anderen waren so sehr aufgedunsen, dass das Verdauungssystem des Körpers aufgrund von Ödemen der inneren Organe nicht mehr funktionierte. Ebenso wie bei den anderen Frauen blieb bei Ligita die Monatsregel aus. Sie setzte erst 1947 wieder ein, nachdem das erste Lebensmittelpaket aus Lettland eingetroffen war und sich die allgemeine Lage nach Kriegsende verbesserte.

Hilflos musste Emilija zusehen, wie ihr Kind dahinsiechte. Auf Bylina war Ligitas üppiges blondes Haar bis auf eine symbolische Strähne auf der Stirn abgeschnitten worden. Der nackte Kopf war von eitrigen Geschwüren bedeckt. Mit feisten Wänsten labten sich die Läuse daran wie an einem Fressnapf. In Petropawlowka erkrankte Ligita an der Malaria, die für den vom langen Hungern geschwächten Körper tödlich verlaufen konnte. Emilija stand nichts außer einem feuchten Stück Stoff zur Verfügung, mit dem sie ihrer Tochter kühlende Stirnkompressen auflegte, während sie vor Hunger und Krankheit halb ohnmächtig dalag. Emilija selber war nur noch Haut und Knochen, trotzdem versagte sie sich zugunsten der Tochter jeden Bissen.

Das Furchtbarste war, dass Ligita sterben wollte und es Emilija nicht gelang, den Lebensfunken in der Tochter zu entfachen und sie der Apathie des Hungers zu entreißen. In den Augenblicken, da Ligita bei Besinnung war, erzählte die Mutter ihrer Tochter von dem Vater, der Ligitalein so sehr liebte, und flehte sie an: »Das darfst du Papi nicht antun, er würde es nicht überleben.« Aus der Erinnerung holte sie üppig ausgeschmückte Szenen vom Leben in Dubulti und den Streichen, die Ligita gemeinsam mit ihren Brüdern ausgeheckt hatte, die nun auf die Rückkehr ihres Schwesterchens warteten. Sie beschwor reich gedeckte Tische mit dampfenden Kakaotassen, rosigem Daugava-Lachs und duftendem Rigaer Schinken herauf, die in Lettland auf sie warten würden. Sie müsse nur durchhalten.

Ligita sah ihre Mama mit großen, glänzenden Augen an, die allmählich immer durchsichtiger wurden. Jedes Mal, wenn ihre Tochter wieder in die Bewusstlosigkeit glitt, schrie Emilija vor Verzweiflung zu Gott. Alles war ihr genommen worden – ihr Mann und die drei Söhne. So lass mir doch mein Einziges! Und das Wunder geschah. Irgendjemand konnte mehrere Päckchen Chinin auftreiben, und Ligita gelang es, dem Tod zu entrinnen.

Aus mütterlicher Verzweiflung bedauerte Emilija, dass sie wegen ihres Alters und des Kräftemangels nicht in der Lage war, mehr zu arbeiten und Nahrung zu beschaffen, damit Ligita nach der schweren Krankheit schneller wieder zu Kräften käme. Selbst ihr Leib war zu alt, um ihn für ein paar Kartoffeln irgendeinem lüsternen Mannsbild anzubieten. Allerdings gelang es Emilija, den örtlichen Kolchoslagerverwalter zu erweichen, sie gelegentlich mit Haus- oder Feldarbeit zu beschäftigen, wofür sie eine Kartoffel oder ausgelutschte Fischgräten erhielt. Das war großzügig, denn die Dörfler waren im Frühjahr selber halb verhungert.

Emilija besaß noch ein paar Dutzend Streichhölzer aus Lettland. Dafür bekam sie von einem Bauern ein vor mehreren Tagen verendetes, bereits aufgedunsenes Kalb. Sie schnitt die besseren Fleischstücke heraus, kochte sie lange und setzte sie Ligita vor. Mit solchen Kleinigkeiten und einer winzigen Tagesration Brot brachte Emilija es fertig, ihre Tochter über die Runden zu bringen, bis der Frühling richtig anfing. Dann kamen unverdorbene Dinge auf den Speiseplan – Brennnesseln und Frösche.

Später machte Emilija einen unglaublichen Glücksgriff. Ein Ortsvorsitzender, ein *natschalnik* tauchte auf, der aus Prahlsucht ihre goldene Uhr begehrte, die bisher niemand hatte kaufen wollen. Emilija tauschte die Uhr für einen unvorstellbar hohen Preis ein: ein Pud[164] Roggenmehl, einen Eimer gesalzene Karauschen und zehn Kilogramm frischen Fisch. Jetzt hatten sie das Schlimmste hinter sich.

Der Frühling 1945 brachte die lang ersehnte Freudennachricht. »Der Krieg ist aus! Der Krieg ist aus!«, hörte Emilija jemanden rufen und schaute aus dem Fenster. Dort hampelte Kaufmann, ein deportierter Russlanddeutscher, mit fuchtelnden Händen und unter komisch anmutenden Luftsprüngen über das halb in Schnee, halb in Pfützen versunkene Feld und schrie und schrie immer wieder. Emilija bekam weiche Knie und sank auf das Bett. So ungeheuer war diese Nachricht. Langsam keimte in den Tiefen ihres Wesens eine unsinnige Hoffnung auf: »Ligitalein! Nach Hause, wir werden endlich nach Hause fahren können!« Glücklich fielen Emilija und Ligita einander in die Arme und begannen zu weinen.

Doch die Tage kamen und gingen, und allmählich verflüchtigte sich die durch das Kriegsende aufgekommene Hoffnung. Meine Mama erinnert sich daran, wie aufgeregt und überzeugt man damals erörtert hatte, dass die westlichen Staaten jetzt helfen würden. Sie werden doch nicht zulassen, dass weiterhin solch furchtbare Dinge geschehen! Sobald Lettland frei ist, würden sie alle nach Hause zurückkehren können.

Jene Stimmen, die einzuwenden versuchten, dass niemand in der Welt sich für sie hier im fernen Sibirien interessieren wird, ernteten lautstarken Protest. Die Menschen mussten an das Gute glauben, und deshalb hatten sich die Briten, Franzosen und Amerikaner in der von der Ausweglosigkeit angeregten Phantasie in Ritter der Gerechtigkeit verwandelt, deren Mission es war, die Unglückseligen zu retten und die Übeltäter zu bestrafen. Die meisten hatten die schmutzigen Spielchen der Vorkriegszeit – das Münchner Abkommen oder den einsamen Kampf Finnlands gegen die UdSSR – vergessen oder gaben es zumindest vor. Es war eine naive, vollkommen der Realität entrückte Selbsttäuschung – aber sie half zu hoffen und durchzuhalten.

Im Sommer mussten Emilija und Ligita abermals umziehen. Sie wurden im Nachbardorf Borowoj angesiedelt. Das hatte keinerlei Sinn, denn zum Arbeiten mussten sie trotzdem nach Petropawlowka laufen. Aufgrund des sinnlosen Gelaufes und benommen vor Entkräftung verirrte sich Emilija im Winter 1946 und wäre beinahe ums Leben gekommen. Der Brigadier hatte sie mit irgendeiner Meldung zurück nach Borowoj geschickt. Es war kein weiter Weg, sie musste nur fünf oder sechs Kilometer auf einem wohl bekannten Pfad zurücklegen. Am Abend stellte sich heraus, dass niemand Emilija gesehen hatte. Es wurden Leute zusammengerufen, und alle zogen los, die Vermisste zu suchen.

Als Emilija verschwunden war, verlor Ligita völlig den Kopf. Die Mütter ihrer Altersgenossinnen Māra und Anna waren bereits gestorben, sie hatten die unmenschlichen Bedingungen nicht ertragen. Ligita erschien es geradezu logisch, dass nun ihre Mutter an der Reihe war. Sie weinte wie von Sinnen. Emilijas Liebe war so unendlich groß und selbstlos, sie verschaffte ein solches Gefühl von Sicherheit und Schutz, dass Ligita sie mit dem für Kinder charakteristischen Egoismus als etwas Selbstverständliches und Unverbrüchliches aufgefasst hatte. Nun begriff meine Mama mit schonungsloser Klarheit, dass das Leben ohne Emilija nicht möglich sein würde.

Mit jedem Abend, da der Suchtrupp zurückkehrte, schwand die Hoffnung, die Gesuchte lebendig zu finden, denn es herrschten Außentemperaturen von 30 Grad Frost. Drei Tage und drei Nächte wurde die Suche fortgesetzt. Am vierten Morgen wurde Emilija von Kindern aus dem Nachbardorf, die auf dem Weg in die Schule waren, gefunden. Die ganze Zeit war meine Großmutter ganz in der Nähe umhergeirrt.

Während sie durch den Wald streifte, wusste Emilija, dass Bewegung die einzige Rettung vor dem Frost war, und sie zwang ihren vom Hunger geschwächten und erschöpften Körper, immer weiterzugehen. Sie durfte sich nicht dem verlockenden Schlaf hingeben, sich nicht im Schnee niederlassen und einschlafen. Emilija wusste, dass dies der sichere Tod wäre. Und sie musste leben, denn ihr Kind brauchte seine Mutter.

In der dritten Nacht hatte Emilija keine Kraft mehr zum Weiterlaufen. Um nicht einzuschlafen, sammelte sie vom Wind abgebrochene Zweiglein auf, zerbrach sie in winzige Stückchen und bereitete sich ein Sterbelager. Emilija wusste, dass diese Nacht die letzte sein würde. Länger hielt sie nicht durch. Als sie am nächsten Morgen Kinderstimmen hörte, nahm sie ihre letzte Kraft zusammen und schrie. Glücklicherweise hörten die Kinder ihre schwachen Rufe. Als Emilija in einem Schlitten ins Dorf gebracht wurde, hatte ihre erfrorene Nase schon zu eitern begonnen. Später fiel die Nasenspitze ab. Auch die Fersen und Finger hatten Erfrierungen erlitten, heilten jedoch, da sich keine Gangräne gebildet hatten. Nur die Daumen blieben blau und steif.

Das nächste Krankenhaus befand sich in der 40 Kilometer entfernten Stadt Kolpaschewo. Ligita wickelte Emilija in alle möglichen von den Nachbarn zusammengeklaubten Lumpen, setzte sie in einen Pferdeschlitten, und die stundenlange Fahrt konnte beginnen. Nur einmal wurde bei einem Haus Halt gemacht, wo sie sich aufwärmten und Tee tranken.

Außer einer zerschlissenen wattierten Jacke, einer *fufaika*, besaß Ligita keine warme Kleidung. Unter dem dünnen Rock hatte sie außer ihrem Höschen nichts an, nur die Unterschenkel steckten in wattierten Stulpen mit Holzsohle. Als sie in Kolpaschewo ankamen, knisterte die Haut an Ligitas nackten Schenkeln, wenn man sie berührte. Später verfärbte sie sich dunkel und fiel ab.

Ligita durfte nicht in Kolpaschewo bleiben. Nachdem sie sicher sein konnte, dass ihre Mama außer Lebensgefahr war, machte sie sich am nächsten Tag auf den Rückweg. Der Schlitten war bereits zurückgefahren, und so musste Ligita zu Fuß gehen. Für die Strecke brauchte sie den ganzen Tag. Beim Laufen war die Kälte nicht mehr so sehr zu spüren.

Emilija blieb mehrere Monate im Krankenhaus. Die schmale Krankenhauskost erschien ihr fürstlich im Verhältnis zu dem Hunger, den sie im Dorf gelitten hatte. Die Letten von Kolpaschewo sorgten für meine Großmutter so gut sie konnten. Jeder brachte ihr von seinem wenigen eine Winzigkeit zu essen: eine gekochte Kartoffel oder Möhre, ein Stückchen Fisch. Ligita besuchte ihre Mama nur einmal, denn angesichts des Hungers und der Kälte fehlte ihr die Kraft, 40 Kilometer hin- und ebenso viele wieder zurückzumarschieren. Sie schrieb ihrer Mama Briefe und schickte sie mit, wenn jemand nach Kolpaschewo ging.

Gegen Frühling wurde Emilija aus dem Krankenhaus entlassen. Die Sonne stand bereits hoch, aber der Schnee war noch nicht geschmolzen. Ligita erbat von der Kolchose ein Pferd, um ihre Mama abzuholen, aber ihr Gesuch wurde abgelehnt. Es blieb ihr nichts anderes übrig, als sich einen Schlitten zu leihen und ihre Mama aus eigener Kraft nach Hause zu ziehen. Emilija versuchte zwar hin und wieder, selber ein Stück zu gehen, aber sie war zu schwach und musste sich wohl oder übel wieder auf den Schlitten setzen.

Meine Großmutter weinte vor Verzweiflung, denn es war unerträglich mit anzusehen, wie Ligita mühsam wie eine alte Frau einen zaghaften Schritt vor den anderen tat und der Schlitten sich langsam vorwärts bewegte. Wenigstens waren die Tage im April schon so lang, dass die 40 qualvollen Kilometer hinter ihnen lagen, bevor es dunkel war. Als Wegzehrung hatten sie nur ein paar Kartoffeln, und beide wussten, dass auch in der Hütte nichts Essbares war.

Veränderungen

Den ersten Brief erhielten sie im Frühjahr 1946 von Emilijas Schwester Anna. Großmutter und Mama hatten oftmals an ihre Verwandten in Kurzeme geschrieben, aber nie Antwort erhalten.[165] Sie kamen nicht auf den Gedanken, dass die Briefe ihre Adressaten deshalb nicht erreichen konnten, weil Kurland jenseits der Frontlinie lag. Nach dem Krieg hatte Anna die auf Birkenrinde geschriebenen Briefe[166] gesammelt erhalten und konnte sich nun mit ihrer Schwester in Verbindung setzen.

Aus Annas Brief erfuhr Emilija nun endlich, dass ihre drei Söhne am Leben waren und sie selber inzwischen vierfache Großmutter geworden war. Anna ließ durchklingen, dass Viktors, Arnolds und Voldemārs mit seiner Familie in Sicherheit waren, Arnolds' Frau Nellija und die Kinder jedoch in Ventspils leben würden.

Der Brief wurde nicht nur von Emilija und Ligita, sondern von allen in Borowoj angesiedelten Letten wieder und wieder gelesen, bis er ganz abgenutzt war. Eine Botschaft aus der Heimat gehörte nicht allein ihrem Empfänger, sondern allen, denn die Schicksale der Deportierten waren so eng miteinander verflochten, dass sich alle wie eine große Familie empfanden, in der Freud und Leid geteilt werden.

Anna drückte nichts direkt aus, sondern schrieb durch die Blume, aber Emilija ahnte, dass ihre Söhne im Westen waren, denn nur dort konnten sie in Sicherheit sein.

Voldemārs, Arnolds und Viktors hatten Lettland kurz vor Kriegsende verlassen. Über ihren Aufenthaltsort war nichts Genaues bekannt, denn die Flüchtlinge befürchteten, nicht nur ihre Angehörigen, sondern auch sich selber in Schwierigkeiten zu bringen, wenn sie ihnen aus der Zone der westlichen Alliierten schreiben würden. In den D.P.-Lagern[167] in Deutschland machten Gerüchte die Runde, dass auf die Alliierten kein Verlass sei, da sie Balten auf Verlangen der Sowjets auszuliefern pflegten.[168] In die Hände der Sowjets zu geraten kam für die D.P.s dem Tod gleich. Jeder hatte von den Grausamkeiten gehört, die in dem im Oktober 1944 von der sowjetischen Armee eingenommenen Teil Lettlands verübt worden waren. Es war furchtbar, sich das Schicksal jener Unglücklichen vor Augen zu führen, die sich zum Zeitpunkt der deutschen Kapitulation in der sowjetischen Zone Deutschlands befanden. Sie alle waren in Viehwaggons gepfercht und in die Sowjetunion zurücktransportiert worden.[169]

Das zweite große Ereignis war das Eintreffen des ersten Pakets aus Lettland im Frühling 1946. Sie erhielten es früher als andere, denn geschickterweise hatte Anna es per Bahn ihrer Schwägerin in Moskau zukommen lassen, die es an Emilija und Ligita weitersandte. Zu diesem Zeitpunkt war die Verbindung zwischen Lettland und der »großen sowjetischen Heimat« noch nicht vollständig wieder hergestellt.

Um die Sendung in Empfang zu nehmen, mussten sie 16 Kilometer bis zum nächsten Postamt in Ust-Tschaja laufen. Der erste Abschnitt des Weges war ein schmaler Pfad, der sich durch ein Moor schlängelte und mit Zweigen, Knüppeln und anderen Holzstückchen ausgelegt war. Hier und da war der Pfad von Schmelzwasserbächen überflutet, durch die man hindurchwaten musste. Noch immer zu sehr geschwächt von ihrer Krankheit, blieb Emilija auf halber Strecke in Petropawlowka zurück, und Ligita ging allein weiter.

Das Paket war ein schwerer Sperrholzkasten, der über zehn Kilo wog. Nachdem sie den neugierigen Blicken der Schalterbeamtin entronnen war, machte meine Mama sich daran, die Kiste zu öffnen – es musste irgendetwas zu essen darinnen sein! Aber sie war gründlich zugenagelt worden. Nachdem sie sich vergeblich mit scharfkantigen Steinen und Holzstücken abgemüht hatte, kam Ligita auf den Gedanken, es mit ihrer Haarspange zu versuchen. Überraschenderweise gaben die Nägelchen nach, und der Deckel der Kiste ließ sich abheben. Obenauf lagen Kleidungsstücke. Ligita riss sie schnell heraus und erblickte ganz unten das Erhoffte – Konserven, Zucker und ein großes Stück Räucherspeck. Gierig biss meine Mama in das Fett. Wie das schmeckte! Wie das duftete! In wildem Hunger riss und zerrte sie mit den Zähnen an dem Speck, bis sie sich voller Scham ihrer Mama entsann.

Nachdem Ligita die Sachen zurückgestopft hatte, band sie sich die Kiste auf den Rücken und ging los. Die Last war so schwer! Immer häufiger musste sie anhalten und sich ausruhen. Am Stand der Sonne war abzulesen, dass der Nachmittag bedrohlich nahte. Als Ligita von einer Einheimischen überholt wurde, bat sie diese, Emilija auszurichten, deren Tochter habe nicht mehr die Kraft weiterzugehen. Vor Entkräftung in sich zusammengesunken, harrte Ligita aus. »Mamilein kam auf ihren dünnen Beinchen angelaufen, nahm das Paket und schleppte es ... Sie war so abgezehrt ...«, schluchzt meine Mama auf, als sie sich daran erinnert.

Alle in Borowoj angesiedelten Letten kamen anlässlich des großen Ereignisses zusammen. In dem Paket waren drei warme Jacken und ein paar Flanellnachthemden, mehrere Kleider, Schuhe und Leibwäsche, eine Decke, Laken, Handtücher und Seife. Das alles stellte einen unermesslichen Reichtum dar, den ein jeder behutsam berührte und liebkoste. Lange hatten sie nicht mehr so schöne Sachen in den Händen gehalten, denn seit ihrer Deportation vor fünf Jahren hatten sie ihre Kleidungsstücke entweder veräußert oder so weit abgetragen, dass sie sich in jämmerliche, geflickte Lumpen verwandelt hatten. Vernünftige Schuhe hatte schon längst niemand mehr, alle trugen die wattierten Stulpen mit Holzsohlen. Als großzügige Gabe schnitt Emilija für jeden Gast ein Fitzelchen Speck ab. Die Frauen versuchten zwar, höflich abzulehnen, doch derartige Manieren überstiegen ihre Kräfte, und der Leckerbissen verschwand in ihren Mündern.

Nach so vielen Jahren gab es endlich duftende Seife, mit der sie sich waschen, und ein sauberes Bett, in dem sie schlafen konnten. Emilija wandte zwar schüchtern ein, dass ein Laken genug sei und sie das andere schonen sollten, aber Ligita widersprach hartnäckig, und so schliefen die beiden glücklich zwischen zwei Laken unter der Decke ein. Immer, wenn meine Mama diese Episode erwähnt, leuchtet auf ihrem Gesicht ein Widerschein von jenem so lange zurückliegenden Behagen auf.

Im Mai 1947 schickte Anna einen Brief von Viktors, den sie auf Umwegen aus dem Ausland erhalten hatte, an Emilija und Ligita weiter. Als sie ihn lasen, kamen sie nicht weiter als bis zu den Worten »Liebe Mutti und Schwester«. Immer und immer wieder schossen den beiden vor Ergriffenheit und Glück Tränen in die Augen. So lange, so unendlich lange war es her, dass Viktors diese Worte zum letzten Mal zu ihnen gesagt hatte. Er schrieb wunderbare Dinge: »Wenn wir alle wieder zusammen sind, dann musst du, Mutti, abwechselnd bei uns Brüdern wohnen.« Auch Viktors war verheiratet und hatte ein Töchterchen namens Dace. »Ich habe fünf Enkelkinder!«, freute sich Emilija unter Tränen.

An jenem Abend glaubte sie an das, was ihr Sohn geschrieben hatte – bald, sehr bald würden sie beide nach Lettland zurückkehren. Es konnte nicht mehr lange dauern bis zum Wiedersehen! An jedem einzelnen Tag des Hungers und Elends hatten Emilija und Ligita davon geträumt, indem sie des Vaters und der Brüder gedachten. Ein jeder ihrer Geburts- und Namenstage wurde mit dem feierlichen Erzählen von Erinnerungen begangen, die ihnen halfen, den Hunger und die Hoffnungslosigkeit zu vergessen und wieder in jene fernen, glücklichen Tage zurückzukehren, als die Familie noch vereint war.

Emilija hat Ligita nie spüren lassen, wie sehr sie sich um das ungewisse Schicksal von Jānis und den Söhnen sorgte. Meine Großmutter sprach mit einer solchen Überzeugungskraft von ihnen, dass meine Mama fest daran glaubte, dass ihre Brüder wohlauf sind und auch der Vater am Leben ist. Sie selber hatten doch auch überlebt, allem zum Trotz. Viktors' Brief an Emilija und Ligita war wie eine Hoffnungsbotschaft, wie eine Verheißung des Schicksals. Bald! Sehr bald!

Am selben Abend schrieb Ligita einen Antwortbrief an ihren Bruder, den sie aus Lettland an Viktors weiterzuschicken bat. Nach den ersten Worten der Freude folgte die bittere Wahrheit: »Wir beide leben in einem bedrückenden Dorf. Mama ist alt geworden, ganz alt. Ich bin jetzt groß, und meine Hauptbeschäftigung ist Brennholzsägen. Mama arbeitet schon seit etwa einem Jahr nicht mehr, weil sie sich im Winter 1946 drei Tage lang im Moorwald verirrt und fürchterliche Erfrierungen zugezogen hat. Sie ist wieder gesund, nur die Nase ist kürzer geworden und ein Finger gefühllos. Du wirst ja sicher wissen, dass ich schon runde 20 Jahre alt bin. (...) Mama und ich nennen euch in unseren Gesprächen immer noch ›die Jungs‹. Dabei seid ihr doch schon längst keine Jungen mehr!«[170]

Wie schwer war es für Viktors, das zu lesen! Was hatten sie, diese Verfluchten, seiner sanften Mutter und seiner verwöhnten Schwester angetan! Dennoch wagte Viktors nicht mehr zu schreiben. Tante Annas Antwortschreiben, das von der Hand ihres Mannes Jānis geschrieben und mit dem Pseudonym »Rūta« unterzeichnet war, entnahm er, dass seine Briefe zu gefährlich für die Verwandten waren.

Der Brief enthielt auch eine versteckte Warnung an die Brüder, nicht nach Lettland zurückzukehren[171]: »Ligita lebt bei ihrer Mutter (...) in derselben Wohnung, in der sie 1943 gewohnt haben. Wenn ihr zurückkehrt, dann müsst ihr euch bei ihnen dauerhaft niederlassen, denn sie verfügen über viel Raum, und es ist genug Platz für euch alle da.«[172] Die Korrespondenz wurde erst 1955 im Zuge der Entlarvung des Stalinkults wieder aufgenommen, als Briefe von Verwandten im westlichen Ausland für die in Lettland Gebliebenen und die nach Sibirien Deportierten keine so große Gefährdung mehr darstellten.

Emilija war es weder vergönnt, ihre Söhne wieder zu sehen

noch ihre Enkelkinder kennen zu lernen. Sie starb, ohne zu erfahren, dass sie inzwischen vierzehnfache Großmutter war.

Meine Mama sah ihre Brüder erst viele Jahre später wieder. Der älteste Bruder Voldemārs kam 1982 nach Lettland. Ihm war klar, dass es unsäglich schwer sein würde zu sehen, was die Jahre der sowjetischen Okkupation Lettland angetan hatten; trotzdem entschloss er sich zu der Reise, weil keinerlei Hoffnung mehr bestand, dass seine Schwester zu ihnen kommen könnte. 16 Mal hatte meine Mama in der Visaabteilung des Innenministeriums um Erlaubnis gebeten, ihre Brüder in Kanada zu besuchen, und 16 Mal wurde es ihr verwehrt.[173] Jedes Mal war mit Schreibmaschine derselbe Satz in das vorgedruckte Formular des Ablehnungsbescheides eingetragen: »Ihre Reise wird nicht als sachdienlich erachtet.« Welch sowjetische Formulierung – als wären die Beziehungen zwischen Familienangehörigen eine Frage staatlicher Sachdienlichkeit.

Erst 1987, als die Verwandtenbesuchsprozedur im Zuge der neuen Politik Michail Gorbatschows vereinfacht wurde, erhielt meine Mama die lang ersehnte Besuchserlaubnis. Als Viktors und Ligita sich auf dem Flughafen von Montreal wieder sahen, waren seit jenem 14. Juni 1940, als Viktors verzweifelt mit ansehen musste, wie NKWD-Männer seine Eltern und Schwester in einem Lastwagen abtransportierten, 47 Jahre vergangen. Der mittlere Bruder Arnolds kam aus England nach Toronto geflogen, um seine Schwester zu treffen. Es sollte ihre letzte Begegnung sein, denn Arnolds starb ein Jahr später.

Bereits im Sommer 1946 hatte sich in den Gebieten Krasnojarsk und Tomsk blitzschnell die Nachricht verbreitet, dass eine Kommission aus Lettland eingetroffen sei, die Nachforschungen über die 1941 deportierten lettischen Kinder anstellte. Es handelte sich um eine vom Bildungsministerium der LSSR gebildete Arbeitsgruppe, deren Aufgabe es war, Waisen oder Halbwaisen im Alter zwischen vier und 16 Jahren heimzubringen.[174] Als sie die krankhaft schwachen, zerlumpten Kinder sah, die aus den umliegenden Dörfern und Kinderheimen nach Krasnojarsk zu strömen begannen, ignorierte die Leiterin der Gruppe, Anna Lūse, die strengen Vorschriften des Bildungsministeriums, wer zurückzubringen sei und wer nicht. Sie brachte es nicht fertig, die verzweifelten Mütter abzuweisen, die sie anflehten, ihre Kinder zu retten, und setzte viele von ihnen auf die Liste der Waisenkinder.

Die örtlichen Behörden hatten von Moskau Weisung erhalten, Listen der Kinder aus Lettland aufzustellen und deren »Reevakuierung« auf jede erdenkliche Weise zu unterstützen – allerdings wurde die Vorschrift der Zentrale von jedem *natschalnik* nach dessen Gutdünken interpretiert. Die einen halfen, die anderen behinderten die Arbeit, indem sie die von Lūse zusammengestellten Listen nicht abzeichneten. Ohne die Genehmigung der Bezirksabteilung für Innere Angelegenheiten durfte niemand wegfahren. Dennoch gelang es nach der Überwindung diverser bürokratischer Hindernisse und materieller Schwierigkeiten, bis zum Ende der Flussschifffahrtssaison 1425 Kinder nach Lettland zu bringen. Die Mütter der zurückbleibenden Kinder erhielten das Versprechen, dass die Reevakuierung im Frühling des kommenden Jahres fortgesetzt würde. Das Versprechen wurde nicht gehalten, denn die Sowjetmacht fasste einen anderen Beschluss. Die vorbereiteten Listen wanderten ins Archiv, und die »sozial gefährlichen Kinder« siechten weiterhin in Sibirien dahin.[175]

Als die Kinder abreisten, hielt es jeder für selbstverständlich, dass ihnen nach einer Weile auch ihre Mütter und schließlich auch die Übrigen folgen würden. Alle in der Gegend hatten sich darangemacht, Bittschriften zu verfassen, und auch Ligita hatte sich dazu entschlossen. Sie legte in der Petition ihre eigene und Emilijas Unschuld sowie die unverständlichen Umstände der Deportation dar, verbunden mit der Bitte, ihren Fall zu prüfen, wobei sie versprach, dass sie würdig seien, sich am Aufbau des Sozialismus in Lettland zu beteiligen. Es begann das Warten, das sich als vergeblich erwies, denn niemand erhielt eine Antwort. Als ich die

Akte meiner Mutter im Archiv einsah, fand ich dort keine einzige der vielen Bittschriften, die sie in jenen Deportationsjahren an das Präsidium des Obersten Sowjets der UdSSR und das ZK der KPdSU geschrieben hatte. Offenbar hatten sie das Gebiet Tomsk nie verlassen und sind entweder vernichtet worden oder liegen bis heute in den staubigen Archiven der örtlichen NKWD-Abteilung herum.

Im Winter 1947 gab es nur noch einige wenige Letten in der Kolchose von Borowoj. Die anderen hatten es geschafft, wegzukommen und sich eine andere Arbeit zu besorgen. Von den »Kampfgenossinnen« meiner Mama aus der Zeit auf der Insel Bylina hatte Aina als Erste geheiratet und war gemeinsam mit ihrem Mann Juris Baginskis in die recht weit entfernte Stadt Kolpaschewo gezogen. Ein kleines Grüppchen Letten lebte in dem Dorf Togur, in dem es ein Sägewerk, ein Wollkämmereikombinat und eine Holzflößerei gab. Von ihnen erfuhr Ligita, dass dort Arbeiter gebraucht wurden. Ihre Freundin Māra und sie beschlossen, ihr Glück zu versuchen, und so machten sie sich eines Nachts ohne Erlaubnis der Kommandantur auf den Weg.

Die Geschichte dieser Reise ist eine der wenigen heiteren Episoden, die meiner Mama aus der Deportationszeit im Gedächtnis geblieben ist. Sie spannten einen Bullen, den sie aus der Kolchose stibitzt hatten, vor einen Schlitten, wickelten ihre Köpfe in Tücher und die Beine in Lumpen, und dann ging es los. Die Mädchen waren gut gelaunt, denn die bevorstehende Fahrt erschien ihnen als ein großartiges Abenteuer. Als sie das Dorf hinter sich gelassen hatten, jagten sie den Bullen kreischend und lachend den steilen Hang hinunter. Sie grölten ein deutsches Lied, das ihnen russlanddeutsche Verbannte beigebracht hatten: »Mahle ist aus Afrika, Mahle ist nicht schön!« Ligita sang die Frauenpartie, Māra sang mit Männerstimme. Der verstörte Bulle drehte den Kopf zur Seite und schielte mit blutunterlaufenem Auge in Richtung der eigenartigen Geschöpfe, wobei er vor Angst und Schrecken immer schneller galoppierte. Allmählich schwante dem armen Vieh, dass es den garstigen Kutscherinnen nicht entkommen konnte, es ermattete und begann im gewohnten, gleichgültigen Schritt dahinzutrotten. Auch die anfängliche Heiterkeit der Sängerinnen legte sich, und die beiden verstummten. So trafen sie gegen Mittag, durchgefroren und durchgeschüttelt, in Togur ein.

Im Kombinat fehlte es an arbeitsamen Händen, weshalb der Direktor gerne bereit war, die Frage der Überstellung der Letten aus Borowoj mit der Kommandantur zu regeln. Nachdem sie lettische Freunde besucht hatten, fuhren Ligita und Māra glücklich über die bevorstehenden Veränderungen zurück.

Auf dem Rückweg wurde der Bulle immer unruhiger. Als sie den heimatlichen Gefilden nahten, kannte er kein Halten mehr und kümmerte sich nicht um die schwirrende Peitsche und die wütenden Stimmen. Da machte das Tier plötzlich, zum großen Erschrecken der Mädchen, eine scharfe Wendung vom Weg auf ein Feld. Schaumschnaubend und unter zornigem Gemuhe arbeitete es sich durch den tiefen Schnee, der ihm bis zum Bauch reichte. Erst als sie in der Mitte des Feldes einen verschneiten Heuhaufen im Mondschein erblickten, begriffen Ligita und Māra, dass der Bulle nicht wahnsinnig geworden war, sondern Hunger hatte. Sie hatten vergessen, ihn zu füttern, und das arme Tier hatte den ganzen langen Weg zurückgelegt, ohne etwas zu fressen. Was hatten die beiden nun wieder zu lachen! Ebenfalls lachend erzählte Mama mir von dieser verrückten Fahrt und beendete ihre Geschichte mit der stolzen Feststellung: »Närrisch bleibt närrisch!«

Togur war der erste Ort, wohin Emilija und Ligita aufgrund ihrer eigenen Wahl umzogen. Es ist der letzte Ansiedlungsort meiner Mama, in dem sie mit einer kurzen Unterbrechung fast zehn Jahre verlebte. In Togur starb meine Großmutter Emilija, dort heirateten meine Eltern, und dort kam ich zur Welt.

Abermals lag angespannte Hoffnung in der Luft. Einige Deportierte hatten die Genehmigung zur Rückkehr nach Lett-

Das erste Foto von Ligita und Emilija Dreifelde in der Verbannung, Frühling 1948

land erhalten, und alle warteten wie gebannt, wem als Nächstes das Glück winken würde. Emilija und Ligita sprachen praktisch jeden Tag über die Rückkehr. Es war nicht nachzuvollziehen, anhand welcher Kriterien das NKWD die Kandidaten zur Freilassung auswählte. Die meisten waren Jugendliche in Ligitas Alter, es sollten aber auch ältere Menschen darunter sein. Ebenso gab es keinerlei Hinweis, der die Schlussfolgerung zuließ, ob ihnen erlaubt werden würde, gemeinsam zu fahren, oder ob sie einzeln reisen müssten. Sollte Letzteres der Fall sein, so war Ligita nahezu überzeugt, dass es ihre Mutter sein würde, die als nutzloser Invalide nach Hause geschickt würde, während sie bleiben und weiterhin Forstarbeit verrichten müsste. Jedes Mal, wenn ihr Gespräch wieder in diese Richtung verlief, rief Emilija entrüstet aus: »Was redest du da, Ligitalein, ohne dich werde ich nicht fahren«, um sogleich hinzuzufügen: »Aber du musst wohl fahren!«

Im April 1948 erhielt meine Mama eine Vorladung zur Kommandantur von Togur. Sie und Emilija waren sehr aufgeregt. So lange hatten sie darauf gewartet, aber dennoch wagten sie nicht, sich Hoffnungen hinzugeben, denn eine Enttäuschung würden sie nur schwer verkraften. Den ganzen Weg zur Kommandantur wiederholte Ligita für sich: »Das kann nicht sein!« Und doch überlief es sie wieder und wieder wie ein heißer Schauer – und wenn es nun doch so ist? Ligita nahm im Warteraum Platz. Ihr schien, dass die Sekretärin des Kommandanten sie besonders eingehend beobachtete.

Endlich wurde sie aufgerufen. Hinter dem Schreibtisch saß Kommandant Kukuschkin, der »Kuckuck« genannt wurde.[176] Nachdem er der Gewichtigkeit halber einen Moment geschwiegen sowie einige Nebensächlichkeiten gesagt hatte, verkündete er endlich, ohne Mamas Gesicht aus den Augen zu lassen: »Ligita Janowna, die Sowjetmacht hat Ihr Betragen zur Kenntnis genommen und erlaubt Ihnen, nach Lettland zurückzukehren. Sie bekommen die Möglichkeit zu beweisen, dass Sie dieses Vertrauens würdig sind.« Ligita erblasste und hauchte: »Und meine Mama?« Das komme später, zunächst werde die Rückkehr der ab 1925 Geborenen gestattet. Sie habe also Grund zur Freude. Wie berauscht trat meine Mama auf die Straße hinaus. Sie war frei! Am 15. April 1948 wurde von der Kommandantur der letzte Registrierungseintrag auf Ligita Dreifeldes Meldekarte vorgenommen.

Die Flussschifffahrtssaison würde in weniger als einem Monat beginnen. In freudiger Erregung begann Emilija, Vorbereitungen für Ligitas lange Reise zu treffen. So gut sie konnte, nähte sie eines der ihnen geschickten Kleidungsstücke um. Das Geld für die Fahrkarte schickten die Verwandten aus Lettland, denn für ihre Rückfahrt mussten die Deportierten selber bezahlen.

Meine Großmutter hatte ein besonderes Talent, freundschaftliche Beziehungen mit Personen aufrechtzuerhalten, die von Nutzen sein konnten, und so beschaffte sie von der örtlichen Lagerverwalterin Mehl zum Backen von Proviant. Ligita war nicht die einzige Glückliche in Togur, die fahren durfte. Auch Olita Siliņa hatte eine Rückkehrerlaubnis erhalten. Māra und Aina mussten bleiben, denn sie waren um ein Jahr zu alt.

Anfang Mai war der Ob endlich eisfrei und das Frühjahrshochwasser zurückgegangen. Aufgeregt erwarteten alle das Eintreffen des ersten Schiffes in Kolpaschewo. Ligita versuchte, nicht an die bevorstehende Trennung von ihrer Mama zu denken. Emilija hatte ihren Schmerz tief in ihrem Inneren verborgen, denn mehr als alles fürchtete sie, ihre Tochter könnte es sich anders überlegen und beschließen zu warten, bis sie beide zusammen würden fahren können. Das durfte nicht geschehen, also zeigte Emilija ein lächelndes Gesicht und überredete Ligita zu fahren, indem sie in ihrem weichen kurländischen Dialekt gurrte: »Bald werde ich doch bei dir sein, Kindchen.«

Alle in Kolpaschewo und Togur lebenden Letten hatten sich bei Aina versammelt, um sich von Ligita und Olita zu verabschieden. Die Stimmung war eher fröhlich als traurig, denn die Zurückbleibenden sahen in den Abreisenden eine sichere Bestätigung für ihre früher oder später bevorstehende eigene Freilassung. Die Jüngeren begleiteten die Mädchen zum Schiff. Ligita bat ihre Mama, nicht zum Hafen zu kommen, weil sie fürchtete, dann nicht wegfahren zu können. Die beiden mussten sich bei Aina voneinander verabschieden. Emilija weinte. Sie hatte sich zwar fest vorgenommen, ihr Kind nicht zu bekümmern, aber die Trennung ging über ihre Kräfte. Auch Ligita weinte. So trat Ligita, fein angezogen mit umgenähten alten Kleidungsstücken, mit von ihrer Großmutter Lība geschickten Schuhen an den Füßen und einem Bündel in der Hand, Anfang Mai ihre 6000 Kilometer weite Rückreise an.

Als das Schiff ablegte, erblickte Ligita am Ufer plötzlich Emilija. Wie verrückt begann sie zu rufen und zu winken, doch ihre Mama stand wie erstarrt da, ohne die weit aufgerissenen Augen von ihrer Tochter zu wenden. Ligita schaute zu Emilija, bis die graue, winzige Gestalt hinter einer Flussbiegung verschwand. Diesen Augenblick, da ihr zum letzten Mal vergönnt war, ihre Mutter zu sehen, hat Ligita auf ewig im Gedächtnis behalten.

Meine Großmutter Emilija

Nach Ligitas Abreise teilte sich Emilijas Leben gewissermaßen in zwei Hälften. Sie arbeitete zwar, um irgendwie Nahrung zu beschaffen und sich am Leben zu erhalten, aber das war ihr selber unwichtig. Sie lebte lediglich, um eines Tages wieder bei ihrer Tochter zu sein. Solange das nicht möglich war, erschuf sich Emilija einen besonderen geistigen Raum, in dem sie immer mit Ligita zusammen war. Es glich einer unendlichen Handarbeit, einer riesigen Stickerei, mit der Emilijas Geist beschäftigt war und der Ligitas Briefe beständige Nahrung gaben. Selber vermochte meine Großmutter sie nicht zu lesen, weil sie schlechte Augen hatte, darum musste stets ein Helfer gefunden werden.

Nachdem ein Brief mehrfach laut vorgelesen worden war, hatte er sich tief in Emilijas Gedächtnis eingeprägt, wo er fortfuhr zu leben und an Bedeutsamkeit und Authentizität zuzunehmen. Jede erwähnte Person oder Episode arbeitete meine Großmutter unablässig in das bereits bestehende Gedankengeflecht ein, bis das Neue anhand von tausend Verbindungen und phantasierten Details untrennbar mit den bisherigen Gestalten und Szenen verknüpft war. Je tiefer in der Vergangenheit, desto dichter und vielschichtiger verflochten sich die Fäden der Vorstellung. Je näher dem letzten Brief, desto durchlässiger und durchsichtiger wurde Emilijas Geistesarbeit. Von dieser spannten sich wie lange Fäden unbeantwortete Fragen, die mit sorgenvoller Kraft die Leere des Unwissens zu überwinden suchten, aber jede Antwort erzeugte wieder neue Fragen, und so fuhr meine Großmutter unermüdlich fort, Ligitas Leben zu leben. Für Emilijas Empfinden war dieser geistige Raum, in dem die beiden einander begegneten, realer als ihr eigener erbärmlicher Alltag. Er gehörte ihr ganz allein, und niemand konnte sie mit irgendwelchen Befehlen oder Verboten aus ihm deportieren oder anderswohin umsiedeln.

In unserem Familienarchiv befinden sich 15 Briefe von meiner Großmutter Emilija. Die ersten sind mit Bleistift auf irgendwo aufgeklaubte Zettel und Fetzen geschrieben, denn nach dem Krieg war Papier in Sibirien Mangelware. Nachdem sie das erste Paket von Ligita erhalten hatte, schrieb Emilija mit Tinte auf Schulheftseiten. Die Handschrift ist ungleichmäßig, angestrengt und zum Teil schwer zu entziffern. Sie schrieb spontan, als würde sie mit ihrer Tochter reden, aber es ist zu spüren, dass die Gedanken schneller eilten, als die ungeübte Hand zu folgen vermochte, weshalb die Sätze nicht immer vollständig oder die Gedanken klar formuliert sind. Als echte Kurländerin gebrauchte sie auch weibliche Substantiva gerne mit männlicher Endung oder verzichtete auf die Endsilben, was den Briefen eine besonders persönliche Note verleiht. Beim Lesen kann ich mir vorstellen, wie die heute praktisch nicht mehr benutzten Worte aus dem Mund meiner Großmutter geklungen haben, denn nach der Rückkehr aus Sibirien hörte ich ähnliche Formulierungen von ihrer Schwester Anna, die ebenfalls den gedehnten Tonfall und eigentümlichen Sprachrhythmus der Kurländer hatte.

In Emilijas Briefen offenbart sich unumwunden ihr sanftes und herzensgutes Wesen. Sie sind voller Koseworte und enden stets mit tausend Küsschen, ohne zu vergessen, Ligitas viele in der Deportation verbliebene Freunde namentlich zu erwähnen, die ihre Tochter jedes Mal grüßen ließen. Besonders bedeutsam erscheinen mir Emilijas Träume, die sie beschreibt, denn sie geben Einblick in das Unterbewusstsein meiner Großmutter. In den Träumen ist sie wieder mit ihrer Familie zusammen, doch stets findet sich in den glücklichen Szenen eine alarmierende Note, die eine unerfüllbare Sehnsucht und die Sorge um das Wohlergehen ihrer Lieben versinnbildlicht.

Auch Ligita schrieb oft und ausführlich an ihre Mutter, mit der sie durch besondere Bande verbunden war, stärker als Blutsverwandtschaft. Eine solche Verbindung entsteht zwischen Menschen, die gemeinsam existenziell extreme Situationen durchstehen. Beide hatten sie jeweils einmal jene gefährliche Schwelle beinahe überschritten, die ins Wesenlose führt, und darum wussten sie, wie unersetzlich sie einander waren. Alles hatten sie erlebt, sowohl Erhabenes als auch Niederträchtiges, und es gab nichts, was Ligita ihrer Mama nicht erzählen könnte, denn sie war sich zutiefst bewusst, dass Emilija sie liebte und so akzeptierte, wie sie war.

Nach Emilijas Berechnungen hätte um den 10. Juni der erste Brief von Ligita eintreffen können, denn Ende Mai sollte sie in Lettland ankommen. Aber es kam kein Brief. Mit jedem Tag wuchs die Besorgnis. Wenn nun unterwegs etwas geschehen war? Von der Unordnung auf der Eisenbahn wurden ja furchtbare Dinge berichtet. Vielleicht ist das Kind krank geworden? Emilija ging jeden zweiten Tag auf die Post. Mitfühlend unterhielt sich die Schalterbeamtin mit der besorgten »Janowna«[177], aber das lenkte sie nur für einen kurzen Moment ab. Emilija musste eben wieder zurückgehen und ihre kleinen Gelegenheitsarbeiten als Aufwartefrau verrichten. Ein paar Tage wusch sie Wäsche im einen Haus, dann in einem anderen. Schließlich trafen am 26. Juni drei Briefe auf einmal ein.

Emilija eilte zu Ligitas Freundin Aina, und das Vorlesen begann. Auf die ersten Schwierigkeiten war Ligita in Tomsk gestoßen, von wo aus sie mit der Eisenbahn nach Nowosibirsk weiterfahren musste. Um eine Fahrkarte kaufen zu können, musste man eine Entlausungsbescheinigung vorweisen, die man in öffentlichen Badehäusern erhielt. Olita und Ligita suchten also ein solches auf, gerieten jedoch aus Versehen in die Männerabteilung!

Mit der Bescheinigung war ihnen nicht viel geholfen, denn die Schlangen am Fahrkartenschalter waren derart lang, dass man mehrere Tage anstehen musste. Endlich saßen sie im Zug. In Nowosibirsk fing alles wieder von vorne an. Nur hatten sie es dort noch schwerer, weil es keinen einzigen Letten gab, den sie hätten um Rat fragen können. Sie lernten einen russischen Soldaten kennen, der auf dem Heimweg war. Er hatte sich derart in Ligitas blaue Augen und ihre blonden Haare vernarrt, dass er den beiden unter Ausnutzung seiner Privilegien als Frontsoldat die Fahrkarten besorgte. Emilija lächelte. Ja, das war ihr Ligitalein, tollkühn und tatkräftig.

In Moskau legten die Mädchen einen Zwischenstopp bei Tante Annas Schwägerin Alīda ein, die die beiden jungen Damen trotz ihrer bescheidenen Verhältnisse fürsorglich und herzlich aufnahm. Als sie dies hörte, gewann Emilija Alīda, der sie niemals begegnet war, sofort lieb. Und außerdem schenkte sie Ligita und Olita noch Seidenstrümpfe! Ja, das sind die ersten Seidenstrümpfe, die mein Töchterchen anzieht. Nach dem Elend, in dem sie jahrelang gelebt hatten, erschien den beiden Moskau als große und mächtige Stadt. Als Aina vorlas, wie Ligita im Zug nach Riga zum ersten Mal jemanden Lettisch sprechen hörte, schossen Emilija die Tränen in die Augen. Bitter war hingegen der folgende Satz, dass die Mehrzahl der Reisenden nur Russisch sprach. Emilija und Aina wechselten einen Blick und seufzten.

In Zilupe, dem ersten Bahnhof nach der lettischen Grenze, war Ligita ausgestiegen, um den heimatlichen Boden unter den Füßen zu spüren und die Frühlingsluft einzuatmen. Emilija verstand ihre Tochter so gut. Ach, noch einmal lettischen Boden berühren! Aus dem süßen Traum wurde sie von Ainas Stimme geweckt. Ein russischer Soldat hatte Ligita angeschnauzt, weshalb sie ohne Erlaubnis den Zug verlassen habe, und sogar gedroht, sie zur Miliz zu bringen. Weinend war sie zurück in den Waggon gesprungen. So sah es jetzt also aus in Lettland!

Der Zug fuhr im Rigaer Hauptbahnhof ein. Emilija und Aina müssen schon wieder weinen. Beide haben sie ihre eigenen Erinnerungen an Riga, an ihr einstiges Leben. Ligita beschreibt ihre

Freude und Verwirrung, nach so langen Jahren auf dem Bahnhof von Riga zu stehen, auf dem sie so oft aus Dubulti eingetroffen waren. Menschen in solchen Mengen, dass einem ganz schwindelig wird. Wohin sich wenden? Sie hatte keinen einzigen Verwandten mehr in Riga und auch nicht in Jūrmala. Zu Tante Anna konnte sie nicht fahren, denn Liepāja war jetzt eine verbotene Stadt, in der man sich nur mit Sondergenehmigung aufhalten durfte.[178] Olita lud sie ein, mit nach Mazsalaca zu kommen, aber das Schicksal kam ihnen zuvor. Auf dem Bahnhofsplatz liefen sie Frau Emersons in die Arme – just jener Frau Emersons, die mit ihnen zusammen deportiert und der vor einiger Zeit die Rückkehr erlaubt worden war. Sofort lud sie die beiden zu sich ein. Nun wusste Emilija, dass es in Ligitas Nähe jemanden gab, auf den sie sich verlassen und den sie um Rat fragen konnte.

Das Schwerste hatte Ligita für den Schluss aufgespart. Das war die Nachricht vom Tod des Vaters. Sie hatte es in Tomsk von einem Letten erfahren, der angeblich zusammen mit Vater im Lager gewesen war. Jānis Dreifelds sollte bereits seit Ende 1941 tot sein.

Emilija konnte es nicht glauben. Jedes Mal, wenn sie sich auf der Kommandantur nach dem Schicksal ihres Mannes erkundigt hatte, war die Antwort ein und dieselbe gewesen: Jānis Kristapowitsch Dreifelds war zu zehn Jahren Lagerhaft mit Sonderregime ohne das Recht auf Korrespondenz verurteilt worden.[179] Also war er am Leben! Emilija konnte nicht auf den Gedanken kommen, dass der Tod eines alten Mannes laut Gulag-Instruktionen ein Staatsgeheimnis war, das nicht einmal den Angehörigen offenbart werden durfte. Immer und immer wieder kehrten ihre Gedanken zu Ligitas Schreiben zurück, und allmählich beschlichen sie Zweifel. Emilija selber war so immens gealtert, eingefallen und entkräftet – wie musste es dann Jānis ergehen? Schließlich war ihr Mann 14 Jahre älter als sie. Es konnte sein, dass er nicht durchgehalten hat …

Eines Nachts hatte sie einen bedeutsamen Traum. Sie war wieder in ihrem Heim in Dubulti. Saß im Schlafzimmer vor dem Spiegel und kämmte sich das Haar. Ihr Mann kam ins Zimmer geeilt. In seinen Augen war dieser schelmische Ausdruck, der eine Überraschung verhieß. Also hatte er ein Geschenk für sie. Welche Hand willst du, rechts oder links?, fragte Jānis. Emilija antwortete kokett, traf jedoch jedes Mal die falsche Wahl. Verzweifelt fragte Jānis wieder und wieder. Emilija begann sich darüber zu beunruhigen, weshalb ihr Mann die Neckerei diesmal so lange hinauszögerte. Plötzlich bemerkte sie, dass Jānis nach jeder falschen Antwort ein wenig zusammenschrumpfte. Emilija wurde von Grauen erfasst, und sie stürzte zu ihm, um ihn zu retten, ihn zu halten, aber es gelang ihr nicht mehr. Jānis war verschwunden. Nur das eingepackte Geschenk war noch da. Als sie es geöffnet hatte, erkannte sie das wunderschöne hellblaue Kleid, das ihr Mann dereinst von einem Freund aus Paris für sie hatte mitbringen lassen. Emilija erwachte. Also stimmte es. Jānis lebte nicht mehr.

Die Briefe waren durchschnittlich jeweils drei Wochen unterwegs, sodass sowohl Ligita als auch Emilija Neuigkeiten mit einer Verzögerung von bis zu sechs Wochen erfuhren. Während sich Emilija noch wegen des Teufelskreises grämte, in den ihre Tochter geraten war – ohne polizeiliche Anmeldung konnte man keine Arbeit bekommen, ohne Arbeit sich aber nirgendwo anmelden –, hatte Ligita bereits eine Stelle als Lohnbuchhalterin in der Brotfabrik von Tukums angetreten und sich bei einer Frau angemeldet, die das Risiko einging, einer mit dem Makel Sibiriens behafteten Person einen Schlafplatz zu vermieten.

Auf ihrer langen Rückreise hatte Ligita davon geträumt, wieder in Dubulti zu wohnen, aber das war ihr untersagt. Auch die größeren Städte waren für »diese Verbannten« tabu. So musste sie sich mit Tukums begnügen, wo auch mehrere andere ehemalige Sibirier Zuflucht gefunden hatten. Emilija tröstete ihre Tochter, dass es so besser sei, denn es wäre zu traurig, in Dubulti zu wohnen. Jede Ecke würde sie an irgendetwas erinnern.

Zum ersten Mal in ihrem Leben bekam Ligita für ihre Arbeit ein Gehalt. Anfangs erschienen Emilija die 270 Rubel, die ihre

Tochter verdiente, als riesige Summe.[180] Sie lebte in einer Welt, in der das Geld eine ganz andere Wertigkeit besaß. In Sibirien war jeder an die Naturalienwirtschaft gewöhnt und schlug sich durch, wie er eben konnte. In Togur wurde den Menschen monate-, zum Teil sogar jahrelang kein Gehalt ausgezahlt. An Stelle des Lohns erhielt jeder Arbeitnehmer, der auf der Gehaltsliste stand, täglich 800 Gramm Brot sowie weitere 300 Gramm für jedes Familienmitglied, für das er unterhaltspflichtig war.[181]

Für Emilija war niemand unterhaltspflichtig, und so war sie gezwungen, für sich selber zu sorgen. Irgendwie musste sie monatlich 20 Rubel aufbringen, um ihren Schlafplatz zu bezahlen. Mit dem Sammeln von zwei oder drei Einmachgläsern Beeren war sie einen ganzen Vormittag lang beschäftigt. Obwohl ein Glas Beeren nur einen Rubel kostete, gab es kaum jemanden, der etwas kaufte. Zudem durfte man sich beim Verkaufen nicht von der Miliz erwischen lassen, die sofort drohte, einen als »Spekulanten« ins Gefängnis zu stecken. Für sechs Pfund Pilze, die sie bei der Pilzsammelstelle abgab, erhielt Emilija ein Pfund Brot sowie 57 Kopeken. Für ein Paar Fäustlinge, die Emilija aus Wolle strickte, die sie mit den Fingern versponnen hatte, konnte man 10 Rubel bekommen. Wenn die Miete bezahlt war, war es nahezu unmöglich, noch etwas für Brot zurückzulegen. Meine Großmutter ernährte sich hauptsächlich von Kartoffeln und Salzfisch.[182]

Schon bald jedoch wurde Emilija klar, dass Ligitas Gehalt für die Verhältnisse in Lettland winzig war, und sie machte sich Sorgen, wie ihr Kind die Miete und das Brennholz für den Winter bezahlen und sich obendrein noch einkleiden sollte. Wenigstens brauchte sie sich wegen des Essens nicht zu beunruhigen, denn in der Brotfabrik konnte sich Ligita nach Herzenslust satt essen, und diese Gewissheit erfüllte Emilija mit unendlicher Freude. »Liebes Kindchen«, schrieb sie, »wenn du wüsstest, wie wohl es mir tut zu hören, dass du ausreichend Brot zu essen hast. Bei mir ist es oftmals so, dass es kein Brot gibt. Nur eine Kartoffel, und das ist auch gut.«[183]

Es war sehr bitter für Ligita, sich ihrer Ohnmacht bewusst zu sein. Nichts, rein gar nichts konnte sie für ihre Mama tun. Emilija musste allein in Sibirien dahinvegetieren, von der Gnade anderer leben und schwer arbeiten. Nur ein paar jämmerliche Rubel konnte sich Ligita vom Munde absparen und von Zeit zu Zeit ihrer Mutter schicken. Sie hätte so gern viel, viel mehr getan. Jedes Mal, wenn Emilija eine Geldanweisung erhielt, war sie stolz auf ihre Tochter. Die überwiesenen Rubel bedeuteten ihr viel mehr als nur die Möglichkeit, ein paar Laib Brot oder etwas Zucker zu kaufen. Sie waren ein öffentlicher Beweis der Liebe.

Emilija wusste auch so, dass Ligita eine gute Tochter war, aber für ihre Selbstachtung war es wichtig, dass niemand wagte auf die Idee zu kommen, sie sei verlassen und vergessen. Dennoch war meiner Großmutter schmerzlich bewusst, wie schwer es Ligita fiel, die überwiesenen 30 oder 50 Rubel zu erübrigen, und in jedem Antwortbrief schrieb sie, dass sie kein Geld mehr brauche und von allem ausreichend habe. Aber Ligita gehorchte nicht. Ein paar Mal bekam sie sogar ein Lebensmittelpäckchen zusammen, in das sie auch für ihre Freunde eine Kleinigkeit steckte. Sie hatte nichts vergessen und wusste nur allzu gut, was es hieß, dort in Togur zu überleben.

Auch das häufige Betrachten der Fotografien ihrer Tochter half Emilija, die Verbindung zu Ligita aufrechtzuerhalten. Wann immer sich ein freier Moment ergab, trat Emilija mit den Bildern ans Fenster, um sie im fahlen Licht, das von draußen hereinsickerte, eingehend zu studieren. Ihre Augen waren so schlecht, dass sie manchmal gar nicht bemerkte, dass sie die Bilder verkehrt herum hielt, aber das hinderte Emilija keineswegs daran, dasjenige zu sehen, was ihr Herz in diesem Moment zu erblicken ersehnte. Jedes Mal entdeckte sie in dem vertrauten Gesichtsausdruck ihrer Tochter neue Nuancen, die eher Emilijas eigene Seelenlage widerspiegelten oder den Eindruck, den der letzte Brief der Tochter hinterlassen hatte, als den leblosen Augenblick, den die Kamera dereinst fixiert hatte. Morgens und abends, wenn im Dunkel der Hütte nichts zu erkennen war, brauchte meine Großmutter nur ihren Blick auf das Regal zu richten, in dem die Bilder aufgestellt waren, und ohne die geringste Anstrengung stellte sie sich in konzentrierter Betrachtung wieder jedes kleinste Detail im Gesicht oder an der Kleidung der Tochter vor.

Wenn Emilija besonders traurig war, dachte sie an ein Abschiedsbild. Vor Ligitas Abreise waren sie nach Kolpaschewo gegangen, um sich zum ersten Mal nach den langen Jahren in Sibirien gemeinsam fotografieren zu lassen. Die Aufnahme war von der bitteren Stimmung der bevorstehenden Trennung erfüllt und schonungslos in ihrem Realismus – so deutlich war zu sehen, was die Deportation ihnen beiden angetan hatte. Manchmal fragte Emilija sich, ob diese alte, abgehärmte Frau mit der entstellten Nase, die ohne jede Hoffnung ins Leere blickte, tatsächlich sie selber war. Auch Ligita wirkte steif und aufgedunsen von der einseitigen Ernährung mit Kartoffeln.

Viel lieber dachte Emilija an jene Bilder, die Ligita ihr aus Lettland geschickt hatte. Sie konnte sich gar nicht genug daran erfreuen, wie schön ihr Töchterchen auf ihnen aussah. So wie es sich für ein Mädchen aus gutem Hause gehört. Voller Stolz wurden die Fotos zunächst im engsten Freundeskreis begutachtet, und jeder war eifrig bestrebt, ein gutes Wort über Ligita zu sagen, um der einsamen Frau Dreifelde eine Freude zu machen. Emilija konnte sich nicht zurückhalten und zeigte die Bilder auch den einheimischen Dorfbewohnern. Sollten sie ruhig sehen, wie sich das einstige Aschenputtel verwandelt hatte. Mit ungeheuchelter Bewunderung nickten die Dörfler und lobten: Ja, eine echte Städterin! In ihrem Wertesystem symbolisierte das ein unerreichbares, unbeschwertes und glückliches Leben.

Voller Liebe und Dankbarkeit dachte Emilija an ihre Brüder und ihre Schwester Anna, die Ligita überaus herzlich aufgenommen und trotz der Armut der Nachkriegszeit reich beschenkt hatten. Beispielsweise mit Wolle zum Stricken, und darauf verstand sich Ligita in der Tat hervorragend.

Emilija erinnerte sich, wie ihre Tochter in Petropawlowka mit dem stillschweigenden Einverständnis des örtlichen *natschalnik* eine Strick-Genossenschaft gegründet hatte. Sie studierte das komplizierte Muster einer alten Jacke und brachte es ihren Freundinnen Aina, Māra und Olita bei. Zu fünft konnten sie gemeinsam pro Tag eine Jacke stricken, für die sie drei Eimer Kartoffeln bekamen. Emilijas Finger waren zu steif, weshalb Ligita auch ihr Pensum erfüllte. Jetzt endlich konnte ihr Töchterchen etwas für sich selber stricken, und zwar aus echter Wolle statt aus aufgetrennten Baumwollstrümpfen oder Netzgarn, womit sie in Sibirien hatte vorlieb nehmen müssen.

Die Verwandten in Liepāja hatten ihr auch ein paar Meter Kleiderstoff und sogar schwarzes Wolltuch für einen Mantel sowie Geld geschenkt, das Ligita sogleich mit ihrer Mama teilte. Kurz vor der Deportation hatte Emilija ihrer Schneiderin Meterware für mehrere Kleider gebracht. Während des Krieges war der Stoff notgedrungen verkauft worden, und deshalb betrachtete die Schneiderin es als Ehrensache, die Schuld zu begleichen, und nähte für das Fräulein Dreifelde kostenlos ein paar Kleider. So kam Ligita ohne zusätzliche Ausgaben zu neuen und eleganten Kleidungsstücken. Als sie das Foto ihrer Tochter betrachtete, seufzte Emilija: »Jetzt giltst du als reiche Tochter. Jetzt hast du alles.«[184]

Ja, in jener Welt, in der Emilija hauste, stellten ein paar Kleider und ein Mantel einen gewaltigen Reichtum dar. Die vergangenen acht Jahre des Hungers und der Armut hatten sich derart in das Bewusstsein meiner Großmutter gebrannt, dass ihr das eigene frühere Leben in Wohlstand als etwas Fernes und fast Irreales erschien. Wie sollte man das Flicken von *pimi*, den Filzstiefeln, und alten Baumwollkleidern mit den dereinst so selbstverständlichen Ritualen der Weiblichkeit vergleichen – den neuen Saisonkleidern in jedem Frühling und Herbst, den Handschuhen aus feinem Leder und den hochhackigen Schuhen, dem Gang zum Friseur oder zur Maniküre? Erst nach acht Deportationsjahren sollte meine Großmutter zum ersten Mal die Möglichkeit haben, auch nur wieder einen Autobus zu benutzen!

Über die Häuser ihres Vaters schrieb Ligita nichts. Emilija erinnerte sich an das Heim der Familie so, wie sie es in der Nacht des 14. Juni verlassen hatte – ein helles Steinhaus mit schönen verglasten Veranden und weißen Vorhängen. Oft träumte sie von dem Haus. Die ganze Familie war wieder beisammen, es war einer der vielen glücklich verlebten Sommernachmittage. Behaglich sahen Emilija und Jānis zu, wie die Jungen im Garten herumtollten und krakeelten, während das kleine Ligitalein mit dem Hund spielte. Dies war einer von Emilijas glücklichen Träumen, in denen der furchtbare Schatten Sibiriens nicht zu spüren war.

Zweifellos wohnten jetzt fremde Leute in dem Haus, was sich Emilija jedoch einfach nicht vorstellen konnte. Manchmal malte sie sich aus, wie Ligita vor dem kleinen Hoftor steht und sich nicht überwinden kann, es zu öffnen. Ihr selber würde es ebenso ergehen, denn es wäre unerträglich schmerzhaft, als eine Fremde ohne jedes Recht einzutreten. Schließlich fragte Emilija ihre Tochter: »Bitte schreibe mir über das Haus. Wie sieht es aus? Ist der Gehsteig noch ganz. Wer wohnt in unserer Wohnung? Bist du in deinem Zimmer gewesen?«[185]

Ligita war bereits am zweiten Tag nach ihrer Rückkehr nach Dubulti gefahren. Schon im Zug starrte sie gebannt aus dem Fenster auf die Biegung der Lielupe[186] und wartete darauf, dass die so vertraute Ecke des Hauses auftauchen würde. Da war sie! Vor Freude machte ihr Herz einen Sprung, so wie damals in der Kindheit, als sie, die Nase an die Fensterscheibe des Zuges gepresst, ihren Eltern fröhlich zurief: »Haus! Haus!« Ligita stieg aus und stand lange vor ihrem Gymnasium unmittelbar gegenüber dem Bahnhof. Sie musste an ihre Klassenkameraden denken, die nun über die ganze Welt verstreut waren. Etwa ein Drittel hatte sich retten können und war im Westen. Auch ihre beste Freundin Marianna. Aus ihrer Klasse hatte nur Uldis Ligitas Schicksal

Das Haus der Familie in Dubulti

geteilt. Ob er noch lebte, wusste sie nicht. Ebenso wenig wusste sie, was mit den Übrigen geschehen war.

Ligita ging die Slokas iela hinauf. Es hämmerte in den Schläfen, und im Hals war ein Kloß. Gleich, jetzt gleich wird sie vor ihrem Elternhaus stehen. In ihrem Kopf drehten sich wie ein Karussell die unterschiedlichsten, unzusammenhängenden Bruchstücke von Erinnerungen, die das Unterbewusstsein mit höchster Genauigkeit und anhand ihm allein bekannter Kriterien fixiert hatte. Ligita sah sich selber als kleines Mädchen mit einem Damebrett vor der Tür des Arbeitszimmer ihres Vater stehen, das sich nicht überwinden kann einzutreten, weil es weiß, dass es das Spiel wieder einmal verlieren würde. Ein Küken. Sein kleiner Körper liegt schlaff und noch warm in ihrer Hand – sie hat es in ihrer überschwänglichen Liebe erdrückt und weint nun erschüttert. Ein Sonntagmorgen. Im Esszimmer tadelt das Dienstmädchen sie gutmütig, weil der kleine Schelm schon wieder mit einem Teelöffel die Haut von den dampfenden Kakaotassen fischt und aufisst. Mutter und Vater sind ausgegangen, und das Mädchen ergötzt sich im Schlafzimmer seiner Eltern vor dem Spiegel. Die Füße des Schlingels stecken in den hochhackigen Schuhen der Mutter, und der Mund ist mit rotem Lippenstift angepinselt. Sie fühlt sich wie eine Dame und hat keine Ahnung, wie komisch sie aussieht. Im

Laden an der Ecke hat Mama für ihre Tochter »ein Konto eröffnet«. Jeden Tag darf sie dort ein Eis essen. Besorgt denkt Ligita an die angesammelten Schulden, kann aber trotzdem ihre Gier nach Süßigkeiten nicht bremsen. Aber ihre Mama lacht nur belustigt über die paar Santīm[187]. Genau wie über alle anderen Streiche ihrer Tochter. Ja, ein von ihren Eltern verwöhntes und eigenwilliges Mädchen ist sie gewesen.

Ligita stand vor dem Tor. Schnell überflog ihr Blick den Hof. Er lag voller Gerümpel, die kleinen Schuppen waren halb verfallen, der Zaun nicht gestrichen, der Gehsteig schadhaft. Durch das Küchenfenster war eine schrille Frauenstimme zu hören, die auf Russisch irgendetwas schrie. Ligita verschlug es den Atem. Auf einen solchen Schock war sie nicht gefasst gewesen. Also haben Russen ihr Haus bekommen! Die Einwanderer! Diejenigen, die ihnen alles fortgenommen hatten! Gut, dass Mutter und Vater das nicht sehen.

Ligita machte auf dem Absatz kehrt und stürzte davon. Dann blieb sie stehen und ging zurück. Das ist das Haus der Dreifelds, das ihr Vater für seine Familie gebaut hat, und sie hatte das Recht, dort hineinzugehen. Entschlossen klopfte Ligita an die Haustür. Niemand kam, um zu öffnen. Zögernd drückte sie die Klinke hinab. Die Tür war unverschlossen. Ein säuerlicher Gestank schlug ihr entgegen, ein Gemisch aus Toilettengerüchen, den Ausdünstungen verdorbener Lebensmittel und Naphthalin. Es war übelkeiterregend. Früher hatte es im ganzen Haus nach getrockneten Apfelsinenschalen und Minze geduftet. Ligita öffnete die Küchentür. Das weiße Büfett mit seinen grünen Scheiben stand noch an seinem Platz. Am Herd machte sich eine unbekannte Frau zu schaffen und sah die Eintretende fragend an. Ligita hatte die Geistesgegenwart, nach dem Nachbarhaus zu fragen, und gab vor, eine Fremde zu sein, die sich nicht auskannte. Sie wird doch nicht erzählen, dass sie die Tochter des einstigen Eigentümers ist, die sehen will, was die Fremdlinge mit dem Haus angerichtet hatten.

Als sie wieder draußen war, ging Ligita lange am Strand auf und ab. Sie wollte ihrer Mama diesen Schlag ersparen und schrieb in einigen kurzen, sachlichen Sätzen, wie das Haus nach achtjähriger Abwesenheit aussah. Emilija ahnte, dass ihre Tochter sie schonen wollte, und berührte dieses schmerzliche Thema niemals wieder in ihren Briefen. Auch dass ihr Landhaus »Upītes« während des Krieges abgebrannt war, hielt Ligita vor ihrer Mama geheim.

Der Zufall wollte es, dass Arnolds' Schwägerin Irēne vom Exekutivkomitee Wohnfläche im Dreifelds'schen Haus zugewiesen wurde. Nun hatte Ligita einen Anlass, ihr Elternhaus so oft zu betreten, wie ihr Herz die damit verbundenen Qualen auszuhalten vermochte. Irēne wohnte im Obergeschoss in den ehemaligen Zimmern der »Jungs«, wie meine Mama ihre Brüder stets genannt hat und auch weiterhin nennt. Immer, wenn Ligita dort war, beschwor ihre Vorstellungskraft die Geräusche und Klänge der Vergangenheit herauf, bis es ihr so vorkam, dass tatsächlich die Stimmen ihrer Brüder zu hören waren. So selbstquälerisch es auch war, trugen ihre Beine meine Mama doch wieder und wieder dorthin, denn sie brauchte den Kontakt zu ihrer Kindheit. Dort fühlte sie sich den Ihren für einen Augenblick näher.

Nachdem den Überlebenden unserer Familie – meiner Großmama Milda, meinem Vater, meiner Mutter und mir – 1957 die Rückkehr aus Sibirien nach Lettland gestattet worden war, bin auch ich oftmals in Großvaters Haus gewesen, denn Irēne wohnte noch immer dort. Damals begriff ich nicht, was es für meine Mama bedeuten musste zu sehen, wie grob und achtlos die Einwanderer mit dem Haus umgingen, ohne etwas über das grausame Schicksal seiner vormaligen Bewohner zu wissen. Sogar das alte Küchenbüfett harrte noch an seinem Platz aus. Es hatte seine farbigen Scheiben eingebüßt und war in einem abscheulichen Grün angestrichen.

Mein Vater konnte nicht mit ansehen, wie nach jedem Besuch mehrere Tage vergehen mussten, bis Mama sich von dem Erlebten erholt hatte, und bat sie, nicht mehr dorthin zu fahren. Nach einer Weile jedoch pflegte der Schmerz nachzulassen, und Mama nahm mich bei der Hand, um abermals zu Irēne zu fahren. Für mich war es langweilig, denn ich wollte mit den Kindern auf dem Hof spielen, was mir Mama jedoch strengstens verbot. Ich wurde bockig. Ich konnte schließlich nicht ahnen, wie unerträglich es für meine Mama gewesen wäre, ihre Tochter in dem elenden Hof zu sehen, wo nichts von der Welt ihrer Kindheit übrig war. Oft hat Mama meinem Vater gegenüber entrüstet wiederholt: Es ist das Haus meines Vaters, und ich habe nicht einmal das Recht auf ein Zimmer darin![188]

Das war besonders ungerecht, weil wir zu viert in einem Durchgangszimmer als Untermieter wohnten, wo wir uns mit Hilfe eines Schranks und eines Vorhangs vor den neugierigen Blicken der Vermieterin schützen mussten. Für unsere Familie bestand keinerlei Hoffnung, eine Wohnung zu bekommen, denn laut sowjetischem Standard verfügten wir über ausreichend »Wohnfläche pro Person«[189], sodass meine Eltern nicht in die Liste der Wohnungsanwärter aufgenommen wurden.

Sie gaben nicht auf und beschlossen, Geld für die Wohnung einer Baukooperative zu sparen, deren Anzahlung für jene Zeiten astronomisch hoch war – 1760 Rubel![190] Die restliche Summe von 4600 Rubel musste innerhalb von 16 Jahren abbezahlt werden. Mein Vater begann, gleichzeitig an mehreren Arbeitsstellen zu arbeiten, und im Januar 1966, neun Jahre nach der Rückkehr aus Sibirien, sollte sich endlich der glühendste Wunsch meiner Mama erfüllen: Sie hielt den Schlüssel zu ihrer eigenen Wohnung in der Hand.

Großvaters Haus wurde 1971 abgerissen. An seiner Stelle entstand einer der grauen und einförmigen Plattenbauten, mit denen während der Sowjetzeit ganz Lettland besudelt wurde.

Wie ein endloser Refrain wiederholte sich in Emilijas sämtlichen Briefen die Sehnsucht nach der Tochter – ihrem Liebling, Küken, Kindchen, Töchterchen. Es war unsäglich schwer für Ligita zu lesen, wie hart ihre Mama arbeiten musste, aber noch schwerer war es zu wissen, wie unglücklich sie war: »In Gedanken bin ich jeden Tag bei dir. Besonders morgens, wenn ich in der Küche sitze und Kartoffeln putze. Dann schläfst du noch.[191] Dann bin ich schon bei dir. Ohne dass du es merkst, streichle ich dein lockiges Köpfchen. Es ist schon ein langes Jahr vergangen, seit ich dich nicht mehr sehe und deine Stimme nicht mehr höre. Und es gibt niemanden, der mich Mamilein nennt. Jetzt werde ich Emilija Iwanowna genannt.«[192] Aus diesem »Emilija Iwanowna« klang unendlich viel Bitterkeit und Hoffnungslosigkeit heraus. Ligita wusste, wie überaus zuwider Emilija dieses Iwanowna, Petrowna oder Viktorowna war, das die ortsansässigen Sibirier sogleich an die lettischen Vornamen hängten. Gut, dass Emilija nicht wusste, dass man ihre Tochter jetzt auch in Lettland mit Ligita Janowna anzureden pflegte.

Weshalb wurde ihrer Mama nicht erlaubt, nach Lettland zurückzukehren? Sofort nach ihrer Ankunft hatte Ligita alle notwendigen Dokumente im Innenministerium eingereicht, um ihre Mama zu sich einzuladen, sie erhielt jedoch keine Antwort, und die Qual des sinnlosen Getrenntseins setzte sich fort. Jeder nächste Brief brachte eine andere Szene von Erinnerungen und Sehnsüchten, die lebendig in Ligitas eigener Seelenpein widerhallte: »Guten Morgen, mein Liebling. Noch schlafen alle und du schläfst ja auch. Es ist erst sieben Uhr, aber ich bin schon um fünf aufgestanden. Ich wollte zu dir gehen. Bis ich da bin, ist es Zeit für dich aufzustehen. Wie möchte ich dich wecken und sagen: ›Aufstehen, Ligitalein, das Frühstück ist fertig.‹ Aber Ligitalein mag noch nicht. Kaum zu glauben, ob es noch jemals so wird sein können.«[193] Ach, noch ein einziges Mal Mamas leise Schritte und die sanfte Berührung ihrer Hand erleben!

Emilija war wegen des unreifen Charakters ihrer Tochter – der doch gar nicht anders sein konnte, denn die acht in Sibirien durchlittenen Jahre waren völlig abnorm – in ständiger Sorge um Ligita. Es war ein brutaler Schnitt gewesen, als das bisherige Lebensmodell und Wertesystem jede Bedeutung verlor und die gesamte Kraft der Persönlichkeit vom physischen Überleben in Anspruch genommen wurde, wobei fast keinerlei Ressourcen für deren Entwicklung und geistige Reifung übrig blieben. Es war für jeden ein traumatischer Schock, aber besonders schwer traf dieser Schnitt die Kinder und Jugendlichen, deren zarte und unbekümmerte Welt der Kindheit an einem einzigen Tag endete und an ihrer Stelle Leid, Hunger und Tod zum Alltag wurden. Dieses Trauma ist das größte Übel, das ihnen durch die Deportationen angetan wurde, indem es unauslöschliche und verstümmelnde Spuren in ihren noch unreifen Persönlichkeiten hinterließ. In den Tiefen des Unterbewusstseins verborgen trägt jeder diesen Schock auf die eine oder andere Art durch sein ganzes Leben. Man kann ihn vergessen wollen, aber das ist nicht möglich.

Emilija war sich bewusst, dass Ligitas bisheriger Überlebenskampf sie keineswegs auf das Erwachsenenleben vorbereitet hatte. Ihrer Tochter fehlte gänzlich jene emotionale Erfahrung, die jedes Mädchen unter normalen Umständen macht, indem es die ungeschriebenen Gesetze der Gesellschaft nach und nach verinnerlicht und geistig zur Frau heranreift. Dies war Ligita durch Sibirien geraubt worden, und sie kehrte mit dem Aussehen einer 21-jährigen Frau, aber mit dem Verständnis einer Halbwüchsigen über die Zusammenhänge der Beziehungen zwischen Mensch und Welt nach Lettland zurück. Zwar hatte Ligita ihre erste Liebe hinter sich, aber auch die war unter abnormen Umständen erblüht – und aufgrund von deren Unüberwindbarkeit unausgelebt geblieben.

Emilija begriff das Bedürfnis ihrer Tochter nach Frohsinn nur zu gut, da dem Kind so lange jede Freude verwehrt war – aber der Übermut, mit dem Ligita sich daranmachte, ihre gestohlene Jugend zu kompensieren, war beunruhigend. Ihr kam überhaupt nicht in den Sinn, auf die flehenden Ermahnungen ihrer Mutter zu hören, sich zu schonen, warm anzuziehen und ordentlich auszuschlafen. In Ligita brodelte die Lebenslust. Sie war dem

Gefängnis entronnen und lebte wieder in dem Traumland Lettland, wo nichts Schlimmes geschehen konnte. Ligita wähnte sich ringsum nur von guten und anständigen Menschen umgeben, die ihr mit derselben Offenheit und Direktheit begegneten wie sie ihnen.

Gewissenhaft absolvierte sie ihren langweiligen Arbeitstag im Büro, denn dies war eine unumgängliche Notwendigkeit, das wahre Leben jedoch begann nach Feierabend und am Sonntag. Samstag- und Sonntagabends gab es irgendwo in der Gegend immer ein Tanzvergnügen, zu dem sich Ligita mit ein paar Freundinnen aufmachte. Unermüdlich tanzte sie bis in den Morgen. Ebenso leidenschaftlich wie zur Gymnasialzeit schäkerte sie und verabredete gelegentlich kokett ein Rendezvous, zu dem sie dann eine ihrer Freundinnen schickte, anstatt selber zu gehen. Daran war nichts Verwerfliches, aber es war kindlich-naiv, und genau dies schien Emilija gefährlich zu sein.

Den offenherzigen Briefen ihrer Tochter entnahm sie, dass Ligitas Leben praktisch dort anknüpfte, wo es unterbrochen worden war, als hätte es den schwarzen Einschnitt Sibiriens nie gegeben. Mit dem Enthusiasmus einer 15-jährigen Gymnasiastin fuhr sie fort zu necken und zu spielen, ohne sich klar zu machen, dass sie mit ihrer Handlungsweise täuschte, irritierte und provozierte – oder sogar grausam und gehässig war. Das waren nicht mehr die schüchternen Knaben vom Gymnasium in Dubulti, die man an der Nase herumführen konnte, sondern erwachsene Männer, die ihrerseits in Ligita eine junge, verführerische Frau sahen, ohne zu ahnen, dass sich hinter der äußeren Gestalt ein unerfahrenes Mädchen verbarg.

Man hätte sich leicht vorstellen können, dass das in Sibirien Erlebte sie anders, andersartig als die anderen gemacht und für ihr ganzes Leben gezeichnet hat, aber wenn man die lachende, überschäumende Ligita betrachtete, vergaß man den furchtbaren Schatten, der auf ihr lag. Selber sprach sie niemals von Sibirien. Daran dachte sie, wenn sie alleine war oder die Briefe ihrer Mutter las, aber nach einem Augenblick des Kummers kam ein neuer Morgen, die Welt erstrahlte wieder, und die Jagd nach Freude ging weiter.

Emilija konnte ihrem Kind auf keinerlei Weise helfen, sich den Verlockungen der Welt zu widersetzen. Es war ihr verwehrt, bei ihrer Tochter zu sein und die schützende Hand über sie zu halten. Ihre Schwester Anna lebte in Liepāja, und der einzige erfahrene Mensch in Ligitas Umfeld war Frau Emersons, der sie oft ihr Herz ausschüttete. Dennoch konnte niemand, rein niemand die Mutter ersetzen, die Ligita so sehr fehlte. Emilija versuchte, über ihre Sorgen und Befürchtungen zu schreiben, konnte sie jedoch in ein paar wenigen Sätzen nicht zum Ausdruck bringen.

Wie sehr sie über den Lebenswandel ihrer Tochter besorgt war, bezeugt die Überwindung, ihr einige strengere Worte zu schreiben, was meiner sanftmütigen Großmutter schwer fiel. Strenge, Tadeln oder Härte gehörten nicht zum Repertoire ihrer Erziehungsmethode. Trotzdem predigte sie ihrer Tochter voller Besorgnis: »Wann kommst du zur Vernunft? Du kannst dich nicht beherrschen und liebst es, andere an der Nase herumzuführen. Fändest du es angenehm, wenn jemand anders das mit dir machen würde. Ein jeder war einmal jung und hat sich vergnügt. Auch ich. (…) Mein liebes Töchterchen, du wirst sicher böse auf mich sein. Sei's drum, aber ich meine es nicht böse. Es kommt von einer großen Liebe. Du bist die Einzige auf der Welt, für die mein Herz schlägt.«[194]

Wie ein Blitz aus heiterem Himmel kam die Nachricht, dass Ligita verlobt ist. Es war dasjenige geschehen, was Emilija am meisten befürchtet hatte. Ihre für das Eheleben vollkommen unreife Tochter hatte sich in den Kopf gesetzt zu heiraten. Ungeachtet der ausgelassenen Freizeitgestaltung der jungen Leute – der Freundinnen, Tanzabende und der Aufmerksamkeit seitens der Männer – fühlte sich Ligita sehr einsam. Jenes allumfassende Gefühl der Sicherheit, das ihre Mutter ihr während der schweren Prüfungen Sibiriens so verschwenderisch hatte angedeihen lassen, fehlte ihr unsäglich. Ligita war es müde, allein zu sein. Dies war der wesentliche Grund, weshalb sie der Verlockung erlag zu heiraten.

Sie machte ihrer Mama gegenüber keinen Hehl daraus, dass sie sich nicht sicher war, ob sie ihren Bräutigam liebte, aber sie war es leid, sich allabendlich in ihre ungeheizte Ecke zu verkriechen, jede Kopeke zweimal umzudrehen, um über die Runden zu kommen, und nicht zu wissen, was der nächste Tag bringen würde. Er versprach, sie zu beschützen, und Schutz war es, was Ligita brauchte. Als sie seinen Heiratsantrag annahm, versuchte sie, den Gedanken zu vermeiden, dass eine Ehe mehr ist als gemeinsame Spaziergänge und ein paar Küsse.

Emilija war höchst beunruhigt über die unbedachte Entscheidung ihrer Tochter. Seit ihrer eigenen Hochzeit hatte sich die Welt verändert, und Emilija würde ihrem Kind gerne jene Angst und Ungewissheit ersparen, an die sie sich aus den Anfängen ihrer Ehe erinnerte. Obgleich sie Ligitas trotzigen Charakter kannte, versuchte Emilija dennoch, ihre Tochter behutsam zu beeinflussen.

Es ist kaum anzunehmen, dass die schüchternen Einwendungen meiner Großmutter etwas bewirkt hätten, wenn die merkwürdigen Heiratspläne nicht von einer abermaligen Wendung des Schicksals zunichte gemacht worden wären. Zu diesem Zeitpunkt konnten weder Emilija noch Ligita wissen, dass im Komitee für Staatssicherheit bereits die Instruktionen für eine neuerliche Repressionswelle ausgearbeitet wurden, die auch Ligita betreffen sollte.

Emilijas Herz hungerte nach Liebe und menschlicher Zuwendung, die sie bei jenen Menschen suchte, die ihre Tochter gut kannten und mochten. Dem Verbot der Kommandantur zum Trotz stahl sie sich gelegentlich nach Kolpaschewo, um Ainas kleinen Sohn Andris zu hüten. Indem sie den Jungen an sich drückte, gab sie sich der Illusion hin, dies wäre ihr Enkelsohn Andris, den sie noch nie gesehen hatte. Am wohlsten jedoch fühlte sie sich, wenn sie mit Māra zusammen war, Ligitas anderer Freundin, die in Togur lebte und Emilija häufig besuchte. Dann lasen sie wieder und wieder Ligitas Briefe, beschworen die Erinnerungen an freudige wie traurige Erlebnisse herauf und träumten von der erwarteten Rückkehr nach Hause.

Einen Teil ihrer überströmenden Liebe gab meine Großmutter Māra, deren Mutter im ersten Deportationsjahr gestorben war und die Emilijas Herzlichkeit dankbar annahm, half sie ihr doch, über den unersetzbaren Verlust hinwegzukommen. Dies waren Momente menschlicher Nähe, die sie beide wärmten und Emilija ihre Einsamkeit und Trennung von der Tochter für einen Augenblick vergessen ließen. Aber irgendwann musste Māra nach Hause gehen, und mit neuerlichem Schmerz spürte meine Großmutter, wie illusorisch sämtliche Versuche waren, ihre Sehnsucht zu lindern.

Es war quälend. Was immer sie tat, wohin sie auch ging, diese Sehnsucht wich nie von ihrer Seite. Manchmal erfasste sie Emilija wie eine jähe Welle physischen Schmerzes – das Herz flimmerte und die Knie wurden ihr weich. Sie wimmerte mit zusammengebissenen Zähnen, doch die Verzweiflung, die in ihrem Leib und ihrer Seele wütete, ließ nicht nach. Allein die Tränen, dieses Sicherheitsventil der fühlenden Seele, verschafften für einen Augenblick Erleichterung. Ausgehöhlt und apathisch wandte sie sich dann ihrem harten Alltag zu, bis der Schmerz sich wieder ansammelte und abermals ausgeweint werden musste.

Die Letten von Togur bemitleideten Frau Dreifelde, und sie versuchten auf allerlei Weise, ihr eine Freude zu machen und sie abzulenken. Ohne ihre Unterstützung wäre das Leben meiner Großmutter noch bedauernswerter gewesen.

Wissend, dass sie alt und schutzlos war, verjagte ihre Wirtin sie im Herbst von ihrem Schlafplatz und nahm jemanden in Dienst, der jünger und kräftiger war. Das traf Emilija unerwartet und hart, denn kurz vor Anbruch des Winters Obdach und eine neue Stelle als Magd in dem armen Dorf zu finden, war praktisch unmöglich. So stand meine Großmutter in Dunkelheit und Regen verzweifelt neben dem Häuflein, das ihre Habe darstellte, und wusste nicht, wohin.

Die Dörfler würden ihr nicht helfen, und die Letten hausten selber alle beengt zur Untermiete in irgendwelchen Winkeln. Wie könnte sie ihnen noch eine zusätzliche Last aufbürden? Hätte es Ligita nicht gegeben, wäre Emilija an jenem Abend draußen geblieben, geschehe da, was geschehen wolle. Vielleicht würden diese sinnlosen und unverdienten Qualen und Erniedrigungen dann endlich ein Ende haben. Aber ihr Töchterchen war in Lettland, und bald würde sie zu ihm fahren.

Emilija schluckte ihre Verzweiflung hinunter und klopfte bei Freunden an die Tür, die sie voller Mitleid aufforderten, bei ihnen zu bleiben, ihr heißen Tee einflößten und eine Lagerstatt bereiteten. Emilija empfand Dankbarkeit für Rettung und Obdach, war sich jedoch bewusst, dass sie weder für die verspeisten Bissen noch für das Dach über dem Kopf eine Entschädigung bieten konnte, denn ihr einziger Reichtum waren die im Herbst erarbeiteten 18 Eimer Kartoffeln, die nicht ausreichten, um bis zum nächsten Frühjahr zu überleben. Sie bereitete eifrig die Mahlzeiten zu, wusch Wäsche und holte Wasser vom Brunnen, doch diese Hausarbeiten konnte auch jeder selber erledigen. Es war sehr bedrückend, von der Gnade anderer zu leben, denn es gelang ihr nicht, Arbeit zu finden.

Erst gegen das Frühjahr nahm eine ortsansässige Lehrerin Emilija zur Magd. Um die so lange gesuchte Stelle nicht zu verlieren, arbeitete meine Großmutter von sechs Uhr morgens bis elf Uhr abends. Sie melkte die Kuh, schabte mit einem Messer den unbehandelten Dielenfußboden ab, wusch die Wäsche von fünf Personen, beaufsichtigte zwei Kinder, kochte das Essen, hielt das Haus sauber und ertrug die Tyrannei der Mutter ihrer Wirtin. Dafür erhielt sie eine Ecke in der Küche als Schlafplatz, 50 Rubel Monatsgehalt, pro Jahr einen Satz abgetragene Kleidungsstücke und täglich eine bescheidene Portion für den Magen.

Ein Tag verging wie der andere, und allmählich schwand Emilijas Hoffnung, bald bei ihrer Tochter in Lettland zu sein. Im ersten Sommer nach Ligitas Rückkehr hatte Emilija auf der Kommandantur eine Bittschrift eingereicht, man möge ihr zwecks Familienzusammenführung gestatten, zu ihrer Tochter zu ziehen, die als Einzige für ihren Unterhalt aufkommen könne. Emilija hat nie eine Antwort auf ihren Antrag erhalten. Die Zeit verstrich, und sie ergab sich der Hoffnungslosigkeit und Niedergeschlagenheit, was auch in ihren Briefen zum Ausdruck kommt: »Selber bin ich hier, aber mein Herz ist bei dir, mein Liebling. Bald ist ein Jahr um, aber meine Sehnsucht wird immer größer nach dir.«[195]

In ihrem Gram schien es Emilija manchmal, dass alle – ihre Schwester, die Brüder und sogar die Tochter – sie vergessen haben, doch dann traf wieder ein Brief von Ligita ein, und die Welt bekam ein wenig von dem verblassenden Hoffnungsschimmer zurück, der von Mal zu Mal schneller erlosch und der Schwermut wich. In Gedanken war Emilija sogar eifersüchtig auf Frau Emersons, die das unverdiente Glück hatte, Ligita in Freud und Leid zuhören zu dürfen, während sie selber so grausam von ihrem Kind getrennt war.

Nach einer schweren Fiebererkrankung schrieb sie Ligita: »Ach, liebes Kind, wie schlimm, dass keine liebevolle Hand da ist, wenn man selber nicht mehr kann. Mir war alles in der Welt ganz einerlei. Nur du nicht, wie du weinen würdest. Ich lag krank darnieder, und in meinen Fieberträumen sah ich nur immer dich.«[196] Um ihre Mama aufzumuntern, versprach Ligita, sie im nächsten Frühling zu besuchen, aber Emilija wandte ein: »Das will ich nicht. Noch einmal könnte ich mich nicht von dir trennen. Dann hole mich ganz ab.«[197]

Die ersten Anzeichen, dass die Überwachung der administrativ umgesiedelten Personen verschärft wird, machten sich im Sommer 1948 bemerkbar. Einem von Emilijas Briefen entnehme ich, laut Bestimmungen der Kommandantur dürfe man nicht mehr ohne Erlaubnis in die nahe gelegene Stadt Kolpaschewo gehen. Um der Landflucht entgegenzuwirken, wurden ab Juli jenen Einheimischen, die nach dem Krieg Pässe erhalten hatten, diese wieder abgenommen.[198] Im März 1949 mussten die Sondersiedler ein Papier unterschreiben, dass für das eigenmächtige Verlassen des Ansiedlungsortes eine bis zu zweijährige Gefängnisstrafe drohe.[199]

Emilija wagte nicht, Ligita offen von der großen Erschütterung zu schreiben, die sie und die anderen nach Sibirien Verbannten erfasste, als im Mai 1949 Viehwaggons mit Tausenden von Deportierten aus Lettland eintrafen. In den Briefen finden sich lediglich verschleierte Hinweise wie »die Gäste haben viele Todesfälle. Besonders Kinder und alte Menschen«[200] oder »Tante Gerücht erzählt viel davon, dass viele von denen, die zu Besuch gekommen sind, auf halbem Weg geblieben sind. Besonders Junge und Alte haben das Ziel nicht erreicht«.[201] Ligita verstand sofort die rätselhafte Ausdrucksweise ihrer Mama, die ihr ihren eigenen von furchtbarer Ungewissheit und Qualen erfüllten Weg nach Sibirien lebendig ins Gedächtnis rief.

Eigenartig, aber die Massendeportation vom 25. März 1949 flößte Ligita keine Angst ein, denn sie fühlte sich nicht bedroht. Sie konnte ein Freilassungspapier vorweisen. Außerdem war meine Mama noch immer naiv genug zu glauben, dass es sich bei ihrer ersten Deportation um ein übles Missverständnis gehandelt hatte, das nun geklärt war und sich kein zweites Mal wiederholen könne. Emilija hingegen gab sich nicht solchen Illusionen hin, denn was die neueingetroffenen Deportierten erzählten, stimmte allzu sehr mit dem überein, was sie selber erlebt hatte. Sie waren genauso wie Familie Dreifelds nachts aus ihren Häusern gerissen, in Viehwaggons gesperrt und ohne jede Erklärung wochenlang zu einem unbekannten Ziel transportiert worden. Demnach war auch ihre geliebte Tochter nicht in Sicherheit, sie konnte jeden Moment festgenommen und wieder zurückgeschickt werden.

Emilija sollte übrigens nie erfahren, dass unter den am 25. März Deportierten ihr künftiger Schwiegersohn war, der keineswegs in

Lettland lebte, wie Ligita in ihren Briefen schrieb, sondern vielmehr etwa 100 Kilometer von Togur entfernt im Straßendorf Sochta jenseits des Ob, wohin meine Großmama Milda und mein Vater Aivars umgesiedelt worden waren.

Im September schrieb Ligita, ihr sei in der Eisenbahn die Handtasche mit sämtlichen Papieren gestohlen worden. Emilijas Herz schnürte sich vor Angst zusammen, denn der Verlust des Passes war ein schweres Vergehen, das den Verbleib ihrer Tochter in Lettland gefährden konnte. Seit diesem Zwischenfall wurde Emilija von schlimmen Vorahnungen heimgesucht. Im Dezember machten Gerüchte die Runde, dass mehrere von denjenigen, die gleich Ligita nach Lettland hatten heimkehren dürfen, etappenweise durch mehrere Gefängnisse wieder nach Sibirien gebracht worden waren.

Im Januar erfuhr Emilija, Hortenze Strazdiņa sei zurück in Kolpaschewo. Ihre Etappe im Gefängnis von Tomsk begann nach Ende der Flussschifffahrtssaison. Da es jedoch nicht genug Platz gab, um die Häftlinge unterzubringen, beschloss die Gefängnisverwaltung, sie zu Fuß zu den jeweiligen Haft- oder Umsiedlungsorten zu treiben. Hortenze wurde gezwungen, die mehreren Hundert Kilometer, die Tomsk von Kolpaschewo trennen, ohne angemessenes Schuhwerk bei Schnee und Frost in einer bewachten Häftlingskolonne zurückzulegen. Emilija sah die gemarterte Hortenze an, lauschte ihrer Schreckensgeschichte und dachte mit angsterstarrtem Herzen: Wenn nun auch Ligita?!

Die Unglücksbotschaft erreichte Emilija am 15. Januar 1950. Ligita bat sie, ihr nicht mehr zu schreiben, denn sie würde bald den Wohnort wechseln oder sogar zu ihr kommen. Emilija wurde schwarz vor Augen. Es war geschehen! Nun wird ihr Kind, ihre Tochter, wie eine Verbrecherin zu Fuß durch den sibirischen Schnee getrieben, zurück zu den Orten des Leids. Ohne warme Kleidung und Schuhe. Wie soll sie das aushalten? Wie soll sie nicht erfrieren?

Die Verzweiflung der Frau Dreifelde war so bodenlos, so unermesslich, dass die befreundeten Verbannten um ihren Verstand zu fürchten begannen. Jedem, der sie beruhigen wollte, wiederholte sie fieberhaft: »Sie hat doch nichts am Leib und an den Füßen. Es ist so kalt. Wo mag jetzt mein Kindchen sein.«[202] Die beruhigenden Worte erreichten Emilijas Bewusstsein nicht wirklich, denn vor ihren Augen geisterte die ganze Zeit eine grausige Vision – die zusammengekauerte Gestalt ihrer Tochter inmitten einer unendlichen Schneelandschaft. Wie besinnungslos verrichtete sie weiterhin ihre Arbeit als Dienstmagd – Bodenschrubben, Essenkochen, Viehfüttern. Am 4. Februar, einem Samstag, nahm Emilija gegen zehn Uhr abends den Melkeimer und ging in den Stall. Dort fand ihre Wirtin sie einige Stunden später leblos vor.

Meine Großmutter Emilija starb allein. In einem dumpfen Stall, den Kopf an der ausgezehrten Flanke einer Kuh. Langsam ließ die Hand das warme Euter fahren. Die Kuh wandte verwundert den Kopf zur Seite und muhte verdrossen. Dann fuhr sie gleichgültig fort wiederzukäuen. Scharf wie ein Messer stach der Schmerz ins Herz. Der Körper schwankte, und mit weit aufgerissenen Augen fiel Emilija in die Einstreu. Draußen tobte ein Schneesturm. Emilija hörte ihn nicht. Es tat nicht mehr weh.

Mit der Kraft ihres verlöschenden Bewusstseins eilte sie zum letzten Mal ihrem Kind zu Hilfe. Emilija musste sich davon überzeugen, ob ihre Tochter nicht barfuß durch Schnee und Frost gehetzt wird. Mit Lichtgeschwindigkeit überwand ihre Seele jene Hunderte von Kilometern, die zwischen dem Stall in Togur und dem Gefängnis von Tomsk lagen. Unterwegs durchsuchte Emilijas Geist jeden Busch und Hügel, jeden Pfad und Weg. Für den unendlich winzigen Bruchteil einer Sekunde verharrte sie bei jeder Zwangsarbeiterkolonne und sah jedem Häftling in das vermummte, gequälte Gesicht. Ligita war nicht dabei! Nun wusste Emilija, dass diese Prüfung ihrem Kind, ihrer Tochter erspart geblieben war. Nachdem sie erleichtert und dankbar aufgeseufzt hatte, vertraute Ilze Emilija Dreifelde Gott ihre Seele an.

Am nächsten Tag richteten die Letten von Togur ein würdiges Begräbnis für meine Großmutter aus. Sie war mit einem speziell für diesen feierlichen Augenblick genähten Kleid angetan, das Frau Dzenis besorgt hatte. Sie hatte auch die Idee gehabt, den Dorffotografen zu bestellen, um Emilija zu fotografieren, damit Ligita, wenn sie kommen wird, eine Erinnerung an ihre Mutter hat. Emilija sah schön aus in ihrem Sarg. Befreit.

Der Sarg wurde mit einem Pferdeschlitten auf den nahe gelegenen Friedhof gebracht, der etwa anderthalb Kilometer außerhalb des Dorfes lag. Die Abschiedszeremonie war schlicht und herzlich – jemand hielt eine kurze Ansprache, dann wurden einige lettische Lieder gesungen. Wie es sich gehört, gedachten die Trauergäste der Verblichenen nach der Bestattung bei einem bescheidenen Leichenschmaus.

Ich erinnere mich noch an das Grab meiner Großmutter, denn meine Mama besuchte es oft mit mir, als ich noch klein war. Zum letzten Mal war ich im Frühling 1957 dort. Der Schnee war schon geschmolzen, und der Wind zerrte an den kümmerlichen Grashalmen auf dem unscheinbaren Grabhügel. Meine Mama war auf die Knie gesunken und weinte, und sie tat mir unsäglich Leid. Es war unser Abschied von Oma Emilija, denn einige Tage später sollte unsere Familie endlich heimkehren. Nach Lettland.

»Familienangehörige eines Banditen«

Um den 20. März 1949 begannen sich Gerüchte in Lettland zu verbreiten, dass etwas Furchtbares vorbereitet würde, etwas dem 14. Juni 1941 Vergleichbares. Eisenbahner wussten zu berichten, dass auf den Güterbahnhöfen wieder Viehwaggons »eingerichtet« und zu Zügen zusammengekoppelt wurden. Seit der Verhaftung und Verurteilung meines Großvaters Aleksandrs waren drei Jahre vergangen, aber noch immer spürte Großmama Milda so etwas wie eine kalte Hand in der Magengrube, wenn sie Berichte über verschwundene Menschen und Verhaftungen hörte.[203] Bisher waren sie in Ruhe gelassen worden. Nach der Verhaftung ihres Mannes war ihre Wohnung mehrmals durchsucht und Milda einige Male vernommen worden, doch danach hatte sich keines der »Organe« für ihre Familie interessiert.

Um ihr Wohl besorgte Bekannte rieten Milda, sich von Aleksandrs scheiden zu lassen, denn so würde sie die Kinder und sich selber vor drohenden Repressionen schützen. Auch Großmamas Mutter Matilde versuchte ihre Tochter zu überreden, denn eine Scheidung würde unterstreichen, dass sie mit dem »Banditen und Feind der Sowjetmacht« nichts gemein hatte. Aber Milda sah sich zu solcher Handlungsweise nicht imstande. Aleksandrs hatte ihr zwar so viel angetan, dass sie den Gedanken an die Scheidung nicht nur einmal erwogen hatte, es hatte während der Kriegswirren lediglich nie Zeit gegeben, sich damit zu beschäftigen. Jetzt jedoch, da ihr Mann ins Unglück gestürzt war, betrachtete Milda ein solches Vorgehen als Verrat, selbst im Hinblick darauf, dass sie ihre Sicherheit und diejenige der Kinder aufs Spiel setzte.

Als sich die Gerüchte einer bevorstehenden Deportation verdichteten, beschloss Milda, ihren jüngeren Sohn Arnis am Morgen des 25. März zu ihrer Mutter zu schicken. Aivars musste arbeiten, deshalb teilte meine Großmama ihm nichts von ihren Befürchtungen mit. Wenn sich die Gerüchte nun als unbegründet erwiesen, könnten ihrem Sohn für das unbegründete Fernbleiben von seiner Arbeitsstelle große Unannehmlichkeiten entstehen. Ihm drohten sogar Gericht und Gefängnis.[204] Wie sehr sollte Milda ihr Schweigen später bereuen! Er hätte besser hundert Mal in Lettland im Gefängnis gesessen, als dass sie ohnmächtig mit ansehen musste, wie Sibirien die Jugend und Gesundheit ihres Sohnes zerstörte.

In jenem Frühjahr fühlte Aivars sich großartig. Der harte Winter war vorbei, und im frühlingshaften Sonnenschein hatte die Welt einen früher nicht empfundenen Zauber bekommen. Er hatte eine feste Freundin, mit der er abends spazieren oder ins Kino ging, und war erfüllt von seinen Jugendträumen und Zukunftsplänen, von seiner Arbeit und Ausbildung. Aivars war im vierten Lehrjahr im Technikum, arbeitete bei der Staatlichen Fabrik für Elektrotechnik VEF und verdiente sein erstes Geld, und zum ersten Mal seit vielen Jahren wagte Milda zu hoffen, dass der ständige Mangel, in dem sie lebten, ein Ende haben würde. Bisher war ihr Krankenschwesterngehalt die einzige Einkunftsquelle der Familie gewesen. Sie hatten von der Hand in den Mund gelebt und sich tagein, tagaus fast nur von Erbseneintopf ernährt, in dem manch seltenes Mal ein Stückchen Speck schwamm. Zum ersten Mal in seinem Leben empfand sich mein Vater als gut gekleidet, und das hob das Selbstbewusstsein. Er hatte auf dem Schwarzmarkt neue Hosen erstanden, sich zwei moderne Windjacken mit Schulterpolstern und metallenen Reißverschlüssen geschneidert sowie anständige Schuhe und einen Mantel erworben.

Der 25. März unterschied sich durch nichts von anderen Werktagen. Irgendwelche unklaren Gerüchte erörterten auch Aivars' Arbeitskollegen mit gedämpfter Stimme, aber niemand wusste etwas Genaues. Zudem hatten die Leute Angst, über derlei Dinge zu reden.

Mein Vater bezog das Gehörte in keiner Weise auf sich. Er und seine Mutter führten ein bescheidenes und unscheinbares Leben, in dem es nichts gab, was die Aufmerksamkeit der Miliz oder des MGB auf sich lenken könnte. Menschen wie sie gab es zu Tausenden. Kann man etwa alle deportieren? Und wozu?

Hier irrte Aivars allerdings, denn die Zusammenhänge der furchtbaren Ereignisse im ersten Okkupationsjahr hatten sich in seinem kindlichen Bewusstsein nicht mit der gleichen Kraft festgesetzt wie der Krieg und insbesondere dessen katastrophales Ende, das, mit den Augen eines Jugendlichen wahrgenommen, alles andere überschattete und sich auf ewig als Sinnbild der Angst in sein Gedächtnis eingeprägt hatte – Fliegerangriffe, Verletzte, die Flüchtlingsströme. Das alles gehörte nun der Vergangenheit an, und er wollte endlich leben!

Unter der »Sonne Stalins« hatte er nur einige Jahre verbracht, und zu jenem Zeitpunkt hatte niemand – und schon gar nicht Aivars – eine genaue Vorstellung von den wahren Ausmaßen des vom NKWD bzw. MGB durchgeführten Terrors. Dieses Nichtwissen und seine Jugend bewahrten meinen Vater vor dem beständigen Gefühl der Unsicherheit und einer übertriebenen Vorsicht, die zu festen Bestandteilen des Lebens der älteren Generation geworden waren, die den Schock des Jahrs des Grauens erlebt hatte. Am Abend des 25. März kam Aivars nach der Arbeit müde, aber sorglos nach Hause. Er aß gemeinsam mit seiner Mutter zu Abend und machte sich ans Lernen. Milda hatte sich ein wenig beruhigt, da ihr über etwaige Massenverhaftungen nichts zu Ohren gekommen war. Vielleicht war das nur Geschwätz, versuchte sie sich zu beruhigen. Da klopfte es an der Tür.

»Es war ein Freitag. Gegen neun Uhr abends kamen zwei in Zivil Gekleidete in die Wohnung, sagten, wir sollen packen und mitkommen. Mutter und ich waren vollkommen durcheinander, wir wussten nicht, was tun. Weder ich noch Mutter konnten schwer tragen, deshalb nahmen wir in der Aufregung nur das

Allernotwendigste mit. Dann riss einer der Ankömmlinge einen Gobelin von der Wand, warf Bettzeug darauf und noch dieses und jenes. Er sagte, das würden wir gebrauchen können. Nach dem Bruder wurde nicht gefragt. (…) Auf der Treppe stand ein weiterer Wachposten, auf dem Hof ein vierter. Auf der Straße stiegen wir in Pkws. Wir wurden in die Sarkanarmijas iela[205] Ecke Valdemāra iela gebracht, wo sich heute die 49. Mittelschule befindet. (…)

In der Aula waren schon viele Leute. Ununterbrochen wurden weitere Menschen dazugebracht. Hier teilte man uns mit, dass wir auf Grundlage eines Regierungsbeschlusses als Familienangehörige eines bourgeoisen Nationalisten verschickt werden. In der Nacht wurden wir in einen kleinen Autobus gesteckt und nach Ropaži[206] gebracht. Es war gegen zwei oder drei Uhr nachts, als wir in einen Waggon gesetzt wurden. (…) Es war ein großer Viehwaggon mit eingebauten doppelstöckigen Bretterpritschen, darauf lag Stroh. In der Mitte ein Kanonenofen. Es gab auch ein gemeinsames Gefäß für die Notdurft, das später mit einer Decke verhängt wurde. (…) Es waren viele Leidensgenossen. Fast alles Landbevölkerung aus der Umgebung. Vor allem aus Ādaži, Carnikava, Ropaži. Im Waggon waren schätzungsweise 50 bis 60 Menschen, hauptsächlich in mittleren Jahren, aber auch Greise. Überraschend war eine Familie mit zwei kleinen Kindern, eines war ein Säugling. Später hörte ich, dass beide Kinder gestorben sind.«[207] So hat mein Vater den Schock der Deportation im Gedächtnis behalten.

Am Samstag fuhr der Zug nach Sigulda, wo die dort »zusammengesammelten« Waggons angekoppelt wurden. Den ganzen Tag hielten Milda und Aivars aus der kleinen Luke des Waggons begierig Ausschau, in der Hoffnung, Arnis zu entdecken. Später erfuhren sie aus einem Brief meiner Urgroßmutter Matilde, dass Arnis tatsächlich auf dem Bahnhof gewesen, aber vergeblich an den Reihen der Waggons entlanggelaufen ist. Am frühen Sonntagabend setzte sich der von zwei Lokomotiven gezogene Zug in

Bewegung. Sigulda war der letzte Halt in Lettland. Aivars erinnert sich: »In Cēsis verringerte der Zug die Geschwindigkeit. Wir sahen Menschen auf dem Bahnhof, die sich die Augen wischten. Als wir näher an die Grenze kamen, begann jemand, ein Abschiedslied auf Livland zu singen, aber niemand stimmte mit ein. So verließen wir Lettland tief bekümmert und bei Dunkelheit über den Grenzübergang Valka.«[208]

In Aivars' Erinnerungen schimmert die Vermutung durch, dass seine Mutter und er aufgrund der Denunziation eines Nachbarn deportiert worden sind. Liest man jedoch die Anfang 1949 vom Ministerrat der LSSR[209] und dem Ministerium für Staatssicherheit (MGB)[210] verabschiedeten streng geheimen Beschlüsse, wird sofort klar, dass Mildas Schicksal und das ihrer Söhne Aivars und Arnis bereits am 13. November 1945 besiegelt war, als die NKWD-Leute meinen Großvater Aleksandrs festnahmen, um ihn nach der Folter in den Kellern des NKWD als »Banditen und bourgeoisen Nationalisten« zu zehn Jahren Lagerhaft mit verschärftem Regime zu verurteilen. Nicht einmal Mildas Scheidung von ihrem Mann hätte etwas an ihrem Status geändert – alle drei galten für ewige Zeiten als Familienangehörige eines Banditen. Auch mein Leben war bereits im Mutterleib abgestempelt. Ich wurde als Enkelin des »sozial gefährlichen Elements« Jānis Dreifelds und des »Banditen« Aleksandrs Kalnietis geboren, und entsprechend der Kriterien der Stalin-Ära konnte nichts diesen Schandfleck aus meiner Biografie tilgen.

Die Anordnung zur Deportation von Milda, Aivars und Arnis wurde am 26. Februar ausgestellt, einen Monat vor der tatsächlichen Festnahme. Hätte Milda, von mütterlichem Instinkt geleitet, ihren jüngeren Sohn nicht aufs Land geschickt, dann wäre auch Arnis mit ihnen zusammen in den Viehwaggon gepfercht worden. Während sie die endlosen 6000 Kilometer zu ihrem allein dem MGB bekannten Ansiedlungsort ratterten, bekamen meine Großmama und mein Vater allmählich eine Ahnung vom wahren Ausmaß der Deportation. Wenn ihr Zug einen Zwischenhalt machte, stand fast immer ein weiterer Zug mit Deportierten auf einem Nebengleis. Sofort wurde durch die Waggonluken ausgetauscht, was für Leute sie waren und woher. Es waren Esten, Litauer und Letten. Es hatte den Anschein, als würden die okkupierten baltischen Staaten ihrer gesamten Einwohnerschaft entledigt.

Die Massendeportation vom 25. März 1949 wurde sehr viel sorgfältiger vorbereitet als die erste im Juni 1941. Damals hatte die sowjetische Okkupationsverwaltung und Armee nicht die Partisanen, die *mežabrāļi* zu fürchten, die nach dem Krieg in den Wäldern des Baltikums die Widerstandsbewegung fortsetzten und möglicherweise versuchen könnten, die Verschleppung der Menschen durch bewaffnete Aktionen zu behindern. Der streng geheime Plan der »Operation Brandungswelle« wurde am 28. Februar 1949 vom Minister für Staatssicherheit der UdSSR bestätigt. Mit dieser umfassenden Massendeportation wollten die Führer der Sowjetunion einerseits die gegenüber der Kollektivierung negativ eingestellten Bauern einschüchtern und zwingen, in die Kolchosen einzutreten, sowie andererseits die Zahl derjenigen reduzieren, die mit den »Waldbrüdern« sympathisierten.

Die Vorbereitungen wurden unter größter Geheimhaltung getroffen. Das Territorium der Republik Lettland wurde in »operative Sektoren« mit jeweils einer verantwortlichen und einer operativen Gruppe unterteilt. Am 18. März wurde die Oberleitung der Operation instruiert und am folgenden Tag die für die Züge verantwortlichen MGB-Offiziere.[211] Die Einsatzkräfte und örtlichen Parteiaktive erhielten den Befehl zur Durchführung der Aufgabe erst sechs bis zehn Stunden vor Beginn der Operation. Um die Einwohnerschaft zu desinformieren, wurde die Verlegung von Truppenteilen des Innenministeriums und anderer Sondereinheiten als Frühlingsmanöver deklariert.

Die Operation wurde mit Hilfe von 812 geheimen Funkstationen koordiniert. An den Grenzen Lettlands, Estlands und Litauens wurden 8422 Lkws konzentriert, die erst am Morgen des

25. März zu einem der 118 Bahnhöfe losfuhren, auf denen bereits 4437 Viehwaggons zusammengezogen worden waren.[212] Zwischen dem 25. und 29. März 1949 wurden in 33 Zügen rund 43 000 Menschen bzw. 2,28 Prozent der damaligen Bevölkerung aus Lettland deportiert. Von ihnen starben 4941 Menschen bzw. 12 Prozent in der Deportation.[213] Es handelte sich um einen regelrechten Genozid, den die Sowjetunion in Lettland, Estland und Litauen beging. 69 071 bzw. 72,9 Prozent der aus den baltischen Staaten deportierten Personen waren Frauen und Kinder.[214]

Die »Operation Brandungswelle« veranschaulicht, wie viel Stalin und seine Emissäre von den Großmeistern der Massenvernichtung, den Führern des »Dritten Reichs«, gelernt hatten. Die Massendeportation aus den baltischen Staaten im März 1949 stand weder hinsichtlich der detaillierten Planung noch der Geheimhaltung und Präzision bei der Umsetzung der Operation hinter dem perfekten System zurück, das die Nazis bei der Deportation von in erster Linie jüdischen Einwohnern der vom Reich okkupierten Staaten in die großen Todeslager in Europa anwandten.

Allein in der Phase der »Endlösung« unterschied sich die sowjetische Vorgehensweise von derjenigen der Nazis. Die größte Sorge des Reiches war es, die Effektivität der Todesmaschine so zu steigern, dass in möglichst kurzer Zeit möglichst viele Menschen vernichtet wurden, während sich das Sowjetregime den Luxus leisten konnte, Experimente anzustellen, wie lange der Klassenfeind unter extremsten Bedingungen zu überleben in der Lage war. Zudem kostete dieses Experiment den Staat so gut wie nichts. Im Gegenteil – es brachte ihm noch Gewinn, denn solange das »Kontingent« am Leben war, musste es arbeiten.

Ja, die Geografie ist ein wichtiger Faktor! Die Nazis im überbevölkerten Europa schränkte sie ein, den Sowjets hingegen bot sie die Möglichkeit, sich ungestört und heimlich in den unendlichen Weiten Sibiriens breit zu machen. Das einzige Risiko bestand darin, dass ein Teil der Sondersiedler es fertig brachte zu überleben – trotz der unmenschlichen Bedingungen, die die Sowjetmacht ihnen »großzügig« gewährte. Deshalb mussten sie lebenslänglich umgesiedelt werden.

Die an der Umsetzung der »Operation Brandungswelle« Beteiligten erhielten von der Regierung der UdSSR hohe Auszeichnungen »für bewiesenen Mut und Heldenhaftigkeit«. Am bittersten ist dabei die Tatsache, dass sich knapp 30 000 Einwohner Lettlands an der Durchführung der großen Märzdeportation beteiligt haben: die Leiter der Deportationsstäbe der Landkreise und Städte und ihre Stellvertreter, die operativen Informationsverwerter, Wachposten, Fahrer etc.[215]

So wie meine Mutter Ligita und meine Großmutter Emilija in der Erfassungsakte des sozial gefährlichen Elements Jānis Dreifelds nur Beigaben waren, hatten auch Aivars und Milda in den Dokumenten des MGB keine eigene Identität. Die Ermittlungsakte Nr. 8485 wurde über die Familie des Banditenhelfers Kalnietis Aleksandrs Janowitsch angelegt, nicht über Aivars Kalnietis oder Milda Kalniete.[216]

Mich müsste ein derartiges Ignorieren der Identität eines Menschen eigentlich kalt lassen, denn es stellt eine logische Konsequenz der sowjetischen Interpretation des Klassenkampfes dar. Dennoch überkommt mich jedes Mal Zorn darüber, dass Zehntausende anständiger Menschen nicht individuell, sondern anhand irgendwelcher allgemeiner Klassenkampfkriterien klassifiziert wurden, während jeder Kriminelle das Recht auf seinen eigenen Vor- und Nachnamen sowie eine persönliche Akte hatte.

Nicht einmal in der Formulierung bezüglich Aivars' und Mildas Freilassung findet sich ein einziges Wort, das ahnen ließe, dass die Freilassung erfolgte, weil die Repressionen während der Stalin-Ära unangemessen waren und mein Vater und meine Großmutter unverschuldet gelitten haben. Seine Empfehlung, die Umsiedlung aufzuheben, motiviert der Staatsanwalt der LSSR, Jānis Sproģis, mit dem Tod des Verurteilten Aleksandrs Kalnietis, was ein ausreichender Anlass für die Annahme sei, dass »es keinen

Grund gibt, dessen Angehörige in der Sondersiedlung festzuhalten«.[217] Diese Haltung offenbart so überaus deutlich die sowjetische Doppelzüngigkeit.

Die Erfassungsakte der Familie Kalnietis wurde am 25. März angelegt. Sie umfasst 39 Blatt. Die Akte beinhaltet auch die Ende Februar verfassten Anordnungen über die Festnahme von Milda, Aivars und Arnis, Bescheinigungen über Aleksandrs' Straffälligkeit sowie eine Bestätigung des Kriegskommissariats, dass es »in der Familie des A. Kalnietis keine derzeit oder einstmals in der Sowjetarmee Dienenden, mit Orden oder Medaillen Ausgezeichnete oder Mitglieder der Partisanenbewegung«[218] gebe.

Überraschend ist die in den Dokumenten fehlerhaft angegebene Angabe der Wohnadresse der Familie Kalnietis. Ob ein Beamter des Exekutivkomitees, dem aufgetragen war, die Adressliste der zu Verhaftenden aufzustellen, versucht haben sollte, die Häscher bewusst irrezuführen? Oder war es nur ein Zufall, verursacht durch Ungenauigkeit oder Schlamperei?

Als der Fehler auf der Miliz konstatiert wurde, stellte der Verwalter Porietis von der 205. Hausverwaltung erschrocken eine neue Meldung aus, aus der hervorgeht, dass die Familie Kalnietis mindestens an fünf Adressen gemeldet ist, wobei die tatsächliche Adresse in der Mēness iela nicht aufgeführt wurde.[219] Demnach klopfte die »Operationseinheit« am 25. März an zumindest fünf Türen an, und jedes Mal erschreckte dieses Klopfen die Bewohner der jeweiligen Wohnung zu Tode. Leider geht aus dem Aktenmaterial nicht hervor, wie es den MGB-Männern gelungen ist, die richtige Adresse in der Mēness iela 18 zu finden, die in den Dokumenten der Vorbereitungsphase der Operation nirgendwo auftaucht.

Eine zweite Ungenauigkeit hat mit dem Ansiedlungsort von Milda und Aivars zu tun. Aus den Begleitpapieren des »Kontingents« geht eindeutig hervor, dass der Konvoi-*natschalnik* die beiden zum Bahnhof Belaja im Gebiet Amur zu bringen hatte. Vater und Großmama wurden jedoch in einen anderen Zug »geladen«

und trafen am 20. April im Gebiet Tomsk ein, wo sie unverzüglich von der Kommandantur erfasst wurden. Niemand schenkte einem so unbedeutenden Fehler Beachtung, und in den Dokumenten figurierten sie auch weiterhin im Gebiet Amur, wie ein Beschluss der Sonderberatung des Ministeriums für Staatssicherheit der UdSSR vom 16. Juni 1949 belegt.[220] Wahrscheinlich wurde der Irrtum irgendwann später bemerkt, aber das spielte keine Rolle. Ob Amur oder Tomsk – Hauptsache, die beiden waren »in entlegene Landesteile der UdSSR verbracht« worden.

Im Beschluss des MGB über die Verschickung wird auch das dritte Familienmitglied Arnis Kalnietis aufgeführt. Nach Abschluss der Operation erhielt der Minister ein Schreiben über dessen Nichtverhaftung, verbunden mit der Bitte, die Anordnung zur Abänderung der Erfassungsakte zu geben. Als Antwort auf diese »streng geheime« Meldung bestätigte der Minister für Staatssicherheit der LSSR, Alfons Noviks, am 26. April 1949 einen neuen Verschickungsbeschluss, laut dem die Familie nur noch aus zwei Personen besteht, nämlich Milda und Aivars. Möglicherweise wurde auch in anderen Fällen so verfahren, wenn der zu Verhaftende nicht sogleich dingfest gemacht werden konnte. Die Operation musste zum festgesetzten Zeitpunkt begonnen und abgeschlossen werden. Jede Kleinigkeit, jede Unterlassung warf einen Schatten auf den glänzenden Verlauf der »Operation Brandungswelle« – und auf die Aussicht ihrer Drahtzieher auf Regierungsauszeichnungen, weshalb die Tschekisten nicht sonderlich erpicht auf die eifrige Suche nach Personen waren, derer man nicht habhaft geworden war.

Auf eine Ecke des unterschriebenen Deportationsbeschlusses ist ein Hinweis auf die Anordnung des Staatsanwalts der LSSR gekritzelt, keine Mitteilung über die tatsächliche Todesursache zu machen. Soll das bedeuten, dass Arnis Kalnietis in der internen Gulag-Buchhaltung der Bequemlichkeit halber als tot galt? Vielleicht wurde Arnis aus diesem Grund in Ruhe gelassen – im Unterschied zu jenen Kindern, die 1946 aus der Deportation nach

Lettland zurückgebracht und 1950 abermals verfolgt wurden, um sie zwecks »Familienzusammenführung« wieder nach Sibirien zu schicken.

Allein in der Akte der Familie Kalnietis weist die Arbeit des NKWD bzw. MGB drei Fehler auf, und es ist anzunehmen, dass sich auch in den Akten anderer Deportierter welche finden. Dies veranschaulicht, wie wenig sich die im Namen des Proletariats kämpfenden Ritter der Gerechtigkeit für die Erledigung der Aufgabe im eigentlichen Sinne interessierten. Wie alle eingeschüchterten Beamten des Stalinregimes waren sie ausschließlich um sich selber besorgt.

Um zu vermeiden, dass die Anschuldigung der Unterlassung auf sie fiel und sie vom Richter zum Angeklagten machte, mussten die von der oberen Führungsschicht der UdSSR gefassten Beschlüsse buchstäblich umgesetzt werden. Es durften nicht weniger Personen deportiert werden, als in der Anordnung vorgeschrieben war, daher war es besser, übereifrig zu sein und die Zahlen zu übertreffen, indem man an Stelle von nicht angetroffenen Personen andere nahm, auch wenn diese gar nicht auf der Liste aufgeführt waren. Oftmals waren die Listen der »Kulaken« gefälscht, indem auch »arme« Bauern eingetragen wurden, um die in der Verschickungsanordnung angeführte Anzahl auf jeden Fall zu erreichen.

Die Tschekisten verletzten auch die Vorschrift, keine ehemaligen Frontsoldaten, derzeit oder einstmals in der Sowjetarmee Dienende, mit Orden oder Medaillen der UdSSR Ausgezeichnete sowie rote Partisanen und deren Familienangehörige zu deportieren.[221] Ebenso wenig interessierte sie, ob die zu Verschickenden Alte, Kranke oder Säuglinge waren. Greise wurden in die Lastwagen getragen, um Säuglinge und Kleinkinder hatten sich deren Eltern zu kümmern. Die aufgrund von Fehlern oder Übereifer Deportierten versuchten später zu beweisen, dass sie und ihre Angehörigen nicht zum »Kontingent« gehörten. Dies erforderte Jahre, denn wie es für Beamte typisch ist, wollten die Verantwortlichen ihre Fehler nicht eingestehen und taten alles, um die »Untersuchung der Frage« im Labyrinth der Bürokratie verschwinden zu lassen. Deshalb ist es umso überraschender festzustellen, dass es in den 50er Jahren dennoch Fälle gab, da »fälschlich« Umgesiedelten die Rückkehr erlaubt und sogar ihr konfisziertes Vermögen zurückgegeben wurde.[222]

Einigen Verbannten gelang es, illegal nach Lettland zu gelangen, indem sie auf der Fahrt eine von ihrem Dorf- oder Bezirkssowjet ausgestellte Bescheinigung als Ersatz für den ihnen abgenommenen Pass benutzten. Um derartige Fälle von Weichherzigkeit abzuwenden, gab der Ministerrat der LSSR eine Anordnung heraus, in der gedroht wird, dass »diejenigen, die Personen, die auf Grundlage des Beschlusses des Präsidiums des Obersten Sowjets der UdSSR vom 26.11.1948 aus dem Territorium der Lettischen SSR verschickt wurden, Bescheinigungen und Referenzen jeglicher Art ausstellen, sich wegen Fluchthilfe strafrechtlich zu verantworten haben«. Auf einer Ecke des Originals dieser Anordnung steht auf Russisch in der Handschrift des Vorsitzenden des Ministerrats der LSSR, Vilis Lācis: »Dies ist den Vorsitzenden der Exekutivkomitees *mündlich* darzulegen, damit diese es den Gemeinderäten mitteilen.«[223]

Liest man die Erinnerungen von Verbannten, so erscheint einem der Weg nach Sibirien als ein schrittweises Hinabsteigen in die Hölle, das den Menschen abstumpft und an die Erkenntnis gewöhnt, dass das heutige Elend kleiner ist als das morgen bevorstehende. Es sind Hoffnungslosigkeit und Fatalismus, die sich unter dem monotonen Rattern der Eisenbahnräder allmählich des menschlichen Körpers und Geistes bemächtigen. »Das war's, das Leben ist vorbei«[224], dachte der damals 17-jährige Aivars, als er sah, wie der Zug sie immer tiefer in die Fremde trug – ins weite, arme und verwahrloste Russland.

Im Waggon befanden sich nur einige wenige Städterfamilien, die sich wie Milda und Aivars ausschließlich von der staatlichen Ration – ein Pfund Brot, heißes Wasser und ein gelegentlich ausgeteilter dünner Eintopf – ernähren mussten. Die meisten waren Leute vom Land, die wenigstens Proviant dabeihatten.[225] Aus Scham vor ihren Schicksalsgenossen, die mit leeren Händen dastanden, verzehrten sie ihn mit zugewandtem Rücken halb im Verborgenen. Trotzdem hing der Duft von Schwarzbrot und Räucherspeck in der Luft und überlagerte sogar den Gestank des Abortlochs und die Ausdünstungen der vielen ungewaschenen Körper.

Der verlockende Duft, der zunächst wie ein leichter Hauch die Wangen berührte, um sogleich auf der Zunge zu liegen und mit allumfassender, unbezwingbarer Essgier in sie einzudringen, stellte für Milda und Aivars eine Qual dar. Obgleich sich Familie Kalnietis in den Kriegs- und Nachkriegsjahren nur selten hatte richtig satt essen können, war ein dermaßen nagender Hunger meinem Vater bis dahin unbekannt gewesen. Mit jedem Tag nahm der Appetit an Stärke zu. Zunächst versuchte Aivars, den Magen zu täuschen, indem er sein Stück Brot krümelweise langsam verzehrte, aber eine derartige Selbstbeherrschung ging über seine Kräfte – und im nächsten Augenblick war die Tagesration mit wenigen Bissen verschwunden, als hätte es sie nie gegeben. Milda behielt von ihrem Stück Kastenbrot stets eine Scheibe für ihren Sohn übrig, wobei sie vorgab, dass es ihr ausreiche zu rauchen.

Meine Großmama stand häufig an der geöffneten Waggontür, blickte in die Ferne und rauchte eine selbst gedrehte Papirossa nach der anderen. Der Rauch biss in den Augen und brannte auf der Zunge, aber der bittere Geschmack dämpfte für einen Augenblick den Hunger, der an ihrem Leib nagte. Verglichen mit der Verzweiflung, die in ihrer Seele tobte, erschien ihr der Hunger als Bagatelle.

Milda fühlte sich vom Leben betrogen. Sie verstand nicht, weshalb sie so grausam vom Schicksal heimgesucht wurde. Wieder und wieder vollzog sie ihr Leben nach, das unter dem Eindruck der finsteren Ereignisse der letzten Tage nur dunkle Seiten zu haben schien. Ihren Erstgeborenen, Aivars, hatte sie mit den Worten begrüßt: »Ist der Junge normal?« Sie hatte so fürchterlich um den frühzeitigen Tod ihres ersten Mannes geweint, dass die 20-jährige Milda befürchtete, ihre eigenen Tränen könnten das ungeborene Kind beeinträchtigt oder sogar verkrüppelt haben.

Wie hatte ihr zweiter Mann Aleksandrs sie mit seinen Eifersuchtsanfällen tyrannisiert und dann mit den beiden Jungen in Not und Elend des Krieges allein gelassen! Niemals hatte sie eine männliche Schulter gehabt, an der sie Halt gefunden hätte. Nur ihren Vater, der vor Jahren gestorben war. Immer hatte sie gekämpft. Wie hatte sie gearbeitet, was hat sie nicht alles getan, um zu überleben! Und jetzt fand alles in Sibirien ein Ende. »Auf ewige Zeiten«! Auf ewige Zeiten war ihr und Aivars' Leben nun zerstört.

Auch die Ungewissheit über das Schicksal des kleinen Arnis lag unsäglich schwer auf ihrem Herzen. Wenn er inzwischen auch gefangen war und ganz allein in einem anderen Zug deportiert wurde? Dann wären sie besser alle zusammen mitgenommen worden, als dass das Kind den grauenhaften Weg nach Sibirien allein durchstehen muss. Auch an ihre Mutter Matilde musste sie denken, die nun ohne die Unterstützung ihrer Tochter allein geblieben war. Wovon sollte sie fortan leben?

Die Eindrücke der umgebenden Natur lenkten ein wenig von der allgemeinen Niedergeschlagenheit ab. Aivars wollte unbedingt die Wolga sehen, den längsten Fluss Europas, aber der Zug überquerte sie in der Nacht. Den Ural hingegen erreichten sie tagsüber, und beeindruckt betrachtete Aivars die schneebedeckten Gipfel. Die meisten Deportierten sahen zum ersten Mal Berge, und sie hinterließen bei den in den lettischen Ebenen Aufgewachsenen einen unauslöschlichen Eindruck. Sobald das Gebirge überquert war, begannen die endlosen sibirischen Wälder und weiten Ebenen, wo weder Häuser noch eine lebendige Seele zu sehen waren. Das war bedrückend, denn nach der Erfahrung des 14. Juni 1941 wusste nun jeder, wohin sie gebracht wurden und was sie am Ziel der Reise erwartete.

Als er das undurchdringliche Dickicht der Wälder sah, empfand Aivars ehrfürchtig die Nichtigkeit des Menschen gegenüber der gewaltigen Natur. Irgendwo in so einem Wald dahinzuvegetieren war auch ihm fortan beschieden. Wie kann man in solcher Weltabgeschiedenheit leben? Wahrscheinlich hat sich meinem Vater deshalb der Augenblick so tief ins Gedächtnis geprägt, als er zum ersten Mal wieder Häuser und Menschen sah: »Einmal fuhren wir am frühen Morgen in eine Stadt ein. Nach den vielen Fabrikschloten zu urteilen ein großes Industriezentrum. Ich war überrascht, einen ganzen ›Trupp‹ junger Mädchen in grauen Wattejacken mit roten Halstüchern zu sehen. Sie gingen singend zur Arbeit! Also lebte auch hier der menschliche Geist und erfreute sich am Lied.«[226] Diese Szene munterte ihn auf – an welchen Kleinigkeiten sich der Mensch in der Verzweiflung zu laben vermag!

Um den 20. April erreichte der Zug Nr. 97329 mit Milda und Aivars Tomsk. Der Militärkonvoi übergab den »Transport« an die örtliche Wachmannschaft. Für die vorübergehende Unterbringung der Deportierten war in großer Eile ein Etappenlager für kriminelle Häftlinge geräumt worden, das frappierend an die in Schwarzweiß gedrehten Aufnahmen gemahnte, die mein Vater in sowjetischen Dokumentarfilmen über die Konzentrationslager der Nazis gesehen hatte. Er wäre nie auf den Gedanken gekommen, dass sich dereinst auch hinter ihm das Tor eines ähnlichen Lagers schließen würde.

Auf dem von einem hohen Zaun und Stacheldraht abgegrenzten, in zwei Hälften unterteilten Gelände standen fünf oder sechs riesige Baracken. In ihnen wurde die »Ladung« von zwei Zügen untergebracht, insgesamt rund 6000 Menschen.[227] Bei den Baracken handelte es sich um das klassische Modell der Gulag-Architektur mit Doppelstockpritschen, einem schmalen Gang, einem Metallkübel, der *parascha*, und einem Kanonenofen in der Mitte. Milda und Aivars hatten Glück und bekamen einen eigenen Schlafplatz, während die Menschen in den benachbarten Baracken abwechselnd in Schichten schliefen. In dem engen

Gang gab es keinen Platz für die Unterbringung des Gepäcks, das daher draußen unter freiem Himmel zurückgelassen werden musste. Um Diebstählen vorzubeugen, bewachten die Deportierten es reihum. Milda und Aivars hatten so wenig Gepäck bei sich, dass sie darauf schliefen.

Bereits in der ersten Nacht war der Fluch aller Lager, die Läuse und Wanzen, zur Stelle. Der gesamten riesigen Menschenmenge stand ein einziges Waschhaus zur Verfügung, in dem man am Kaltwasserhahn wenigstens die während der langen Fahrt gewachsene Schmutzschicht etwas benetzen konnte. Das Waschhaus wurde auch als provisorische Leichenhalle genutzt, in der die im Lager Gestorbenen gesammelt wurden. Unter derartigen Bedingungen mussten die aus allen Ecken Lettlands Verschleppten warten, bis der Ob eisfrei war und sie mit dem Schiff zu ihren endgültigen Ansiedlungsorten gebracht wurden.

Im Lager wurde Milda ihr lettischer Pass abgenommen. Aivars war noch nicht volljährig und besaß keinen eigenen Pass. Bis 1957 stellte von nun an eine Registrierungsbestätigung, auf der zwei Mal monatlich vermerkt wurde, dass der Sondersiedler den Ort seiner Ansiedlung nicht eigenmächtig verlassen hat, ihr einziges persönliches Dokument dar. Der Kommandant des Durchgangslagers informierte sie, dass sie beide als Familienangehörige eines Banditen lebenslänglich verschickt waren, und ließ sie einen Vordruck unterschreiben, in dem es hieß: »Mir, dem/der Verschickten, wurde mitgeteilt, dass ich auf Anordnung der obersten Machtorgane der UdSSR auf ewige Zeiten verschickt wurde, ohne das Recht auf Rückkehr zum ehemaligen Wohnort. Mir wurde ebenfalls mitgeteilt, dass ich ohne Genehmigung der örtlichen Organe des Innenministeriums nicht berechtigt bin, mich von hier zu entfernen oder, und sei es vorübergehend, den Wohnort und Arbeitsplatz zu wechseln. Ich weiß auch, dass ich im Falle des Übertretens dieser Vorschrift entsprechend dem Beschluss des Präsidiums des Obersten Sowjets der UdSSR vom 26.11.1948 zur Verantwortung gezogen und zu 20 Jahren Zwangsarbeit verurteilt werde. Mit dem Beschluss vom 26.11.1948 bin ich bekannt gemacht worden.«[228]

Obgleich bereits andere ihrer Schicksalsgenossen die Erklärung unterschrieben hatten, hatte Milda, als sie es tat, dennoch das Gefühl, als würde eine schwere, nie mehr zu öffnende Tür hinter ihr ins Schloss fallen. Aivars legte den Arm um die Schultern seiner Mutter und versuchte den Kloß hinunterzuschlucken, der ihm im Hals saß – niemals mehr sollten sie Riga, seinen Bruder, seine Großmutter wieder sehen.

Die Tage im Lager zogen sich schleppend dahin. Eintönig. Die Jugend vertrieb sich die Zeit so gut es ging mit Spielen und versuchte, in aufgestachelter Ausgelassenheit zu vergessen. Hin und wieder wurden einige zu Arbeiten außerhalb des Lagers abbestellt, was ein wenig Zerstreuung bot. Einmal meldete sich auch Aivars freiwillig. Er wollte sehen, wie die Stadt aussah, was für Menschen dort lebten. Er hatte nicht ahnen können, dass die erhoffte Zerstreuung zu einer seiner dunkelsten Erinnerungen werden sollte – er musste die ersten im Lager Gestorbenen transportieren.

In seinen Erinnerungen schreibt mein Vater: »Das waren zehn, zwölf Jahre alte Kinder. Ihre Angehörigen hatten sie in weiße Laken genäht, denn Särge gab es keine. Wir holten sie aus dem Vorraum des Waschhauses, wo sich die Ratten bereits an ihren Gesichtern gelabt hatten. Ein kleines Kind wurde von einem Mann aus einer Baracke gebracht, er hatte es wie einen Sack Brennholz über die Schulter geworfen. Die Leichenstarre war noch nicht eingetreten. Außerdem legten wir einen 50-jährigen, schweren Mann ohne jede Bedeckung auf die Ladefläche. So fuhren wir mit dem offenen Lastwagen zur Universität von Tomsk, um die Gestorbenen im Anatomikum abzugeben. Es war eine traurige Fahrt. Wir wussten nicht, wohin mit unseren Blicken, wie wir uns verhalten sollten. Auch der Wachmann mit seinem Gewehr mit aufgepflanztem Bajonett fühlte sich unwohl. Wir ließen die Verblichenen in der Universität zurück. Bei der Übergabe wurden wir gefragt, was mit der Kleidung der Toten geschehen soll. Wir sagten, sie solle dort bleiben. Als ich es später sehr schwer hatte ohne Schuhe, erinnerte ich mich, wie nützlich mir die soliden Stiefel des toten Mannes gewesen wären. Aber es war gut, dass ich nichts genommen habe. Diese Sünde hätte das ganze Leben wie ein Kloß in der Brust gedrückt.«[229]

Aivars hatte früh Bekanntschaft mit dem Tod gemacht. Er hatte die Massengräber der Juden in Rumbula gesehen, gefallene Soldaten, während der Luftangriffe in den letzten Kriegstagen getötete Rigenser, aber noch nie war ihm der Tod so unverdient und ungerecht vorgekommen wie damals, als er die ersten Opfer der Deportation auf ihrem letzten Gang begleitete.

Am 1. Mai kam das Eis auf dem Ob in Bewegung. Zunächst war ein Geräusch zu hören, als würde ein Baumstamm oder eine Hausecke im Frost knacken, nur sehr viel lauter. Allmählich nahm das Geräusch an Lautstärke und Häufigkeit zu, bis das Eis aufbrach. Von hinten schoben sich mit gewaltiger Kraft Eisschollen auf die noch nicht in Bewegung geratene Eismasse, türmten sich auf und füllten die Gegend mit bedrohlichem Poltern und Dröhnen. Der Lärm nahm so lange zu, bis die Stauung mit einem Mal brach und der in seiner Allgewalt brüllende Fluss mit unbändiger Kraft voranpreschte.

In jenem Frühjahr sahen Milda und Aivars dieses grandiose und beängstigende Schauspiel nicht, denn durch den hohen Lagerzaun waren sie von der Welt abgeschnitten. Als er später am Ufer des Ob wohnte, erlebte mein Vater den Eisgang fünf Mal – voller Sehnsucht und Hoffnung, dass dieses Jahr vielleicht die Nachricht der Freilassung bringen und er endlich ein Schiff besteigen würde, um zurück in die Heimat zu fahren. Im sechsten Frühjahr sollte sich diese Hoffnung erfüllen. Meine Eltern hatten ihre Freilassungsbescheinigung erhalten und warteten ungeduldig auf den Eisgang des Ob und das Eintreffen des ersehnten Schiffs, das unsere Familie heimwärts bringen würde.

Als der Fluss eisfrei war, begann sich das Lager nach und nach zu leeren. Unter Bewachung wurden die Deportierten in großen Gruppen zu riesigen, flachen Lastkähnen gebracht und diese von einem kleinen, von einem altertümlichen Schaufelrad angetriebenen Schlepper flussabwärts gezogen. Von Zeit zu Zeit legte der Kahn an und eine Gruppe von Menschen ging an Land, um zu ihrem vorgesehenen Ansiedlungsort zu marschieren. Ringsumher erstreckte sich eine endlose, vom Hochwasser überflutete Landschaft, aus der hier und da ein paar Bäume oder höher gelegene Dörfer herausragten. Die Verwüstung war bedrückend; eine solche Armut hatten sie während der ganzen weiten Fahrt noch nicht gesehen.

Auf dem Lastkahn begegnete Aivars der freundlichen Wirtin vom Ozoliņi-Hof bei Carnikava, bei der er sich dereinst als Hütejunge verdingt hatte. Sie war mit ihren beiden kleinen Töchtern verschleppt worden. Am sechsten Tag wies man Milda und Aivars an, auf einen kleineren Kahn umzusteigen, der seine Fahrt auf dem Karschan, einem Nebenfluss des Ob, fortsetzte, bis dieser nicht mehr schiffbar war. Die letzte Anlegestelle der Barke hieß »Dreißigster Kilometer«, wo sie von den *natschalniki* der Kolchosen der Umgegend mit Fuhrwerken erwartet wurden. Vater schreibt: »Es war wie an Georgi.[230] Jeder *natschalnik* war bestrebt, die besten Arbeitskräfte zu bekommen – die Jüngeren und diejenigen mit der meisten Habe. (…) Wir wurden dem abgelegenen Dorf Sochta zugeteilt, das, wie wir später sahen, auch das ärmste war.«[231]

Nach der langen Reise und der schlechten Ernährung konnten der kriegsversehrte, hinkende Junge und die zarte, eher wie eine Halbwüchsige wirkende Frau nicht den Eindruck robuster Arbeitskräfte machen. Als die übrigen *natschalniki* sich Arbeiter ausgesucht hatten, blieb für Aivars und Milda die rückständigste und abgelegenste Kolchose des Rayons übrig. Um dorthin zu gelangen, mussten vom »Dreißigsten Kilometer« weitere 30 Kilometer zu Fuß zurückgelegt werden. Das Gepäck wurde auf einem

Pferdewagen transportiert. Milda wurde erlaubt, sich ebenfalls auf die Ladefläche zu setzen.

Das Dorf Sochta hatten auf Anweisung Stalins in den 30er Jahren aus dem Altai und Vorural deportierte »Kulaken« gegründet. Die *konvoiniki* hatten sie inmitten der unbewohnten Taiga am Rand eines Moors ausgesetzt, ohne für eine wenigstens behelfsmäßige Unterkunft zu sorgen oder Lebensmittelreserven zurückzulassen. Den gnadenlosen Kampf gegen die Natur hatten die meisten Kinder und Greise verloren. Überlebt hatten die Stärksten. Jetzt hatten sie zumindest ein Dach über dem Kopf, einen eigenen Kartoffelacker und ein Schwein oder eine Kuh, sodass sie die staatlich auferlegten, vor dem Hintergrund des eigenen Hungerns absurd hohen Butter- und Fleischabgaben leisten konnten. Sie bauten zwar Getreide an, bekamen aber vom Korn nichts ab, da die ganze magere Ernte ebenfalls an den Staat ging. Es blieb ihnen nichts anderes übrig, als sich von Kartoffeln, Erbsenbrot und Magermilch zu ernähren und als Zukost gelegentlich im Wald einen Vogel oder ein Stück Wild zu erlegen oder einen Fisch zu fangen.

Als Aivars das Leben in diesem gott- und menschenverlassenen Winkel kennen lernte, konnte er sich gar nicht genug wundern über die Bescheidenheit der Ortsansässigen – sie hatten sich so weit mit ihrem grauen, von Elend geprägten Alltag abgefunden und wussten derart wenig von der Außenwelt, dass sie allmählich glaubten, ihr Leben sei gar nicht so schlecht. Sie galten nicht mehr als Klassenfeinde, da Stalin in der Endphase des Krieges, als es an der Front an Soldaten fehlte, auch Männer aus den Dörfern der deportierten Kulaken in Sibirien mobilmachen ließ. Dies nahm zwar den furchtbaren Stempel des »Klassenfeindes« von den Angehörigen der Eingezogenen und Gefallenen, verlieh jedoch nicht das Recht auf Bewegungsfreiheit. Sie waren Kolchosbauern, die – da sie keine Pässe besaßen[232] – entsprechend der sowjetischen Gesetzgebung wie Leibeigene zu Zarenzeiten an Grund und Boden gebunden waren.

Die Jüngeren waren im Krieg gefallen, die Älteren weggestorben. Die Energischsten hatten sich entweder in einer Stadt eingeheiratet oder waren nicht vom Armeedienst zurückgekehrt. In Sochta und den umliegenden Dörfern waren vornehmlich Greise und Frauen zurückgeblieben, die hart schufteten und für ihre Arbeit so gut wie keine Entlohnung erhielten. 1949 bekam ein Kolchosbauer in Sochta 300 Gramm Korn pro Ertragstag![233] Ungeachtet ihrer vielen im Krieg gefallenen Verwandten brachten die Einheimischen den Deportierten keinerlei Hass entgegen. Nur ein einziges Mal stürzte sich ein älterer Mann, dem der Krieg beide Söhne genommen hatte, mit einer Sense auf Aivars und schrie: »Faschist, meine Söhne hast du getötet!«

Das Leben der Einheimischen war in vielerlei Hinsicht merkwürdig und unverständlich. Ob es regnete oder Schneematsch gab – die Felder mussten zu einem festgesetzten Zeitpunkt bestellt werden, einerlei, ob die Saat aufging oder nicht. Hauptsache, man konnte ins Rayonzentrum melden, dass die Aussaat planmäßig beendet war. Mit dem Vieh verfuhren die Dörfler brutal, sie schlugen und beschimpften es mit unflätigen Worten. Das unterschied sich krass von dem liebevollen Umgang der Letten mit ihrem Hausvieh.

Die Kinder waren sich selbst überlassen. Die kleinsten trugen Hosen, deren hintere Naht aufgetrennt war, damit die Stellen, wo gelegentlich etwas herauskommt, immer offen standen. So liefen sie halb nackt herum, ein Festmahl für Fliegen und Mücken. Es war eine grausame natürliche Auslese, die nur die stärksten überstanden.

Auch die ehelichen Beziehungen waren relativ locker. Insbesondere nach dem Krieg, als es in den kleineren sibirischen Dörfern sehr viel mehr Frauen als Männer gab. Der Dorf-Don-Juan Pawel Iwanowitsch hatte fast auf jedem Hof ein uneheliches Kind, und das wusste jeder. Wenn ein Rayon-*natschalnik* auftauchte, in dessen Macht es lag, Leute ins Unglück zu stürzen, indem er jeden als Schädling denunzierte, der sich bei ihm nicht anzubiedern verstand, dann sorgte der Kolchosvorsitzende persönlich für einen Imbiss und Gärmaische – und auch für ein annehmbares Mädel für den Beischlaf.

Die primitiven Beziehungen zwischen Männern und Frauen, die sich so drastisch von dem zurückhaltenden, puritanischen Geist unterschieden, der in Lettland herrschte, riefen in Aivars Übelkeit hervor. Solange er noch kein Russisch gelernt hatte, verstand er die Schimpfwörter und zweideutigen Derbheiten nicht, die ein unverzichtbarer Bestandteil des Balzrituals waren. Später, als der Sinn des Gesagten ihm nicht verborgen blieb, versuchte er wegzuhören, denn er wollte sich von derlei Anzüglichkeiten nicht die Erinnerung an seine erste, schüchterne Liebe überschatten lassen, die im Frühling vor seiner Deportation erblüht war.

In der Kolchose herrschte ein derartiger Männermangel, dass den ausgehungerten Kolchosmädels sogar die abgezehrten lettischen Jungen verlockend erschienen. In unserem Familienarchiv gibt es ein Foto, auf dem zwei Schwestern zu sehen sind – gedrungene, üppige Melkerinnen mit runden und stumpfsinnigen Gesichtern. Lachend und entsetzt zugleich erzählte mir Großmama, die beiden hätten versucht sie zu überreden, ihnen ihren Sohn zu geben. Die Schwestern waren bereit, ihren Mann zu teilen und anständig zu verköstigen. Und auch die Schwiegermutter. »Da hätte ich Aivars lieber tot gesehen«, schloss Großmama ihre Geschichte ab. Obwohl ich damals noch ein Kind war, ahnte sogar ich beim Betrachten der beiden pfannkuchenartigen Gesichter, was Großmama damals empfunden haben mochte.

Zufälligerweise waren fast alle der in Sochta angesiedelten neun Letten Städter, die mit der Landarbeit nicht vertraut waren. Milda hatte seinerzeit ihren Eltern geholfen, als diese in den 30er Jahren von Riga in die Provinz gezogen waren, wo sie Land gepachtet hatten, und so verstand sie ein wenig vom Hacken, Dreschen und Harken. Aivars war ein waschechter Stadtjunge, der geschickt mit elektrischen Leitungen und Schaltungen umzugehen verstand, einen Radioempfänger bauen oder auf dem

Schwarzmarkt einen guten Preis aushandeln konnte, aber diese Fähigkeiten nützten ihm bei Arbeiten wie Pflügen, Säen und Mähen, die nun sein Alltag wurden, rein gar nichts.

Die erste Arbeit, die Aivars erlernen musste, war das Umpflügen mit vier vor einen großen, schweren Pflug gespannten Ochsen. Eine Frau oder ein Halbwüchsiger führte das Vieh am Zaumzeug, damit es geradeaus ging. Der Pflüger musste sich darauf verstehen, den Pflug zu lenken und eine tiefe Furche zu ziehen. Eine sehr viel tiefere, als es in Lettland üblich war. Das erforderte die Kraft und Statur eines Mannes, Aivars jedoch war spindeldürr. Mein Vater hat seinen ersten Tag als Pflüger als einen endlosen Taumel im Gedächtnis behalten, da er versuchte, sich am Pflug festzuhalten und nicht ohnmächtig zu werden. Nicht er führte den Pflug, sondern der Pflug zog ihn hinter sich her und ließ ihn Luftsprünge und Verrenkungen machen.

Aufgrund der schlechten Ernährung und des Vitaminmangels litt er an Skorbut, die Beine waren von Geschwüren übersät und ungesund geschwollen. Auch Mildas Beine waren von Geschwüren bedeckt, aber dem schenkte sie beinahe keine Beachtung. Viel mehr schmerzte sie das Bewusstsein ihrer Machtlosigkeit – der Sohn ging vor den Augen der Mutter zugrunde, und sie konnte ihm nicht anders helfen, als sich ein paar Bissen so gut wie wertloser Nahrung vom Munde abzusparen! Als Barmherzige Schwester hatte Milda ihr Leben lang die Leiden anderer gelindert, hatte Kranke und Verwundete gepflegt – und nun musste sie Aivars' Qualen tatenlos mit ansehen. Aus der Kindheit erinnere ich mich an die gruselige Geschichte meiner Großmama, bei der sie einen Finger an die Wange legte und mir zeigte, wie locker Vaters Zähne in Sibirien waren: »Ich drücke auf die eine Seite, und knirsch-knarsch sind sie weg, ich drücke auf die andere Seite, und knirsch-knarsch springen sie wieder zurück.«

Die Einheimischen bekämpften Avitaminose und Skorbut mit Hilfe von *kolba*, wildem Knoblauch. Dieses Wundermittel preisen viele Deportierte in ihren Erinnerungen als ihren Retter. Im Sommer aßen sie die *kolba*-Blätter, im Herbst wurden sie gesammelt und für den Winter eingelegt. Die *kolba* erhöhte die Widerstandskraft des Organismus und war reich an Vitaminen. In der Tat half der wilde Knoblauch Aivars, satt machte er ihn allerdings nicht.

Wie schwächlich mein Vater auch war: Nach der Aussaat erhielt er für gutes Arbeiten eine Prämie – ganze 15 Rubel! Nun konnte Milda ein Stück Seife kaufen.

Mit *kolba* allein wäre Aivars nicht wieder auf die Beine gekommen. Seine Rettung waren Magermilch und Kartoffeln. Der Kolchosvorsitzende war ein gutmütiger Mann. Als er sah, wie rasch die lettischen Jungen und Mädchen vom Fleisch fielen, schickte er sie Mitte Juli auf die relativ weit entfernte Sommerweide zur Heumahd. Aivars war dermaßen geschwächt, dass er nicht auf den Rücken des Pferdes kam. Er hatte Schwindelanfälle und vermochte den Zügel nicht festzuhalten. Der Reiter passte gut zu der klapprigen Mähre, bei der die Rippen wie Flitzbögen und die Rückenwirbel wie ein Sägeblatt hervorschauten.

Der Weg führte auf einem kaum erkennbaren, morastigen Pfad durch Taiga und Moore. Mücken und winzige Stechfliegen stürzten sich in Schwärmen auf die Reisenden. Die Insekten krochen in die Augen und labten sich hinter den Ohren, bis das Fleisch roh war und Gesicht und Hals wie ein rot gefleckter, unförmiger Klumpen aussahen. Ein Unwissender hätte gedacht, dass die Gestochenen an einer Gesichtsrose leiden.

Nach zweitägigem Ritt hatten sie endlich die Weiden der Kolchose erreicht, wo sie die Strapazen der Reise bald vergaßen, denn dort gab es ausreichend zu essen. Da die Heumahd eine schwere Arbeit war, bekamen die Mäher höhere Rationen als die übrigen Kolchosler: täglich ein Pfund Erbsenbrot sowie Kartoffeln und Magermilch, so viel sie wollten. Aivars und sein Freund Kārlis pflegten pro Mahlzeit einen ganzen Eimer Kartoffeln zu schälen, zu kochen, mit Magermilch zu Kartoffelbrei zu zerstampfen und aufzuessen. Sie waren dermaßen unersättlich, dass sie die gleiche Portion gut noch einmal hätten verdrücken können.

Auch das Mähen wollte gelernt sein. Es vergingen mehrere Tage, bis die Städter es endlich fertig brachten, ihre Sensen gleichmäßig zu schwingen. In den ersten paar Wochen hinderte ihre Schwäche sie, mit den Einheimischen Schritt zu halten, aber später entwickelten sich die jungen Letten zu guten Arbeitern, die ihre Tagesnorm nicht nur erfüllten, sondern übertrafen. Nicht nur die Menschen, sondern auch die Pferde und Ochsen kamen wieder zu Kräften, und ihre Rücken wurden rund und glänzend. Das Wohlgefühl der Sättigung ließ die Tiere bisweilen sogar ausgelassen über die Weide galoppieren und mit den Hinterhufen ausschlagen.

Als sich Anfang Oktober eine Eisschicht auf dem Karschan bildete und die Erde gefror, kehrten die Mäher ins Dorf zurück. Unterwegs fiel Aivars beim Überqueren des Flusses vom Pferd ins eisige Wasser, und er musste in nassen Kleidern weiterreiten. Innerhalb kürzester Zeit waren sie gefroren und knirschten wie Kies. Aivars fror fürchterlich, und es war abzusehen, dass er nach der eisigen Reise wieder krank werden würde.

Er würde nie vergessen, wie er auf der Weide im Anginafieber gelegen hatte. Ohne Medikamente, ohne Hilfe, bis die geschwollenen, vereiterten Mandeln die Atemwege eines Nachts dermaßen abdrückten, dass Aivars zu ersticken begann. In seiner Angst und Verzweiflung riss er die Vereiterungen in seiner Kehle mit den Fingern auf, sodass die Luft wieder ungehindert in den Körper strömen konnte. Ein solches Gefühl von Panik wollte er nicht noch einmal erleben. Überraschenderweise wurde Aivars nach dem eisigen Bad nicht krank, was veranschaulicht, wie sehr die harte Arbeit und die primitive Ernährung ihn abgehärtet hatten.

Durch Aivars' Genesung gewann meine Großmama etwas von ihrer früher scheinbar unerschöpflichen Lebensfreude zurück. Mit gestrafften Schultern und erhobenem Haupt war sie wieder die unabhängige Milda, welche die anderen mit einer gewitzten Anekdote aufzumuntern verstand oder einen Verzweifelten beruhigte, indem sie ihm eine Patience legte oder aus den Karten seine Zukunft las.

Meine Großmama war beileibe keine Hellseherin, vielmehr war das Kartenlegen, das sie sich in Sibirien aneignete, ein notwendiges Ritual – eine Art psychotherapeutischer Sitzung, die ihr die Kraft gab, der Unbill des Alltags zu trotzen. Mildas Kartenkur war auch für die anderen Letten sowohl ein Mittel zur Stärkung der Hoffnung als auch der Kommunikation. Beim Erforschen der Karo-Sechs, der Kreuz-Neun oder der Herz-Dame konnte man seine Sehnsüchte besprechen und versuchen, das »Unergründliche der Zukunft« ein wenig zu erraten. Die Terminologie, die Großmama einführte, spiegelte alle Alltagssorgen wider: »Nachricht von der Krone« – eine Vorladung zur Kommandantur; »gute Neuigkeiten gegen Mittag« – ein Brief aus der Heimat; »übel gesinnter Kreuz-König« – ein jeglicher Vertreter der Macht; »eine lange Reise für die Krone im Morgengrauen« – Umsiedlung oder andere Unannehmlichkeiten.

Großmama brachte auch mir das Patiencen- und Kartenlegen bei. Mein Wissen wandte ich in der Schule an, indem ich meinen Klassenkameradinnen in den Pausen unter altkluger Wiederholung derselben Terminologie wahrsagte. Nur die Bedeutung war entsprechend der neuen Umstände und der Ansprüche meiner Klientel eine jeweils andere. Ein »übel gesinnter Kreuz-König« war ein Lehrer, der einen bei einem Streich oder einer anderen Verfehlung erwischte, »gute Neuigkeiten gegen Mittag« hingegen hatten sich zum ersehnten Briefchen eines Jungen mit der Einladung zu einem Stelldichein nach der Schule gewandelt. Ich war derart erfolgreich, dass mich zuweilen sogar die Schülerinnen höherer Klassen mit der Bitte beehrten, ihnen meine Hellseherei angedeihen zu lassen.

Die örtlichen Machthaber – der Vorsitzende und der Brigadier der Kolchose – nahmen meine Großmama zunächst nicht für voll und versuchten, wie es in Sibirien nun einmal üblich war, ihre Allmacht als Funktionäre und Männer zu beweisen, indem sie sie mit brutalen Befehlen und Flüchen malträtierten. Verschlimmert wurde die Sache dadurch, dass Milda von sehr kleinem Wuchs war – sie maß lediglich 1,43 Meter – und außerdem völlig entkräftet. Sie wirkte schlaff und bewegte sich schleppend, was diese Leute nur noch mehr zu Gehässigkeiten reizte.

Als der *natschalnik* sich einmal besonders mit einer Tirade üppiger Schimpfworte hervortat, um das »faule Schwein und Flittchen« an der Kornschwinge zu höherem Tempo anzutreiben, da war das Maß der Geduld meiner Großmama voll. Nach einem abermaligen »Schneller schütten – (Schwall von Schimpfworten) – schütt' schneller – (Schimpfworte)« stürzte sich Milda mit der Getreideschaufel auf ihn. Der *natschalnik*, ein Hüne von Mann, wich zurück und stierte die kleine, abgehärmte Frau erschrocken an, in deren Augen ein solcher Zorn brannte, dass ihm die bereits zurechtgelegten Schimpfworte im Hals stecken blieben. Nachdem er etwas von verrückten und närrischen Weibern gemurmelt hatte, trollte er sich, um seine Selbstachtung zu wahren. Seitdem wurde Milda in Ruhe gelassen.

Ende Juli traf der erste Brief von Matilde ein, und mit unendlicher Erleichterung erfuhr Milda, dass Arnis nicht verhaftet worden war. Er wohnte auf dem Land bei seiner Großmutter, die jetzt ganz allein für die Erziehung und Verpflegung des Jungen sorgte.

Am Morgen des 25. März hatte Milda ihren Sohn in solcher Eile nach Sigulda geschickt, dass sie ihm nicht einmal Kleidung zum Wechseln mitgegeben hatte. Dem Brief ihrer Mutter entnahm sie, dass Matilde von ihrer bescheidenen Habe nichts bekommen hatte. Alles war verwüstet. Es schnürte Milda das Herz zusammen, als sie las, in welcher Armut ihre Mutter und ihr Sohn jetzt leben mussten: »(…) an Essen fehlt es jeden Tag, nie können wir uns richtig satt essen. Immerzu gräme ich mich, wenn wir doch alle zusammen wären, genug Platz und Brot für alle wäre da. Mir scheint, das alles ist nur so ein böser Traum, von dem man erwachen muss. (…) Von all dem Durchgemachten blutet mir ohne Unterlass eine Wunde im Busen, allein das Grab kann das alles dereinst heilen.«[234]

1949 war meine Urgroßmutter bereits 70 Jahre alt. Sie hatte ein schweres, arbeitsames Leben hinter sich, ihre Knochen waren vom Rheumatismus zerstört und ihr Augenlicht halb erloschen – die vom Geschlecht der Eglītis ererbte Zähigkeit und Geisteskraft jedoch ließ sie an diesem abermaligen Schicksalsschlag nicht zerbrechen. Sie vertraute auf die Fürsorge des Allmächtigen, der einen Sieg der Ungerechtigkeit und ein Zugrundegehen ihrer Tochter und der beiden Enkel nicht zulassen würde. Sie sah sich als ein Werkzeug in Gottes Hand, um den auf wunderbare Weise geretteten Arnis zu erziehen, bis er für sich selber sorgen und auch seiner Mutter und dem Bruder dort im fernen Sibirien würde helfen können.

Milda hatte geschrieben, dass sie und Aivars lebenslänglich verbannt seien, aber die Erfahrung hatte Matilde gelehrt, dass keine Herrschaft ewig dauert – was Menschen entschieden haben, können Menschen verändern. Matildes Briefe sind eine unendliche Geschichte vom Überleben, da man um das Notwendigste kämpfen muss: Nahrung, ein Kleidungsstück für Arnis, eine Furche Kartoffelsetzlinge oder ein Schwung Heu für ihre Kuh waren große Siege, die es gestatteten, einen weiteren Winter zu überstehen, um im nächsten Sommer wieder zu Kräften zu kommen.

Sie selber hatte so gut wie nichts, was sie ihrem lieben Mildchen und Aivars schicken könnte, aber sie würde dafür sorgen, dass einer der zahlreichen Angehörigen der Familien Eglītis oder Kaiminš etwas gibt, damit sie ihren Lieben ein Päckchen schicken kann. Von den Gaben der Verwandten – handgestrickte Strümpfe und Handschuhe, ein Stück Speck und etwas Mehl – behielt sie nichts für sich, sondern schickte alles ihrer Tochter.

Unter schweren Gewissensbissen nahm Milda das Opfer ihrer Mutter an, aber schließlich war sie ebenfalls eine Mutter, und

Aivars musste essen und brauchte etwas Warmes zum Anziehen, um zu überleben. Unter Tränen las sie Matildes Briefe. Sie schrieb: »Seit Juli habe ich weder Mehl noch Grütze. Heute war Vilma bei mir und brachte zwei Pfund Grütze und Hosenstoff für Arnis. (…) Brot haben wir keins zum Feiertag.«[235] Oder: »Die Kräfte lassen mit jedem Tag nach, aber Appetit wie ein Pferd hat man wohl.«[236]

Das erste Jahr der Deportation ihrer Tochter überstand Matilde durch die Hoffnung, dass ihr Sohn Voldemārs die schwere Last von ihren gebeugten Schultern nehmen und sowohl seiner Mutter als auch der Schwester helfen würde, sobald er auf freiem Fuß war. Voldemārs hatte nichts verbrochen, sondern einfach nur Pech gehabt. Er wurde 1945 bei einer der regelmäßigen Razzien auf dem Schwarzmarkt festgenommen und wegen Spekulation zu fünf Jahren Gefängnis verurteilt. Von wegen Spekulation – wer versuchte denn nicht, nach dem Krieg etwas auf dem Schwarzmarkt einzutauschen oder zu verkaufen?

Bald schrieb auch Voldemārs aus dem Gefängnis nach Sibirien: »Nach meiner Freilassung werde ich helfen, alles zum Rechten zu wenden, jedenfalls so weit es in meinen Kräften steht. (…) Wenn wir wieder alle zusammen sind, dann werden wir uns mit geeinten Kräften so gut wie möglich einrichten, denn ich glaube, dass mein Fachwissen und meine berufliche Erfahrung ebenso wie meine Sprachkenntnisse es mir ermöglichen werden, überall Brot und Zukost zu verdienen.«[237] Milda hatte ihren Bruder von Herzen lieb. In ihrer Erinnerung konnte nichts die Zeit tiefsten Einklangs und der Liebe in der Kindheit überschatten, als sie sich in Voldemārs' Nähe sicher und geborgen fühlte, denn aus der Verantwortung des großen Bruders heraus hatte er sie stets verteidigt und verhätschelt.

Voldi hatte von seinem Vater die stattliche Statur und das schöne, italienisch dunkle Gesicht mit den leidenschaftlichen braunen Augen geerbt. Sein Scharfsinn und sicheres Auftreten bescherten ihm einen derartigen Erfolg bei den Frauen, dass er eine weitaus bessere Partie gemacht hatte, als der aus bescheidenen Verhältnissen stammende junge Mann sich hatte erhoffen dürfen. Er war studierter Agronom und Mitglied einer Burschenschaft, aber wie es bei talentierten Menschen, denen praktisch alles von alleine zufliegt, häufig vorkommt, konnte Voldemārs den Versuchungen des Lebens nicht widerstehen, und allmählich versank seine viel versprechende Zukunft im Schnapsglas. Die Ehe in gehobenen Kreisen ging in die Brüche, und sein weiterer Lebensweg war ein langsamer, aber unaufhaltsamer Abstieg, was für seine Eltern, die so stolz auf ihren Sohn gewesen waren, eine bittere Enttäuschung darstellte.

Obwohl Milda wusste, dass sie sich auf ihren Bruder nicht mehr verlassen konnte, klammerte sie sich mit der Hoffnung eines in die Enge getriebenen Menschen dennoch an sein Versprechen, seine Mutter und sie beide in Sibirien zu unterstützen. Deshalb war Mildas und Matildes Enttäuschung umso größer, als Voldemārs nach seiner Entlassung aus dem Gefängnis für längere Zeit spurlos verschwand, nachdem er einige Tage bei seiner Mutter gewohnt hatte. Dann tauchte er wieder auf, versprach das Blaue vom Himmel und verschwand abermals. Von Zeit zu Zeit erhielt Matilde Kunde, dass Voldi in Jelgava oder Lielstraupe gesehen worden oder gar nach Russland gefahren war, aber nie fand er Zeit, seine Mutter zu besuchen – ganz zu schweigen davon, ihr ein paar Rubel zu schicken.

Als Matilde 1952 starb, gab es niemanden, der für die Erfüllung ihres Wunsches sorgte, neben ihrem Mann Pēteris auf dem Rigaer Waldfriedhof beigesetzt zu werden. Familienfremde begruben sie auf dem Friedhof von Bērze, und der 13-jährige Arnis musste seinen Lebensweg ganz alleine erkämpfen. Diesen Verrat hat meine Großmama Voldemārs nie verziehen und deshalb nach ihrer Rückkehr nach Lettland keine Nachforschungen nach ihrem Bruder angestellt. Erst ganz am Ende ihres Lebens schrieb sie ihm, als würde sie das Nahen des Todes spüren, und bat um ein Treffen. Voldemārs kam. Er war ein alter, gebrochener und fast erblindeter Mann, aber sogar in seiner jämmerlichen Verfassung vermochte ich, ein unbedarfter Teenager, die Spuren seiner einstigen Ausstrahlung zu erkennen. Als Voldemārs starb, war es Aivars, der ihn neben dessen Vater und Schwester auf dem Waldfriedhof beisetzen ließ.

Aus Matildes Briefen klangen Sorge und unablässige Klagen über Arnis heraus, der nicht gehorchte, nicht lernte und sich nicht so benahm, wie es sich ihrer Ansicht nach gehörte. Dies beunruhigte Milda zutiefst, denn sie konnte nicht wissen, dass es sich bei vielem von dem, was ihre Mutter schrieb, um subjektive Übertreibung handelte. Arnis war weder schlecht noch ungezogen. Seine Streiche unterschieden sich in nichts von denen der meisten Jungen seines Alters. Allerdings war er unbeherrscht und manchmal sogar grob, aber das hatte andere, sehr viel tiefere Ursachen.

Matilde erzog ihren Enkel auf der Grundlage jener Prinzipien von Gehorsam, die noch aus dem vorherigen Jahrhundert stammten. Sie selber hatte in ihrer Kindheit jene Stabilität und Sicherheit genossen, die die große und herzliche Familie Eglītis bot. Sie war zu alt, um einschätzen zu können, wie sehr die furchtbaren Eindrücke des Krieges und insbesondere der letzte Schock – die Deportation der Mutter und des Bruders – den damals elfjährigen Arnis erschüttert hatten. Im Schicksal des Jungen wiederholte sich wie ein Teufelskreis die unglückliche Kindheit seines Vaters Aleksandrs, dem der Erste Weltkrieg die Eltern genommen hatte. Nur war Arnis ein Waisenkind mit lebenden Eltern, denn sein Vater war Häftling im Gulag und seine Mutter nach Sibirien deportiert.

Arnis war tief unglücklich, und wie die meisten Kinder war er sich über seine widersprüchlichen Gefühle nicht im Klaren. Er vermochte sein Gefühl unverdienter Verletzung, das in seinem Unterbewusstsein anschwoll, nicht zu formulieren, bis es in Form einer unangemessenen, unbeherrschten Handlung hervorbrach, die Matilde so sehr bekümmerte. Wenn er sich wieder beruhigt hatte, machte Arnis sich Vorwürfe, dass er wieder unartig gewesen war und seine liebe Großmama geplagt hatte, und mit kindlichem Temperament beeilte er sich, sie zu liebkosen.

Arnis' Briefe an seine Mutter sind in einer für einen Fünft- bzw. Sechstklässler ungewöhnlich reifen Sprache und Klarheit des Ausdrucks geschrieben. Sie zerstreuten Mildas Sorgen, dass ihr Sohn vom rechten Weg abkommen könnte. Wenn Arnis gut in der Schule war, an Sportwettkämpfen teilnahm, Siege errang und außerdem noch fleißig bei der Feldarbeit half, dann mussten Matildes Klagen übertrieben sein. Wenigstens diese Last war nun ein wenig leichter geworden.

Während des Kampfes um ihr eigenes und Aivars' physisches Überleben im ersten Jahr in Sibirien hatte Milda auf alles und jedes dieselben Kriterien angewandt. Die Grütze und Kartoffeln auf Arnis' Teller schienen ihr wichtiger zu sein als seine Seelenverfassung. Erst nach einer Weile begann ihr klar zu werden, wie unglücklich ihr Jüngster war. Unfähig, seinen Kummer mit eigenen Worten auszudrücken, hatte Arnis in einem Brief an seine Mutter sorgfältig ein langes Gedicht abgeschrieben. Die ersten Zeilen versetzten Milda einen schmerzlichen Stich ins Herz: *Wenn ich doch nur ein einz'ges Mal | noch meine Eltern wieder sehen dürfte …*[238] Ach, wenn ihr doch beschieden wäre, Arnis nur ein einziges Mal wieder zu sehen und ihn zu trösten!

Arnis vermisste seine Mutter sehr. Mehr als seinen Vater, mit dem er aufgrund des Krieges und der Missstimmigkeiten zwischen den Eltern nur selten zusammen gewesen war. Zudem empfand er mit kindlicher Sensibilität, dass sein Vater auf irgendeine Weise Schuld an der Deportation der Mutter und des Bruders hatte. Das jedenfalls behauptete Matilde. Auch in der Schule musste er über den Kampf gegen die »bourgeoisen Banditen« lernen, die Lettland im Blut ertrinken lassen wollten, um es dann den Imperialisten zu überlassen. Arnis hatte niemanden, bei dem er sich hätte aussprechen können, denn »über diese Dinge« sprach man nicht, und so quälte der Junge sich mit Mutmaßungen über die wahre Natur der Verfehlungen Aleksandrs'. War sein Vater ein Verbrecher? Oder ebenso wie seine Mutter und sein Bruder ein unschuldiges Opfer? Auch in den wenigen Briefen seines Vaters fand er keine Antwort auf diese Frage.

In Arnis rangen widersprüchliche Gefühle miteinander. Er wollte ein guter Sohn sein, und deshalb erfüllte er seine Pflicht und schrieb Aleksandrs ins Straflager, aber im Herzen war er verletzt und verbittert, dass sein Vater ihn verlassen und ihm zudem noch die Mutter genommen hatte. Mit einer ganz anderen Inbrunst dachte Arnis an Milda, mit der er sich ebenfalls nur durch Briefe austauschen konnte, auf die er so sehr wartete, dass ihm schien, sie seien zu selten und zu kurz: »Mami, schreib' mir längere Briefe. Ich muss den Brief noch für Vati abschreiben, Vati wartet ja auch auf Nachricht aus der Heimat. Muttilein, wir haben euch nicht vergessen. Ihr werdet noch viele Nachrichten aus der Heimat erhalten, freudige wie traurige. Schick' mir ein Foto von dir, Mami.«[239]

Es hatte den Anschein, dass sein Kummer mit der Zeit schwächer würde, in Wirklichkeit jedoch hatte Arnis ihn tief im Herzen vergraben, um sich selber zu schützen. Damals war er sich noch nicht bewusst, dass dieser Schmerz für immer dort bleiben würde, einerlei, wohin er geht oder was er macht. Allmählich zeichnete sich der Schatten dieser diskreten Traurigkeit auch in seinen Gesichtszügen und im Ausdruck seiner Augen ab. Sogar ich erinnere mich daran. Mein Onkel konnte herzhaft lachen und mit glühenden Wangen lustige Witze erzählen – sobald er jedoch verstummte, legte sich eine Verschlossenheit auf sein Gesicht, als hätte es keinerlei Fröhlichkeit und Gelächter gegeben.

Der nächste Schlag, der den Panzer der Einsamkeit des Jungen noch härter werden ließ, war der Tod seiner Großmama im Sommer 1952. Arnis war erst 13 Jahre alt und hatte noch nicht einmal die Adoleszenz erreicht, als er sich gezwungen sah, ins Erwachsenenleben einzutreten. Nun war er ganz allein auf der Welt. Hätte die in Bērze wohnende Familie Bogdanovs den Jungen nicht angenommen, dann wäre Arnis ins Kinderheim gekommen. Dank der Fürsorge seiner Gönner hatte Arnis ein wenig mehr auf dem Teller und ein Zuhause, in dem er die Ferien verbringen konnte.

Von seinem Zukunftstraum, zur See zu fahren, musste er sich nun verabschieden und widerwillig die Berufsschule besuchen. Dort erhielt er einen Satz Kleider, einen blauen Uniformmantel aus grobem Tuch sowie täglich ein kostenloses Mittagessen. Ebenso wie seinem Vater Aleksandrs ließ das Leben auch Arnis keine Wahl. Diese Verbitterung trug mein Onkel zeitlebens tief in sich.

Es sollte Milda niemals gelingen, den von der Ungerechtigkeit des Schicksals verursachten Abgrund zwischen sich und ihrem Sohn zu überbrücken. Genauer gesagt, war es ein Abgrund zwischen Arnis und der Welt, zu der er nun auch Mutter und Bruder rechnete. Dies ahnte Milda, ohne es sich eingestehen zu wollen, als Arnis sie 1954 während der Schulferien in Sibirien besuchte. Milda blickte unverwandt in das bekannte und gleichzeitig so fremde Gesicht ihres Sohnes und lauschte seinen Berichten über die vergangenen Jahre, doch zwischen ihnen befand sich eine Art feiner Schleier, der zwar erlaubte, einander zu sehen und die Wärme zu spüren, aber eine wirkliche Berührung verhinderte. Nachdem Arnis nach Lettland zurückgekehrt war, bemühten sich beide, diese Entfremdung zu überwinden, was jedoch nicht gänzlich gelang. Es war Milda verwehrt gewesen, bei ihrem Sohn zu sein, als dieser seine Mutter am nötigsten brauchte. Später hatte Arnis gelernt, allein zu sein.

Kurz war der erste Sommer in Sibirien. Bevor sie wieder zu Kräften kommen konnten, wurde es Winter. Im Oktober fiel der erste Schnee. »Ich habe in meinem Leben niemals mehr so sehr gefroren wie in jenem ersten Winter in Sibirien. Manchmal schien es, als würde selbst die Seele erstarren, aber krank bin ich nicht geworden«, erinnert sich mein Vater.[240] Seine VEF-Arbeitskollegen schickten ihm sein letztes Gehalt, das ihm wegen der Deportation nicht ausgezahlt worden war, nach Sibirien. Für das Geld konnte Aivars sich eine *fufaika*, wattierte Hosen und eine Wintermütze kaufen.

Die Hütte, in der die Deportierten gemeinsam hausten, war sehr beengt, aber auch dies bot keinen Schutz vor der Kälte. Als Älteste und Erfahrenste unter ihnen kam meine Großmama zu dem Schluss, dass ein Ofen gebraucht wurde. Ohne etwas von dessen Funktionsprinzip zu verstehen, baute Milda nach dem Vorbild der Einheimischen einen kleinen Ofen aus Kuhdung, der erstaunlicherweise nicht einmal allzu sehr qualmte und sogar heizte.

Eines Nachts kam Aivars ihm mit den Füßen zu nahe, sodass seine einzigen Schuhe, ein Paar Galoschen, die er im Sommer erhandelt hatte, versengt wurden. Da er für den Kauf von Filzstiefeln kein Geld hatte, musste er sich mit von Einheimischen angefertigten Mokassins begnügen, so genannten *tschirki*, an denen er Stulpen aus Zelttuch befestigte. Wenn man die *tschirki* mit dem harten Moorgras ausfütterte und die Füße in Lappen wickelte, blieben sie einigermaßen warm. Im ersten Paket, das im Oktober aus Lettland eintraf, war eine Schaffellweste, die mein Vater all die Jahre in Sibirien trug, bis das Fell an manchen Stellen bis aufs Leder abgewetzt war.

Der Kolchosvorsitzende setzte die jüngeren Letten für Forstarbeiten ein, die im Umkreis von 30 Kilometern ausgeführt werden mussten. Alle Forstarbeiter – sowohl Sondersiedler als auch Einheimische und Tagelöhner aus entfernten Straßendörfern – wohnten gemeinsam in einer riesigen Baracke, in deren Mitte ein großer, eiserner Ofen stand, der rund um die Uhr beheizt wurde. Am einen Ende der Baracke befand sich ein primitiver kleiner Verkaufsstand, wo man »auf Kredit« täglich zwei Kilogramm Brot bekam sowie Grieß, Zucker und sogar ein Stückchen Fleisch kaufen konnte. Manchmal ging ihnen im Wald ein Hase in die Falle, der dann mit Grieß zu einem schmackhaften Brei gekocht wurde. Als Nachtisch wurde heißes Zuckerwasser getrunken.

Mit den Kartoffeln hatte Aivars allerdings Pech, denn es war ihm nicht klar gewesen, dass sie bei dem starken Frost erfrieren würden. Nun verstand er, weshalb die Einheimischen sie zunächst kochten, zu Brei zerstampften, zu Klößen formten und gefrieren ließen. So konnte man sie, ebenso wie gefrorenes Sauerkraut, den ganzen Winter über in der Kälte aufbewahren und auch bequem transportieren. Fortan verfuhr er ebenso. Er musste noch viele andere Dinge von den Einheimischen lernen, die ihre eigenen Strategien entwickelt hatten, um in den rauen Verhältnissen zu überleben und den Vitaminmangel und die einseitige, dürftige Ernährung zu kompensieren. Da er befürchten musste, abermals an Skorbut zu erkranken, überwand Aivars seinen Widerwillen und trank *chwoja*, den scharf riechenden, grün-braunen Kiefernnadelsud, der sich als wirksames Mittel erwies.

Die Arbeit war hart, und ohne die Unterstützung der erfahrenen Männer hätte mein Vater die Tagesnorm nicht zu erfüllen vermocht. Er musste die Baumstämme mit Pferden zum Flussufer bringen, von wo aus sie im Frühling stromabwärts zu den Sägewerken geflößt wurden. Wenn es ihm auch nicht gelang, etwas zur Seite zu legen, so war Aivars wenigstens satt und außerdem in der Lage, seine Mutter zu unterstützen.

Im Dezember erreichte Aivars im Wald die Nachricht, dass Milda sich ein Bein gebrochen hatte und im Krankenhaus von Kolpaschewo lag. Dafür hatte eine der deportierten Krankenschwestern gesorgt, die dem Kolchoschef so lange in den Ohren lag, bis dieser sich zum nächsten Postamt im benachbarten Straßendorf begab und von dort aus ein Rettungsflugzeug anforderte. Die restlichen Wintermonate lag Milda im Krankenhaus. Immerhin wurde sie einigermaßen satt und war im Warmen. Man möchte gar nicht daran denken, wie es meiner Großmama ergangen wäre, wenn sie im Dorf geblieben wäre.

Ihre spröden Knochen waren Mildas Crux. Es war der vierte Knochenbruch, den sie sich in ihrem Leben zugezogen hatte, und es sollte nicht der letzte bleiben. Einen weiteren erlitt sie noch in Sibirien und zwei in Lettland. Im Rigaer Institut für Traumatologie wurde schließlich festgestellt, dass sie an einer seltenen, Glasknochen genannten Krankheit litt, in deren Verlauf die Knochen kristallisieren und steinhart, gleichzeitig jedoch sehr brüchig werden. Bei der geringsten Krafteinwirkung brechen sie. Nach ihrer Rückkehr aus Sibirien verhinderte dieses rätselhafte Leiden Mildas wieder aufgenommene Arbeit im Krankenhaus, wo ihre ehemaligen Kollegen sie mit offenen Armen empfangen hatten. Nur zwei Monate war ihr beschieden, in ihrem geliebten Beruf als Krankenschwester zu arbeiten, als sie auf einem auf die Straße geworfenen Kerngehäuse eines Apfels ausrutschte und hinfiel.

Diesmal war der Bruch derart kompliziert, dass die Ärzte sich mehrere Jahre um das Zusammenwachsen der Knochen bemühten, aber nach dem langen Liegen und mehreren Operationen waren Hüft- und Kniegelenk des gebrochenen Beines steif geworden. Meine Großmama war zu einer arbeitsunfähigen Invaliden geworden, was psychologisch sehr demütigend war. Bis zu ihrem letzten Atemzug konnte sie sich nicht mit dem Gedanken abfinden, von anderen anhängig zu sein.

Erst mit meiner heutigen Lebenserfahrung vermag ich die einzigartige Persönlichkeit meiner Großmama wertzuschätzen. Sie war ihrer Zeit um eine ganze Generation voraus, denn sie war nicht der Ansicht, dass das Lebensziel einer Frau allein durch die Bindung an einen Mann und durch die Ehe zu realisieren sei. Ihre Arbeit war für Milda kein aufgezwungener vorübergehender Zustand, bis sich die Gelegenheit bot, zu heiraten oder das Leben anderweitig besser einzurichten, sondern Lebensinhalt und eine wesentliche Form der Selbstbestätigung.

Sie verfügte über eine außergewöhnliche Willenskraft, die jegliche Brutalität in ihre Schranken verwies, da sie innerlich frei und unabhängig war. Niemandem war es gelungen, sie zu unterwerfen – weder ihrem Mann Aleksandrs noch dem MGB. Lediglich ihr eigener Körper übte Verrat an ihr, aber selbst ihm gegenüber gab sie nicht nach. Jahrelang war Milda ans Bett gefesselt, was sie mit unermesslicher Geduld ertrug. In dem festen Glauben, irgendwann wieder laufen zu können, trainierte sie mit großer Beharrlichkeit ihre starren Gelenke. Millimeter um Millimeter begann sich das Knie zu bewegen, und sie lief! Bis der nächste Knochenbruch das Erreichte zunichte machte. Selbst im Krankenhaus, in das Großmama oft zurückkehren musste, verstand sie es, mit ihrer Gewitztheit und unerschöpflichen Ausdauer im Ertragen von Schmerzen die Sympathien aller zu erobern.

Großmama unterhielt eine umfassende Korrespondenz mit ihren Jugendfreunden, Verwandten und Freunden und Bekannten, die sie in Sibirien oder im Krankenhaus kennen gelernt hatte. Ihre Briefe sind ein Musterbeispiel gepflegten Stils, die im heutigen Zeitalter der beschleunigten Kommunikation umso deutlicher bewusst machen, welch wesentliche Form des menschlichen Austausches unwiederbringlich Vergangenheit geworden ist.

In einem ihrer Briefe aus Sibirien beschreibt Milda mit viel Humor, wie ein vorwitziges Kalb einmal aus der Vorkammer der *banja* ihr Kleid stibitzt hatte und nun daran zu nuckeln begann. Meine Großmama nahm im Evakostüm die Verfolgung des Übeltäters auf, um ihr einziges Kleidungsstück zurückzuerobern. So galoppierten die beiden – die zornige, nackte Frau und das verschreckte Kalb – über das verschneite Feld, bis das angeknabberte Kleid dem Wildfang schließlich wieder abspenstig gemacht wurde. Die Adressatin war von der lustigen Geschichte derart inspiriert, dass sie Milda in ihrem Antwortbrief ihre Illustrationen zu der Episode schickte.

Wegen ihrer gebrechlichen Beine war Großmama die letzten zehn Jahre ihres Lebens gezwungen, sich fast ausschließlich in geschlossenen Räumen aufzuhalten, aber selbst das nahm ihr nicht die Spannkraft und das leidenschaftliche Interesse an den Ereignissen in der Welt. Mit welchem Eifer verfolgte sie Sportwettkämpfe im Fernsehen – mit geröteten Wangen feuerte sie ihre Lieblingsmannschaft an, die berühmten TTT-Basketballer.

In meiner selbstgerechten Fühllosigkeit der Jugend war ich ihr gegenüber oft ungeduldig. Ich vermochte mir nicht vorzustellen, wie sich ein freier Geist fühlt, der in einem hinfälligen Körper eingesperrt ist. Wie sehr musste sie leiden!

Nach ihrer Entlassung aus dem Krankenhaus konnte Milda die

schweren Kolchosarbeiten nicht mehr verrichten, und sie beide mussten fortan mit Aivars' Verdienst auskommen, der gerade ausreichte, um sie nicht in die vom Hungern verursachte Entkräftung des letzten Jahres zurückfallen zu lassen. Großmama lag hilflos in einem alten, klapprigen Warschauer – so nannte man in Russland die metallenen Betten, deren Kopf- und Fußende von Metallstäben mit kegelförmigen Aufsätzen verziert sind – und rauchte, bis das Zimmer blau war vor Qualm. Der dicke Roman »Zaļā zeme« (»Das grüne Land«) von Andrejs Upīts, den sie aus Lettland mitgenommen hatte, war die einzige Papierquelle für die »Ziegenfüße«, wie sie ihre selbst gedrehten *papirossy* nannte, und mittlerweile schon beinahe aufgeraucht.

Gewöhnlich saß auf einem der Pfosten am Kopfendes des Bettes die Katze Briska, und am Fußende machte es sich das vor dem Erfrieren gerettete Küken Zippa gemütlich. Wenn sie von ihren Erlebnissen in der Vergangenheit erzählte, nannte Großmama diese Szene lachend das »Hexenbett«. Diese Bezeichnung beflügelte meine kindliche Phantasie ungemein, und sofort fielen mir die Märchen ein, in denen es genauso zuging: Rauchschwaden und eine böse Alte, die Menschen in Tiere verzaubert. Nur war meine Großmama nicht böse. Sie war die Inkarnation der Liebe, die mich stets vor dem Zorn meiner Eltern rettete, wenn ich etwas ausgefressen hatte.

Im zweiten Deportationssommer litt das Herz nicht mehr so sehr an Heimweh. Es hatte sich verhärtet. Die Forstarbeit und das Pflügen, Säen und Mähen fielen Aivars nun leichter, er hatte sich eingewöhnt. Er setzte auch ein paar Eimer Kartoffeln, damit sie wenigstens diese im nächsten Winter nicht zu kaufen brauchten.

Anfang Juni wurde er nach Inkino geschickt, der nächsten Lastkahnanlegestelle, wo er Saatgetreide umzuladen hatte, das auf einer kleineren Barke eingetroffen war. Die Heimkehr aus Inkino gestaltete sich mühsam, denn sie mussten auf dem Karschan gegen den Strom rudern. »Wir saßen zu zweit an einem Riemen. Insgesamt zwölf Mann und der Steuermann. Es sah aus wie eine Sklavengaleere aus dem Altertum. Wir kamen nur langsam voran, denn der Fluss hatte einen sehr gewundenen Verlauf und stellenweise eine starke Strömung. Wir mussten aussteigen und den Kahn mit Tauen ziehen. Wir wateten durch das tiefe, kalte Frühjahrswasser. So waren wir drei, vier Tage unterwegs.«[241] Wie ähnlich das Schicksal meiner Eltern war: Beide haben – nur jeweils zu einer anderen Zeit – gehungert, über ihre Kräfte Feld- und Forstarbeit verrichtet und Lastkähne getreidelt!

Dort in Inkino wurde das im Krieg zertrümmerte Bein meines Vaters durch das Umladen der Getreidesäcke dermaßen überlastet, dass der zum Stillstand gekommene Deformierungsprozess des Knochens wieder einsetzte. Es wäre zwar möglich gewesen, ihn aufzuhalten, aber Aivars konnte sich der harten Arbeit und dem Schleppen schwerer Lasten nicht entziehen – eine solche »Faulenzerei« war in Sibirien undenkbar. Wegen der ständigen Überlastung wurde das Bein kürzer und bereitete in der Folge viele Jahre lang unerträgliche Schmerzen.

Anfangs sah der Kolchosvorsitzende mit Verachtung auf die Neuzugänge aus Lettland herab, weil sie seiner Meinung nach Nichtsnutze und Faulpelze waren, aber selbst in ihrem geschwächten Zustand fanden die Letten sich schnell in die ihnen zugewiesenen Aufgaben ein und erwiesen sich als geschickte Arbeiter. Dies machte den *natschalnik* ihnen gewogen; fortan kam er mit den seiner Aufsicht Unterstellten gut zurecht und war, so weit es die Armut der Kolchose zuließ, verständnisvoll und entgegenkommend. Er hatte Mitleid mit Aivars, der wegen seines schmerzenden Beines nicht mehr für die Arbeit taugte, und deshalb überredete er nach der Aussaat den Kommandanten, dem Jungen zu gestatten, ihn nach Kolpaschewo zu begleiten. Bei dieser Gelegenheit würde er im Krankenhaus bei einem Arzt vorstellig werden.

Die Reise war ein großes Ereignis für Aivars, denn es war mehr als ein Jahr vergangen, seit er in einer Stadt gewesen war. Wie unscheinbar Kolpaschewo auch wirkte, war es dennoch »Rayonhauptstadt, und dieser Rayon war so groß wie ganz Lettland. Dort befanden sich sämtliche Behörden und Industrieunternehmen des Rayons sowie Schulen, Krankenhäuser, ein Hafen und ein Flugplatz. Überraschenderweise waren alle Gebäude aus Holz. Nur das Kaufhaus war aus weißem Kalksandstein errichtet. Die höchsten Gebäude waren zweigeschossig und ebenfalls Blockbauten. Die Fenstereinfassungen einiger alter Häuser zeichneten sich durch schöne Holzschnitzereien aus. Die Häuser ruhten auf Rundhölzern, die in die Erde eingegraben waren. Auf diese wurde ein hölzerner Kasten gestellt, gefüllt mit Erde oder Sägespänen.«[242] Mein Vater erinnert sich nicht mehr, ob der Arztbesuch etwas bewirkt hat, aber diese Fahrt war in anderer Hinsicht schicksalhaft – sie sollte sein eigenes und Großmamas Leben verändern.

Etwa acht oder zehn Kilometer außerhalb von Kolpaschewo lag das Dorf Togur, wohin kurz zuvor die Deportierten Rasma und Kārlis Melbārdis aus Sochta hatten umziehen dürfen. Aivars wollte seine Freunde so unbedingt besuchen, dass er es riskierte, sich ohne Erlaubnis der Kommandantur auf den Weg zu machen. Er würde schon nicht erwischt werden, der Kommandant wird ja nicht am Sonntag durch die Gegend spazieren. Seine Beobachtungen und Gespräche in Togur überzeugten meinen Vater, dass ein Arbeiter mehr auf den Teller bekommt als ein Kolchosler und auch die Arbeitsbedingungen besser waren. Damals hatte er einen bescheidenen Wunsch: »Es wäre gut, hierher kommen und arbeiten zu können. Vielleicht könnte ich es schaffen, 60 Rubel im Monat zu verdienen, dann hätte ich genug, um einen Laib echtes Brot und vielleicht ein wenig Öl als Zukost zu kaufen.«[243]

Und natürlich musste Aivars auf dem Rückweg an der Bushaltestelle geradewegs dem Kommandanten in die Arme laufen, der sofort sah, dass sich eine unbefugte Person in seinem Aufsichtsgebiet befand: »Was bist du für einer? Papiere zeigen!« Mein Vater wurde festgenommen und nach Kolpaschewo zur Abteilung für Innere Angelegenheiten gebracht, wo er eingehend verhört wurde. Gut, dass Aivars schon so weit Russisch gelernt hatte, um vom Grund seiner Fahrt nach Togur sowie von seinem schmerzenden Bein und der kranken Mutter in der Kolchose zusammenhängend berichten zu können.

Als er mit seiner Geschichte zu Ende war, nahm er in einer Eingebung der Verzweiflung allen Mut zusammen und bat um Erlaubnis, nach Togur zu ziehen. Der Kommandant brüllte wütend, was er sich überhaupt einbilde! Das Sondersiedlungsregime verletzen und dann noch solche Bitten vorbringen! Eigentlich müsste er bestraft werden und ins Gefängnis wandern. Jeder Satz wurde von dem traditionellen Schimpfwörterschwall begleitet. Nachdem er genug gebrüllt hatte, beruhigte sich der Alte und sagte trocken, er solle in ein paar Tagen wiederkommen.

Besorgt wartete Aivars auf das bevorstehende Treffen, denn er sah sich bereits im Gefängnis oder in einem Straflager. Aber es geschah ein Wunder – der Kommandant erlaubte Aivars und Milda, nach Togur zu ziehen. Vielleicht hatte den Major der Radioapparat der Firma VEF gnädig gestimmt, der in seinem Kabinett stand. Aivars hatte erzählt, dass der Apparat in der Fabrik hergestellt wurde, in der er vor der Verschickung gearbeitet hatte und in deren Technikum er im vierten Ausbildungsjahr gewesen war. »*Choroscheje radio*«, »gutes Radio«, hatte der Major gebrummt und Aivars etwas eingehender gemustert. Vielleicht bezog er dieses »choroscheje« unwillkürlich auch auf Aivars und sogar auf die Letten insgesamt, die, obgleich »Faschisten«, keine Schwierigkeiten machten, gut arbeiteten und friedfertige Leute waren.

So glückte es Milda und Aivars im Spätsommer 1950, die Sümpfe und Taiga von Sochta hinter sich zu lassen und nach Togur zu ziehen. Mein Vater begann im Sägewerk zu arbeiten, und den beiden wurde ein Zimmerchen mit Herd und Ofen in der neuen Arbeiterbaracke zugewiesen. Hier sollte ein Jahr später auch Aivars' frisch gebackene Ehefrau Ligita Dreifelde einziehen, und nach einem weiteren Jahr gesellte sich die Tochter Sandra hinzu.

Mutter wäscht mit Regenwasser mir das Haar …

Ich stehe zusammen mit Mutter und Vater auf dem Brīvības laukums (Platz der Freiheit) in Tukums. Jahrzehntelang in »Sarkanais laukums« (Roter Platz) umbenannt, hat er seinen ursprünglichen Namen wiederbekommen. An der Stelle des vor Jahren beseitigten Lenindenkmals plätschert jetzt ein Springbrunnen. Ich bitte einen Passanten, uns drei zu fotografieren. Der Platz ist von Geschäften gesäumt, die in der Hoffnung auf Lettlands wiedererstandenen Wohlstand ihre Schaufenster blitzen lassen und Waren feilbieten, die noch vor zehn Jahren unerreichbare Wunderdinge zu sein schienen. Wo früher die Konsumgenossenschaft von Tukums ihren Sitz hatte, in der meine Mama nach ihrer Rückkehr aus Sibirien 1948 gearbeitet hat, befindet sich heute ein Spielzeuggeschäft. Lediglich das Milizgebäude ist geblieben, was es war – abgesehen davon, dass die Miliz in Polizei umbenannt worden ist.

Alles hat sich bis zur Unkenntlichkeit verändert seit jenem fernen 7. Dezember 1949, als Ligita Dreifeldes Leben zum zweiten Mal zerstört wurde. Ich lausche Mamas Erzählung und spüre körperlich jene Spannung, in der sie lebte, seit sie erfahren hatte, dass einer der aus Sibirien zurückgekehrten Verbannten abermals verhaftet worden war. Ihm folgte der nächste, und mit jeder weiteren Festnahme wusste Ligita, dass auch sie bald an der Reihe war.

Die Tür zum Milizgebäude war vom Fenster im ersten Stockwerk, wo meine Mama arbeitete, gut zu sehen. Jedes Mal, wenn sie sich öffnete, hob Ligita den Kopf und musterte den Heraustretenden, seufzte erleichtert – oder erstarrte vor Angst, wenn es ein Milizionär war, der den Platz überquerte und auf die Konsumgenossenschaft zukam. So ging es Tage und Wochen, wobei die Verzweiflung über das Unabwendbare und die Hoffnung, dass sie vom Unglück verschont bleiben würde, einander abwechselten. Die Anspannung war unerträglich, und Rettung gab es nirgends, da die freigelassenen Sondersiedler überall aufgespürt wurden. Weder das Wechseln des Wohnsitzes half, noch die Namensänderung nach der Heirat.

Dennoch hat Mama das Nahen »ihres« Milizionärs nicht gesehen. Sie war auf den Markt zum Einkaufen gegangen. Als Ligita in ihr Büro zurückkehrte, saß er am Schreibtisch und wartete.

Ligita wurde über den Platz auf das Milizrevier gebracht und in eine Zelle gesperrt. Am selben Tag fand das erste Verhör statt. Milizunterleutnant Pumpe bezichtigte sie des eigenmächtigen Verlassens des Sondersiedlungsortes. Ihre Rechtfertigung, sie habe über eine Ausreisegenehmigung aus dem Gebiet Tomsk verfügt, die ihr zusammen mit anderen Papieren im Zug gestohlen wurde, half nichts. Im Folgenden ein Auszug aus dem Vernehmungsprotokoll:

»Antwort: Am 29.08.49 habe ich im Zug meinen Pass zusammen mit anderen Dokumenten verloren.

Frage: Wo ist Ihre Ausreisegenehmigung aus dem Gebiet Tomsk?

Antwort: Die habe ich zusammen mit den anderen Dokumenten verloren. Ich habe das Dokument bei der Passausgabestelle von Tukums vorgelegt, um einen Pass zu bekommen.

Frage: Wie können Sie Ihre Aussage beweisen?

Antwort: Das kann ich nicht. Ich bitte aber zu berücksichtigen, dass mir ein Pass ausgestellt wurde, und dafür musste die Ausreisegenehmigung vorgelegt werden.«[244]

Wie aus dem Protokoll ersichtlich ist, schenkte der Unterleutnant der Aussage der Verhörten keinerlei Beachtung. Er musste wissen, dass Ligita Dreifelde ohne Ausreisegenehmigung kein Pass ausgehändigt worden wäre, und ohne Pass hätte sie sich nicht in Tukums anmelden können und keine Arbeit bekommen.

Zudem wäre es ein Leichtes gewesen, die Aussage zu überprüfen, denn die Passstelle befand sich im selben Gebäude wie das Milizrevier. Im Archiv wurden mit Sicherheit alle eingereichten Dokumente aufbewahrt, darunter auch eine Kopie der Ausreisegenehmigung.

Aber Pumpe war an weiteren Nachforschungen nicht interessiert. Das fehlende Dokument war ein hervorragender Anlass, die Papiere »korrekt« auszufüllen und die Festnahme zu begründen.[245] Er hatte seine Aufgabe erfüllt, und alles Weitere war ihm – so wie vielen anderen wie ihm in Lettland und der ganzen Sowjetunion auch – egal. Einige Tage später wurde Ligita unter Milizbegleitung nach Hause gebracht, wo man ihr befahl, rasch die für die Fahrt notwendigen Sachen zusammenzupacken. Dann wurde sie ins Untersuchungsgefängnis am Bahnhof Brasa in Riga überführt.

Bislang ist unklar, weshalb einem kleinen Teil der Verbannten, hauptsächlich jungen Menschen, 1948 gestattet wurde, nach Lettland zurückzukehren. Vielleicht geschah dies auf Grundlage eines geheimen Befehls des Innenministeriums oder einer anderen Behörde der UdSSR, der den Historikern nicht bekannt ist. Es kann auch nicht ausgeschlossen werden, dass es sich dabei um eine dienstinterne Instruktion oder sogar eine mündliche Anweisung Moskaus an die Leiter des Beaufsichtigungssystems von Tomsk und einiger anderer Sondersiedlungsrayons handelte, die sich innerhalb der Aufsichtsbehörden des Rayons verbreitete und – genau wie alle anderen Anweisungen des totalitären Regimes – geflissentlich befolgt wurde.

Möglicherweise wurden die jungen Leute deshalb freigelassen, weil sie zum Zeitpunkt der Verschickung noch nicht volljährig waren und während der Kriegswirren nicht der Befehl erging, sie nach Erreichen des 16. Lebensjahrs auf die Liste der unter Aufsicht Stehenden zu setzen. Da sie nicht wussten, was sie mit diesen »Unerfassten« anfangen sollten, stellten die Gebiets- bzw. Rayonbevollmächtigten des Innenministeriums Genehmigungen zur Ausreise aus dem Gebiet Tomsk aus. Diese Vermutung wird durch die Feststellung von Generalmajor Eglītis und Staatsanwalt Mischutin nahe gelegt, dass »die Erlaubnis der Abteilung für Innere Angelegenheiten der Stadt Kolpaschewo der Dreifelde Ligita, Tochter d. Jānis, gesetzeswidrig erteilt wurde«.[246]

Ebenso gut konnte diese Feststellung eine Falsifizierung sein, um neue vom Ministerium für Staatssicherheit (MGB) der UdSSR gestellte Forderungen zu erfüllen. Bis 1948 unterstanden alle Sondersiedler der 1. Sonderabteilung des Innenministeriums der UdSSR. Dann wurden sie vom MGB übernommen, das 1949 mit der Umregistrierung der Sondersiedler begann, in deren Verlauf große »Ungereimtheiten« zutage kamen: Verstorbene waren nicht registriert, volljährig gewordene Kinder nicht erfasst, Geflohene nicht verfolgt und ein Teil aus unerfindlichen Gründen entlassen worden. Die Verstorbenen wurden »abgeschrieben«, die Verschwunden hingegen – darunter auch diejenigen, die das 16. Lebensjahr erreicht hatten – gesucht. Zunächst wurden regionale, später dann unionsweite Fahndungen ausgeschrieben.

Ligita führte in Tukums ein sorgloses Leben, ohne zu wissen, dass bereits seit dem 10. Mai 1949 unionsweit nach ihr gefahndet wurde. Dank der Langsamkeit der sowjetischen Bürokratie hatte meine Mama das Glück, in Lettland den schönsten Sommer ihres Lebens zu verbringen. Sie machte Spaziergänge am Meer, ging tanzen, trug schöne Kleider und Schuhe, besuchte Verwandte, traf sich mit Freundinnen, verliebte sich sogar ein wenig und verlobte sich.

Sie galt am 8. Oktober als »gefunden«, als der bevollmächtigte Unteroffizier des Milizreviers von Tukums, Gailis, eine Anfrage aus Tomsk nach dem Aufenthaltsort von Ligita Dreifelde bestätigend beantwortete.[247] Am 25. Oktober traf ein Brief des Innenministeriums der UdSSR ein, in dem präzisiert wurde, dass »die Kinder der Sondersiedler mit Erreichen des 16. Lebensjahres administrativ als Sondersiedler erfasst zu werden haben, um ihre Beaufsichtigung zu gewährleisten«, verbunden mit folgender Forderung: »Im Zusammenhang mit dem oben Dargestellten bitten wir, die von Ihnen gefundene 1926 geborene Dreifelde Ligita, Tochter d. Jānis, etappenweise zu ihrem vormaligen Verschickungsort im Rayon Kolpaschewo im Gebiet Tomsk zu schicken, wo ihre Mutter lebt, die verschickte Sondersiedlerin Dreifelde Ilze Emilija, Tochter des Indriķis.«[248]

Als ich anfing, an diesem Buch zu arbeiten, haben meine Eltern und ich gemeinsam unser bescheidenes Familienarchiv durchgesehen. Darin fanden sich einzigartige Dokumente und Briefe, deren Existenz im Laufe der Zeit schlichtweg vergessen worden war, unter anderem ein kleines, grünliches Notizbüchlein – das Tagebuch meiner Mama, das sie während ihrer zweiten Fahrt nach Sibirien führte. Mama nahm es sofort an sich, als wollte sie es niemandem zeigen. Ich konnte sie verstehen; auch mir würde es schwer fallen, jemandem – selbst den Menschen, die mir am allernächsten stehen – Einblick in meine intimsten Gefühle zu gewähren. Ich versuchte nicht, Mama mit unsensibler Neugier zu bedrängen, obgleich mir bewusst war, wie wichtig dieses Dokument für mein Buch sein würde.

Ein paar Tage später las Mama Vater und mir das Tagebuch eines Abends vor. Es war ein unwiederbringliches, aufwühlendes Erlebnis, diesen aus einer fernen Vergangenheit kommenden Worten und Mamas Stimme zu lauschen, die manchmal rau wurde oder in Tränen erstickte, um dann wieder in Genugtuung oder sogar Gelächter aufzufunkeln. An anderen Stellen ergänzte sie das Gelesene um ein Detail, das in ihrer Erinnerung zum Leben erwacht war, oder einen pointierten Kommentar. Diese Lesung gebe ich im Folgenden in ihrer Gänze wieder, als einen in sich geschlossenen Wert, da die Vergangenheit sich in der Gegenwart schmerzlich fortsetzt.

Nach langem Zögern erklärte Mama sich damit einverstanden, Fragmente ihres Tagebuches in dem Buch zu veröffentlichen. Ich konnte sie überzeugen, ihre Verschämtheit zu überwinden. Sie begriff, dass ihr Tagebuch ein Dokument ist, das nicht mehr allein ihr gehört, sondern der Geschichte, weil es ein authentisches Zeugnis des Bösen darstellt, welches das kommunistische Regime unschuldigen Menschen angetan hat.

Ich habe das Tagebuch wieder und wieder gelesen, wobei ich jedes Mal neue Nuancen, versteckte Hinweise und Fakten entdeckte, die mich zutiefst erschütterten und mit stets neuem Schmerz über die neuerliche Grausamkeit versengten, die meine Mutter erleiden musste. Wie eine Verbrecherin wurde sie von Gefängnis zu Gefängnis geschickt. Entrechtet und erniedrigt, verbrachte sie knapp fünf Monate in Gefängnissen, eine Zeit, während der die anfängliche Verzweiflung nach und nach von völliger Apathie abgelöst wurde, die das einzige verfügbare Mittel war, um sich vor weiteren seelischen Verletzungen in jener perversen kriminellen Welt zu schützen, in die man sie gestoßen hatte.

Die wenigen, mit Bleistift beschriebenen, vergilbten Seiten sind ein Dokument, in dem ihre Erlebnisse festgehalten sind – Erniedrigung, physische Angst, Niedergeschlagenheit, Hoffnung, Trotz, Entschlossenheit, Ohnmacht. Kein Mensch wird dieses und andere Traumata jemals aus dem Gedächtnis und Unterbewusstsein meiner Mutter und anderer Deportierter tilgen können.

Bislang sind die Folgen der Deportation und deren Auswirkungen auf das weitere Leben der Betroffenen – und sogar auf dasjenige der nächsten Generation, die die Deportation zwar nicht unmittelbar erlebt, sich jedoch in unmittelbarem Kontakt mit Menschen entwickelt hat, die den sibirischen Leidensweg durchlitten haben – in Lettland so gut wie unerforscht.[249] Die Verbannung hat mit Sicherheit ebenso in mir wie auch in der Psychologie und im Wertesystem meiner Generation Spuren hinterlassen.

Das Tagebuch ist in Form imaginärer Briefe an ihren Bräutigam verfasst, die dieser niemals erhalten hat. Das Schreiben stellte für Ligita einen Ersatz für die Kommunikation mit der Welt außerhalb der Gefängnisse dar, denn es war ihr nicht gestattet, zu korrespondieren und Briefe zu empfangen. Das Tagebuch half ihr durchzuhalten, zu hoffen und sich nicht als rechtlose Gefangene, sondern als vollwertiger Mensch zu fühlen.

19. Januar 1950
Heute ist der erste Tag, da ich dir schreibe. Ich wollte schon gestern anfangen zu schreiben, denn das Herz lief mir über. Ich las gestern alle deine Briefe, die ich mitgenommen habe. Ich muss über mein furchtbares Schicksal weinen. (...) Heute habe ich auch ein Päckchen von dir erhalten. Natürlich bin ich sehr froh darüber, aber ich brauche nichts und will nicht, dass du mir etwas reinschickst. In Gedanken sehe ich dich, wie du vor dem Gefängnis stehst und wartest und dennoch nicht erreichbar bist. Manchmal möchte ich fast glauben, dass du tatsächlich zu mir nach Kolpaschewo kommst. Aber das ist nur manchmal.

25. Januar 1950
Ich bin ans Fenster hinaufgestiegen, um zu sehen, was außerhalb der Zone vor sich geht. Es kam gerade ein Trolleybus vorbei, der wieder Erinnerungen in mir weckte. Weißt du noch, im Sommer musste ich einmal lange warten, bis der Zug ging, und aus Langeweile stiegen wir beide in einen Trolleybus, um spazieren zu fahren, und du sagtest, dass wir nicht bis zur Endhaltestelle fahren, weil dort ein Gefängnis ist. Jetzt sehe ich wieder einen Trolleybus, und vielleicht ist es derselbe, in den wir uns dereinst so sorglos gesetzt haben. Das Ergebnis war, dass ich vom Fenster zurücktrat und mich auf meine Holzpritsche legte, um zu weinen und ganz allmählich all den angesammelten Schmerz auszuweinen. Wie furchtbar ist es doch, dass ich hier bin! Manchmal kann ich auch völlig ruhig sein – dann, wenn ich an nichts denke. Aber die häufigen Momente des Nachdenkens haben mich vollkommen apathisch gemacht. Ich will nicht mehr draußen herumlaufen – ich weiß selber nicht, weshalb. Die Gefängnismauern stumpfen wahrscheinlich jeden ab, und jetzt muss ich mich nicht mehr über diejenigen wun-

dern, die, nachdem sie all das durchgemacht haben und freigelassen wurden, furchtsam sind, da sie stets weitere Erniedrigungen befürchten.

27. Januar 1950
Heute fahre ich weg. Keine Ahnung, was mir bevorsteht. Ich brauche nicht zu denken, denn an meiner Stelle denken andere. Das ist besser so, denn ich bin außerstande, irgendetwas selbstständig zu tun. Jetzt wird uns eine so große Entfernung trennen. Bislang haben uns nur Gefängniswände und einige Minuten Fahrt mit dem Trolleybus getrennt. Nun werden uns die große Entfernung und die Gefängniswände bis zum Frühling trennen.

28. Januar 1950
Gestern Abend hat man uns alle, die wir zur Abfahrt aufgerufen wurden, auf den Bahnhof beim Gefängnis gebracht. Einen solchen Gang musste ich zum ersten, aber natürlich nicht zum letzten Mal erleben. Das Gepäck wurde auf einen Pferdeschlitten gestellt, den wir selber ziehen mussten. Natürlich litt ich wieder furchtbar an der moralischen Erniedrigung. Ich wünschte mir, ich könnte derart stumpf werden, dass es mir nicht mehr wehtun würde. Soeben fahre ich an Welikije Luki vorbei. Wenn du im Sommer zu mir kommst, dann wirst auch du hier vorbeifahren müssen und dich daran erinnern, dass auch ich das alles gesehen habe, nur durch Gitter.

1. Februar 1950
Ich bin gerade im Gefängnis von Kujbyschew und denke, wie merkwürdig das ist, dass ein völlig unschuldiger Mensch zwischen allen möglichen Dieben und Banditen im Gefängnis sitzt. Ich will dir alles von Anfang an erzählen. In Moskau wurden wir, das heißt ich und noch ein Mädchen namens Ilga, aus dem Zug geholt und zu einem anderen Waggon gebracht, in dem wir 17 Personen in einem Abteil waren. Mir scheint, du vermagst nicht zu begreifen, wie 17 Menschen in ein einziges Abteil passen. (Mama erklärt mir:

»Es war ein ganz gewöhnliches Liegeabteil mit dreistöckigen Pritschen. Die obersten beiden Pritschen waren verbunden, damit dort fünf Personen liegen konnten. Ich habe fast die ganze Zeit geweint.«) Du kannst dir sicher nicht vorstellen, wie das ist, wenn man trinken möchte, aber stattdessen in furchtbarer Hitze daliegen muss – so eng zusammengequetscht. Man kann weinen und denken, dass man es nicht aushält, doch der Mensch kann so unsäglich viel aushalten.

Als wir nachts aus unserem Käfig gelassen wurden, um »auf Bestellung« unser Geschäft zu erledigen, war ich unendlich glücklich, dass ich eine Tasse Wasser bekommen konnte, auf die ich mich denn auch stürzte und alles austrank. Das ist nicht mit Worten auszudrücken, was für ein schreckliches Gefühl es ist, wenn man trinken will. (Mama unterbricht das Vorlesen und sagt: »An dieses Wasser erinnere ich mich. Es war in einem Eimer, der auf der Toilette stand. Es war unglaublich widerwärtig. Bestimmt aus irgendeinem Graben geschöpft. Auf dem gräulich-grünlichen Wasser schwammen Eisstückchen, aber ich hatte so schrecklichen Durst, also trank ich es.«)

Das Zweitschlimmste ist – man liegt da und muss die ganze Zeit Angst haben, dass gleich jemand alle möglichen Unschicklichkeiten brüllt! (Wieder eine Erklärung: »Ja, wir fuhren zusammen mit kleinen Banditinnen, die gar nicht normal sprechen konnten. Nur Derbheiten. Im nächsten Abteil waren Russlanddeutsche. Die sprachen deutsch. Sie waren auch keine Verbrecherinnen, genau wie wir.«) In den ersten Tagen wollte ich sterben, denn es schien, dass man es nicht bis zu Ende aushalten kann. Aber man kann sich in alle Gegebenheiten finden. Ein paar Tage später konnte ich auf die ironischen Fragen seitens der Wächter bereits bissige Antworten geben. Als ich eines Tages aus dem Abteil geholt wurde und den Boden wischen sollte, verzog ich zur großen Enttäuschung des Wächters nicht unglücklich das Gesicht, sondern zeigte mich zufrieden und lächelnd. Als er mich trotzdem piesacken wollte und fragte, wie es mir gefällt, den Boden zu wischen, antwortete ich ihm lächelnd, dass ich die ganze Zeit im Stillen darauf gehofft hatte, dies tun zu dürfen, denn das Fußbodenwischen sei meine Lieblingsbeschäftigung. (Mama lacht und erinnert sich mit der Genugtuung der Siegerin an ihren Dialog mit dem Wächter: »Der fragt mich: Du hast bestimmt eine Hütte und eine Kuh gehabt? Das war also seine Vorstellung von Wohlstand! Nein, gebe ich zurück, ein Klavier hatte ich. Er wusste sicher gar nicht, was das ist. Der Wächter versuchte, mich auf allerlei Weise zu triezen. Einmal machte er sich daran, meinen kleinen Koffer zu durchsuchen, ob nicht irgendetwas Verbotenes darin versteckt war. Was konnte schon da drin sein – ein paar Kleidungsstücke und andere Kleinigkeiten.«)

(…) Man muss wahnsinnig werden, wenn man unter solchen Umständen reist. Ich war furchtbar unglücklich, weil ich so viel Gepäck hatte, denn tragen konnte ich es nicht und trotzdem musste ich es selber vom Zug zum Wagen tragen, was eine ganze Ewigkeit war; unterwegs wurde ich beinahe ohnmächtig, als einer der Milizionäre mir das Gepäck abnahm und es den Männern zum Tragen gab. (Mama seufzt: »Er hat wohl gesehen, wie ich vor Erschöpfung strauchelte. Den Koffer musste ein Russlanddeutscher tragen. Er hatte ein Akkordeon bei sich. Er hatte seine Hände mit Lumpen umwickelt, damit sie nicht erfrieren, denn sonst würde er nicht spielen können. Im Wagen musste ich dann auf seinem Schoss sitzen, denn es gab nicht einmal Platz zum Stehen.«) (…) Ich wollte nicht ohnmächtig werden, denn sie hätten doch nur ihre Genugtuung an meiner Schwäche empfunden. Im Wagen waren wir wieder zusammengequetscht. So wurden wir zum Gefängnis gebracht, und jetzt musste mir das Rigaer Gefängnis wirklich wie ein Traum erscheinen, das gegen dieses hier wie ein Palast ist; und natürlich die Rigaer Gesellschaft und die hiesige, wo man nichts anderes hört als fünfstöckige Flüche. Du kannst dir einfach nicht vorstellen, wie das ist. (»Entsetzlich«, überläuft Mama ein Schauer, »in Riga war ich zusammen mit anderen Deportierten in einer Zelle. Alles anständige Menschen. Und dort unter Dieben und Banditen.«)

3. Februar 1950
Ich bin völlig verzweifelt, denn mich unter Personen zu befinden, die sich hier ganz wie zu Hause fühlen, die nichts als fluchen können, stehlen usw. – das ist einfach unmöglich. Einen Brief kann ich dir nicht schreiben, weil diese Bande, sobald sie sehen würde, dass ich Papier habe, mich sogleich umringen und es mir aus den Händen reißen würde. Jetzt fühle ich wirklich, dass ich verrückt werde, wenn nicht irgendetwas geschieht. Es steht zu erwarten, dass alles gestohlen wird und Ilga und ich erschlagen werden! Wir verlassen unseren Platz nie, ohne dass eine von uns beiden da bleibt. Obwohl alle Bandenmitglieder nur darauf warten, wann niemand bei unseren Sachen ist, um sie sich dann unter den Nagel zu reißen. Obwohl, lange werden sie auch das nicht aushalten und uns in unserer Gegenwart beklauen. Ich war schon beim natschalnik *und habe gebeten, man möge uns in die Zelle der Etappenhäftlinge verlegen. Er versprach es. Wenn ich also so lange durchhalte, bis ich in eine andere Zelle komme, dann bleibe ich vielleicht am Leben. Es ist unmöglich, mein gegenwärtiges Befinden zu beschreiben. (…) Es wäre mir nie im Leben eingefallen, dass es solche Menschen auf der Welt gibt wie diejenigen, die derzeit in meiner Zelle sind, und wenn es mir jemand erzählt hätte, dann hätte ich es nicht begriffen. Ich lebe in ständiger Angst und Erschütterung.*

4. Februar 1950
Ich bin noch immer hier, und es besteht nicht die geringste Hoffnung, dass wir bald weitertransportiert werden. Ilga und ich müssen alles in größter Geheimhaltung machen, denn wenn sie sehen, dass wir essen, sind alle sofort zur Stelle. (…) Derzeit kommt mir Kolpaschewo und alles, was damit verbunden ist, wie ein Märchen vor, nun scheint alles so unerreichbar fern zu sein, dass ich mir nicht vorstellen kann, tatsächlich jemals dort anzugelangen.

5. Februar 1950
Heute ist Sonntag und der achte Tag, seit ich aus Riga fort bin. Du hast versprochen, mich heute zu besuchen, falls ich noch in Riga sein sollte. Wieder male ich mir in Gedanken aus, wie der Trolleybus am Gefängnis in Riga vorbeifährt und wie du in ihm fährst. Jetzt ist die einzige Erfüllung meines Lebens die erträumte Begegnung mit dir in Kolpaschewo, die vielleicht für immer bloß erträumt bleiben wird, denn es ist möglich, dass du mich schon bald vergessen haben wirst.

7. Februar 1950
Gestern Abend habe ich durch das Gefängnisfenster die Häuser von Kujbyschew gesehen. Da das Gefängnis von vier Seiten von Bergen umgeben ist, kann man sehr bequem durch das Fenster sehen, dass es auf dem Berg Häuser gibt. Es sind sehr schöne drei- und viergeschossige Steinhäuser, in denen bestimmt glückliche Menschen wohnen. (Mamas Blick wird verträumt: »Im Vergleich zu uns waren sie bestimmt glücklich. Ich habe keine Menschen gesehen, nur Lichter, die wie kleine Sterne funkelten. Ich dachte: die Leute essen zu Abend und leben ganz normal. Wie normal konnte man damals in Russland schon leben – aber im Vergleich zu uns war das ein ganz anderes Leben.«)

22. Februar 1950
(…) Gestern war ein Tag, wie man ihn überhaupt nicht beschreiben kann. In meiner Zelle sind alle solche wie ich, nur sieben sind aus der Diebesbande. (Mama erklärt: »Solche wie ich wurden in eine einzige Zelle gesteckt. Ich erinnere mich nicht, wie viele wir waren, aber viele waren es, denn es gab nicht genug Schlafplätze. Wir hatten auch Angst, uns den Diebinnen zu nähern, die in der Mitte der Zelle schliefen. Wir richteten uns an den Wänden auf dem Fußboden ein.«) Hinter der Wand wurden 170 »Jüngelchen« eingesperrt, Zwölf- bis Achtzehnjährige. Sie fingen gegen Morgen an, die Wand einzureißen, und ein paar von ihnen kamen in den Karzer. Das hat

sie dermaßen aufgebracht, dass sie die Tür aufgebrochen haben, und alle Wächter sind weggerannt. So blieben wir unserem Schicksal überlassen. (Mama durchlebt den damaligen Schock nochmals: »Sie brachten die Wand zum Einsturz. Mit aus den Pritschen herausgebrochenen Brettern schlugen sie so lange darauf ein, bis sie in einem Stück umkippte. Bloß gut, dass keine von uns etwas abbekam. Nur die parascha, *der Aborteimer, war platt gedrückt. Die Eindringlinge waren größtenteils Jungen in viel zu großen Kleidungsstücken. Die älteren Damen, russische Schauspielerinnen, rieten uns, das Gesicht schmutzig zu machen und den Kopf in Lumpen zu wickeln. Das haben wir auch gemacht.«) Endlich schloss ein Wärter die Tür auf und sagte, wir sollen schnell alle herauskommen. Wir schliefen alle noch, da kannst du dir vorstellen, was für eine Panik ausbrach. Mir zitterten die Hände, und ich war unfähig, irgendetwas zu tun. Natürlich rannte die eine Hälfte hinaus und die andere blieb in der Zelle, und so überraschten uns die besagten Jüngelchen, bewaffnet mit Hölzern, die sie aus ihren Schlafplätzen gebrochen hatten! Uns ließen sie in Ruhe, denn sie hatten genug an den sieben Diebinnen, und trotzdem hatte ich Angst. Endlich kamen wir dennoch hinaus, und so blieben wir unbeschadet am Leben. (»Wir schliefen auf den oberen Pritschen. Als der Einbruch geschah, versteckten wir uns alle in der Nachbarzelle. Die Diebinnen wurden dermaßen bearbeitet, dass sie danach nicht einmal laufen konnten.«)*

26. Februar 1950
Ich sitze noch immer hier. Gestern früh habe ich von dir geträumt. Das ist schon lange nicht mehr passiert – du denkst wohl gar nicht mehr an mich. Du hast dich sanft, ganz sanft über mich gebeugt und gesagt: »Ligitalein, ich glaube, es wäre besser für uns beide, wenn wir auf dem Land leben.« Ich schwieg und dachte nach, wie das sein würde, und nachdem ich zu dem Schluss gekommen war, dass ich sehr zufrieden sein würde, antwortete ich: »Ja, ich glaube auch.« (…)

8. März 1950
Heute bin ich den zweiten Tag in Nowosibirsk. Ich war fünf Tage unterwegs. Diesmal war die Fahrt nicht so schrecklich, denn wir waren nur um die zehn Personen im Abteil. Natürlich kam ich auch diesmal nicht ohne Tränen aus, obwohl ich schon so weit abgestumpft bin, dass ich das Weinen verlernt habe. (Mama hält inne: »Sobald wir weitergeschickt wurden, musste ich fürchterlich weinen. Unter den Etappenhäftlingen war eine russische Künstlerin. Sie streichelte mir den Kopf, um mich zu beruhigen – alles wird gut, alles wird gut … Was konnte da schon gut werden!«) Wenn mich jemand beleidigt, dann antworte ich dermaßen scharf, dass er verstummt. Gegen sechs Uhr abends traf ich in Nowosibirsk ein. So schmerzlich war es, durch die Gitter den schönen Bahnhof zu sehen, von dem aus ich vor nicht ganz zwei Jahren voll glücklicher Hoffnung wegfuhr, in der Überzeugung, nie mehr wiederzukehren. (Mama weint.) Natürlich habe ich auch jetzt nicht die Hoffnung verloren, dass dieser Bahnhof mich dereinst wieder glücklich sehen wird … Jetzt werde ich im Gefängnis sitzen und mich fürchterlich nach meiner Mami sehnen. (»Da war meine Mami schon seit über einem Monat tot«, schluchzt Mama.) Ich bin nur 600 Kilometer von ihr entfernt. In Kujbyschew ist es mir nicht so schwer gefallen, denn dort habe ich mich damit zufrieden gegeben, dass Mama weit weg ist. Hier ist das anders. Jeden Tag erwarte ich, nach Tomsk beordert zu werden, und wie es von dort aus weitergeht, weiß ich auch nicht, denn der Schiffsverkehr beginnt erst Mitte April. Ich würde Mama so gerne einen Brief schreiben; ich will ihr nicht mitteilen, dass ich hier bin, sondern nur eine ganze Seite mit dem Wort »Mami« voll schreiben. Heute ist der 8. März.[250] *Vor einem Jahr gab es auf der Arbeit eine Feier – dieses Jahr bleiben mir die Erinnerungen daran – auch gut! Vielleicht wird sich alles, worauf ich hoffe, schließlich ebenso in Erinnerungen verwandeln.*

An dieser Stelle bricht das Tagebuch ab. Nach drei Monaten, die sie zwangsweise in der Gesellschaft von Banditen und Dieben verbracht hatte, war Mama apathisch geworden. Sie führte kein Tagebuch mehr, da ihr Lettland und alles, was damit verbunden war, auch ihr Bräutigam, nach dem Durchgemachten wie eine unerreichbare Vision vorkam, die keinerlei Bedeutung mehr in ihrem jetzigen Leben hatte.

Lediglich der Gedanke, dass sie bald bei ihrer Mutter sein würde, gab Ligita die Kraft, durchzuhalten. Im Gefängnis von Nowosibirsk war es schwer, aber noch schwerer war es im Gefängnis von Tomsk, als Ligita nur noch rund 300 Kilometer von ihrer Mutter trennten. Ligitas Welt reduzierte sich mehr und mehr auf jene Gefängniszelle, in der zwei unvereinbare Gesellschaftsschichten – die zivilisierte, kultivierte und die kriminelle – zusammengepfercht waren. Ein paar Mal hat Ligita in Augenblicken des Kummers auf Russisch Gedichtzeilen in ihr Notizbüchlein geschrieben, die sie in der Zelle aufgeschnappt hatte. Wie sehr meine Mama von dem Gefängnismilieu traumatisiert war, lässt ein banaler russischer Häftlingsreim erahnen: *Einst bin ich ins Gefängnis gekommen, | Alle sitzen, und ich sitze auch, | Denn ohne Gefängnis | Geht's nicht hin und nicht her. || Die allererste Sache – ein Verhör, | Und Lager, und Lager danach.* Diese Zeilen stehen auf derselben Seite, auf der sich auch eines der schönsten Liebesgedichte von Alexander Puschkin findet: *Euch liebte ich: Wer weiß, ob diese Liebe | In meiner Brust nicht noch nach Jahren glüht …*

Ende April war der Ob endlich eisfrei, und die Flussschifffahrtssaison begann. Die Etappenhäftlinge wurden in ein großes Schiff gesetzt, das sie zu den jeweiligen Sondersiedlungsorten und Straflagern bringen würde. Zum ersten Mal seit ihrer Festnahme am 7. Dezember wurde Ligita nicht von einem bewaffneten Wachposten beaufsichtigt. Ebenso wie die anderen Deportierten durfte sie auf dem Deck des Schiffes herumlaufen, an der Reling stehen oder sich auf einen freien Sitzplatz ihrer Wahl setzen. Ligita blickte auf das Wasser und zählte unwillkürlich die vorübergleitenden Straßendörfer. Jeder zurückgelegte Kilometer brachte sie näher zu ihrer Mutter. Sie wollte sich unbedingt waschen, wozu sie das letzte Mal vor einer Woche im Gefängnis Gelegenheit gehabt hatte, aber sie tröstete sich mit einer wundervollen Vision: Ihre Mami würde Regenwasser gesammelt haben und ihr das Haar waschen. »Mutter wäscht mit Regenwasser mir das Haar, Mutter wäscht mit Regenwasser mir das Haar ...«, summte Ligita leise vor sich hin. Nur noch ein Tag trennte sie von Emilija und der Zuflucht, die sie ihr verhieß.

Das Schiff lief am Nachmittag in Kolpaschewo ein. Ligita wurde befohlen, von Bord zu gehen. Eine Weile blieb sie irritiert bei der Anlegestelle stehen und wartete auf den Konvoi, der sie weiterführen würde. Er kam nicht! Da wagte meine Mama, versuchsweise ein wenig hin und her zu gehen, um auszuprobieren, ob ihr sogleich jemand nacheilen und rufen würde: »Stehen geblieben!« Nichts geschah. Sie durfte tatsächlich ohne Bewachung eine Straße entlanggehen.

Natürlich führte ihr erster Gang sie zur Kommandantur von Kolpaschewo, um sich als an ihrem Ansiedlungsort eingetroffen registrieren zu lassen. Nachdem er die Papiere durchgesehen und etwas in sein Registerbuch eingetragen hatte, erklärte der Kommandant mit der größten Selbstverständlichkeit, dass Ligita Dreifelde fortan in Kolpaschewo wohnen müsse. »Wie – in Kolpaschewo?«, rief sie. »Ich will zu meiner Mutter nach Togur.« Es trat Stille ein. Dann lachte der Kommandant verlegen auf und sagte: »Wie, wissen Sie etwa nicht, dass Ihre Mutter gestorben ist?« Ligita begriff nicht. Der Kommandant wiederholte es noch einmal, diesmal bereits mit Ungeduld in der Stimme: »Ihre Mutter Emilija Dreifelde ist am 5. Februar gestorben.«

Ligita taumelte auf die Straße hinaus. Ihre Mutti war tot. Sie war vollkommen allein.

Mehrere Monate später, im Spätsommer, ging Ligita wieder einmal zu Emilijas Grab. Sie besuchte es oft. Da es Sonntag war, hatte sie sich hübsch zurechtgemacht und einen Strauß am Waldsaum gepflückter Blumen in der Hand, mit dem sie das Grab ihrer Mutti schmücken wollte. Ihr kam ein Grüppchen lettischer

Jugendlicher entgegen, die sie kannte. Unter ihnen bemerkte Ligita einen Neuankömmling. Das war Aivars Kalnietis, der vor kurzem mit seiner Mutter nach Togur gezogen war. Aivars wollte das schöne Mädchen irgendwie auf sich aufmerksam machen; von seinen Freunden hatte er von ihrem tragischen Schicksal gehört. Unbedarft witzelte er: »Ist das junge Fräulein mit den Blumen unterwegs zu einem Stelldichein?« Scharf gab Ligita zurück: »Nein, zu meiner Mutter auf dem Friedhof.« Sie drehte sich um und ging fort. So sind meine Eltern auf der Hauptstraße von Togur einander zum ersten Mal begegnet.

Mehr Sklaven werden wir nicht zeugen

In Togur, das auf dem hohen Ufer des Ob lag, lebten rund 1000 Menschen, von denen etwa die Hälfte im Sägewerk arbeitete. Die örtliche Macht wurde vom Dorfsowjet repräsentiert, der im gleichen Gebäude seinen Sitz hatte wie die Miliz. Die wichtigste Behörde für die Sondersiedler war die Kommandantur, bei der sie öfter vorstellig werden mussten, als ihnen lieb war: Zweimal monatlich hatten sie sich dort registrieren zu lassen und jedes Mal, wenn die Notwendigkeit bestand, sich in die nächste Stadt Kolpaschewo oder anderswohin zu begeben, eine schriftliche Genehmigung zum Verlassen des Ansiedlungsortes anzufordern.

Die alteingesessenen Dörfler wohnten in frei stehenden Blockhäusern, deren Fenster mit schönen Holzschnitzereien verziert waren, während die Neuzugänge, darunter auch die Sondersiedler, in die zum Sägewerk gehörenden Baracken gepfercht wurden. Den Mittelpunkt des Dorfes stellte ein Platz mit Lautsprechern für Radioübertragungen dar, mit deren Hilfe die Einwohner häufig daran erinnert wurden, welch ein Glück es war, unter der Führung des erhabenen Stalin zu leben, und dem zu Ehren erklangen von unverbrüchlicher Freude erfüllte sowjetische Lieder. Von dem Platz führten sternförmig Straßen in alle Richtungen, die allerdings nur unter Vorbehalt Straßen genannt werden durften, weil sich der Fahrdamm im Frühjahr und Herbst in Schlammfelder verwandelte, auf die hin und wieder eine Fuhre Sägespäne gekippt wurde.

Letztere standen im Sägewerk in großen Mengen zur Verfügung, denn im Laufe der Jahre hatte sich eine mehrere Meter dicke Schicht angesammelt. Einmal fing die Sägemehlhalde Feuer, das die Leute wochenlang vergeblich zu löschen versuchten.

Genauso wie bei einem Torfbrand wurde man mit den Flammen an der Oberfläche ohne weiteres fertig, aber das Feuer fraß sich im Inneren in Form von Glutnestern weiter und brannte große Hohlräume in die Sägemehlschicht, die später einbrachen und auch manchen Löscharbeiter in die Tiefe rissen. Die Hauptstraße von Togur machte einen recht gepflegten Eindruck, da sie von einem Gehsteig aus Brettern gesäumt war. Wenn im Frühling die Schneeschmelze einsetzte, verwandelten sich sämtliche Straßen in Kanäle, die man nur auf improvisierten Stegen überqueren konnte.

Im Unterschied zu den Kolchosdörfern gab es in den Sägewerkbaracken und im Zentrum von Togur Elektrizität, wodurch sich das Leben an den dunklen, kalten Winterabenden angenehmer gestaltete. Dann konnte man lesen oder dem Radio lauschen, dessen Empfangsstärke Aivars erhöht hatte. Jedes Mal, wenn in den Moskauer Radiosendungen Lettland oder Riga erwähnt wurden oder eine lettische Melodie erklang, lauschten meine Eltern und Milda tief bewegt und voller Sehnsucht, dass diese mittelbare Berührung mit der Heimat niemals enden möge. Wohl wissend, dass Riga außerhalb des Empfangsbereichs lag, drehte mein Vater in melancholischen Momenten gelegentlich mechanisch am Senderknopf des Radios, in der Hoffnung, dass ein Wunder geschehen und durch das Rauschen aus der Ferne erklingen würde: »Hier spricht Radio Riga.« Der zweite Ort, den die Aura der Sehnsucht und Hoffnung umgab, war die Post, wo Päckchen und Briefe aus Lettland eintrafen – die einzige Quelle echter Neuigkeiten.

Nach der Abschaffung des Bezugskartensystems[251] tauchten im Laden früher nicht gesehene Waren auf – Schuhe, Kleidung, metallene Gefäße, später auch hin und wieder ein Ballen Stoff. Die wenigen, die über Geld verfügten, konnten Anfang der 50er Jahre sogar per Post Waren bestellen, die im Posyltorg-Katalog[252] angeboten wurden. So kam meine Mama zu einer Nähmaschine, die noch heute ihren Dienst tut. In dem Laden wurde auch das in der örtlichen Brotbäckerei gebackene Kastenbrot verkauft, das einen säuerlichen Geschmack hatte, sowie *prjaniki* genannte Lebkuchen mit Zuckerguss, die die größte Leckerei meiner Kindheit darstellten.

Der Ort der Sehnsucht und Hoffnung meiner Großmama war das Krankenhaus des Dorfes, in dem es einen OP, eine Entbindungsstation sowie mehrere Ärzte, Feldscher und Krankenschwestern gab. Milda wollte furchtbar gerne wieder als Barmherzige Schwester arbeiten, aber es gab keine freie Stelle, und selbst wenn es eine gegeben hätte, wären Einheimische gegenüber Sondersiedlern bevorzugt worden. Als später eine Krankenschwester zur Fortbildung ins Rayonzentrum geschickt wurde, hatte sie das Glück, im Laufe von ein, zwei Monaten ein paar Mal im Krankenhaus arbeiten zu dürfen. In dieser Zeit erwarb sich meine Großmama das absolute Vertrauen der Ärzte und die Freundschaft der anderen Schwestern.

Der wichtigste Ort des gesellschaftlichen Lebens in Togur war der Klub des Sägewerks. Hier wurden am 1. Mai und zum »Tag der Oktoberrevolution« feierliche Sitzungen abgehalten, auf denen den Dorfbewohnern von der unermüdlichen Sorge Stalins und der von ihm geführten Kommunistischen Partei um ihr Wohlergehen erzählt wurde. An arbeitsfreien Tagen fanden im Klub Kulturveranstaltungen und Tanzabende für die Jugend statt, bei denen im ortsüblichen Stil angebandelt und aus einer mitgebrachten Flasche Fusel oder Gärmaische getrunken wurde. Die lettischen Jugendlichen gingen so gut wie nie zu diesem Schwof, sondern veranstalteten ihre eigenen Feste bei jemandem zu Hause.

Im Klub wurden auch regelmäßig sowjetische Spielfilme gezeigt, denn die Partei, die das Kino als das massenwirksamste und mächtigste Mittel zur Gehirnwäsche erachtete, sorgte dafür, dass selbst in den entlegensten Ecken der Sowjetunion ein Wanderkino zur Verfügung stand. Jede Vorstellung wurde von einer Wochenschau mit sechs Monate alten Neuigkeiten aus dem politischen Leben eingeleitet. Dann folgte der mit Spannung erwar-

»Die Familie in Togur, 30. IV. 1952«, Milda, Aivars und Ligita Kalnietis

tete Film, der eine sowjetische Variante der »Traumfabrik Hollywood« offerierte – adrett gekleidete und frisierte Kolchosbäuerinnen und Fabrikarbeiterinnen mit manikürten Fingernägeln, deren Leistungen als Bestarbeiterinnen ihnen den Weg nach Moskau sowie zu Anerkennung und einem besseren Leben ebneten.

Ligita und Aivars heirateten im Mai 1951 in Togur. Die Braut trug ein noch in Lettland angefertigtes Georgette-Kostüm aus feiner Wolle. Der Bräutigam war bescheidener ausgestattet – er trug auf dem Rigaer Schwarzmarkt erstandene Hosen und eine Windjacke mit Reißverschlüssen. Das Hochzeitsmahl war königlich: Bratkartoffeln und Grießbrei mit Zucker. Statt Sekt wurde mit einer Bier-Eier-Bowle angestoßen. Gäste gab es keine, denn der Tag der Hochzeit war vor den ortsansässigen Letten geheim gehalten worden. Am Abend, nach Einbruch der Dunkelheit, holten Aivars und Ligita die bescheidene Aussteuer der Braut ab:

zwei Laken, eine Decke, zwei Hocker, eine Teekanne und einen Kochtopf. In der Hochzeitsnacht schlief Ligitas Schwiegermutter in ihrem Bett, das quer zum Fußende des Bettes der frisch Vermählten stand. Milda hätte die jungen Leute gerne allein gelassen, aber es gab keinen Ort, wohin sie sich hätte zurückziehen können.

Ihre Erinnerungen an die Hochzeitszeremonie sorgen bei meinen Eltern stets für große Heiterkeit. Nachdem die beiden ihr Anliegen schüchtern der Sekretärin des Dorfsowjets vorgetragen hatten, bat diese sie zu warten, denn zunächst müsse die Ziege einer alten Frau auf der Liste der Haustiere registriert werden. Als dies erledigt war, befasste sie sich mit der »Lettenehe«.

Die Sekretärin war ein wenig aufgeregt, denn der Vorsitzende des Dorfsowjets war weggefahren, der Stempel eingeschlossen und sie selber unerfahren, wie ein so bedeutsames Papier wie die Bestätigung einer Eheschließung auszustellen ist. Wenigstens war ihr so viel klar, dass es unpassend wäre, eine Ehe an derselben Stelle zu registrieren wie eine Ziege, und so bat sie die jungen Leute in das Kabinett des Vorsitzenden. Zwar wurde eine Eintragung in ein Buch über die Eheschließung zwischen Ligita Dreifelde und Aivars Kalnietis vorgenommen, aber ein entsprechendes Dokument wurde ihnen nicht ausgehändigt. Die pompösen Worte »Im Namen der Union der Sowjetrepubliken erkläre ich euch zu Mann und Frau« blieben ebenso aus wie der die Ehe bekräftigende Kuss.

Als meine Eltern hinaus auf die Straße stürzten, überkam sie ein unbezwingbarer Lachanfall, der bis zu ihrem Eintreffen in dem Barackenzimmerchen anhielt. Dort wurden sie von der feierlich gestimmten Milda erwartet, die nach den ersten Worten über die Ziege und den Stempel mit ihren gewitzten Kommentaren in das Gelächter einfiel.

Laut Gesetz standen allen sowjetischen Neuvermählten drei arbeitsfreie Tage zu, aber Aivars bekam nicht frei. So verbrachte Ligita ihre Flitterwochen allein.

Nach dem missglückten Versuch im Sommer, Ligita kennen zu lernen, hatte Aivars sich ihr im Herbst bei einem Lettenfest im häuslichen Rahmen zum zweiten Mal genähert. Seitdem trafen die beiden einander regelmäßig, und die Togurer Letten verfolgten mit angehaltenem Atem die weitere Entwicklung der Romanze der beiden. Dass Ligita und Aivars miteinander gingen, bereicherte das eintönige Leben von Togur um eine romantische Note, die eine Weile die Gespräche beherrschte. Freundinnen diskutierten untereinander die wahren oder erdachten Details der Liebesgeschichte, die sie beim Familienmahl oder an den sonntäglichen Zusammenkünften der Letten auskosteten wie ein Dessert.

Die Neuigkeit erreichte bald auch Kolpaschewo, und die dort wohnenden Letten leisteten ihren Beitrag beim Ausschmücken von Aivars' und Ligitas guten und schlechten Charaktereigenschaften. Die größte Leidtragende bei diesem kollektiven Kreativprozess war meine Großmama, deren Freundinnen ihr die widersprüchlichsten Neuigkeiten zutrugen, wobei Aivars' Auserwählte mal in den Himmel gelobt, mal in den Dreck gezogen wurde. Endlich beschloss Milda, sich mit ihrem Sohn auszusprechen, um zu retten, was noch zu retten war, oder zu helfen, wo sie helfen konnte. Den glühenden Worten ihres Sohnes entnahm sie, dass er seine ersten tiefen Gefühle durchlebte, und so unterdrückte meine Großmama ihren besorgten Seufzer über die Verträglichkeit der Charaktere und die Jugend ihres Sohnes und machte sich bereit, Ligita kennen zu lernen und anzunehmen.

Zwischen dem sich ineinander Vergucken und der Hochzeit meiner Eltern lag ein halbes Jahr, das für beide in romantischer Hochstimmung verging. Wie berauscht erblickten sie beide im jeweils anderen ihre Zukunft, wobei sie bemüht waren, die Unabwendbarkeit der furchtbaren Worte »auf ewige Zeiten verschickt« aus ihrem Bewusstsein zu verdrängen. Die Liebe machte Aivars und Ligita frei, selbst wenn eine andere Freiheit ihnen versagt war. Vielleicht sprachen sie deswegen in den Geschichten, die sie einander in der Zeit ihres Kennenlernens erzählten, fast nie von Sibirien, sondern kehrten wieder und wieder in die glückliche Zeit ihres Lebens zurück, bevor *es* geschehen war.

Wie eine dumpfe Dissonanz klangen in diesen lichtdurchfluteten Erinnerungen gelegentlich Ligitas wirre Erzählungen über den Hunger, die schwere Arbeit und den Tod ihrer Mama auf. Als er sie hörte, begriff Aivars, wie relativ sein eigenes und Mildas Elend war, das so schwer zu verwinden schien, und um wie viel unerträglicher die Qualen Ligitas und der anderen 1941 Deportierten gewesen sind. Damals war mein Vater zu jung, um einschätzen zu können, wie sehr dieses unmenschliche Leid Ligita traumatisiert, welch irreversiblen Einfluss es auf ihre Persönlichkeit und ihren Charakter ausgeübt hatte. Unverwandt betrachtete er die schillernde, schlagfertige, betörende, grillenhafte, lebenslustige Ligita, lauschte ihren Worten und dachte an das unglaubliche Glück, das ihm gelächelt hatte, indem es ihm ein so wundervolles Wesen zur Liebsten gab.

Aivars war sich nicht bewusst und konnte sich auch nicht bewusst sein, wie irreführend der äußere Eindruck war und wie zerbrechlich und schutzbedürftig meine Mama in Wirklichkeit ihr ganzes Leben lang sein würde. Sie sollte zwar das Dasein eines Erwachsenen führen, aber nie die Charakterstärke und Integrität eines gereiften Menschen erlangen.

In der Rückschau scheint es, als seien alle nur denkbaren negativen Umstände im Leben meiner Eltern zusammengekommen, um die Zeit der gegenseitigen Annäherung und Anpassung im ersten Ehejahr noch schwerer und beinahe unmöglich zu machen. Sie lebten zu dritt mit Aivars' Mutter in dem winzigen Barackenzimmer, wo es für mehr als zwei Betten und einen Tisch keinen Platz gab. Aivars und Ligita hatten so gut wie nie Gelegenheit, unter sich zu sein, denn Milda konnte weder Arbeit finden noch ständig auf Besuch gehen, und so war sie praktisch immer zu Hause – tagsüber saß sie auf dem Bett oder am Tisch, und nachts schlief sie im gleichen Zimmer.

Auch die Arbeitszeiten hinderten sie, zusammen zu sein. Aivars musste im Drei-, Ligita im Zwei-Schichten-Takt arbeiten. Wenn der eine zur Fabrik ging, kam der andere nach Hause. Beide verrichteten sie körperlich schwere, auslaugende Arbeit im Sägewerk. Darunter litt insbesondere meine Mutter, die gegen Ende der Schicht nach zehnstündigem Bretterstapeln grün im Gesicht war und sich kaum auf den Beinen halten konnte. Als sie in dem Barackenzimmerchen eintraf, sehnte sie sich danach, dass sie jemand tröstet und verwöhnt, wie Emilija es getan hatte. Dies jedoch vermochte niemand, auch die herzensgute und verträgliche Milda nicht, und Ligitas Bedürfnis nach rückhaltloser Liebe blieb unerfüllt. Manchmal wollte ihr scheinen, dass auch Aivars ihr nicht genügend Aufmerksamkeit entgegenbrachte, was meine Mama ihm auch unverzüglich zum Vorwurf machte. Vielleicht war sie unterbewusst eifersüchtig auf ihren Mann, der eine Mutter hatte, sie hingegen niemanden.

Aivars wiederum wurde von einer inneren Unsicherheit gequält. Er war zwar verheiratet, fühlte sich deshalb jedoch nicht sogleich als richtiger Mann und Familienoberhaupt. Er war zwar stolz, nun als verheirateter Mann zu gelten, andererseits jedoch zu jung, um ohne Schüchternheit und mit flotten Sprüchen auf die traditionellen Anzüglichkeiten zu reagieren, die man ihm nach der Hochzeit auf der Arbeit angedeihen ließ. Auch waren die Beziehungen unter Eheleuten in Togur anders als im lettischen Umfeld. So zeigten die einheimischen Männer in der Öffentlichkeit gegenüber ihren Frauen keinerlei Respekt oder Wärme, sondern waren im Gegenteil bemüht, untereinander die Unwichtigkeit der eigenen »Alten« zu unterstreichen – was die Frauen keineswegs übel nahmen, da sie sehr gut wussten, dass die Großmäuler zu Hause eine ganz andere Tonart sangen.

Waren meine Eltern mit Volksangehörigen zusammen, dann benahm sich Aivars so, wie es sich in Lettland ziemte. Sobald sie sich jedoch von Einheimischen umgeben sahen, gewann eine eigentümliche Schüchternheit in meinem Vater die Oberhand, und er wurde in Gegenwart seiner Frau verschlossen und zurückhaltend. Das erzürnte und verletzte Ligita zutiefst, denn sie verstand nicht, warum ihr Mann sich »so blöd« benahm, anstatt »diesen ungehobelten Kerlen« durch sein Verhalten zu zeigen, was es heißt, ein echter Mann zu sein.

Damals stritten meine Eltern sich oft, versöhnten sich jedoch stets und entwickelten durch die Süße der Versöhnung eine immer größere gegenseitige Anhänglichkeit, bis aus dem »ich« allmählich immer häufiger ein »wir« wurde. Vielleicht wäre es unter anderen, günstigeren Umständen mit sehr viel mehr Möglichkeiten der Wahl gar nicht zu dieser Zementierung des »wir« gekommen – Aivars und Ligita hätten dann auf ihrem Standpunkt beharrt und nicht um Verständnis und Vergebung gerungen. Aber sie waren »lebenslänglich sonderumgesiedelt«, und durch diese Determinierung wurde der Wert der Liebe und eines nahe stehenden Menschen verstärkt. Nur in der Familie konnte man die Kraft schöpfen, Verbannung und Entrechtung zu ertragen.

Ligita wünschte sich sehnlich ein kleines Töchterchen, denn ihr schien, dass es dann endlich jemanden gäbe, der ihr ganz gehört und für den sie das Ein und Alles ist. Vielleicht spiegelte sich in dem Wunsch nach einer Tochter der unterbewusste Wunsch wider, jene Leere auszufüllen, die sich nach Emilijas Tod in ihr ausgebreitet hatte. Aivars pflichtete ihr bei, dass ein Mädchen besser sei als ein Junge, obwohl er im Stillen davon nicht ganz so überzeugt war. Auch war der Gedanke an ein Kind für ihn etwas Abstraktes und Fernes, aber wenn seine Frau es nun einmal so sehr wollte, dann sollte es so sein.

Endlich bestätigte die Ärztin, dass sich die Hoffnung erfüllt habe und Ligita Ende Dezember Mutter werden würde. Ihr Mann war auf der Arbeit, und sie musste noch mehrere Stunden warten, bis sie ihm die wichtige Neuigkeit erzählen konnte. So wie sie beide sich auf der Hauptstraße von Togur kennen gelernt hatten, erreichte meinen Vater dort auch die Kunde von dem ihrer beider Leben verändernden Ereignis. Er kam von der Arbeit, Ligita war auf dem Weg dorthin.

Als seine Frau die Neuigkeit ausgesprochen hatte, fiel es Aivars nicht einmal ein, ihr etwas Liebevolles zu sagen, sondern wie benommen setzte er seinen Heimweg fort. Eigentlich müsste er Freude und Ergriffenheit verspüren, aber stattdessen legte sich eine schwere Last auf ihn. Ihm wurde mulmig bei dem Gedanken, dass er in einem Dreivierteljahr die Verantwortung für einen weiteren Menschen würde auf sich nehmen müssen. Mein Vater fühlte sich noch nicht dazu bereit – es ging alles viel zu schnell.

In ihren Träumen hatte meine Mutter schöne Visionen: ein hübsch angezogenes Baby in einem lichtdurchfluteten Zimmer, das seiner Mutter strahlend die knubbeligen Händchen entgegenstreckt. Auch die Schwangerschaft malte sie sich als eine Zeit gemächlichen Wohlempfindens aus, in der sie sich mit verklärtem Antlitz der Fürsorge ihrer Schwiegermutter und ihres Mannes anvertraute – leise Schritte, zärtliche Worte …

Die Wirklichkeit sah vollkommen anders aus. Sie musste jeden Tag ins Sägewerk und weiterhin Bretter stapeln, denn eine Schwangerschaft war kein hinreichender Grund, sie von der schweren körperlichen Arbeit freizustellen. Aivars und Milda versuchten zwar, sie innerhalb der Grenzen ihrer Möglichkeiten zu verwöhnen, indem sie Leckereien und etwas Kräftigendes kauften, aber die beharrliche Übelkeit, die in Ligitas Magengrube rumorte, nahm ihr jeden Appetit und machte sie gleichgültig gegenüber dem Essen.

Eine ständig zunehmende Entkräftung quälte meine Mama. Früher hatte sie es nur mit Schwierigkeiten bis zum Ende der Schicht ausgehalten, erholte sich jedoch schnell, nachdem sie heimgekehrt war. Jetzt konnte Ligita ihre Schicht nicht mehr beenden, und zu Hause eingetroffen, fiel sie ins Bett und lag apathisch da. Sie verlor mehrmals auf der Arbeit die Besinnung, bis sich die Betriebskrankenschwester erbarmte und dem *natschalnik* empfahl, ihr eine leichtere Arbeit zuzuweisen.

Milda verfolgte mit Besorgnis, wie rapide ihre Schwiegertochter abbaute, versuchte sich aber damit zu beruhigen, dass der Organismus sich nach den ersten Monaten anpassen und sie sich erholen würde. Doch das Gegenteil war der Fall, und im Juli war Ligita bereits so geschwächt, dass sie nicht einmal mehr alleine vor das Haus treten konnte. Auf den Wangen meiner Mama glühten rote Flecken, und manchmal wurde sie von Fieberanfällen geschüttelt. Als in Mildas Bewusstsein zum ersten Mal die Ahnung von Tuberkulose aufflackerte, tat sie diese als etwas Unannehmliches ab. Es wäre einfach zu ungerecht und unverdient gewesen, und dennoch befühlte sie immer wieder Ligitas Stirn, maß die Temperatur und zählte ihren Puls. Sie kannte diese Krankheit nur allzu gut, hatte sie doch auch ihrem Mann Aleksandrs zugesetzt. Ihrem Sohn sagte sie nichts von ihrem Verdacht.

Schließlich durfte Milda die Symptome nicht länger ignorieren und begriff, dass Ligita unverzüglich nach Kolpaschewo ins Krankenhaus gebracht werden musste. Meine Mama war dermaßen geschwächt, dass sie sich nicht mehr in einen öffentlichen Bus setzen konnte, und so erbat mein Vater von der Fabrik Pferd und Wagen, auf den er seine Frau legte, und machte sich niedergeschlagen auf den Weg.

Glücklicherweise war es keine Tuberkulose, sondern eine verschleppte Lungenfellentzündung, die erfolgreich behandelt werden konnte. Der Arzt verordnete Ligita eine besonders kalorienreiche Ernährung, um zu genesen – Butter, Fleisch und Zucker, was man 1952 bereits im Laden von Togur kaufen konnte. Um die erforderlichen Rubel für die Anschaffung der so dringend benötigten Lebensmittel erübrigen zu können, gingen Aivars und Milda wieder zur Kartoffeldiät über. Zunächst aß Ligita ohne Enthusiasmus und Appetit, als würde sie lediglich eine Pflicht erfüllen, und fragte sich im Stillen, wie es möglich war, dass ihr die seit Jahren ersehnten Leckereien unter dem Einfluss der Krankheit gleichgültig und sogar widerwärtig waren.

Allmählich jedoch kehrten die Geschmacksempfindung und mit ihr auch die eingebüßten Kräfte zurück, und in den letzten Schwangerschaftsmonaten fühlte sich meine Mama schon wieder so weit genesen, dass ihr eigener Körper sie nicht mehr bei ihren Wachträumen von dem erwarteten Kindchen störte, das energisch in ihrem Bauch strampelte. Ligita zweifelte keine Sekunde daran, dass es ein Mädchen sein würde. Was hätte sie auch mit einem Jungen anfangen sollen?

Auch auf einen Namen hatten sie sich schon geeinigt: Sandra. Sie hatte ihn in dem Roman »Eine amerikanische Tragödie« von Theodore Dreiser entdeckt, der eines der wenigen Bücher in lettischer Sprache war, die unter den Letten der Gegend von Hand zu Hand weitergereicht wurden. Meine Mama las es wieder und wieder, wobei sie in Gedanken zurück in jene Welt reiste, in der die Frauen schöne Kleider trugen, Auto fuhren und ein normales Leben führten. Sondra! Das klang so erhaben, so unerreichbar. Aivars wandte allerdings ein, dass der Name ihm fremdartig erschien. Schließlich fanden die beiden einen Kompromiss – das kühle, distanzierte »o« wurde durch »a« ersetzt und der Name zu »Sandra« eingelettischt. Mir selber gefällt dieser Name sehr gut, denn mir scheint, dass sein Rhythmus und seine Entschiedenheit gut zu meinem harten und entschlossenen Charakter passen.

1952 waren seit Kriegsende sieben Jahre verflossen. Obgleich Stalin den Terror gegen sein Volk fortsetzte, indem er es im Namen des Sieges des Kommunismus über den Imperialismus in übermenschlicher Arbeit versklavte und ihm nun bereits in zweiter Generation nach der Revolution jede Hoffnung nahm, unter menschenwürdigen Bedingungen zu leben, wurde sogar Togur von den ersten Verbesserungen erreicht. Meine Eltern litten keinen Hunger mehr und wurden satt. Auch der Lohn wurde regelmäßiger ausgezahlt. Aivars arbeitete nun als Elektriker, was ein verantwortungsvoller und für damalige Verhältnisse gut bezahlter Beruf war. Aus Sorge um Matilde und Arnis, die in Lettland in großer Armut lebten, vermochte mein Vater hin und wieder sogar ein paar Hundert Rubel zu erübrigen, die er ihnen überwies.

Die meisten Deportierten hatten sich mit dem Gedanken abgefunden, dass sie noch viele Jahre an diesem Ende der Welt verbringen mussten, und versuchten, sich so gut wie möglich zu arrangieren. Ringsumher schafften sich die Leute eine Ziege an oder hielten ein Schwein und setzten Kartoffeln und Kohl, was eine wichtige Zukost darstellte. Der größte Traum eines jeden war jedoch ein eigenes Haus, und als das Sägewerk seinen Arbeitern Baugrund zuzuweisen begann, stellte auch Aivars einen Antrag auf Zuteilung eines Grundstücks.

Meinen Eltern war klar, dass dies die einzige Chance war, der unerträglichen Baracke zu entkommen und ein eigenes Familienleben ohne den Gestank und das Geschrei der Nachbarn hinter der Wand zu führen. Für meinen Vater war es eine schwere Entscheidung, denn beim Bauen musste er sich, abgesehen von der Hilfe einiger Freunde, ganz allein auf die eigenen Kräfte verlassen, denn meine Eltern verfügten nicht über genug Geld, um sich einen Zimmermann leisten zu können.

Milda hörte Aivars' und Ligitas Träumereien zu und schüttelte im Stillen ungläubig den Kopf. Überschätzte ihr Sohn nicht seine Kräfte? Was verstand er schon vom Hausbau? Aber Aivars war fest entschlossen, und im Herbst vor meiner Geburt wurde das Fundament des Hauses gelegt. Mit seinem Plan, noch vor dem Winter das Dach zu decken, hatte Vater jedoch seine Möglichkeiten überschätzt. Der lange Arbeitstag in der Fabrik erforderte zu viel Energie, außerdem fiel in jenem Jahr schon früh der erste Schnee, und der Bau musste unterbrochen werden.

Nach ihrer Genesung pflegte Ligita mit Milda zur »Baustelle« zu laufen und den Fortgang der Arbeiten zu begutachten. Über den Schnee erhoben sich bereits vier Balkenkränze, deren Legen Ligita mit leuchtenden Augen verfolgt hatte. Nachdem sie so viele Jahre in irgendwelchen Ecken gehaust hatte, würde sie nun endlich ein eigenes Heim haben. Verglichen mit der Beengtheit in der Baracke, erschienen ihr die geplanten 25 Quadratmeter als eine riesige Fläche. An alles war gedacht: ein Zimmer für sie beide und eine Kammer für die Schwiegermutter, Küche und Diele – in ihrer Phantasie sah meine Mama das Haus schon fix und fertig vor sich. In der Stube würde es gestärkte weiße Mullvorhänge geben, an der Wand hinge Mildas flauschiger moldawischer Teppich, am Fenster stünde der Tisch und in der Ecke das Kinderbettchen.

In seiner Konkretheit und Bedeutsamkeit übertraf das Haus sogar die Erinnerungen an das elterliche Zuhause, das Ligita als etwas Irreales und Unerreichbares, als etwas einem vergangenen Leben Angehörendes in der Erinnerung behalten hatte. Sie wollte nicht zurückblicken, denn sie war hier, und hier würde sie auch künftig leben müssen.

Die Stunde meiner Mama kam kurz vor Mitternacht, als sie allein war. In dieser Woche hatte Aivars Nachtschicht, und auch Milda war nicht zu Hause, da sie für einen Monat Arbeit im Krankenhaus bekommen hatte. Der Zufall wollte es, dass meine Großmama just in jener Nacht ihre letzte Schicht als Nachtschwester hatte. Als die ersten Wehen einsetzten, erschrak Ligita zutiefst. Derartig starke Schmerzen hatte sie nicht erwartet, und ihr schien, dass nun etwas Furchtbares geschehen würde. Wie sehr sehnte sie sich in diesem Augenblick nach ihrer Mutter! Emilija hätte ihr zu helfen gewusst. »Mami! Mami!«, weinte sie laut. Gäbe es doch jemanden, der hilft, beruhigt und sagt, was zu tun ist!

Die Schmerzen wurden immer stärker, eine klebrige Flüssigkeit rann ihre Beine herab. Als sie das sah, verlor Ligita völlig den Kopf, denn ihr schien, dass es Blut war und sie nun gleich sterben würde. Sie begann lauthals zu schreien, was allerdings sinnlos war, da es niemanden gab, der sie hören und ihr zu Hilfe eilen konnte. Plötzlich brach der gellende Schrei ab, meine Mama sank auf das Bett und blieb einen Moment zusammengekauert sitzen. Da gab es nichts zu warten, sie musste sich zusammenreißen und es allein bis zum Krankenhaus schaffen.

Nachdem sie sich irgendwie angezogen hatte, schleppte sie sich durch den Schnee dorthin. Sie hatte nur 100 Meter zu gehen, aber die Entfernung schien endlos zu sein. Im Vestibül fragte sie eine Schwester nach ihren Beschwerden, aber als sie genauer hinsah, begriff sie sofort und brachte die weinende Frau unverzüglich auf die Entbindungsstation. Dort zog sie ihr ein Krankenhausnachthemd über und ließ sie im Vorzimmer des Kreißsaals allein. Es war Mitternacht.

Als Milda am nächsten Morgen von der Nachtschicht heimkehrte und ihre Schwiegertochter nicht zu Hause antraf, eilte sie aufgeregt zurück zum Krankenhaus. Sie war fast sicher, dass sie dort die freudige Nachricht von der Geburt ihres Enkelkindes erwartete. Aber die Geburt war noch in vollem Gange. Meine Großmama erbat, auf die Entbindungsstation gelassen zu werden, was wegen der Infektionsgefahr streng verboten war. Schon auf dem Korridor waren Ligitas gellende Schreie zu hören. Die Ärztin beruhigte die verzweifelte Milda Petrowna, dass schon alles werden würde, aber wie abgehärtet meine Großmama hinsichtlich der Schmerzen anderer auch war – die verfremdete, wilde Stimme ihrer Schwiegertochter ging über ihre Kräfte. Sie machte auf dem Absatz kehrt und stürzte auf die Straße, um zu ihrem Sohn ins Sägewerk zu eilen.

Aufgeregt und verworren berichtete sie Aivars, dass es bereits um Mitternacht losgegangen, jedoch noch nicht gewiss sei, wann alles vorüber ist, und wie schwer Ligita es hatte. Die beiden rannten beinahe zum Krankenhaus zurück. Die Stunden vergingen, und noch immer hatte die Lage sich nicht verändert. In unendlicher Sorge lief mein Vater wie besessen vor dem Krankenhaus auf und ab. Es war unerträglich zu wissen, dass seine geliebte Ligita sich da drinnen hinter einer Wand quälte und er ihr nicht helfen konnte – er durfte seiner Frau nicht einmal die Hand halten, ihr ein paar liebevolle Worte sagen, sie beruhigen. In der Anspannung kam es ihm gelegentlich so vor, als würde er Ligitas Schreie hören, aber es war nur ein Echo seiner aufgeregten Phantasie, die in seinen Ohren klang. Immer wieder klopfte er an das Fensterchen der Entbindungsstation, aber die Antwort, die er erhielt, war stets die gleiche – noch nichts, warten Sie ab!

Die Geburt dauerte die ganze Nacht und den Vormittag des folgenden Tages. Zwischen zwei Wehenschüben versuchte meine Mama einen Augenblick zu liegen, fuhr jedoch sogleich wieder auf, denn die Schmerzen kehrten zurück, und sie waren leichter zu ertragen, wenn sie umherlief. Auch das Schreien half, denn dabei spannte sich der Körper dermaßen an, dass der Schmerz scheinbar gedämpft wurde. Ligita dachte, dass es niemals enden würde. Von Zeit zu Zeit fragte sie nach der Uhrzeit. Es waren bereits acht Stunden vergangen! Dann zehn, und noch immer tat sich nichts! Nur der Schmerz nahm zu, bis sie keine Kraft mehr hatte zu stehen. Meine Mama krampfte sich am Kopfende des Bettes fest, vor ihren Augen flimmerten schwarze Kreise. Auch die Stimme war vom Schreien mitgenommen, und jeder weitere Schrei glich mehr und mehr einem Gurgeln.

Die Ärztin erklärte, das enge, unentwickelte Hüftbecken[253] würde das Kind hindern, zur Welt zu kommen, aber die Worte drangen nicht in Ligitas Bewusstsein vor. Sie war am Rande der Entkräftung und fiel vor Erschöpfung mehrfach in Ohnmacht. Die Hebamme versuchte zwar, sie mit kräftigen Ohrfeigen wachzubekommen, aber das half nur kurz. Die Ärztin begriff, dass der Geburtsvorgang gefährlich retardierte und sie rasch handeln musste. Sie nahm einen Dammschnitt vor und presste das Kind mit einer kräftigen Handbewegung heraus. So kam ich am 22. Dezember um 13.30 Uhr zur Welt. Als sie mich brüllen hörte, fragte meine Mama matt: »Was ist es?« Nachdem sie erfahren hatte, dass es ein Mädchen ist, schlief sie glücklich und zufrieden auf dem Gebärtisch ein.

Ligita erwachte in einem Bett. »Ein Töchterchen, ich habe ein Töchterchen«, dachte sie lächelnd und wartete ungeduldig darauf, mit ihrem Kind zusammen zu sein. Sie wollte es so gern richtig ansehen, denn unmittelbar nach der Geburt hatte sie nur einen kurzen Blick auf Sandra werfen können. Die Hebamme kam herein und erkundigte sich nach dem Befinden der Geschwächten. Ligita fühlte sich ausgezeichnet, als hätte sie keinerlei Qualen durchgestanden. Von der Hebamme erfuhr meine Mama, dass man ihr das Kind gegen Mitternacht zum ersten Mal zum Stillen bringen würde.

Schließlich war der Augenblick der ersten Begegnung gekommen, und in Ligitas Bett wurde ein kleines, in weiße Windeln gewickeltes Bündel gelegt, aus dem ein winziges, rotes Gesicht hervorlugte. »Sandralein«, gurrte meine Mama, während sie in meinen blauen Augen versank. »Was hast du nur für schwarzes Haar! Das gefällt mir aber gar nicht«, sagte sie beunruhigt. Obwohl ich fest eingewickelt war, brachte ich es dennoch fertig, meine Hand aus den Windeln herauszustrecken. Meine Mama berührte sie zart mit dem Finger, den ich sogleich mit überraschender Kraft ergriffen haben soll. Sechs Tage später wurde die junge Mutter aus dem Krankenhaus entlassen.

An jenem 22. Dezember kamen außer mir noch zwei Jungen in Togur zur Welt – ein Russe und ein Russlanddeutscher. Meine Mama hat oft über das Schicksal dieser Kinder nachgedacht. Die verbannte russlanddeutsche Familie lebt jetzt sicherlich in Deutschland, der Sohn wird eine solide Ausbildung genossen und einen guten Beruf bekommen haben.

Wenn der russische Junge in Togur geblieben ist, wird sein Leben fast genauso erbärmlich sein wie damals in den 50er Jahren. So wie zur Blütezeit des Stalinismus glauben die Menschen fest daran, dass ihr Leben das allerbeste sei und die Schuld an allem Unglück noch immer die Imperialisten dieser Welt tragen, die auf Kosten des gutmütigen Mütterchens Russland leben.

Nach der Entlassung seiner Frau aus dem Krankenhaus ging mein Vater zum Dorfsowjet, um meine Geburtsurkunde in Empfang zu nehmen. Nach der Erledigung der Formalitäten sagte der

Kommandant: »Ihre Tochter, Aivars Alexandrowitsch, muss fortan am 15. und 30. jeden Monats registriert werden.« Und indem er auflachte, fuhr er fort: »Damit wir sicher sind, dass sie den Ansiedlungsort nicht verlassen hat.«

Mein Vater war wie vom Schlag getroffen. Während ich unterwegs war, hatten sich weder er noch meine Mutter die bittere Tatsache bewusst gemacht, dass ihr Kind vom Augenblick seiner Geburt an »auf ewige Zeiten verbannt« sein würde.

Schweren Schrittes kehrte mein Vater zur Wohnbaracke zurück. Er machte sich Vorwürfe wegen des Leichtsinns, mit dem er sich der Illusion des Glücks hingegeben hatte, in dessen Namen seiner Tochter nun ein Leben in Sibirien beschieden war. »Aasgeier! Miststücke! Schurken!«, schrie es in meinem Vater. Nach Hause zurückgekehrt, sah er meine Mutter mit erloschenem Blick an und sagte rau: »Mehr Sklaven werden wir nicht zeugen!« Ich habe keine Geschwister.

Zwei Monate später starb Stalin.

Der lange Weg zurück

Das Haus meiner Eltern ist die einzige Wohnung, die mir von Sibirien im Gedächtnis geblieben ist. Als wir im Herbst 1953 dort einzogen, war ich bereits groß genug, um an der Hand meiner Mama auf eigenen Füßen die Schwelle übertreten zu können. Daran erinnert sich meine Mama stets mit Stolz.

Das Haus hatten meine Eltern mit ihren eigenen Händen erbaut, ohne zu unterscheiden, was Männer- und was Frauenarbeit ist. Sogar die Ziegel für den Herd und den Ofen stellten sie eigenhändig aus Lehm her, den sie im Garten ausgruben und mit Sand vermengten. Zur Wärmedämmung verwendeten sie im Moor gesammeltes und getrocknetes Moos, mit dem sie die Ritzen zwischen den Rundbalken ausstopften. Die Innenräume hatte meine Mama mit einer Mischung aus Kuhmist und Lehm verputzt und nach dem Trocknen weiß getüncht. Sämtliche Möbel – den Tisch, zwei Stühle, ein paar Hocker, die Betten und einen Schrank – hatte mein Vater selber angefertigt. Er ließ auch geschickt seine »Beziehungen« in der Elektroabteilung des Sägewerks spielen und erreichte, dass unser Haus, das sich in einem nicht elektrifizierten Viertel von Togur befand, an das Stromnetz angeschlossen wurde. Davon profitierten auch die übrigen Stadtrandbewohner, die die neue Zuleitung ohne Genehmigung bis zu ihren Häusern verlängerten.

Im Garten gruben meine Eltern einen Brunnen, damit sie in den wärmeren Monaten das Wasser nicht mit dem Tragjoch von fernher holen mussten. Im Winter fror der Brunnen allerdings zu, dann war die einzige Wasserquelle der Schnee, den sie in Eimer schöpften und in der Vorratskammer in einen großen Zuber kippten, wo er schmolz. Solange der Schnee frisch war, war das Was-

Mit Mama in Togur, im Frühjahr 1957

ser klar, aber wenn er sich zum Frühjahr hin grau verfärbte, weil der Ruß aus den Fabriken und Häusern der Umgebung sich auf ihm niedergeschlagen hatte, setzte sich allmählich eine dicke Schmutzschicht am Boden des Wasserfasses ab.

Im Unterschied zu den anderen Häusern wuchsen in Kästen vor unseren Fenstern Blumen, deren Samen Freunde aus Lettland geschickt hatten. Auch den Weg vom Gartentor zum überdachten Eingang schmückten Blumenbeete, worüber die Einheimischen sich wunderten. Sie begriffen nicht, wie man seine Kräfte für nutzlose, ungenießbare Dinge wie Blumen verschwenden konnte.

In einem kleinen Gärtchen vor dem Haus zogen meine Eltern Kartoffeln und Gemüse. Der Boden in Sibirien ist außerordentlich fruchtbar; setzte man 150 Kilogramm Kartoffeln, so konnte man nach dem kurzen Sommer im Herbst fünf Tonnen ausgraben. Diese Menge reichte nicht nur für die Familie aus, sondern jedes Jahr konnte auch ein Schwein ordentlich gemästet werden, sodass nach dem Schlachten beinahe jeden Tag Fleisch auf den Tisch kam.

Das zweitwichtigste Lebensmittel war Sauerkraut, das meine Eltern in einem riesigen 150-Liter-Fass ansetzten. Das Fass stand in der ungeheizten Diele. Wann immer im Winter Sauerkraut auf dem Speisezettel stand, konnte mit dem Beil ein Stück aus der gefrorenen Masse herausgehackt werden. Ähnlich wurde das frische Fleisch aufbewahrt, dessen Duft für unsere Katze eine Quelle unendlicher Qualen darstellte. Voll unverbrüchlichem Optimismus kratzte sie mit ihren Krallen an dem Eisklotz, wobei kalte, nach Fleisch duftende Eissplitter ihren einzigen Gewinn darstellten. Um mich stets mit frischer, nahrhafter Milch versorgen zu können, hielten meine Eltern eine Ziege.

Unser Haus habe ich als weiß, warm und sonnig im Gedächtnis behalten. Dieses Gefühl spiegelt jene Welt der Sicherheit und Liebe wider, in der ich über die Herzen herrschte. Meinen Tag begann ich mit dem lauten Ausruf »Omaaaa!«, der den Hausbewohnern verkündete, dass ihre Herrlichkeit erwacht sei. Mama und Vater waren allerdings meistens arbeiten, und so kamen meiner Forderung gewöhnlich Großmama und die Katze nach, die sogleich zu mir eilten.

Minka war natürlich am schnellsten zur Stelle und sprang rasch ins Bett, um nach Herzenslust zu schnurren und zu schmusen, obgleich ihr das strengstens untersagt war. Wenn Großmamas Hand die weißen Vorhänge des Bettchens berührte, sprang die Katze im Nu hinaus, um sich mit Unschuldsmiene in der Nähe auf dem Boden zu wälzen. Großmama hob drohend den Finger, was Minka jedoch völlig kalt ließ, wusste sie doch, dass sie der Liebling der Familie war. Noch im Bett reichte Oma mir eine Tasse frisch gemolkener, warmer Ziegenmilch, die ich genüsslich austrank, wobei ich an dem weißen Schnurrbart meine Freude hatte, den die Milch auf der Oberlippe hinterließ und über den Großmama sich gutmütig lustig machte.

War das Ritual der Morgentoilette vorbei und das Frühstück verzehrt, kamen die »guten Taten« an die Reihe. Dem kleinen Fräulein wurden Brosamen und klein geschnittene Käserinden vom Frühstück in die Hand geschüttet, die ich vor der Haustür an die Hühner unserer Nachbarin verfütterte. Wenn sie meine laute

Stimme hörte, kam auch die Hühnerbesitzerin Andrejewna herüber, um mit Großmama zu plaudern. Sie war eine freundliche, zahnlose alte Frau, deren Leben eine endlose Aneinanderreihung von Prüfungen und Leiden war. Nachdem sie im Alter von 15 Jahren an einen Trinker verheiratet wurde, brachte sie 16 Kinder zur Welt, von denen nur eines überlebte, das – bedingt durch den Alkoholismus seines Vaters – schwachsinnig war.

Nach dem morgendlichen Besuch putzte Großmama mich heraus, und wir begaben uns zum Laden. Unterwegs unterhielt ich mich mit allen Passanten, denen mein altkluges Benehmen ein Lächeln entlockte. Über jede meiner »Weisheiten« strahlte Großmama vor Stolz. Insbesondere deshalb gefiel es mir im Laden, weil man dort viele interessante Sachen angucken und von Darja, der netten Verkäuferin, einen Bonbon bekommen konnte.

Wenn Mama Nachmittagsschicht hatte, holte sie mich morgens in ihr Bett, wo wir zusammen faulenzten und einander selbst erfundene Märchen erzählten. In meinen kam ein schönes Aschenputtel vor, das mit einem Prinzen Tango und Boogie-Woogie tanzte; manchmal brachte ein Vögelchen ihm in seinem Schnabel elegante Nylonstrumpfhosen, Konfekt oder andere Schätze. Am Ende des Märchens erhielt Aschenputtel immer die Genehmigung, in ihr Traumland Lettland zurückzukehren, das ich aus den Erzählungen meiner Eltern und Bilderbüchern kannte, die ich geschickt bekam.

Meine Mutter akzeptierte Sibirien nicht. Seit den ersten positiven Veränderungen im Leben der Sondersiedler kämpfte sie standhaft um Kleinigkeiten, die in ihren Augen ein normales Leben symbolisierten, indem sie gegen den von der Armut aufgezwungenen Verzicht auf die europäischen Alltagssitten und den entsprechenden Kleidungsstil Widerstand leistete. Auch wenn sie aus einer Blechtasse trinken musste, so stellte sie diese doch immer auf eine – ebenfalls blecherne – Untertasse, denn »im Dreifelds'schen Hause war es gar nicht denkbar, ohne Untertasse zu trinken«. Als sich die Lebensbedingungen verbesserten, wurde zumindest sonntags neben Sauerkraut und Kartoffeln ein Dessert serviert –»Himmelsgrieß«[254], rote Grütze oder eine aus Kastenroggenbrot gekochte Brotsuppe.

Meine Mama hasste die widerlichen wattierten Hosen und Jacken, die dicken Kopftücher und Filzstiefel, in denen sie ihre Weiblichkeit einsperren musste. Sowie der Arbeitstag vorbei war und sie sich aus dieser aufgezwungenen Montur geschält hatte, zog sie eines ihrer selbst genähten Kleider und die aus Lettland mitgebrachten Schuhe an, um wieder Frau zu sein. Nähen hatte Mama in Sibirien gelernt, nachdem 1946 das erste Paket aus Lettland eingetroffen war. Die ihnen geschickten Kleidungsstücke erschienen Emilija und Ligita dermaßen luxuriös, dass sie aus Gründen der Sparsamkeit das Futter heraustrennten und Blusen oder Jacken daraus nähten.

Damals verstand Ligita noch nichts vom Nähen, war jedoch voller Entschlossenheit und Phantasie. Indem sie ihre Freundin Māra auf den Fußboden legte und deren Konturen auf Zeitungspapier übertrug, machte Mama ein »Schnittmuster«. Allmählich vervollkommnete sich ihr Können so weit, dass sie sogar für andere zu nähen begann. Wie bescheiden ihre Möglichkeiten auch waren, niemals gab Mama auf. Auch mich kleidete sie entsprechend ihrer Kindheitserinnerungen in hübsche Kleidchen, Mäntelchen mit Pelzkragen und kleine Muffs zum Händewärmen. Wenn man Fotografien aus jener Zeit betrachtet, ist kaum vorstellbar, dass ich ein aus alten, gefärbten Hosen meines Vaters genähtes Sonntagskleid anhabe und Mama die prachtvolle Pelzmütze in mühsamer Kleinarbeit aus den Fetzen des einstigen Feststaates einer Lettin zusammengenäht hatte.

Im Unterschied zu den Kindern der Einheimischen wurde ich in Windeln gewickelt, was bei den Ärzten und Krankenschwestern von Togur Begeisterung auslöste – endlich hatten sie einen Menschen aus Fleisch und Blut getroffen, der die in klugen Büchern geschriebenen Vorschriften zur Kinderhygiene in der Praxis verwirklichte. Jeden Abend wurde ich in einer kleinen

Wanne gewaschen, was in der Beengtheit der Wohnbaracke gar nicht so einfach war, ganz zu schweigen von der Warmwasserbereitung aus geschmolzenem Schnee.

Meine Kleider waren immer reinlich und gebügelt. Als 1956 das erste Paket von Mamas Brüdern aus Kanada eintraf, nahm meine Mutter die schönen Kleider und Schuhe mit der größten Selbstverständlichkeit der Welt entgegen. Es störte sie nicht, dass sie sie nur auf der Hauptstraße von Togur oder bei einem Ausflug nach Kolpaschewo tragen konnte. Nachdem sie sich und mich mit den eleganten Westkleidern herausgeputzt hatte, machte Mama erhobenen Hauptes einen Sonntagsspaziergang entlang der Baracken, Blockhäuser und Lattenzäune, wobei sie mit unserem exotischen Anblick jeden Passanten und all die Neugierigen verblüffte, die sich an den Fensterscheiben die Nasen platt drückten. Ich kann mir vorstellen, welchen Effekt mein Overall auf die Dörfler machte – ein Kleidungsstück, in das die praktischen Kanadier ihre Kinder steckten, um sie vor der Kälte zu schützen, und das damals selbst in Europa noch kaum bekannt war.

Der Glaube meiner Mama an ein zivilisiertes Leben und an das Wunder der Heimkehr war irrational, denn nichts in der sie umgebenden Wirklichkeit zeugte davon, dass diese Hoffnungen auch nur im Geringsten begründet wären. Die Ablehnung Sibiriens war tief in ihrem Unterbewusstsein verwurzelt und kam in impulsiven Worten oder Taten zum Ausdruck, die in Widerspruch zu dem vom Verstand diktierten Sichabfinden standen. Eine Episode, die die Glaubenskraft meiner Mama auf das Deutlichste veranschaulicht, hat mich stets zu Tränen gerührt. Als es Zeit für meine erste Pockenimpfung war, ließ sie nicht zu, das Serum am Arm aufzubringen, sondern bestand darauf, dass der Schnitt am Bein gemacht wurde. Mama sagte zu der überraschten russischen Krankenschwester: »Meine Tochter wird schöne Schultern brauchen, denn dereinst trägt sie Abendkleider!«

Meine Erziehung ruhte gänzlich auf Großmamas Schultern, da meine Eltern Schichtarbeit verrichteten, zudem zu unterschiedlichen Zeiten. Feiertage waren selten, und fast nie hatten sie gemeinsam frei. Wie alle sowjetischen Betriebe beteiligte sich das Sägewerk von Togur am sozialistischen Wettbewerb der Planerfüllung, und seit es unionsweit den ersten Platz innehatte, arbeiteten die Werktätigen auf Beschluss der Obrigkeit auch an Sonn- und Feiertagen »freiwillig«, um den errungenen Ehrentitel nicht wieder einzubüßen.

Mamas Meinung nach verwöhnte mich Großmama zu sehr, die ich mit meinem »Sandralein will dies, Sandralein braucht das« nach meiner Pfeife tanzen ließ. Meine Macht über Großmama reichte so weit, dass sie meinetwegen freiwillig ihrem einzigen Laster entsagte – dem Rauchen. Nachdem ich mit drolligem Ernst eine von Mama gehörte Phrase wiederholt hatte, dass ich von ihrem Gequalme Kopfschmerzen bekäme, drückte Omi ihre angefangene *papirossa* aus, lächelte und sagte, dass sie nicht mehr rauchen werde, da sie ihrem lieben Butzi nicht die Gesundheit ruinieren wolle. Ihrem Versprechen ist Großmama treu geblieben und hat nie wieder geraucht.

Ich hatte einen unwahrscheinlich trotzigen Charakter, den meine Mama zu meinem eigenen Besten brechen wollte, was ihr jedoch nicht gelang, denn auch nach einem Klaps oder Eckestehen blieb ich unbeugsam. Heute bin ich davon überzeugt, dass die drastischeren Erziehungsmethoden einen absolut gegenteiligen Effekt hatten, indem sie mich abhärteten und darauf vorbereiteten, mich und meine Ansichten im Erwachsenenleben zu verteidigen. Und mit dem Kopf gegen die Wand zu rennen. Auch wenn ich mir manche Beule einhandelte, brach doch die Mauer gelegentlich trotzdem zusammen.

Großmama brachte mir Lesen und das Schreiben in Blockbuchstaben bei, was ich im Alter von vier Jahren recht gut beherrschte, wenn man mir ein Wort buchstabierte. Mir machte das Schreiben solchen Spaß, dass ich manchmal die Abendschulhefte meines Vaters voll kritzelte. Statt des erwarteten Lobes für meine Hilfe beim Lernen bekam ich einen ordentlichen

Anranzer, weil er nun alles noch einmal abschreiben musste, zudem waren Schreibhefte nur schwer zu bekommen.

In der Vorweihnachtszeit brachte Großmama mir Gedichte bei, wobei sie mir einschärfte, sie den Eltern nicht aufzusagen, damit es eine Überraschung würde. Natürlich konnte ich es nicht lassen, mit meinem Können zu prahlen, aber das hinderte meine Mutter und meinen Vater nicht, am Festabend »überrascht« und begeistert zu sein.

Das erste Weihnachten, an das ich mich erinnern kann, endete traurig für mich. Ich beleidigte den Weihnachtsmann, der ausgerechnet dann kam, als Großmama in den Stall gegangen war, um das Ferkel zu füttern. Als der Weihnachtsmann von der Diele ins Zimmer trat, fiel das Licht auf sein Gesicht, das mir dem Antlitz von Großmama überraschend ähnlich vorkam. Ich stürzte unwillkürlich zu ihm, zog an seinem Bart und sagte: »Warum hast du dir denn das Stroh ins Gesicht gestopft, Omi?« Über ein so ungezogenes Betragen war der Weihnachtsmann höchst pikiert und verschwand wieder, ohne ein Wort zu sagen, ließ in der Verwirrung allerdings den Sack mit den Geschenken stehen.

Meine Rechtfertigungen und Tränen nützten nichts, denn der Weihnachtsmann hat den Frevel nicht verziehen und ist nie wieder bei mir erschienen. Jedes Jahr hoffte ich darauf, dass das Wunder sich wiederholen würde, wobei ich mir fest vornahm, artig zu sein – obwohl mir die verdächtige Ähnlichkeit mit Großmama keine Ruhe ließ. Aus pragmatischen Erwägungen sah ich jedoch davon ab, meinen Zweifeln Ausdruck zu verleihen. Das nächste Mal traf ich den Weihnachtsmann viele Jahre später in Lettland, als er mit einem Sack voller Geschenke meinen Sohn Jānis besuchte. Also hatte er mir doch verziehen …

Ich wuchs praktisch ohne Spielkameraden auf, denn meine Eltern hielten das unbeaufsichtigte Herumstromern, mit dem die einheimischen Kinder ihre Zeit verbrachten, indem sie, sobald sie laufen gelernt hatten, den ganzen Tag mit einer Horde Gleichaltriger verschwanden, für gefährlich.

Einmal hatte auch ich mich von Großmama weggestohlen und verbrachte gemeinsam mit einigen Kindern einen der aufregendsten Tage meiner Kindheit in Sibirien. Wir trieben uns am Rand des Moores herum, warfen mit Stöcken und veranstalteten Wettkämpfe im Weitpinkeln. Bei dieser Gelegenheit bemerkte ich zum ersten Mal, dass Jungen in dieser Disziplin gegenüber Mädchen im Vorteil sind, da die Natur sie zum Erreichen beachtlicher Ergebnisse mit einem hervorragenden Werkzeug ausgestattet hatte. Mir erschien das ungerecht.

Auf dem Rückweg liefen wir noch eine Weile an den übervölkerten Wohnbaracken entlang, wo ich meine unter großen Schwierigkeiten beschafften Schuhe vergaß. Auf dem Heimweg wurde mir allmählich bewusst, welche Verbote ich übertreten hatte und was für ein Rüffel mich erwartete. Großmama war glücklich, dass ich wieder aufgetaucht war, der Verlust meiner einzigen Schuhe jedoch konnte den Eltern nicht verheimlicht werden, und so blieb die Tracht Prügel nicht aus.

Damals konnte ich noch nicht wissen, dass mir meine Eltern den Kontakt mit den einheimischen Kindern auch deshalb untersagten, weil sie meine Russifizierung fürchteten, die ja, sollte sich nichts ändern, so oder so unausweichlich war. Mit Besorgnis nahmen sie zur Kenntnis, dass ich ebenso gut Russisch wie Lettisch sprach. Zwar machte sich der Einfluss der russischen Phonetik in meiner Kindersprache noch nicht bemerkbar, aber immerhin rutschte mir hin und wieder ein verlettischtes russisches Wort heraus. Der Gedanke, dass ich irgendwann eine russische Schule besuchen und meine lettische Zugehörigkeit gefährdet sein würde, quälte meine Eltern wie ein Nachtmahr. Auch mir erscheint im Rückblick der Verlust der lettischen Identität als das Schlimmste, was mir hätte passieren können.

In dem, was mir von Sibirien im Gedächtnis geblieben ist, gibt es keinen einzigen dunklen Fleck, denn die Welt war von der Liebe meiner Eltern umschlossen. Ich konnte nichts von den Gefühlen wissen, die sie beim Gedanken an unsere Zukunft hatten. Nach dortigem Standard durfte man unsere Familie durchaus als wohlhabend bezeichnen. Meine Eltern verdienten gut, wir hatten ein eigenes Haus, warme Kleidung und waren satt, aber just deshalb, weil der Kampf um das physische Überleben nicht mehr alle Kräfte in Anspruch nahm, empfanden Vater und Mutter die aufgezwungene Unfreiheit und die oberflächliche Eintönigkeit ihres Lebens umso deutlicher.

Meine Eltern waren jung und bestrebt zu lernen, zu reisen, die Welt kennen zu lernen, tatsächlich jedoch an ein abgelegenes Dorf gefesselt, das sie ohne Erlaubnis des Kommandanten nicht einmal verlassen durften, um in die nächste Stadt zu fahren, so erbärmlich sie auch war. Den einzigen Kontakt zur Außenwelt stellte das Radio dar, und die einzige Art der Unterhaltung boten das Kino und die Bibliothek. Im Kino liefen geschönte, vor infantilem Optimismus überbordende sowjetische Filme, aber immerhin zeigten sie ein anderes Leben – in Moskau oder Leningrad. Obwohl es in der Bibliothek ausschließlich russischsprachige Bücher gab, die sorgfältig ausgewählt waren, um den Sowjetmenschen im Geiste der Ideen des Kommunismus zu erziehen, lasen meine Eltern dennoch viel, da sie dadurch für einen Augenblick dem Alltag entfliehen konnten.

Die Zeitungen erreichten Togur mit einigen Tagen Verspätung, ohne dass die Zeitverschiebung eine Rolle spielte, denn die Vorgänge in der Welt erschienen so oder so weit weg und unwirklich – was machte es also für einen Unterschied, ob etwas gestern oder vor einer Woche geschehen war? Dieser auf der Stelle tretende Alltag saugte einen auf und hielt einen am Boden, von seinem Grau wurde die Hoffnung, nach Lettland zurückzukehren, wie zwischen zwei Mühlsteinen zerrieben und verwandelte sich allmählich in ein blutleeres Phantom, das in der entferntesten Kammer der Seele eingeschlossen war, damit es das mit dem Panzer der Gleichgültigkeit gewappnete Herz nicht mit dem Schmerz unerfüllbarer Sehnsucht quälte.

Stalins Tod am 5. März 1953 erweckte in meinen Eltern und den anderen Verbannten keinerlei Hoffnung, denn in ihrem Bewusstsein war der Terror nicht an eine konkrete Person gebunden, sondern an das kommunistische Regime insgesamt. Der Tod eines einzelnen Menschen änderte nichts am System, denn an seine Stelle würden andere treten, um den »Kampf gegen die Feinde des Kommunismus« ebenso grausam fortzusetzen.

Das Nahen seines Todes war zu ahnen, denn das Radio brachte den ganzen Tag Trauermusik und Berichte über den Gesundheitszustand des »Führers«. Außerdem wurden Briefe von Arbeitern, Kolchosbauern und Vertretern der sozialistischen Intelligenz verlesen, in denen sie dem teuren Genossen Stalin gute Besserung wünschten und gelobten, dessen letztes geniales Werk »Ökonomische Probleme des Sozialismus in der UdSSR« mit großem Eifer zu studieren. In Togur erfuhr man am 6. März aus dem Radio von dem »allerschwersten Verlust für die Partei, das sowjetische Land und die Werktätigen der ganzen Welt«, denn die schwarz umrahmte *Prawda* traf wie immer mit mehrtägiger Verspätung im Dorf ein.

Es war furchtbar, denn nachdem sie jahrelang der Propaganda über die »unermüdlichen Sorgen des Völkervaters und seinen Kampf gegen den inneren Feind« gelauscht hatten, empfand sich die Mehrheit als verwaist. Ebenso wie die russischen Bauern an den guten Zaren geglaubt hatten, der nichts von der Böswilligkeit seiner eigenen Beamten wusste, war auch der größte Teil der Sowjetmenschen voller Naivität davon überzeugt, sie hätten es allein Stalin zu verdanken, dass sie nicht von noch größerem Unglück heimgesucht worden waren. Wer weiß, was das Morgen bringen würde, da sie nunmehr schutzlos jenen ausgeliefert waren, deren Untaten das Väterchen so wachsam entlarvt hatte.

Die einheimischen Frauen weinten und wehklagten lautstark mit den Worten des slawischen Klagerituals: »Weshalb hast du uns verlassen, du unser Augenstern und Adler … Was soll ich fortan tun, ich Einsame und Waise …« Die theatralische Überhöhung der Klage war ein ausgezeichneter Deckmantel, unter dem sich Verunsicherung und Ungewissheit verbergen ließen. Es wird bestimmt beobachtet, wer wie wahrhaftig trauerte, und später würde man sich auch diesbezüglich verantworten müssen. Die Gesichter der Sondersiedler waren verschlossen und nahmen einen unergründlichen Ausdruck an, den man als trauerbedingte Verwirrung interpretieren konnte. Der eine oder andere wischte in der Öffentlichkeit auch einmal eine Träne aus dem Auge und hütete sich vorsichtshalber sogar unter den Seinen vor jeglicher Bekundung der wahren Gefühle. Alle »trauerten«, und jeder wusste, wie das auszusehen hatte.

Am Nachmittag desselben Tages veranstaltete das Sägewerk die erste Trauerkundgebung, in deren Verlauf der Direktor die offizielle Verlautbarung von Partei und Regierung zu Stalins Tod verlas. Dann kletterten der Parteisekretär, der Gewerkschaftsvorsitzende, einige Bestarbeiter und ein Pionier auf die Tribüne, um einander gegenseitig an Schönrednerei zu übertrumpfen, indem sie von einem Blatt Papier ablasen, welch untröstlicher Kummer jeden Einzelnen und die Menschheit insgesamt überwältigt habe, seit der »erhabenste Mensch unserer Epoche«, die »Koryphäe der marxistischen Wissenschaft«, der »große Generalissimus«, der »größte Kriegsherr aller Zeiten«, der »beste Freund der Proletarier aller Länder«, die »Hoffnung der Unterdrückten und Elenden« von dieser Welt geschieden war. So groß die Trauer jedoch sei, man dürfe sich ihr nicht hingeben, denn wiederum müsse man sich wachsam vor den Bestrebungen der Imperialisten dieser Welt hüten, die den bodenlosen Kummer der Sowjetmenschen zu ihren Gunsten auszunutzen trachteten. Deshalb seien alle fest entschlossen, noch enger um die Kommunistische Partei zusammenzurücken, die wie der Wunderbaum im Märchen die ganze Welt mit seinen Zweigen umfasst und dessen Wurzeln bis tief in die Volksmassen, in das Herz der Menschheit reichen und zu neuen Siegen der Arbeit ermuntern. Nur so könne man dem Genossen Stalin beweisen, dass er auf ewig in jedem Herzen leben wird.

Zum Abschluss der Trauerkundgebung verabschiedeten alle einmütig einen Brief an das ZK der KPdSU, das Präsidium des Obersten Sowjets der UdSSR und den Ministerrat der UdSSR, in dem der Partei gelobt wurde, den Plan vorzeitig zu erfüllen und die Klassenwachsamkeit aufrechtzuerhalten. Briefe ähnlichen Inhalts wurden überall verabschiedet, um sich in einem ununterbrochenen Strom nach Moskau zu ergießen. Zum ersten Mal seit nahezu ewigen Zeiten wurden die Briefe nicht an Jossif Wissarionowitsch adressiert, was fast widernatürlich erschien.

Nach der Kundgebung hatte mein Vater beim Chef der Elektroabteilung zu einem Gespräch unter vier Augen zu erscheinen. »Aivars Aleksandrowitsch«, sagte dieser, »dir wurde die verantwortungsvolle Aufgabe anvertraut, zusätzliche Lautsprecher für die Radioübertragung auf dem Dorfplatz zu installieren, damit jedes auf der Moskauer Trauerkundgebung gesprochene Wort zu hören ist! Wenn irgendetwas schief geht, wirst du als Erster daran schuld sein!« Mein Vater vernahm die Worte des Abteilungschefs mit dumpfen Vorahnungen, denn er war sich nur allzu gut bewusst, was ihm und seiner Familie für den kleinsten Fehler bei der Übertragung der Bestattungszeremonie drohen würde. Weshalb wollte der Zufall, dass ausgerechnet ihm eine derartige Verantwortung aufgebürdet wurde?

Folgt man dem Schema der Klassenkampfpropaganda, so könnte die Wahl des Chefs merkwürdig erscheinen, war mein Vater doch ein politisch unzuverlässiger Verbannter, für den Stalins Beerdigung eine ausgezeichnete Gelegenheit wäre, seine Feindseligkeit zu offenbaren und als »Diversant« tätig zu werden. Aber im wirklichen Leben funktionierten die Dinge eben anders als in sowjetischen Kinofilmen und literarischen »Meisterwerken«. Aivars war der versierteste Elektriker des Sägewerkes, und dieser Umstand erschien dem Chef, der um einen reibungslosen Ablauf des Ganzen sehr besorgt war, um sich selber Schwierigkeiten zu ersparen, sehr viel wichtiger als die politische Wachsamkeit. Diese unbedeutende Episode spiegelt deutlich die dem

Sowjetsystem innewohnende Doppelzüngigkeit wider: in Worten und Taten verurteilen, aber beide Augen zudrücken, falls der Klassenfeind für die eigenen Bedürfnisse von Nutzen ist.

Aivars befestigte sichelförmige Steigeisen an seinen Schuhen und kletterte an den hölzernen Strommasten empor. Gemeinsam mit anderen Elektrikern wurden Kabel verlegt und Lautsprecher montiert, und nachdem sie sich mehrfach davon überzeugt hatten, dass alles einwandfrei funktionierte, warteten sie mit klopfendem Herzen auf den 9. März, für den in der gesamten Sowjetunion die Direktübertragung der Bestattung des »Führers« vorgesehen war.

Gegen zwei Uhr hatten sich alle Togurer, die laufen konnten, auf dem Platz beim Stalindenkmal versammelt.[255] Der mit Bronzefarbe angemalte Standardgipsabguss war ein typisches Beispiel sowjetischer Propagandabildhauerei, wie es, geringfügig modifiziert – die Mütze in der Hand oder auf dem Kopf, mit oder ohne Mantel –, in sämtlichen sowjetischen Kleinstädten und Dörfern zu finden war. Aufgabe dieser Skulpturen war es, dem Volk seine Führerpersönlichkeiten näher zu bringen und vertrauter zu machen.

Mein Vater beobachtete die Szenerie von einem Strommast aus, auf den er geklettert war, um einen unvorhersehbaren Fehler oder Zwischenfall bei der Übertragung rasch beheben zu können. Die Direktübertragung aus Moskau war ein beispielloses Ereignis in Togur, und alle lauschten mit angehaltenem Atem der feierlichen Stimme des Sprechers Lewitan[256], der beschrieb, wie der Rote Platz im Trauerdekor aussah. Der Sarg mit den sterblichen Überresten Stalins stehe auf einer Geschützlafette vor dem Lenin-Mausoleum und versinke in roten Blumen. Natürlich erwähnte der Sprecher mit keinem Wort die furchtbare Tragödie, die sich am 7. März zugetragen hatte, als die Massen der Abschiednehmenden derart angeschwollen waren, dass unter dem Druck der Nachdrängenden viele Menschen zu Tode gequetscht und noch mehr verletzt wurden.[257]

Als die Mitglieder des Politbüros sich auf der Tribüne oberhalb des Mausoleums niedergelassen hatten, begann die Kundgebung. Als Erste sprachen die »treuen Weggefährten« Malenkow, Berija, Chruschtschow und Molotow, dann folgten »treue Schüler«, Proletarier und Kolchosler, Moskauer, Leningrader und Einwohner aus Stalins Geburtsstadt Gori sowie diverse andere offizielle »spontan« Trauernde. Die Kundgebung dauerte knapp zwei Stunden, und obgleich es kalt war, standen die Togurer nahezu regungslos da, waren sie sich doch darüber im Klaren, dass der Anlass zu besonders war, um sich derart unziemliche Schwächen wie kalte Füße zu erlauben. Schließlich erklang Chopins Trauermarsch, und der Sprecher erklärte, dass des erhabenen Lehrers treue Kampfgenossen Malenkow, Berija und Molotow den Sarg nunmehr zum Mausoleum trugen.

Exakt um zwölf Uhr Moskauer Zeit begannen in der gesamten Sowjetunion die Fabriksirenen zu heulen. In den Chor derjenigen, die aus den Lautsprechern tönten, stimmte auch der Heulton des Togurer Sägewerks ein. Nachdem die sowjetische Hymne verklungen war, kam für fünf Minuten alles zum Stillstand: Züge, Schiffe, Werkbänke, Autos, Menschen. Aus dem Radio waren lediglich die Salutschüsse der Kreml-Kanonen zu hören. »Geschafft – er ist in der Gruft«, dachte mein Vater, der dort oben auf seinem Mast wenigstens kein scheinheiliges Trauergesicht machen und sich vor Gedankenlesern fürchten musste. Er fühlte sich unsäglich erleichtert – es würde keinerlei Unannehmlichkeiten geben, denn die Lautsprecher hatten tadellos funktioniert. Endlich konnte er hinunterklettern und nach Hause gehen.

Der Tag nach Stalins Beisetzung unterschied sich in Togur in nichts von vielen, die vergangen waren oder noch kommen sollten. In diese entfernte Ecke drang kein Widerhall des gnadenlosen Machtkampfs, der hinter den Mauern des Kreml unter den »Weggefährten«, »Kampfgenossen« und »Schülern« ausgetragen wurde. Meine Eltern bemerkten nicht einmal, dass der Name Stalins immer seltener in den Zeitungen auftauchte und durch denjenigen Lenins und die Betonung der führenden Rolle der Kommunistischen Partei ersetzt wurde.

Stalins Haupterbe war eigentlich Georgij Malenkow, neben seinem Namen waren jedoch stets diejenigen Lawrentij Berijas, Wjatscheslaw Molotows und Nikita Chruschtschows zu hören und zu lesen, was bedeutete, dass die Macht nicht mehr in den Händen eines Alleinherrschers konzentriert war, sondern geteilt werden musste. Anfang April erschien in der *Prawda* ein Beschluss zur Einstellung der Ermittlungen in Sachen »Ärzteverschwörung«[258] sowie zur Rehabilitierung einiger anderer »zu Unrecht Beschuldigter«. Diese Meldungen lasen die Verbannten mit ungläubigem Interesse – könnte das bedeuten, dass sich auch an ihrem Los etwas ändern würde?

Die erste große Überraschung war die Kritik an den Untaten des allmächtigen Ministers für Staatssicherheit, Lawrentij Berija, während des Juli-Plenums des ZK der KPdSU, auf dem dieser als »bourgeoise Ausgeburt« und »Agent des internationalen Imperialismus« bezeichnet wurde.[259] Das Plenum hob gewissermaßen das Verbot auf, an der »Unfehlbarkeit« der Führer zu zweifeln, und als Berija Ende Dezember erschossen wurde, lebten die gedämpften Hoffnungen meiner Eltern und anderer Verbannter auf Veränderungen erneut auf.

Weitere Ereignisse zeugten ebenfalls davon, dass irgendetwas im Gange war. Es gingen Gerüchte um, dass das Aufsichtsregime gelockert werden würde und einigen Lagerhäftlingen angeblich gestattet worden war, sich als Sondersiedler niederzulassen. Andere waren vorzeitig entlassen worden und durften in nahe gelegenen Städten wohnen und arbeiten – und bekamen sogar Lohn.[260] Eine Überraschung erwartete meine Eltern am 1. August 1954 auf der Kommandantur: Ich musste nicht mehr registriert werden. Bis zum Alter von 16 Jahren war ich frei![261] Ihnen selber wurde erlassen, sich zweimal monatlich »auf dem Amt« einzufinden; fortan hatte das nur noch einmal im Jahr zu geschehen, und außerdem durften sie sich ohne besondere Genehmigung innerhalb der Grenzen des Gebietes Tomsk »frei« bewegen. Jemand wusste zu berichten, das Dekret der »Verbannung auf ewige Zeiten« sei aufgehoben worden.[262]

All dies wirkte beflügelnd. Praktisch jede Begegnung zwischen Verbannten begann mit den Worten: »Weißt du schon ...«, und dann folgte der Bericht über ein weiteres Wunder, das jemand von jemandem gehört hatte, der es von einem anderem gehört hatte, der es wiederum ... So begann die Vorbereitung auf die Rückreise, die drei lange Jahre dauerte, was durch die völlige Ungewissheit über dasjenige, was »dort oben« vor sich ging, umso länger erscheinen sollte.

Als sie von den Veränderungen erfuhren, machten sich wieder viele daran, Anträge mit der Bitte um Befreiung vom administrativen Erfassungsregister zu stellen. Auch meine Mama entschied, dass sie wieder einmal ihr Glück versuchen und auf der Kommandantur ein an den Vorsitzenden des Präsidiums des Obersten Sowjets der UdSSR, Kliment Woroschilow, gerichtetes Schreiben einreichen sollte. In dem im Juni 1954 abgefassten Antrag legte sie auf das Genaueste die Umstände ihrer Verschickung dar und wandte sich zum Schluss mit folgenden Worten an die Herren des Schicksals: »1952 bin ich Mutter eines Töchterchens geworden. (...) ich bitte sehr darum, mir und meiner Tochter die grausame Strafe zu erlassen, die wir für unsere verstorbenen Eltern verbüßen, und mir den Titel eines freien Sowjetmenschen zurückzugeben.«[263]

Im Unterschied zu den in den ersten Nachkriegsjahren verfassten Bittschriften ist diese in der Akte Dreifelds enthalten.[264] Es ist zu sehen, dass der Untersuchungsrichter sie sorgfältig bearbeitet hat, indem er die wichtigen Stellen rot unterstrich. Es schien ihm bedeutsam, dass Mama bereits 1948 vom Sonderregister gestrichen worden war. Der Wachsamkeit des Tschekisten ist die unterschiedliche Schreibweise des Nachnamens Dreifelds nicht entgangen, nachdem er sich jedoch davon überzeugt hatte, dass die Rede von ein und derselben Person war, entschied er, die Akte zur Entscheidung in die Lettische SSR zu überstellen. Ihr sind auch Gutachten vom Arbeitgeber und von der Kommandantur beigefügt. Beide fielen positiv aus, denn die Verbannte »hat seit ihrer Ansiedlung ohne Unterbrechung eine gesellschaftlich nützliche Arbeit verrichtet. Die Regimevorschriften [für Sondersiedler] sind beachtet worden.«[265]

Allerdings konnten die guten Beurteilungen den Major des Innenministeriums der LSSR nicht im Geringsten beeinflussen, da er sich auf die sachlich falsche Feststellung des eifrigen Milizunterleutnants Pumpe aus Tukums berief, die Verschickte habe ihren Ansiedlungsort 1948 eigenmächtig verlassen. Nachdem er festgehalten hatte, dass »Dreifelde Ligita Janowna keinerlei Argumente vorgebracht hat, die eine Aufhebung der Sonderansiedlung rechtfertigen würden«[266], empfahl der Major die Ablehnung des Gesuchs.

Meine Mama war nicht die Einzige, die eine solche Absage erhielt. Der allgemeine Charakter der Ablehnung wirkte ernüchternd, veranschaulichte er doch auf das Deutlichste, dass für das Schicksal der Verbannten lediglich kosmetische Verbesserungen vorgesehen waren und nicht einmal die Aufhebung des Beschlusses über die »Verbannung auf ewige Zeiten« Grund zur Hoffnung gab, nach Lettland zurückkehren zu dürfen. Das war bitter. Im Sommer 1954 hätte man sich nur schwerlich vorstellen können, dass nur anderthalb Jahre später der XX. Parteitag der KPdSU die Sowjetunion erschüttern und auch unserer Familie den Rückweg nach Lettland ebnen sollte.

Man musste weiterhin wie gehabt in Togur leben und versuchen, die Lücken zu nutzen, die sich in der fest gefügten Mauer des Regimes gezeigt hatten und eine minimale Verbesserung der Lebensbedingungen ermöglichten. Von einer Lockerung zeugte beispielsweise das Einverständnis der Sägewerksleitung, dass Ligita Janowna einen Weiterbildungskurs besuchen durfte. Nach dessen Absolvierung konnte Mama in der Qualitätskontrolle für Holzerzeugnisse arbeiten, was sie von der schweren körperlichen

Arbeit teilweise entband. Mein Vater wiederum wurde vom einfachen Elektromonteur zum Leiter der Elektroabteilung befördert.

Fortan war das Gehalt meiner Eltern stattlicher, und in unserem Haus tauchten einige sowjetische Luxusgegenstände auf: eine Armbanduhr, ein Fotoapparat, ein Pelz. Eine unerwartete Wendung war die Aufforderung an meinen Vater, in den Komsomol einzutreten.[267] Wer hätte es schon gewagt, sich zu weigern, er musste eben eintreten. Als ihm Ende der 50er Jahre, nunmehr bereits in Lettland, ein ähnlicher Vorschlag unterbreitet wurde – nämlich in die Partei einzutreten –, zog sich mein Vater geschickt mit seiner Vergangenheit als »Familienangehöriger eines Banditen« aus der Affäre, der sich nicht als würdig erachte, der Avantgarde des Volkes anzugehören. Da es für ihn vollkommen unannehmbar war, konnte er es auf diese Weise, ohne sich Scherereien einzuhandeln, vermeiden, sich jenen anzuschließen, die sein Leben verwirkt hatten.

Als die Nachricht nach Togur drang, dass einige Verbannte am Tomsker Polytechnischen Institut aufgenommen worden waren, beschloss mein Vater zu studieren, denn zu jenem Zeitpunkt schien ein Studium das einzige Mittel zu sein, um in die Freiheit zu gelangen. Er träumte davon, Ingenieur zu werden, Englisch zu lernen und ein Handbuch zum Bau von Radioempfängern für Amateure zu schreiben. Vor seiner Deportation hatte er drei Lehrjahre am VEF-Technikum absolviert. Eigentlich hätte also ein Jahr auf der Arbeiterabendschule ausgereicht – aber er hatte sehr viel vergessen, und außerdem musste er lernen, fehlerfrei russisch zu schreiben, sonst würde er die Aufnahmeprüfung nicht bestehen.

Die Entschlossenheit und Ausdauer meines Vaters war bewundernswert, denn die Zeit zum Lernen ging auf Kosten des Schlafes, für den ihm täglich nur noch vier bis fünf Stunden blieben. Er musste weiterhin im Drei-Schichten-System arbeiten, aber immerhin war der Arbeitstag inzwischen auf acht Stunden reduziert, und endlich stand auch allen Arbeitern ein freier Tag pro Woche zu.

Nach zwei Jahren war die Abendschule absolviert, und er machte sich auf den Weg nach Tomsk. Wir blieben zu Hause und warteten aufgeregt auf Nachrichten. Um die Spannung ein wenig zu mindern, griffen Omi und Mama wieder zur Patience-Therapie, wobei sie jedes Mal in Verzweiflung gerieten oder erleichtert aufatmeten – je nachdem, ob die Patience aufging oder nicht. Es stand bereits fest, dass er sämtliche Examen erfolgreich bestanden hatte, aber die schlimmste Prüfung stand noch bevor – ein Aufsatz in russischer Sprache, der sämtliche Bemühungen zunichte machen konnte. Endlich traf das Telegramm ein: Vater hatte gewonnen!

Vater absolvierte in Sibirien das erste Ausbildungsjahr. Nachdem wir im Sommer 1957 nach Lettland zurückgekehrt waren, wollte ihm die Aufnahmekommission des Rigaer Polytechnischen Instituts die Fortsetzung seines Studiums verweigern. Man war dort der Ansicht, dass die Befreiung von der administrativen Ansiedlung kein ausreichender Beweis der Unschuld sei und so ein »Familienangehöriger eines Banditen« unter anständigen sowjetischen Studenten nichts zu suchen habe. Also hatte Chruschtschows »Tauwetter« die Lettische SSR noch nicht erreicht – der Beschluss über die Erneuerung der Anwendung von Klassenkriterien an den sowjetischen Hochschulen hingegen wohl.[268] Erst nach einem Gespräch mit dem Dekan der Fakultät erhielt Aivars Kalnietis die Erlaubnis, sein Studium fortzusetzen. Allerdings in der russischen Gruppe.

Mein Vater hat sich stets über die Verbitterung über sein im Krieg verkrüppeltes Bein, die durch die Deportation frühzeitig beendete Jugend und die alltäglichen Schwierigkeiten nach der Rückkehr nach Lettland hinwegzusetzen vermocht, indem er seine positive Ausstrahlung bewahrte, die jeder intuitiv spürt, der mit ihm in Berührung kommt. Neben meiner charmanten, aber mental sehr empfindlichen Mama ist er stets die feste Burg unserer

Familie gewesen. Es war Vater, der alle wichtigen Entscheidungen traf, wobei er die übrigen Familienmitglieder bereitwillig in dem Glauben ließ, dass sie selber es waren, die so entschieden hatten. Ich habe nie begriffen, wie er das ohne jede ordinäre Manipulation oder große Redeergüsse fertig bringt. Selbst der stärkste Kraftausdruck seines Schimpfwortschatzes – »Aasgeier« – ist reichlich friedfertig.

Er ist der positivste und ausgeglichenste Mensch, dem ich jemals begegnet bin. Und mein bester Freund, der mich so akzeptiert, wie ich bin – dickköpfig, launenhaft, unbeherrscht –, und mit dem ich sowohl meine intimsten Erlebnisse als auch existenzielle Probleme besprechen kann, wenn ich einen Ausweg aus einer Sackgasse suche, in die ich wieder einmal geraten bin, weil meine Prinzipien mit der Wirklichkeit zusammengeprallt sind. Mit großer Sensibilität stand mein Vater mir in den schwersten Augenblicken meines Lebens zur Seite, indem er mir nach jeder Niederlage durch seine verständnisvolle Fürsorglichkeit half, mich wieder aufzurappeln.

Erst jetzt, nach so vielen Jahren, wird mir klar, dass gerade die von ihm geerbte Prise Ausgeglichenheit und Beharrlichkeit mir geholfen hat, mich zu beherrschen, wenn ich im Ungestüm der Jugend nicht wusste, wo ich anfangen sollte, um mir nur keine Verlockung der einzigartigen Vielfältigkeit des Lebens entgehen zu lassen. Stets habe ich in den Tiefen meines Bewusstseins ein Bild aus der Kindheit bewahrt: das Profil meines über Bücher gebeugten Vaters im Schein der Lampe, der jahrelang lernte, um seinen Traum zu verwirklichen. Er saß in eine Ecke des Zimmers gezwängt an einem kleinen Schülerschreibtisch und blieb wach, während wir anderen selig schliefen. Der späte Abend oder die Nacht war die einzige Zeit, da in dem Durchgangszimmer, in dem unsere Familie in Riga wohnte, Ruhe herrschte und mein Spielen oder Mamas und Großmamas alltägliche Gespräche ihn nicht störten. Immer wenn ich vor einer großen Entscheidung, Arbeit oder Verantwortung stand, hat Vaters Präsenz in meinem Unterbewusstsein mir Kraft zum Entschluss gegeben. So wird es immer sein. Auch dann, wenn uns die Ewigkeit für einen kurzen Augenblick trennen wird.

Der zweite Vorbote bedeutsamer Veränderungen war eine Neuigkeit, die Togur im Frühjahr 1955 aufrüttelte: Einer der Deportierten hatte einen Brief von Verwandten aus dem Westen erhalten. Diese Nachricht wühlte meine Mama sehr auf; vielleicht würde auch sie endlich etwas über ihre Brüder erfahren, zu denen sie seit 1948 keinerlei Kontakt mehr gehabt hatte. Diese hatten auch den Verwandten in Lettland nicht geschrieben, und niemand wusste, in welchem Land die Brüder Zuflucht gefunden hatten.

Am 3. November 1955 traf ein Brief aus Kanada ein. Als ihr auf dem Postamt der fremdartige ausländische Umschlag mit dem gestreiften Rand ausgehändigt wurde, erkannte Mama sofort Viktors' Handschrift. Ihr Herz begann wie wild zu hämmern. Endlich hatte ihr Bruder sie ausfindig gemacht! Endlich! Weinend eilte sie nach Hause, warf noch in der Tür den Mantel zu Boden und riss mit bebenden Händen den Brief auf. Meine Lieben, meine unendlich Lieben! Es war unglaublich, dass sie nach so vielen Jahren wieder jemand mit »Mein liebes Schwesterlein« anredete.

Voldemārs und Viktors lebten in Kanada, Arnolds in England. Der älteste Bruder Voldemārs war inzwischen vierfacher Vater, zu den beiden Söhnen Juris und Jānis waren die Zwillinge Rūta und Pēteris hinzugekommen. Viktors und seine zweite Frau Austra hatten ebenfalls Zwillinge bekommen, Gunta und Daina; ein Jahr später kam ihr Sohn Viktors junior hinzu. Arnolds war damals noch nicht zum zweiten Mal verheiratet.

Nachdem sie über ihre erste Rührung hinweggekommen war, las Mama den Brief mehrmals Vater, Großmama und mir vor. Laut vorgelesen, erhielt der Brief eine neue Wertigkeit. Die Worte prägten sich in unser Bewusstsein ein und verflochten sich mit früher gehörten Geschichten aus Mamas Erinnerung, die sie zu neuem, reichem Leben erweckten. Seit diesem ersten Brief hat die unsichtbare Gegenwart von Mamas Brüdern unsere Familie in Freud und Leid begleitet. Als ich größer wurde, war ich sogar eifersüchtig auf meine drei Onkel, deren Briefe Mama mit solchem Sehnen erwartete, dass mir in meinem kindlichen Egoismus scheinen wollte, in ihrem Herzen sei nicht genug Platz für mich. Was konnte ich auch ahnen von dem erdrückenden Kummer unerfüllbarer Sehnsucht, in dem meine Mama jahrelang lebte, wohlwissend, dass ihre Liebe sich lediglich von Erinnerungsbruchstücken und Briefen nähren konnte? Ich kann Mamas Antwortbrief an ihre Brüder nicht lesen, ohne zu weinen. Ebenso weinten sie, als sie diese wenigen von unaussprechlicher Wehmut durchdrungenen Seiten lasen, auf denen die Schicksalsgeschichte ihrer Eltern und Schwester zusammengefasst war.

»Es ist schmerzlich zu denken, dass so viele Jahre vergangen sind und ihr in dieser Zeit kein einziges Mal versucht habt, mich ausfindig zu machen, obgleich euch das viel eher möglich gewesen wäre als mir. Das letzte Mal habe ich vor sieben Jahren Grüße erhalten. Damals lebte ich noch in Lettland, aber jetzt bin ich wieder im Gebiet Tomsk. Mami hat meine zweite Ankunft nicht mehr erlebt, sie ist am 5. Februar 1950 an Herzversagen gestorben. Ich war allein geblieben, ganz allein ... Nach all dem unterwegs Durchgemachten hatte ich sehr auf das Wiedersehen mit meiner Mami gehofft, aber stattdessen wurde mir nach meinem Eintreffen offiziell ihr Tod mitgeteilt. Das war der größte Schlag in meinem Leben, den ich bis heute nicht wirklich fassen kann.

Ich lese oft deinen einzigen Brief von 1947, Vicki, den ich schon lange auswendig kenne und den Mami und ich damals weinend gemeinsam gelesen haben. Ich bin nun schon seit vier Jahren verheiratet. Mein Nachname ist jetzt Kalnietis. Wir haben eine liebe kleine Tochter, Sandra, die zu Weihnachten drei Jahre alt wird. Wir arbeiten beide in einem Sägewerk. Anfangs war ich beim Plankentragen beschäftigt, aber nun arbeite ich schon seit über einem Jahr als Holzprüferin. Mein Mann Aivars arbeitet und lernt abends, um in ein paar Jahren Ingenieur zu werden. (…)

Bitte, bitte schreibt mir – ich kann nicht sagen, wie glücklich ich bin, wenn ich euren Brief in Händen halte. Schreibt über eure ›Küken‹, die zu herzen Mami sich so sehr gesehnt hat – sie musste sterben, ohne ein einziges ihrer Enkelkinder gesehen zu haben. Ich sehe euch immer noch so vor mir, wie ihr vor 15 Jahren wart. Ich habe mit meinen 28 Jahren schon viele graue Haare, also werdet ihr noch mehr haben, denn das Leben hat keinen von uns verwöhnt. Bitte schickt mir ein Bild von euch, damit ich etwas anschauen kann, wenn ich an euch denke. (…)

Ich schreibe und weine, wenn ich mich an das Vergangene erinnere, und bin mir dessen bewusst, dass sich nie, nie wieder eine Kleinigkeit wiederholen wird wie diese, die ihr sicherlich schon vergessen habt – wie stolz ich auf dem Gymnasium von Dubulti sein durfte, mit euch zu tanzen. Und jetzt sind wir alt geworden. In meinen Jahren könnte man noch tanzen gehen, aber der Alltag hat mich dessen entwöhnt. Weißt du noch, Vicki, wie du mich in die Luft emporgeworfen und festgestellt hast, dass ich immer kleiner werde? Und daran, wie ich dich am letzten Abend geherzt habe, als du mir die neuen Schuhe mitgebracht hast? Als hättest du es gewusst: für den weiten Weg!

Bitte schreibt mir und denkt nicht, dass ich irgendwelche Schwierigkeiten bekommen könnte. (…) Eurer Geburts- und Namenstage gedenke ich jedes Jahr; an mich erinnert sich allerdings sicherlich niemand mehr. (…) Nächstes Mal schicke ich euch Mamis Fotografie im Sarg. Schreibt bitte. (…)«[269]

Als der Ob im Frühling eisfrei war und die Flussschifffahrtssaison begann, traf das erste Paket von den Brüdern ein. Es wurde bereits erwartet, denn die Brüder hatten geschrieben, dass mehrere, zu verschiedenen Zeiten abgeschickte Sendungen unterwegs seien. Vater half Mama, den schweren Kasten von Kolpaschewo nach Hause zu befördern, dann musste er zur Arbeit. So hat er das Fest der Paketöffnung verpasst. Großmama und ich nahmen daran teil, indem wir jedes Kleidungsstück, das Mama lachend aus dem Karton zog und in die Luft warf, mit Begeisterungsrufen bedachten.

Bis heute, da ich die halbe Welt bereist und so viele schöne Dinge gesehen habe, konnte nichts jenes erstmalige Wunder überbieten, das ich damals erlebte, als ich noch nie gesehene Dinge betrachtete, die meine Mutter in eine Märchenkönigin verwandelten. Da gab es Kleider und elastische Nylonstrumpfhosen, Spitzenunterwäsche und einen eleganten Mantel, weiße Seidenblusen und einen Faltenrock. »Sind all die schönen Sachen wirklich für mich?«, jubelte Mama und probierte sie nacheinander an. Auch die übrigen Familienmitglieder waren nicht vergessen worden, insbesondere ich nicht.

Als Vater morgens von der Nachtschicht nach Hause kam, war Mama bereits arbeiten gegangen, und ich schlief noch. Ehrfürchtig und still betrachtete Vater die schönen Dinge und legte sie dann sorgfältig wieder zusammen, als würde er sie streicheln. »Was für schöne Sachen«, sagte er. »So etwas wird dieser idiotische Staat niemals zustande bringen.«

Ich habe Zweifel, ob meinem Vater damals klar war, wie treffend diese beiläufigen Worte jenen unüberbrückbaren Abgrund zum Ausdruck brachten, der die Sowjetunion hinsichtlich der alltäglichsten Gegenstände, die anderswo Standard waren, von der normalen Welt trennte. Mein Vater hatte ein zu schweres Leben, als dass er noch Zeit und Lust gehabt hätte, über die großen Zusammenhänge der historischen und gesellschaftlichen Entwicklung nachzudenken. Sein Unglaube gegenüber dem Sowjetsystem war instinktiv und basierte auf seinen eigenen traurigen Erfahrungen.

Daran konnten auch die erschütternden Entlarvungen des Personenkults und der Verbrechen Stalins während des XX. Parteitages der KPdSU am 25. Februar 1956 nichts ändern, die in manchem die naive Hoffnung erweckten, dass alles Böse ein Ende hätte und endlich jene Welt der Gerechtigkeit und Gleichheit verwirklicht werden könnte, von der die ersten Kommunisten geträumt hatten und deren Aufbau nach der Revolution durch die Bösartigkeit einiger weniger Personen vereitelt worden sei.

Die Ereignisse während des Parteitages waren von einem solchen Schleier des Geheimnisses umgeben, dass außer den Delegierten kein gewöhnlicher Parteigenosse etwas von den Vorgängen erfuhr.[270] Heute mutet es merkwürdig an, dass in einem Staat, in dem der Analphabetismus als überwunden galt, Zeitungen in riesigen Auflagen erschienen und das Radio flächendeckend sendete, die Verlautbarung Chruschtschows fast wie zu Zeiten des Zaren von Mund zu Mund verbreitet wurde.

Anfang März erhielten die Parteikomitees penibel abgezählte und mit dem Hinweis »Nicht für die Presse bestimmt« versehene Broschüren, die laut Anweisung auf Partei-, Komsomol- und Aktivversammlungen kollektiv verlesen werden sollten.[271] Für die Mitglieder der Nomenklatur war dies ein Schock. Da sie es jedoch gewohnt waren, alle Anweisungen »von oben« auszuführen, wurde die ganze Sowjetunion von einer Versammlungswelle überrollt, die die Gesellschaft zutiefst aufwühlte und in Anhänger und Gegner des Berichts spaltete. Selbst im heutigen Russland gibt es noch Menschen, die davon überzeugt sind, dass der erhabene Stalin zu Unrecht verunglimpft worden sei.

Auch mein Vater erhielt die Aufforderung, bei der Verlesung des Berichts auf einer gemeinsamen Versammlung von Partei und Aktiv des Sägewerks anwesend zu sein.

Die Versammlung hatte bereits begonnen, als Aivars das Büro des Direktors betrat. Er blieb an der Tür stehen, teilweise von der Füllung verdeckt, die einen Schatten auf sein Gesicht warf und ihn vor neugierigen Blicken schützte. Der Partorg – Parteigruppenorganisator – saß hinter dem Tisch und las aus der Broschüre Worte vor, die man früher nicht einmal zu denken, geschweige denn laut auszusprechen gewagt hätte. Im Raum herrschte angespanntes Schweigen. Alle saßen mit gesenktem Blick und vollkommen ausdruckslosen Gesichtern da. Vater hörte zu, wie der

Partorg mit belegter Stimme den »erhabensten und menschlichsten« aller Menschen vom Thron stieß, der 30 Jahre lang über das Geschick der Einwohner eines gewaltigen Imperiums entschieden hatte und Tausende und Abertausende unschuldiger Opfer ermorden ließ.

Vater pochte das Blut in den Schläfen, und hin und wieder schweiften seine Gedanken zu dem ab, was er selber durchlitten hatte. Ja, auch die fabrizierten Fälle der Letten Roberts Eihe, Jānis Rudzutaks und Valērijs Mežlauks waren in dem Bericht nicht vergessen worden. Sie hatten der Sowjetmacht treu gedient, bis sie 1937 zusammen mit zahlreichen anderen in der UdSSR verbliebenen Lettischen Roten Schützen liquidiert wurden. Wenn die herrschende Clique sogar mit ihren eigenen Leuten derart umsprang, worauf konnten dann schon die entrechteten Klassenfeinde hoffen?

Aivars wartete ungeduldig, ob in dem Bericht auch von den Massendeportationen und von Unglücklichen wie ihm die Rede sein würde. Immer mehr und mehr Namen von Kommunisten, Staatsmännern, hohen Militärs, und dann endlich: »… die groben Verfehlungen der leninistischen nationalen Politik des sowjetischen Staates. Die Rede ist von der Verschickung ganzer Völker aus ihren heimatlichen Gebieten.« Vater begann es in der Magengrube zu grummeln. »… wie kann man ganzen Völkerschaften, darunter Frauen, Kindern und Greisen, die Verantwortung für das feindliche Vorgehen einzelner Personen oder Gruppen auferlegen (…) und sie Massenrepressionen, Verlusten und Leiden aussetzen?«[272] Es wurden die Tschetschenen, Inguschen, Georgier genannt, aber kein Wort über Letten, Litauer, Esten. Als ob es uns nicht geben würde, dachte Vater bitter.

Noch mehr war er über die abschließenden Schlussfolgerungen des Berichts enttäuscht, die Richtlinien für die Überwindung der Folgen des Kultes vorgaben. Diese waren derart allgemein und verschwommen formuliert, dass nicht ersichtlich war, ob die geplanten »Vorkehrungen zur Überwindung« sich auch auf das

Schicksal der Deportierten beziehen würden. Vielleicht verhießen die Worte über die »Wiederherstellung der sowjetischen sozialistischen Rechtmäßigkeit und die Abwendung ihrer Verletzung« etwas? Alles hing davon ab, was »sie« künftig als sowjetische Rechtmäßigkeit betrachteten.

Der Partorg hatte zu Ende gelesen, wandte das glühende Gesicht den Zuhörern zu und stellte die für die Diskussionsprozedur vorgesehene Frage: »Gibt es jemanden, der hierzu etwas sagen möchte?« Es gab niemanden und konnte auch niemanden geben, denn eine Diskussion war im Szenario nicht vorgesehen, und niemand hatte den Auftrag erhalten, hierzu etwas zu sagen. Dann schlug er vor: »Es ist vorzuschlagen, den Bericht von Nikita Sergejewitsch Chruschtschow an den XX. Parteitag insgesamt zu unterstützen. Wer dafür ist, der möge ...« Man war einstimmig dafür. Ohne einander anzusehen, verließen die Menschen schweigend den Raum.

Seit die Historiker Zugang zu den Archiven der Kommunistischen Partei haben, ist Chruschtschows »Tauwetterperiode« gründlicher erforscht worden. Es handelte sich um einen widersprüchlichen Prozess, in dessen Verlauf sich der Machtkampf einzelner Gruppen und Personen der herrschenden Kohorte – Malenkow, Chruschtschow, Berija, Molotow u. a. – mit der Ahnung verquickte, dass die Sowjetunion vor einer wirtschaftlichen Katastrophe stand, deren Auswirkungen die herrschende Elite von ihren Machtpositionen hinwegfegen konnte. Der Gulag rechnete sich nicht mehr, denn das repressive System hatte derartige Ausmaße erreicht, dass seine Unterhaltung mehr kostete, als die ineffektive Sklavenarbeit abwarf.[273] Auch die Konfrontation mit den USA und ihren Verbündeten überstieg inzwischen die Kräfte. Die Armee und militärische Konflikte in Korea und anderswo verschlangen fast ein Drittel des offiziellen Staatshaushalts, wobei noch eine geheime Finanzierung hinzukam.[274]

Freilich waren es nicht Humanismus oder die Sorge um die historische Wahrheit, die Chruschtschow und andere Mitglieder des Politbüros veranlasste, sich im Sommer 1955 dahingehend auf den XX. Parteitag vorzubereiten, in seinem Rahmen den Stalinkult zu entlarven. Es handelte sich um eine von der ausweglosen Lage diktierte Notwendigkeit, deren Einsatz die Macht war. Es ist charakteristisch, dass die »Entlarver«, die jahrelang an der Organisation der Stalinschen Repressionen beteiligt und ebenso mitverantwortlich waren, sich untereinander einigten, die Frage ihrer persönlichen Verantwortung auszuklammern – es sei denn, sie war als Mittel der politischen Abrechnung geeignet. Dieses Verschweigen gab auch rangniedrigeren Mitgliedern der Nomenklatur die Gelegenheit, sich mit dem angeblichen Nichtwissen über die tatsächlichen Ausmaße der Repressionen aus der Affäre zu ziehen und jede Verantwortung von sich zu weisen.

Chruschtschow hatte zahlreiche unschuldige Opfer in der Ukraine auf dem Gewissen. Auf seine Initiative hatte der Oberste Sowjet der UdSSR den geheimen Beschluss zu den Massendeportationen aus Estland, Lettland und Litauen verabschiedet.[275] Dennoch zeigten bereits die ersten Monate der »Wahrheitsdiskussion«, dass »das Volk nicht ausreichend gewissenhaft« war, unangenehme Fragen stellte und eine weiter gehende Demokratisierung forderte. Aus diesem Grund – um zu erklären, was erlaubt war und was nicht – wurde im Juni der Beschluss des ZK der KPdSU »Über den Personenkult und die Überwindung seiner Folgen« verabschiedet.[276] In diesem Beschluss wurde Stalin als Hauptschuldiger allen Unglücks und sämtlicher Verbrechen ausgewiesen – und die »Weggefährten«, »Kampfgenossen« und »Schüler« somit aller Mitverantwortung entbunden.

Dieser Beschluss setzte der schädlichen Neugier der Intellektuellen und ihren Phantasien von der Begründung einer echten Demokratie jedoch kein Ende; dies führte 1957 zur ersten poststalinistischen Repressionswelle, die sich gegen die Revisionisten der führenden Parteilinie richtete. Just während Chruschtschows Herrschaft gesellte sich zu Verhaftung, Verbannung und Gulag ein neues Repressionsinstrument – die psychiatrischen Krankenhäuser, in denen die mutigsten sowjetischen Intellektuellen und Dissidenten jahrelang interniert waren.[277]

Das Warten nach dem XX. Parteitag war unerträglich, denn sämtliche Beschlüsse und Weisungen über die Freilassung von Sondersiedlern verschiedener Kategorien oder die Lockerung ihres Regimes unterlagen der Geheimhaltung, und die Verbannten erhielten keinerlei offizielle Informationen darüber, was vorging.[278] Lediglich das Mosaik von Gerüchten, Ahnungen und wiederholten Zufällen ließ die Schlussfolgerung zu, dass die Freilassung bevorstand.

Am 7. Juli schrieb mein Vater einen sehr emotionalen Brief an Chruschtschow, in den er alle möglichen sowjetischen Phrasen einflocht, um den Empfänger von seiner Unschuld zu überzeugen. Aber nicht einmal diese Versatzstücke vermögen die Aufrichtigkeit seiner Gefühle zu relativieren: »Dort [in der Schule] wurde im Geiste der humanen Ideen Lenins und Gorkis unterrichtet, die besagen, dass man stets das Gute im Menschen sehen muss. Warum wird dann in mir etwas Schlechtes gesehen? (…) Wir haben ein Töchterchen, ein kleines, pummeliges Mädchen – ich habe es sehr lieb. Vor einem Jahr wurde es vom Register gestrichen, aber dennoch wird der dunkle Fleck meines Stiefvaters, der mich verfolgt, auch seine Enkeltochter verfolgen. In welcher Weise stelle ich eine Bedrohung für die Sowjetmacht dar? Was habe ich Schlechtes getan? Weshalb bin ich verschickt? Diese Fragen wühlen mich tagtäglich auf, und ich kann keine logische Antwort auf sie finden. Ich glaube an die Gerechtigkeit, das haben mich meine Mutter, die Schule, der Komsomol gelehrt, und daher bitte ich Sie, Nikita Sergejewitsch, diesem Brief Ihre Beachtung als ein Mensch zu schenken, der leidenschaftlich an den Sieg der Wahrheit glaubt.«[279]

Zusammen mit Vaters Antrag ging auch eine Eingabe meiner Großmama auf die Reise nach Moskau (und nach Überprüfung der »Fakten« von dort aus weiter nach Riga), auf der sich eine Resolution befindet: »Klage der Milda Kalniete prüfen und für die Fassung eines endgültigen Beschlusses vorbereiten.« Nach mehrmonatigem Gang durch verschiedene Instanzen war der Fall so weit vorbereitet, dass das Kriminalkollegium am Obersten Gerichtshof der LSSR am 4. Dezember 1956 in einer geschlossenen Sitzung beschloss, »Milda Kalniete, Tochter des Pēteris, und Aivars Kalnietis, Sohn des Aleksandrs, vom weiteren Festhalten in der Umsiedlung zu befreien«.[280]

Mit einigen Wochen Verzögerung wurde auch der Fall meiner Mama geprüft. Aufgrund der Feststellung, dass Jānis Dreifelds am 31. Dezember 1941 im Wjatlag und Emilija Dreifelde in der Sonderumsiedlung gestorben waren, sowie unter Berücksichtigung der Tatsache, dass die Verbannte mit Aivars Kalnietis verheiratet ist, der im Zusammenhang mit einem anderen Fall sonderumgesiedelt wurde, in dessen Angelegenheit der Staatsanwalt der LSSR vor dem Obersten Gerichtshof der LSSR protestierte, verbunden mit der Empfehlung, ihn von der Sonderumsiedlung zu befreien, schlug der Untersuchungsrichter vor, Ligita Dreifelde-Kalniete vom Sondersiedlungsregister zu streichen.[281] Am 25. Dezember wurde der Untersuchungsbericht vom Innenminister der LSSR und dem Staatsanwalt der LSSR bestätigt.

Aus ungeklärter Ursache verzögerte sich die Antwort auf die Anträge meiner Eltern, und mit großer Niedergeschlagenheit verfolgten sie, wie die Flussschifffahrtssaison sich ihrem Ende neigte, nachdem viele Verbannte bereits die Heimreise angetreten hatten. Am 10. November kehrte Māra Kramiņa, mit der Mama seit 1942 eine tiefe Freundschaft verband, mit dem Flugzeug nach Riga zurück. Der Abschied war zugleich freudig und bekümmert, denn unsere Familie hatte noch immer keine Antwort auf die Bittschriften erhalten.

Mutter schrieb an ihren Bruder Viktors: »Aufgrund der Abreise unserer Bekannten bin ich in einer recht aufgewühlten und bekümmerten Verfassung. Wir bleiben als Einzige den Winter über hier, und der Winter wird bis zum Mai des nächsten Jahres dauern. Wir werden uns schon damit abfinden, aber gegenwärtig

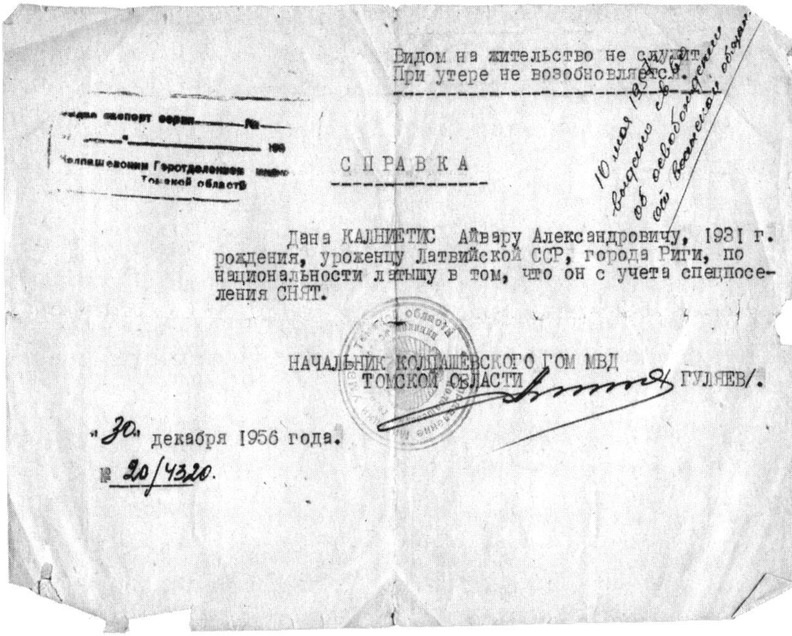

Видом на жительство не служит.
При утере не возобновляется.

СПРАВКА

Дана КАЛНИЕТИС Айвару Александровичу, 1931 г. рождения, уроженцу Латвийской ССР, города Риги, по национальности латышу в том, что он с учета спецпоселения СНЯТ.

НАЧАЛЬНИК КОЛПАШЕВСКОГО ГОМ МВД
ТОМСКОЙ ОБЛАСТИ /ГУЛЯЕВ/.

«30» декабря 1956 года.

№ 20/4320.

Mitteilung über die Streichung von Aivars Kalnietis aus dem Sondersiedlerregister

wird mir entsetzlich zumute, wenn ich an den langen Winter denke.«[282] Weihnachten stand vor der Tür, und noch immer hatten sie keine Erlaubnis zur Heimkehr erhalten. Die Eltern waren verzweifelt, was mein Vater nicht verbergen konnte, als er einen Weihnachtsgruß an Mamas Bruder Viktors schrieb: »Wir werden sehen, was uns das neue Jahr bringen wird. Wir erhoffen uns zwar sehr viel, aber wahrscheinlich vergeblich. So warten wir Jahr für Jahr, denn wir wünschen uns so sehr, dass dies alles möglichst bald ein Ende hat. (…) Insbesondere hoffen ja meine Damen. Ich selber habe hingegen einen sehr skeptischen Blick auf die Dinge – jedoch nur äußerlich. Ganz tief innen lässt mich eine Stimme stets auf ein gutes Ende hoffen. Ich will es nur nicht zeigen, (…) im Falle einer Enttäuschung ist es dann nicht ganz so schmerzhaft.«[283]

Vater und Großmama erhielten am 30. Dezember ihre Reisegenehmigung. Mama hatte noch immer keine Antwort bekommen und wartete voller Sorge, indem sie sich im Stillen fragte, was werden sollte, wenn sie als Einzige zurückbleiben müsste. Vater beruhigte sie zwar, war jedoch selber keineswegs so überzeugt von seinen Worten. Von »denen« konnte man alles erwarten. Auch früher wurden Familien auseinander gerissen – warum sollte es heute also anders sein? Am 12. Januar erhielt Mama endlich eine Vorladung auf die Kommandantur. Sie war frei!

Wie unscheinbar ist diese Freilassungsbescheinigung! Ein kleines, vergilbtes Blatt, auf dem mit Schreibmaschine in hölzernem Russisch ein paar Sätze geschrieben stehen: »Bescheinigung, ausgehändigt an Aivars Kalnietis, Sohn des Aleksandrs, geboren 1931, Geburtsort Riga, Lettische SSR, darüber, dass er vom Sondersiedlungsregister gestrichen worden ist.« In der oberen Ecke heißt es: »Berechtigt nicht zum Anspruch auf Wohnraum. Wird im Verlustfall nicht ersetzt.«[284]

Am 20. Mai 1957 bestiegen wir in Kolpaschewo ein Schiff. Es begann die Rückkehr unserer Familie, die für meine Mama 16 Jahre, für Vater und Großmama acht Jahre und drei Monate und für mich vier Jahre und fünf Monate gewährt hatte.

***

»Lieber Voldi!
(…) Endlich ist es so weit, dass ich im Zug sitze und nach Hause fahre. (…) Die Fahrt begann recht gut, aber als wir von Bord des Schiffes gingen, passierte uns allerlei Missgeschick. Jetzt liegt das alles hinter uns, nun sitzen wir schon den dritten Tag im Zug. Wir nähern uns der asiatisch-europäischen Grenze. Aus Tomsk fuhren wir weg, als es dort noch Schneeregen gab und kein bisschen Grün. Hier ist schon alles grün, die Wildäpfel blühen – eine sehr schöne Landschaft. Das Uralgebirge beginnt, hinter dem gleich Europa liegt. Aivars ist in Tomsk geblieben, am 1. Juni beginnen seine Prüfungen.

Abschied von Sibirien, Mai 1957

Ich habe dir wohl schon geschrieben, dass es fast unmöglich ist, in Riga eine Wohnung zu finden. Ich hatte gedacht, in der Zeit, bis Aivars die Wohnungs- und Anmeldeformalitäten erledigt hat, mit Sandra bei Tante Anna in Liepāja unterzuschlüpfen. Aber alles ist ganz anders gekommen. Ein ehemaliger Schulkamerad von Aivars hat in Asari[285] eine Wohnung für uns angemietet – ein Zimmer mit Küche –, sodass wir jetzt direkt »nach Hause« fahren. (...)

Jetzt sind wir bereits in Europa. An der Stelle, wo Europa beginnt, steht ein weißer Pfosten mit der Aufschrift ›Asien–Europa‹. Der Flieder blüht. Auch auf unserem Tischchen im Waggon steht ein Fliederzweig in einem Fläschchen. Die Natur ist hier so außerordentlich schön, ich blicke aus dem Fenster und kann mich gar nicht satt sehen. Morgen sind wir in Moskau. Es ist ganz eigenartig mit der Zeit. Hier ist Moskauer Zeit, das heißt, es ist vier Stunden früher als in Tomsk. Eine Nacht gab es gar nicht, es war die ganze Zeit hell. (…) Wenn morgen alles gut klappt, können wir gleich weiter nach Riga fahren. Der Schnellzug braucht nur zwölf Stunden. Die ganze Zeit fahre ich mit solcher Gleichgültigkeit, ohne die geringste Freude darüber, dass wir in nur wenigen Tagen in Riga sein werden. Vielleicht wird sich das ändern, wenn wir näher sind.

29. Mai, Fortsetzung. Voldi, ich habe gedacht, dass ich diesen Brief aus Moskau abschicke, aber ich hatte keine Minute Zeit. Gestern Abend um elf Uhr trafen wir in Moskau ein und mussten Hals über Kopf laufen, um den Zug nach Riga zu bekommen, der um ein Uhr nachts losfuhr. Von dem Bahnhof, auf dem wir ankamen, mussten wir zum Rigaer Bahnhof fahren. Diese kurze Strecke hat bis heute ein schlechtes Gefühl in mir hinterlassen. In dem Taxi war ein Zähler, laut dem wir fünf Rubel bezahlen mussten, aber der Fahrer forderte 15. Ich habe nur zehn bezahlt und bedaure, es getan zu haben, denn sie haben nicht das Recht, mehr zu nehmen. Bis heute gräme ich mich wegen dieser widerlichen Unverschämtheit. Ebenso hat uns der Gepäckträger 20 Rubel abgenommen. (…) Im Zug hatte ich wieder ein unsinniges Gefühl – der Zug fährt nach Riga, aber wir waren die einzigen Rigenser. Morgen früh sind wir zu Hause – in Riga. Wie eigenartig – es schneit! Alles ist grün und es passt gar nicht, dass Schnee fällt.

Meine Freundin Māra, die schon im November nach Riga zurückgekommen ist, erwartet mich sehnsüchtig. Mit ihr und anderen, die wie wir in Kolpaschewo gelebt haben, können wir einiges gemein haben. Māra zählt die Tage, bis wir endlich ankommen, denn sie hat niemanden, der ihr nahe steht. Mit den einheimischen Rigensern kann man nichts gemein haben. (…) Ich werde diesen Brief noch fortsetzen, ich will die Eindrücke beim Überqueren der Grenze beschreiben. Es wird das vierte Mal für mich sein, dass ich die Grenze überquere. Hoffentlich ist es das letzte Mal.

Riga, 30. Mai. Voldi, wir sind in Riga – und ich bin unendlich glücklich! Derzeit bin ich in der Wohnung meiner Freundin Māra, die mir wie ein Paradies erscheint. Sie hat in dem Haus, das früher ihren Eltern gehört hat, ein Zimmer mieten können, einige der übrig gebliebenen Möbel ihrer Mutter zusammengesammelt und sich sehr häuslich eingerichtet. Auf dem Bahnhof wurden wir sehr herzlich begrüßt. Māra hat vorher schon mehrere Nächte nicht schlafen können vor Aufregung über das bevorstehende Treffen. Ihre Bekannten haben ein eigenes Auto, und sie alle sind uns abholen gekommen. Uns wurden schöne Blumensträuße überreicht. Es war ein so wundervolles Gefühl, über den Rigaer Asphalt zu fahren. Māra hat sich in Unkosten gestürzt, um uns zu bewirten. Das war gar nicht nötig, aber es ist sehr angenehm, dass wir mit solcher Herzlichkeit empfangen wurden.

Am Nachmittag gingen Māra und ich mit Sandra spazieren, und beim Anblick des wunderschönen Riga war ich in diesem Moment gewiss einer der glücklichsten Menschen auf der Welt. Hier und da hört man im Vorübergehen Lettisch, in den Geschäften gibt es lettische Beschriftungen, und auch das Radio sendet auf Lettisch. Im Stadtzentrum bin ich noch nicht gewesen, denn ich habe nichts Passendes zum Anziehen, das Gepäck ist noch nicht aus Kolpaschewo eingetroffen. In den nächsten Tagen muss es eintreffen, und dann fahren wir ins Zentrum, nach Jūrmala usw., worüber ich dir im nächsten Brief schreiben werde. Heute früh habe ich Māra zur Arbeit begleitet (sie wohnt in Imanta[286]), wir gingen am Bahndamm entlang, alle zehn Minuten raste eine Elektrische hin und her. In Riga ist vieles umgebaut, was ich durch die Autofenster gesehen habe, als wir vom Bahnhof kamen, und in meinen Augen ist die Stadt noch schöner, als sie war. (…) eure Ligita.«[287]

Meine Mutter hatte drei Wünsche: nach Lettland zurückzukehren, ihre Brüder wieder zu sehen und dass unsere Familie eine eigene Wohnung hat. Sie alle sind in Erfüllung gegangen. Aber noch heute pflegt meine Mama aus einem furchtbaren Traum aufzufahren. Wieder ist es Nacht, und es wird an die Tür geklopft. Der Albtraum der Deportation beginnt, und abermals denkt meine Mama verzweifelt: »Letztes Mal war es ein Traum. Diesmal ist es Wirklichkeit.« Nachdem sie aufgewacht ist, starrt sie lange in die Leere der Nacht, bis sie sich beruhigt hat und begreift, dass sie zu Hause ist. In Lettland.

Anmerkungen

[1] »Vācu prese paziņo par Vācijas un Padomju savienības neuzbrukšanas līgumu« [Deutsche Presse berichtet über deutsch-sowjetischen Nichtangriffsvertrag], in *Jaunākās Ziņas* vom 22.8.1939.

[2] »Vācijas ārlietu ministrija par Baltijas valstu drošību« [Das deutsche Außenministerium zur Sicherheit der baltischen Staaten], in *Jaunākās Ziņas* vom 24.8.1939.

[3] Vgl. Reinhards, *Lettonie – Russie*, S. 117.

[4] Nach der Konferenz von Locarno im Jahr 1925 verkündete der britische Außenminister Chamberlain: »Der Polnische Korridor ist nicht einen einzigen Knochen eines britischen Grenadiers wert.« Im politischen Sprachgebrauch von 1939 war eine paraphrasierte Variante dieses Zitats gebräuchlich. Vgl. Taylor, *Munich*, S. 201.

[5] Ministerpräsident Kārlis Ulmanis (1877–1942) etablierte nach seinem Staatsstreich vom 15. Mai 1934 anstelle der parlamentarischen Republik ein autoritäres Regime. Die Putschisten verhängten das Kriegsrecht, entließen das Parlament (*Saeima*), nahmen die Vertreter der politischen Opposition fest, verboten die politischen Parteien und beschnitten weitere Rechte und demokratische Freiheiten der Bürger. Im April 1936 übernahm Ulmanis auch die Vollmachten des Staatspräsidenten.

[6] In den Garnisonen der Roten Armee auf dem Gebiet der Republik Lettland waren seit Herbst 1939 mehr als 21000 Soldaten stationiert. Vgl. Vīksna, Dzintra: »Oktobra līgums« [Der Oktober-Vertrag], in *Lauku avīze* vom 5.10.2000.

[7] Die Lettische Armee (LA) verfügte über 27000–29000 Mann. Im Hinblick auf die angespannte Lage wurden ab Frühling 1939 im Zuge mehrerer geheimer Mobilmachungen Reservisten verschiedener Jahrgänge und Kategorien in die LA eingezogen, wodurch die Stärke der Armee erheblich zunahm. Vgl. Bērziņš/Bambals, *Latvijas armija*, S. 87 u. 93.

[8] Hinsichtlich der Repatriierung der Deutschbalten einigten sich die UdSSR und Deutschland in einem Geheimen Zusatzprotokoll, das am 28.9.1939 von beiden Seiten unterzeichnet wurde.

[9] Vgl. Andersons, *Latvijas vēsture*, S. 361.

[10] Vgl. Līce, *Via dolorosa*, Bd. 1, S. 32. Deportationen großen Maßstabs wurden 1939 für die sowjetisch besetzten Ostgebiete Polens geplant und durchgeführt. Die gleichen Pläne wurden 1941 für die Massendeportationen aus den baltischen Staaten und Moldawien benutzt. Vgl. Pelkaus, *Policy of Occupation Powers*, S. 155 ff.; Riekstiņš, *1941.gada deportācija Latvijā*, S. 697 ff.

[11] Der sowjetische Staatssicherheitsdienst hatte während der Zeit seines Bestehens unterschiedliche Bezeichnungen: *Tscheka* (Außerordentliche Kommission zur Bekämpfung der Konterrevolution und Sabotage, gegr. im Dezember 1917); *WTschK* (Allrussische Außerordentliche Kommission zur Bekämpfung der Konterrevolution und Sabotage, 1918–1922); *GPU* (Staatliche politische Verwaltung, 1922–1953, seit 1934 eingegliedert in das NKWD); *NKWD* (Volkskommissariat für Innere Angelegenheiten, 1934–1946; *MGB* (Ministerium für Staatssicherheit, 1946–1953; *MWD* (Ministerium für Innere Angelegenheiten, 1953–1954); *KGB* (Komitee für Staatssicherheit, 1954–1991). Hier und im Folgenden wird die zum jeweiligen Zeitpunkt offizielle Bezeichnung gebraucht.

[12] Andersons, *Latvijas vēsture*, S. 322.

[13] Ebenda, S. 336.

[14] Bis heute ist es der lettisch-russischen Zwischenregierungskommission nicht gelungen, ein Abkommen über die Zusammenarbeit auf dem Gebiet der historischen Forschung und der Auswertung von Archiven abzuschließen.

[15] Feldmanis, *Avotos un literatūrā* …, S. 279 ff.

[16] »Jāvalda savstarpējai uzticībai« [Es muss gegenseitiges Vertrauen herrschen], in *Jaunākās Ziņas* vom 17.6.1940.

[17] Die deutschen Kreuzritter nannten Livland das »Heilige Marienland«; die Māra der lettischen Mythologie hingegen ist die Göttin der Fruchtbarkeit und des Lebens, zugleich aber auch des Todes. *(Anm. d. Übers.)*

[18] Die Rote Armee hatte im Grenzgebiet zu den drei baltischen Staaten Truppen von schätzungsweise 300000 bis 500000 Mann sowie 1000 bis 2500 Panzer und bis zu 2000 Kampfflugzeuge zusammengezogen. In den ersten Tagen der Okkupation Lettlands wurden schätzungsweise 200000 Soldaten, 1000 Panzer und 500 Flugzeuge auf lettisches Staatsgebiet verlegt. Vgl. Andersons, *Latvijas vēsture*, S. 429, 445; Bērziņš/Bambals, *Latvijas armija*, S. 93.

[19] »Valsts prezidents pieņēmis valdības demisiju« [Der Staatspräsident hat den Rücktritt der Regierung verabschiedet], in *Jaunākās Ziņas* vom 17.6.1940.

[20] Ebenda.

[21] Nach der Okkupation Lettlands wurde Kārlis Ulmanis zunächst nach Ordschonikidse und von dort nach Woroschilowsk (heute Stawropol) deportiert, wo er bei Ausbruch des deutsch-sowjetischen Krieges im Gefängnis inhaftiert war. Als die Front näher rückte, wurde er evakuiert und wegen seines schlechten Gesundheitszustands ins Gefängnis von Krasnowodska am Kaspischen Meer in Turkmenistan verlegt, wo er am 20.9.1942 starb. Die Lage seines Grabes ist nicht bekannt. Vgl. Pelkaus, *Policy of Occupation Powers*, S. 140 ff.

[22] Radioansprache von Staatspräsident Kārlis Ulmanis. Publiziert in *Valdības Vēstnesis* vom 18.6.1940.

[23] Ebenda.

[24] Ebenda.

[25] An Litauen und Estland stellte die UdSSR ihr Ultimatum am 14. bzw. 16.6.1940. Beide Staaten nahmen das Ultimatum an.

[26] Andrej Wyschinskij (1883–1954): Generalstaatsanwalt, später stellvertretender Vorsitzender des Rats der Volkskommissare sowie Außenminister der

UdSSR, leitete u.a. die Liquidierung der Republik Lettland. *(Anm. d. Übers.)*

27 Mehrere Zeitgenossen Ulmanis' haben dies in ihren Memoiren bestätigt. Vgl. Bērziņš, *Labie gadi*, S. 290; Dunsdorfs, *Kārļa Ulmaņa dzīve*, S. 442; Valters, *Mana sarakste …*, S. 90 ff. u. 122 ff.

28 Mutter Lettland (*Māte Latvija*): Die symbolische »Mutter der Nation« ist die zentrale Skulptur des Rigaer Freiheitsdenkmals, über die sich der von der Freiheitsfigur gekrönte Obelisk erhebt. *(Anm. d. Übers.)*

29 Laut Statistik gab es im Lehrjahr 1935/36 auf 10000 Einwohner Lettlands 30,4 Studenten und somit mehr als in anderen europäischen Staaten wie Frankreich (20,8) oder Großbritannien (16). Vgl. *Latvija citu …*, S. 38.

30 *Aizsargi* (wörtl. »Beschützer«): 1919 gegründete freiwillige Landwehr mit militärischen Einheiten zur Unterstützung von Polizei und Armee. *(Anm. d. Übers.)*

31 Vgl. Andersons, *Latvijas vēsture*, S. 483.

32 Vgl. *Latvijas PSR vēsture* Bd. 3, S. 387.

33 Vgl. Andersons, *Latvijas vēsture*, S. 484.

34 Deklaration der Saeima »Par Latvijas iestāšanos Padomju Sociālistisko Republiku Savienības sastāvā« [Über den Beitritt Lettlands in die Union der Sozialistischen Sowjetrepubliken]. Vgl. *Sociālistiskās revolūcijas …*, S. 296.

35 Im Juni 1941 hatten aus Lettland 5770 Personen ins Lager Juchnow, 1180 Personen in den Belbaltlag, 1000 Personen ins Lager Onega und 6850 Personen ins Gebiet Krasnojarsk deportiert zu werden. Vgl. *Plan for Deportation in Lithuania, Latvia, Estonia and Moldova Prepared by the USSR NKVD in June, 1941*. In: Pelkaus, *Policy of Occupation Powers*, S. 143.

36 Vgl. Riekstiņš, *1941.gada deportācija Latvijā*, S. 703.

37 Stradiņš, *Atmiņai …*, S. 9.

38 Die Zahl basiert auf Erhebungen, die während der NS-Okkupation durchgeführt wurden, und beinhaltet nicht die jüdischen Deportierten. Jüngste Forschungen legen die Vermutung nahe, dass die tatsächliche Zahl niedriger lag. Vgl. Kangeris, *Latvijas statistikas …*, S. 87–90.

39 Laut Daten der Volkszählung von 1935 hatte Lettland 1950502 Einwohner. Vgl. *Ceturtā tautas skaītšana Latvijā 1935. gadā* [Die vierte Volkszählung in Lettland 1935], Riga 1936, S. 12.

40 Vgl. Zālīte/Dimante, *Četrdesmito gadu deportācijas*, S. 78.

41 Latvijas Valsts arhīvs (Lettisches Staatsarchiv, im Folgenden LVA), Fonds 1987, Aktenverzeichnis 1, Akte 20293, Blatt 12 (Akte zur Deportation von Jānis Dreifelds).

42 *Pērkoņkrusts* (wörtl. »Donnerkreuz«): Faschistoide politische Organisation im Lettland der 1930er Jahre mit antisemitischer Ideologie. Präsident Ulmanis untersagte der Organisation 1934, auf lettischem Staatsgebiet zu operieren. Nach der deutschen Okkupation im Juli 1941 nahm die Organisation ihre Aktivitäten wieder auf. Vgl. *Latvju enciklopēdija*, S. 1896 f.

43 Die vorgedruckten Textteile sind hier in Kursivschrift dargestellt.

44 LVA, Fonds 1987, Aktenverzeichnis 1, Akte 20293, Blatt 13.

45 Ebenda, Blatt 14.

[46] Laut dem streng geheimen Befehl Nr. 001223 des stellvertretenden Volkskommissars für Staatssicherheit der UdSSR, Iwan Serow, »Über die Prozedur der Deportation antisowjetischer Elemente in Litauen, Lettland und Estland« hatten die Festnahmekommandos »als wichtigste Voraussetzung (…) die Durchführung der Operation ohne Lärm und Panik zu betrachten, damit Demonstrationen und andere Formen von Unordnung – sowohl seitens der zu Deportierenden als auch desjenigen bewussten Anteiles von Miteinwohnern, die gegenüber der Sowjetmacht feindlich eingestellt sind – vermieden werden«. Vgl. Pelkaus, *Policy of Occupation Powers*, S. 155.

[47] Vollständige Daten über die vernichteten Offiziere und Soldaten der LA liegen nicht vor. Die bekannten Zahlen belegen, dass jeder Sechste der 30 843 Armeeangehörigen repressiert wurde. In den Jahren 1940/41 wurden insgesamt 4665 Armeeangehörige repressiert, von denen 3395 als vermisst gelten. Vgl. Bambals, *1940./41. gada represēto …*, S. 149.

[48] Vgl. NKWD-Befehl Nr. 001223 »Über die Prozedur der Deportation antisowjetischer Elemente in Litauen, Lettland und Estland«: »Alle Personen, die im Haus der zu Deportierenden eintreffen, während die Durchsuchungsoperation stattfindet, (…) sind bis zum Ende der Operation festzuhalten und es muss geklärt werden, in welchem Verhältnis sie zu der zu deportierenden Familie stehen. (…) Danach (…) ist diese Person freizulassen.« Vgl. Pelkaus, *Policy of Occupation Powers*, S. 158.

[49] LVA, Fonds, 1987, Aktenverzeichnis 1, Akte 20293, Blatt 14.

[50] Entsprechend dem im Juni 1941 vom NKWD ausgearbeiteten Plan zur Deportation in Litauen, Lettland, Estland und Moldawien war die »Verköstigung der zu Verschickenden mit Hilfe der Bahnhofsbüfetts zu bewerkstelligen, auf der Berechnungsgrundlage – 3 Rubel (einschließlich 600 g Brot) pro Person pro Tag«. Vgl. Pelkaus, *Policy of Occupation Powers*, S. 153.

[51] »Nu ardievu, Vidzemīte, nebūšu vairs šai zemē …«: lett. Volkslied. *(Anm. d. Übers.)*

[52] »Dievs, svētī Latviju«: Beginn der lettischen Nationalhymne. *(Anm. d. Übers.)*

[53] »Pūt, vējiņi«: chrestomatisches lett. Volkslied und Titel eines Versdramas des Nationaldichters Rainis (dt. Titel: »Dünawind«, 1922). *(Anm. d. Übers.)*

[54] »Es dziedāšu par tevi, tēvu zeme«: lett. Chorlied. *(Anm. d. Übers.)*

[55] Entsprechend der Instruktion des NKWD der UdSSR zur Umsetzung der Operation der Deportation antisowjetischer Elemente aus Litauen, Lettland und Estland waren die Familien nicht über die bevorstehende Trennung in Kenntnis zu setzen. Bei der Festnahme war das Familienoberhaupt darauf hinzuweisen, dass die persönliche Habe der Männer gesondert einzupacken sei, da die Hygienekontrolle von Frauen und Kindern getrennt vorgenommen werden würde. Vgl. Pelkaus, *Policy of Occupation Powers*, S. 159.

[56] Liepāja/Libau: Bis 1918 hieß die Stadt im russisch regierten und deutsch verwalteten Generalgouvernement Livland Libau, ab 1919 dann lettisch Liepāja. *(Anm. d. Übers.)*

[57] Rosenplatz: lett. Rožu laukums. *(Anm. d. Übers.)*

[58] Vgl. Champonnois/de Labriole, *La Lettonie*, S. 176.

[59] Nach dem gregorianischen Kalender am 7. November. *(Anm. d. Übers.)*

60 Vgl. *Latvju enciklopēdija* [Lettische Enzyklopädie], Bd. 1, Stockholm 1950, S. 231.

61 Vgl. Bartele/Šalda, *Latviešu repatriācija …*, S. 28.

62 Vgl. Lismanis, *1915–1920*, S. XII.

63 Vgl. *Latvijas valsts …*, S. 113.

64 Genaue Daten über die in der Sowjetunion repressierten und vernichteten Letten liegen nicht vor. Die meisten Quellen nennen ungefähre Zahlen (70-80 000). Laut Volkszählung vom Januar 1939 lebten zu diesem Zeitpunkt 128 345 Letten in der UdSSR, 23 065 weniger als 1926. Vgl. Beika, *Latvieši Padomju Savienībā …*, S. 89. Entsprechend dem operativen Befehl Nr. 00447 des Volkskommissars für Inneres der UdSSR, Nikolaj Jeschow, vom 30.7.1937 »Über die Operation zur Repression ehemaliger Kulaken, Krimineller und anderer antisowjetischer Elemente« begann am 5. August 1937 die erste Repressionswelle, in deren Verlauf die Erschießung von 47 150 und die Repression von 140 950 Menschen, darunter auch Letten, vorgesehen war. Vgl. Pelkaus, *Policy of Occupation Powers*, S. 37 f.

65 Vgl. *Miera līgums starp …*, S. 1 ff.

66 Vgl. Reinhards, *Lettonie – Russie*, S. 98.

67 *Reconnaissance »de jure« de la République de Lettonie le 26 Janvier 1921 par la Conférence interalliée*. Vgl. Reinhards, *Lettonie – Russie*, S. 42.

68 LVA, Fonds 1987, Aktenverzeichnis 1, Akte 20293, Blatt 5.

69 Ebenda.

70 Vgl. *Bēgļu reevakuācijas …*, S. 19–21.

71 In den meisten Publikationen wird die Zahl 200 000 genannt; laut Allunions-Volkszählung von 1926 lebten 151 410 Letten in der UdSSR. Vgl. Beika, *Latvieši Padomju Savienībā …*, S. 46.

72 Der streng geheime »Plan für die Deportation in Litauen, Lettland, Estland und Moldawien« wurde vom Leiter des Generaldepartements für Lager des NKWD, Viktor Nasedkin, ausgearbeitet und am 14. Juni, als die Deportation bereits durchgeführt wurde, von Lawrentij Berija bestätigt. Vgl. Pelkaus, *Policy of Occupation Powers*, S. 152 ff.; Riekstiņš, *1941.gada deportācija Latvijā*, S. 702.

73 Untersuchungsakte Nr. 13.207 des Jānis Kristapowitsch Dreifelds (Beschriftung und sämtliche Dokumente in der Akte in russischer Sprache). LVA, Fonds 1987, Aktenverzeichnis 1, Akte 20293.

74 Der Wjatlag bzw. die Sowjetische Besserungsarbeitsanstalt K-231 war ein System von über 20 Straflagern. Vgl. Bambals, *1940./41. gada represēto …*, S. 140.

75 Die Sonderberatung des Volkskommissariats für Innere Angelegenheiten der UdSSR war eine außerhalb des Rechtssystems bestehende Institution, in der in Abwesenheit der Angeklagten deren Fälle verhandelt und Urteile gefällt wurden. Die Sonderberatung, gegen deren Urteile keine Berufung eingelegt werden konnte, war 35 Jahre lang in der UdSSR tätig. Vgl. Rossi, *Le manuel du GOULAG*, S. 95.

76 LVA, Fonds 1987, Aktenverzeichnis 1, Akte 20293, Blatt 5.

77 Ebenda, Blatt 9.

78 Ebenda, Blatt 7.

79 Ebenda.

80 Die 1988 gegründete Lettische Volksfront (*Latvijas Tautas fronte*/LTF) war eine demokratische Bürgerbewegung, die als Alternative zur Kommunistischen Partei Lettlands gebildet wurde und deren Hauptanliegen die Wiederherstellung der Unabhängigkeit der Republik Lettland war. Bei den Wahlen des Obersten Rats der Lettischen SSR am 18. März 1990 erhielt die LTF zur Durchführung ihres Vorhabens die nötige Abgeordnetenmehrheit und verabschiedete am 4. Mai 1990 die Deklaration »Über die Wiederherstellung der Unabhängigkeit der Republik Lettland«. Nach der Wiederherstellung der Unabhängigkeit und der Entwicklung eines parlamentarischen Mehrparteiensystems in Lettland verlor die LTF allmählich ihre Bedeutung und löste sich 1999 auf.

81 LVA, Fonds 1987, Aktenverzeichnis 1, Akte 20293, Blatt 39.

82 Für die Rekonstruktion habe ich auf folgende Quellen zurückgegriffen: Beržinskis, Voldemārs: *Atmiņas* [Erinnerungen], OMF, Inv.-Nr. 2514; Stradiņš, Arturs: *Ērkšķainās gaitas* [Der dornige Weg], Rēzekne 2001; OMF, Inv.-Nr. 3009; Auzers, Romans: »Mēs vēl esam dzīvi. Mēs jums nepiedosim« [Noch leben wir. Wir werden euch nicht vergeben.], in *Atmoda* vom 12.6.1990; Šneiders, Jānis: »Uz dzīvības robežas« [Auf der Grenze zwischen Leben und Tod], in *Literatūra un Māksla* vom 11.2.1989.

83 Das 1993 gegründete Lettische Okkupationsmuseum (*Latvijas Okupācijas muzejs*) in Riga widmet sich der Dokumentation der vom sowjetischen bzw. nationalsozialistischen Okkupationsregime begangenen Verbrechen sowie dem Gedenken der Opfer. *(Anm.d.Übers.)*

84 Vgl. Pelkaus, *Aizvestie*, S. 560. Die Namen von Jānis, Emilija und Ligita Dreifelds sind zu finden in dem Buch *These Names Accuse. Nominal List of Latvians Deported to Soviet Russia in 1940–1941* (Stockholm 1982, S. 94), das von Letten zusammengestellt wurde, die im Ausland Zuflucht gefunden und keine Möglichkeit hatten, die Daten im Archiv auf ihre Genauigkeit zu überprüfen. Es handelte sich um die erste umfassende Darstellung, die die Welt an die Tragödie der lettischen Nation erinnern sollte.

85 Šneiders, »Uz dzīvības robežas« (wie in Anm. 82).

86 Ebenda.

87 Die Sommersonnenwende (Johanni bzw. Jāņi), die in der Nacht vom 23. auf den 24. Juni gefeiert wird, ist das wichtigste Fest im Jahreslauf der Letten. Die etwa 4000 der rund 1,2 Millionen lettischen Volkslieder (*dainas*), die ausschließlich zu diesem Anlass gesungen werden, werden um den Refrain »*līgo, līgo*« ergänzt. *(Anm.d.Übers.)*

88 Bambals, *1940./41. gada represēto …*, S. 140.

89 Diese Details werden in einem Lagerprüfungsbericht vom 20.1.1939 beschrieben. Es ist zu bezweifeln, dass sich die Lage im Kriegsjahr 1941 gebessert hatte; sie dürfte sich eher zum Schlechten gewendet haben. Vgl. Applebaum, *Der Gulag*, S. 437 ff.; Berdinskij, *Wjatlag*, S. 22.

90 Ebenda, S. 24.

91 Ebenda, S. 26.

92 Ebenda, S. 25 f. Die heute zugängliche Statistik über die Sterblichkeit

der Inhaftierten im Wjatlag bestätigt die entsetzliche Ernte des Todes im ersten Kriegsjahr. Am 15. Juli 1941 – also nach dem Eintreffen der Züge aus Lettland – gab es 17 890 Inhaftierte im Wjatlag; am 1. Januar 1944 betrug ihre Zahl nur noch 11 979, wobei das Kontingent der Häftlinge in der Zwischenzeit noch um mehr als 3000 Russlanddeutsche aus der ehemaligen Autonomen Sozialistischen Sowjetrepublik der Wolgadeutschen erhöht worden war. Im Vergleich mit der Vorkriegsperiode hatte sich der Anteil der Arbeitsuntauglichen (Gruppe C) von 7% auf knapp 30% erhöht, zur Gruppe A hingegen gehörten nur noch etwa 15% der Häftlinge. Applebaum führt die jährlichen Berichte über die Todesraten im Gulag an, die »laut offizieller Statistik, die ganz sicher nach unten korrigiert wurde«, 24,9% im Jahr 1942 und 22,4% im Jahr 1943 betrugen, wobei »die in den Gefängnissen und auf dem Transport Verstorbenen nicht enthalten zu sein« scheinen, die »Sonderumsiedler sind überhaupt nicht berücksichtigt«. Vgl. Applebaum, *Der Gulag*, S. 439 u. 618.

93 Grīnberga, Māra und Anita Brauna: »Nomocīto sarakstus dabū neoficiāli« [Die Listen der Gequälten erhält man inoffiziell], in *Diena* vom 14.6.2000.

94 Berdinskij, *Wjatlag*, S. 26.

95 Ebenda.

96 Šneiders, »Uz dzīvības robežas« (wie in Anm. 82).

97 Bericht des Arztes Dr. Silvestrs Čamanis in dem Film »Ekspedīcija Vjatlags-Usoļlags '95«, Regie: Ingvars Leitis.

98 Im Sommer 2003, kurz nach Erscheinen der lettischen Originalausgabe dieses Buches, überbrachte mir der ehemalige Wjatlag-Häftling Alfreds Puškevics aus dem Gebiet Kirow die Akte Nr. 41468 zum Fall Jānis Dreifelds. Darin fand ich ein Gesuch meines Großvaters vom 22. November 1941, in dem er die Lagerleitung bittet, ihm über das Schicksal von Emilija und Ligita Auskunft zu geben. Auf dem Gesuch steht der handschriftliche Vermerk: »Antworten, dass die Organe des NKWD sich nicht mit der Nachforschung nach Verwandten beschäftigen.«

99 Feliks Dzierzyński (1877–1926), Leiter der ersten sowjetischen Geheimpolizei *Tscheka* (Außerordentliche Kommission zur Bekämpfung von Konterrevolution und Sabotage, vgl. Anm. 11), genoss den Ruf eines unbestechlichen, erbarmungslosen und fanatischen Bolschewisten.

100 Laut Daten des Lettischen Kriegsmuseums haben sich rund 50 000 Personen dem Rückzug der Roten Armee aus Lettland angeschlossen.

101 Der Fonds 1986 des LVA enthält Informationen über 7292 Personen (ohne die am 14. Juni 1941 Deportierten), die zwischen dem 17. Juni 1940 und Juli 1941 verhaftet wurden. Vgl. Vīksne, *Represijas pret Latvijas ...*, S. 288.

102 In den ersten Tagen der deutschen Okkupation schlossen sich lettische Politiker zum »Lettischen Organisationszentrum« zusammen und begannen mit dem Aufbau eines staatlichen Verwaltungsapparats, am 17. Juli gründete Hitler jedoch ein eigenes Ministerium zur Verwaltung der okkupierten Ostgebiete und setzte den Deutschbalten Alfred Rosenberg als Minister ein. Das neue Verwaltungsgebiet, zu dessen Reichskommissar Hinrich Lohse bestimmt wurde, erhielt den Namen »Reichskommissariat Ostland«. Zum Ge-

neralkommissar für das Generalkommissariat Lettland wurde Otto Heinrich Drechsler ernannt. Die Interessen der einheimischen Bevölkerung vertrat die lettische Landesselbstverwaltung, die über keinerlei Vollmachten verfügte und die Anweisungen des Generalkommissariats ausführte. Einige Generaldirektionen wurden von Letten geleitet. Vgl. *Latvju enciklopēdija 1962–1982* [Lettische Enzyklopädie 1962–1982], Bd. 3, Rockville 1987, S. 303.

[103] Žvinklis, *Latviešu prese nacistiskās …*, S. 353.

[104] 18. November: Jahrestag der Proklamation der Republik Lettland im Jahr 1918. *(Anm. d. Übers.)*

[105] Aizsilnieks, *Latvijas saimniecības vēsture*, S. 885.

[106] Strods, *Latvijas lauksaimniecības vēsture*, S. 189.

[107] Aizsilnieks, *Latvijas saimniecības vēsture*, S. 909 u. 933.

[108] Ezergailis, *Holokausts vācu okupētajā…*, S. 69, 139 u. 142 ff.

[109] Bis Januar 1942 wurden im Generalkommissariat Lettland etwa 70 000 lettische Juden sowie zwischen Januar und Juni 1942 mehr als 14 000 aus Westeuropa deportierte Juden vernichtet. Vgl. Dribins, *Ebreji Latvijā*, S. 24 ff.

[110] Die Operation Rumbula wurde von etwa 1700 Mann durchgeführt, deren Grad der Verantwortlichkeit und Beteiligung unterschiedlich war. Rund 700 Mann gehörten zu deutschen Einheiten des SD. Etwa 1000 Mann waren Letten, die hauptsächlich zur Bewachung eingesetzt wurden: 350 bis 400 lettische SD-Männer, 80 bis 100 Mann lettisches Ghettowachpersonal sowie rund 450 Revierpolizisten. Geplant und im Detail ausgearbeitet wurde die Operation vom deutschen SD unter Leitung von SS-General Jeckeln. Zu Beginn der Operation widersetzten sich Juden im Rigaer Ghetto den Befehlen und es kam zu einem Handgemenge, in dem nach ungefähren Schätzungen bis zu 1000 Menschen ihr Leben verloren. Neben Männern der deutschen Schutzpolizei war eine unbekannte Zahl von Männern der Kommandos von Viktors Arājs und Herberts Cukurs an dem Scharmützel beteiligt. Während der Gerichtsverhandlung Jeckelns wurde festgestellt, dass an den Erschießungen in Rumbula keine Letten beteiligt waren. Diese wurden von zwölf vom General persönlich ausgesuchten Männern durchgeführt, die durch Genickschuss jeden einzelnen Juden ermordeten, nachdem er sich in die Grube gelegt hatte. Während des Prozesses gegen Friedrich Jahnke in Hamburg stellte das Gericht fest, dass die tatsächliche Absicht der Operation bis zum Abend des 29. November ausschließlich den nächsten Untergebenen Jeckelns bekannt war. Die deutschen Offiziere mittleren Ranges sowie die lettischen Offiziere erfuhren davon erst am letzten Abend und im Einzelnen erst im Wald von Rumbula. Vgl. Ezergailis, *Holokausts vācu okupētajā …*, S. 278 ff.

[111] Der Lāčplēsis-Orden ist eine nationale Auszeichnung der Republik Lettland, die an Militärpersonen verliehen wurde, die sich durch ihre Teilnahme an den Befreiungskriegen um die Unabhängigkeit Lettlands zwischen 1918 und 1920 im Kampf verdient gemacht haben. Der Orden wurde erstmals am 11. November 1919 und zum letzten Mal 1928 verliehen. Die Auszeichnung erhielten insgesamt 2116 Personen, darunter auch Litauer, Esten, Polen, Franzosen, Finnen und Angehörige anderer Nationen.

[112] Ezergailis, *Holokausts vācu okupētajā …*, S. 298, 307 u. 415.

[113] Ebenda, S. 91. – Das Ulmanis-Regime schränkte zwar den politischen Pluralismus ein, war jedoch nicht antisemitisch. Die Juden genossen die gleichen Rechte wie andere Volksgruppen in Lettland. Bis zur sowjetischen Okkupation von 1940 hielt Ulmanis die Grenzen für jüdische Flüchtlinge aus Deutschland und Österreich offen; zu diesem Zeitpunkt ließen andere europäische Staaten bereits keine Juden mehr ins Land.

[114] Martinsons, Jānis: »Cīņa pret žīdismu« [Der Kampf gegen das Judentum], in *Tēvija* vom 1.12.1941.

[115] Die deutsche Information verschwieg, dass sich die Repressionen der Sowjets auch gegen 1771 Juden richteten – proportional die größte in Mitleidenschaft gezogene Bevölkerungsgruppe Lettlands. Laut neuesten statistischen Daten wurden 1,93% der lettischen Juden deportiert – im Vergleich zu 0,85% der ethnischen Letten (vgl. Riekstiņš, *1941.gada deportācija ...*, S. 703). Untersucht man die ethnische Zusammensetzung der Festnahmebrigaden, so besteht kein Anlass zu der Vermutung, dass Juden in ihnen dominiert hätten; Russen und Letten haben ebenso kollaboriert. Die Festnahmebrigade der Familie meiner Mutter ist ein typisches Beispiel: zwei Russen (Bogorad und Sosonow), zwei Letten (Briedis und Dumbergs) und ein Jude (Steinbaum).

[116] Einige charakteristische Beispiele: Silabriedis/Arklans, *»Political Refugees« Unmasked*, S. 225; Dzirkalis, *Kāpēc viņi bēga*, S. 87; Avotiņš/Dzirkalis/Pētersons, *Kas ir Daugavas vanagi*, S. 125; Birznieks, *No SS un SD līdz ...*, S. 175. Hinter diesen Pseudonymen verbirgt sich zumeist Pauls Ducmanis, der bereits im nationalsozialistischen Propagandaapparat gedient hatte. Vgl. Ezergailis, Andrievs: *Nazi-Soviet Disinformation about the Holocaust in Occupied Latvia. Daugavas Vanagi: Who Are They – Revisited*, Riga 2005 (in Vorbereitung).

[117] Anfang Dezember 1941 wurde in Jumpravmuiža ein provisorisches Konzentrationslager eingerichtet (Riga-Jungfernhof), in dem Anfang 1942 rund 2500 westeuropäische Juden interniert wurden. Die meisten von ihnen wurden im März 1942 im Biķernieki-Wald ermordet. Vgl. Ezergailis, *Holokausts vācu okupētajā ...*, S. 421.

[118] Vom Staat Israel haben 35 lettische Staatsbürger die Auszeichnung »Gerechte unter den Völkern« erhalten. Einer von ihnen ist Žanis Lipke, der das Leben von 56 Juden rettete. Insgesamt haben sich in Lettland 400 Personen und mehr als 1500 ihrer Familienangehörigen an der Rettung von Juden beteiligt. Vgl. Vestermanis, *Retter im Lande der Handlanger*, S. 231 ff.; Dribins, *Ebreji Latvijā*, S. 29; Gordon, *Latvians and Jews ...*, S. 84 ff.

[119] Ende Juli 1941 zählte das Arājs-Kommando rund 100 Mann, im November waren es bis zu 300. Dieses Erschießungskommando ermordete insgesamt 26000 Menschen: 14000 lettische und 8000 ausländische Juden, 2000 Zigeuner und geistig Behinderte sowie 2000 lettische Kommunisten. Insgesamt betrug die Zahl der Letten, die unmittelbar an den Erschießungen beteiligt waren, bis zu 500 Mann. Rund 1500 Mann könnten an der Bewachung während der Exekutionen beteiligt gewesen sein. Vgl. Ezergailis, *Holokausts vācu okupētajā ...*, S. 39 u. 218.

[120] Vom 19. bis 30. Oktober 1943 fand in Moskau eine Konferenz der Außenmi-

nister Großbritanniens, der USA und der UdSSR zur Vorbereitung der Konferenz von Teheran (28.11.–1.12.1943) statt, auf welcher Roosevelt, Stalin und Churchill sich über die Eröffnung einer zweiten Front einigten. Im Rahmen der Konferenz von Teheran fand ein informelles Treffen zwischen Roosevelt und Stalin statt, in dessen Verlauf sie sich über das Schicksal der baltischen Staaten nach Ende des Krieges einigten. Diese Einigung wurde auf der Konferenz von Jalta (4.–11.2.1945) offiziell bestätigt.

121 »Mūsu atbilde Maskavai ir cīņa« [Unsere Antwort an Moskau ist der Kampf], in *Tēvija* vom 14.11.1943.

122 »Boļševiki slepkavo latviešu strādājošos« [Bolschewiken ermorden lettische Werktätige], in *Tēvija* vom 14.11.1943.

123 Dzintars, *Komjaunieši Rīgas* ..., S. 21.

124 Aizsilnieks, *Latvijas saimniecības vēsture*, S. 896.

125 Seit Anfang 1942 wurde in Berlin diskutiert, ob Estland und Lettland größere Autonomie zu gewähren sei. In dieser Frage herrschten innerhalb der deutschen Führungsschicht zwei gegensätzliche Auffassungen: einerseits um jeden Preis den Krieg zu gewinnen oder andererseits die Germanisierung des Baltikums vorzubereiten. Die Vertreter der ersten Richtung waren für die Verkündigung der Autonomie oder sogar der Unabhängigkeit, wodurch weitere 250000 Soldaten aus dem Ostland mobilisiert werden könnten. Die Verfechter der zweiten Richtung blockierten diese Pläne, da sie die Ansiedlung von 100000 deutschen Kolonisten auf dem Gebiet Estlands und Lettlands vorsahen. Insgesamt wurden fünf Entwürfe ausgearbeitet, deren letzten Hitler am 17.2.1943 bestätigte, wobei er die endgültige Entscheidung in dieser Frage auf die Nachkriegszeit verschob. Seit November 1942 kursierten in Lettland Gerüchte über bevorstehende positive Reformen. Die Verbreitung dieser Gerüchte wurde von deutschen Beamten gefördert, um in der lettischen Öffentlichkeit eine positive Haltung hinsichtlich der Aufstellung einer lettischen Freiwilligenlegion zu erzeugen. Vgl. Strods, *Vācijas projekti* ..., S. 102 ff.

126 Obgleich die Legion formal der Waffen-SS unterstellt war, hatten deren Soldaten nichts mit der politischen SS-Elitegarde gemein. Die lettische Selbstverwaltung formulierte klar und deutlich ihre Position: Sie verlangte größere Selbstständigkeit, und die Legion dürfe nicht an der Westfront kämpfen. Die Legionäre waren Frontsoldaten, deren Ziel der Kampf gegen den Bolschewismus war. Sie kämpften an der Leningrader Front am Wolchow und haben ihre Waffen niemals gegen die westlichen Alliierten gerichtet oder sich an Operationen gegen Zivilisten oder Juden beteiligt. Die letzten Gefechte der 15. Division fanden 1944 am Unterlauf der Oder statt, wo sie auf Anweisung des Oberkommandos der Wehrmacht entwaffnet wurde. Der größte Teil der Soldaten ergab sich freiwillig den Amerikanern. Laut Kommissionsbeschluss der UNRRA (United Nations Relief and Rehabilitation Administration) wurde ihnen der Status »Displaced Persons« zuerkannt, denn »die baltischen Einheiten der Waffen-SS sind hinsichtlich ihrer Ziele, Ideologie, Tätigkeit und militärischen Qualifikation als gesondert sowie als von der deutschen SS unterschiedliche Einheiten zu betrachten«. Die 19. Division nahm an den Kämpfen im Kurlandkessel teil. Sie kapitulierte am

9. Mai 1945, und die lettischen Soldaten gerieten in Gefangenschaft. Sie wurden nach Sibirien deportiert, wo viele von ihnen zugrunde gingen. Die Überlebenden wurden 1955 amnestiert. Vgl. Ezergailis, *The Latvian Legion*, S. 31–34 u. 38–40. Die Gesamtzahl der Letten, die in verschiedenen Einheiten der deutschen Streitkräfte kämpften, wurde zwischen 80000 und 165000 geschätzt. Nach neuesten Forschungergebnissen lag die Zahl wahrscheinlich bei 110000 bis 115000. Vgl. Kangeris, *Nacionālsociālistiskās Vācijas* ..., S. 139.

127 Insgesamt kämpften mehr als eine Million in den verschiedenen okkupierten Ländern einberufene Soldaten in deutschen militärischen Verbänden, darunter 488000 Soldaten aus den von der UdSSR okkupierten Gebieten. Das Ziel der meisten dieser Soldaten war der Kampf gegen den Bolschewismus, was das Deutsche Reich geschickt zu seinen eigenen Gunsten ausnutzte. Vgl. Strods, *Zem melnbrūnā zobena*, S. 94; Feldmanis, *Latviešu un citu* ..., S. 334–351.

128 *mežabrāļis* (wörtlich »Waldbruder« bzw. Waldsoldat, Mz. *mežabrāļi*): Angehöriger der bis Mitte der 1950er Jahre aus den lettischen Wäldern operierenden Partisanengruppen. *(Anm.d.Übers.)*

129 Der Zynismus beider Okkupationsregime kommt dadurch zum Ausdruck, dass in Kurland das 130. Korps der Roten Lettischen Schützen gegen die 19. (lettische) Division der Waffen-SS in den Kampf geschickt wurde. Insgesamt kämpften rund 100000 lettische Soldaten in den Reihen der Roten Armee, von denen die Hälfte Volksletten aus Russland sowie Einwohner Lettlands waren, die sich im Sommer 1941 dem Rückzug der sowjetischen Armee angeschlossen hatten. Die andere Hälfte wurde nach der zweiten sowjetischen Okkupation Ende 1944 bzw. Anfang 1945 in Vidzeme (Livland) und Latgale (Lettgallen) mobilisiert.

130 Gegen Kriegsende griffen die Befehlshaber der deutschen Heeresverbände immer häufiger auf politische Versprechungen zurück, um die Legionäre zu motivieren. Im Befehl des Kommandanten der 15. Division, Obwurtzer, vom 1.1.1945 heißt es: »Ihr kämpft für die Wiederherstellung eines unabhängigen Lettland!« Im Januar 1945 sagte der Kommandant des 6. Korps, Krüger: »Es wird ein Lettland geben, und es wird aus den heldenmütigen Kämpfen seiner Soldaten erwachsen ...« Vgl. Neiburgs, *Latviešu karavīri* ..., S. 201.

131 Am 3.3.1944 formte das Heereskommando Ostland den Baltischen Evakuierungsstab, dessen Aufgabe die Ausarbeitung eines Plans zur Evakuierung von drei Millionen Menschen war. Die Reichsführung war sich hinsichtlich der Evakuierung uneinig, und im Juli gewannen diejenigen die Oberhand, die der Ansicht waren, das Baltikum sei um jeden Preis zu verteidigen. Eine Evakuierung wurde untersagt, und am 9. Juli 1944 verlieh Himmler SS-Obergruppenführer Jeckeln Sondervollmachten für die Ergreifung Einheimischer und deren Einsatz im Arbeits- oder Militärdienst für die Verteidigung des Baltikums. Aufgrund des raschen Vorrückens der Roten Armee wurde die Evakuierung am 15. August fortgesetzt. Bis Januar 1945 verließen schätzungsweise rund 180000 Personen Lettland (vgl. Kangeris, *Die Baltischen Völker* ..., S. 177 ff.). Die Gesamtzahl von Letten auf deutschem Territorium während des Kriegs einschließlich zum Arbeitsdienst Eingezogener, Armee-

angehöriger und Flüchtlinge wird auf 217000 geschätzt. Vgl. Baltais, *Piespiedu iesaukšana ...*, S. 198.

[132] Bis Dezember 1943 wurden insgesamt 16 800 Menschen aus Lettland zum Arbeitsdienst in Deutschland gezwungen. Bis Kriegsende hat sich diese Zahl noch erhöht. Vgl. Baltais, *Piespiedu iesaukšana ...*, S. 193–197.

[133] Kurzeme (dt. Kurland): westliche der drei historischen Provinzen Lettlands. Neben Vidzeme (dt. Livland) im Nordosten und Latgale (dt. Lettgallen) im Südosten gilt heute auch Zemgale (dt. Semgallen) im Südwesten als eigene Provinz. *(Anm. d. Übers.)*

[134] Während der siebenmonatigen Kämpfe in Kurland fielen rund 3500 Mann der 19. Division. Etwa 14000 gerieten nach der Kapitulation in sowjetische Kriegsgefangenschaft. Vgl. Freivalds, *Kurzemes cietoksniss*, S. 178.

[135] Unmittelbar nach der Kapitulation gingen rund 4000 Personen als *mežabrāļi* bzw. Partisanen in die Wälder. Laut Ermittlungsdaten der Sowjets zählten zwischen 1944 und 1956 rund 20000 Personen zur Widerstandsbewegung. Vgl. Strods, *Latvijas nacionālo partizāņu karš*, S. 158.

[136] Laut Anordnung vom 15.8.1941 mussten sich alle Einwohner Lettlands von der Arbeitsverwaltung registrieren lassen. Das neueingeführte Meldesystem erlaubte die Kontrolle darüber, dass sich kein Landeseinwohner der Arbeit entzog. Vgl. Aizsilnieks, *Latvijas saimniecības vēsture*, S. 938.

[137] Laut der Daten zu den 1943/44 Eingezogenen entzogen sich rund 18% der Einberufenen ihrer Mobilisierung. Am 15.7.1944 verkündete SS-Obergruppenführer Friedrich Jeckeln die totale Mobilmachung auf dem Gebiet des Ostlandes; 50% aller Männer im Alter zwischen 16 und 55 Jahren wurden einberufen. In dieser Phase entzogen sich immer mehr Männer ihrer Mobilisierung. Vgl. Neiburgs, *Latviešu karavīri ...*, S. 197–204.

[138] Vgl. Strods, *Latvijas nacionālo partizāņu karš*, S. 129.

[139] Riga und der größte Teil Lettlands wurden im Oktober 1944 von der Roten Armee eingenommen. Bis zum 1.12.1944 verhafteten das NKWD 4914 und die Spionageabwehr der Armee 2127 Personen. Am 16.10. nahmen die ersten beiden Lager für arretierte Personen in Lettland ihren Betrieb auf (Lager Nr. 291 bei Rēzekne und Lager Nr. 292 bei Daugavpils). Später kamen drei weitere Lager hinzu. Auch die zu diesem Zeitpunkt existierenden Gefängnisse waren überfüllt. Es wurden derart massenhaft Verhaftungen vorgenommen, dass sich einige Parteifunktionäre bei ihren Vorgesetzten über das Fehlen von Arbeitskräften in Schulen und Krankenhäusern zu beklagen begannen. Vgl. Strods, *Latvijas nacionālo partizāņu karš*, S. 124 ff.

[140] Genaue Daten über die Anzahl der lettischen Flüchtlinge während des Zweiten Weltkriegs liegen nicht vor; die Zahl schwankt je nach Quelle. Allgemein wird angenommen, dass sich zwischen Ende 1944 und Kriegsende mindestens 200000 Letten im Westen befanden, und zwar überwiegend in Deutschland bzw. in deutsch besetzten Gebieten. Viele von ihnen gerieten während der Offensiven der Roten Armee im Jahr 1945 unter sowjetische Kontrolle und wurden nach Kriegsende entweder in die UdSSR zurückgeschickt oder in so genannten Filtrationslagern, Kriegsgefangenenlagern oder im Gulag interniert. Nach dem Krieg blieben bis zu 120000 lettische Flüchtlinge, Zwangs-

arbeiter bzw. Arbeitsdienstleistende und Armeeangehörige im Westen, hauptsächlich in D.P.- bzw. Flüchtlingslagern in den britischen, US-amerikanischen und französischen Besatzungszonen Deutschlands. Vgl. Brancis, *Latviešu bēgļu …*, S. 175; *Latvju enciklopēdija*, Einträge »Bēgļu laiki« [Flüchtlinge], S. 235 f. und »DP nometnes Vācijā« [D.P.-Lager in Deutschland], S. 507.

141 Offiziell war die Brīvības iela (Freiheitsstraße) von Ādolfa Hitlera iela in Ļeņina iela und die Stabu iela (Pfahlstraße) in Fridriha Engelsa iela umbenannt worden. *(Anm. d. Übers.)*

142 LVA, Fonds 1986, Aktenverzeichnis 1, Akte 17170, Band 8, Blatt 117–152 (A. Kalnietis bei seiner Verhaftung abgenommene Gegenstände).

143 Brief von Aleksandrs Kalnietis an Milda Kalniete vom 2. November 1950.

144 Vgl. Applebaum, *Der Gulag*, S. 155–209 (Kapitel »Verhaftung«, »Gefängnis« und »Transport, Ankunft, Selektion«). Der am 2.10.1945 verhaftete Fricis Sirsniņš hat seine Verhaftung und Vernehmung, das Leben im Gefängnis und seine etappenweise Deportation eindrücklich beschrieben. Er befand sich etwa zur gleichen Zeit wie A. Kalnietis in der Rigaer NKWD-Zentrale. Vgl. Sirsniņš, *Atmiņas*, S. 62–67.

145 LVA, Fonds 1986, Aktenverzeichnis 1, Akte 17170, Anlage (schematische Darstellung der Kommunikation innerhalb der Vereinigung der Lettischen Nationalpartisanen).

146 LVA, Fonds 1986, Aktenverzeichnis 1, Akte 17170, Band 2, Blatt 69. Der § 19 des Strafgesetzbuchs der RSFSR ahndete die Vorbereitung eines Verbrechens bzw. die Schaffung günstiger Bedingungen für ein Verbrechen, § 58 mit seinen zwölf Absätzen hingegen konterrevolutionäre Verbrechen. Im Fall von A. Kalnietis: für Vaterlandsverrat und das Überlaufen zur feindlichen Seite, die Ausübung terroristischer Akte, Zerstörung staatlichen und öffentlichen Eigentums, das Aufrufen zum Sturz der Sowjetmacht und die Teilnahme an den oben genannten Verbrechen. Vgl. *Strafgesetzbuch der RSFSR*, Moskau 1944, S. 20 ff.

147 LVA, Fonds 1986, Aktenverzeichnis 1, Akte 17170, Band 7, Blatt 313.

148 Häftlingen in Lagern mit Strafregime war es gestattet, pro Jahr zwei Briefe an ihre Angehörigen zu schreiben. Nichtsdestotrotz entschied die Lagerverwaltung oftmals eigenmächtig, die Korrespondenz zu erlauben oder zu untersagen. Vgl. Rossi, *Le manuel du GOULAG*, S. 47 u. 77; Applebaum, *Der Gulag*, S. 274–278.

149 Brief von Aleksandrs Kalnietis an Aivars Kalnietis vom 5. Mai 1950.

150 Der Ustwymlag wurde am 16.8.1937 angelegt und am 1.1.1960 aufgelöst. Der Petschorlag wurde am 24.7.1950 angelegt und am 5.8.1959 aufgelöst. Vgl. *Sistema isprawiteljno-trudowich lagerei …*, S. 275.

151 Brief von Aleksandrs Kalnietis an Milda Kalniete vom 22. August 1950.

152 Brief von Aleksandrs Kalnietis an Milda Kalniete vom 27. April 1951.

153 Mitglied der »Begnadigungskommission« war der lettische KGB-Offizier Jānis Vēveris, unter dessen Führung eine mobile Gruppe von NKWD-Ermittlern 1941 im Wjatlag und Usollag Kriminalfälle fabrizierte und für im gleichen Jahr deportierte lettische Staatsbeamte und im öffentlichen Dienst Tätige die Todesstrafe empfahl. Vgl. LVA, Fonds 1986, Aktenverzeichnis 1, Akte

17170, Band 7, Blatt 374. Auch auf der Akte von Jānis Dreifelds, meinem Großvater mütterlicherseits, befindet sich Vēveris' Unterschrift.

154 LVA, Fonds 1986, Aktenverzeichnis 1, Akte 17170, Band 7, Blatt 459.

155 Die Deportation von Landwirten fand planmäßig parallel zum Kollektivierungsprozess statt. Entsprechend dem »Beschluss des Politbüros des ZK der Kommunistischen (bolschewistischen) Partei der Allunion vom 30.1.1930 über die Expropriation von ›Kulaken‹« wurde angewiesen, »in den nächsten vier Monaten (Februar bis Mai) auf der Grundlage ungefährer Berechnungen 60000 Kulaken in Konzentrationslager zu bringen und 150000 in entfernte Gebiete zu verschicken, (…) 70000 Familien in Gebiete des Nordens, 50000 Familien nach Sibirien, 20-25000 Familien in den Ural und 20-25000 Familien nach Kasachstan zu verschicken. Die Verschickungsorte haben unbesiedelt oder nur dünn besiedelt zu sein, damit die Verschickten mit landwirtschaftlicher Arbeit oder Forst-, Fischfang- oder anderer Arbeit beschäftigt werden können.« Vgl. Pelkaus, *Policy of Occupation Powers*, S. 28 ff.

156 Vgl. Upīte, *Dear God*, S. 26.

157 Als die Mitteilung über die Streichung Ligita Dreifeldes von der Liste der administrativen Zwangsumsiedlung am 6. Januar 1957 eintraf, wurde in der Kommandantur ihr 16. Registrierungsformular ausgefüllt. Insgesamt hat sie 164 Monate in Sibirien verbracht, unterbrochen von 16 Monaten, die sie sich in Lettland aufhalten durfte.

158 Russ. »Pod glasnim nadsorom«.

159 Meldung des Verwaltungschefs der Besserungsarbeitslager und -kolonien des NKWD der UdSSR, Viktor Nasedkin, an das NKWD der UdSSR bezüglich der Übergabe der Aufsicht über die in der Verschickung Angesiedelten an die Abteilung für Sonderumsiedlung des NKWD der UdSSR. Vgl. Pelkaus, *Aizvestie*, S. 80.

160 Ebenda, S. 83. Dienstmeldung des Leiters der Abteilung für Arbeits- und Sonderumsiedlung der Oberverwaltung der Besserungsarbeitslager und -kolonien des NKWD der UdSSR, Kondratow, über die Unterbringung und Beschäftigung der in der Verschickung Angesiedelten an den stellvertretenden Volkskommissar für Innere Angelegenheiten der UdSSR, Tschernyschew.

161 Nach ihrer Rückkehr in die Heimat im Jahr 1947 schrieb die älteste der Schwestern, Rūta Upīte, ihre Erinnerungen über das in Sibirien Durchlittene nieder. Nach ihrem Tod wurde das Manuskript 1967 ins Ausland gebracht und 1977 publiziert, allerdings anonym, um ihren Vater und die noch lebende Schwester Dzidra vor Repressionen zu schützen. Als ich das Buch zum ersten Mal las, wusste ich nicht, dass die darin erwähnte Frau D. und L. meine Großmutter und Mutter sind. Vgl. Upīte, *Vēl tā gribējās dzīvot*, S. 141 bzw. Upīte, *Dear God*, S. 141.

162 Upīte, *Dear God*, S. 78.

163 Möglicherweise steht der Beschluss, die 300 Menschen auf einer unbewohnten Insel anzusiedeln, mit der Meldung des Chefs der NKWD-Bezirksverwaltung von Nowosibirsk, Worobjow, vom 22.8.1941 an den stellvertretenden Volkskommissar für Inneres der UdSSR, Tschernyschew, in Verbindung: »Aufgrund der großen Entfernung werden Personen, die zwei- bis dreimal im

Monat in der Bezirksabteilung des NKWD zur Registrierung vorstellig werden müssen, die Forderung dieses Befehls nicht erfüllen können. Aufgrund derselben Ursache wird die administrative Beobachtung des Kontingents außerordentlich erschwert. (...) Daher betrachte ich, um das Regime an den Beschäftigungsorten der Umgesiedelten zu verschärfen, Folgendes als erforderlich: 1. Auf die in der Verschickung Angesiedelten jenes Regime anzuwenden, das in der mit dem Beschluss Nr. 2122-617-ps des Rats der Volkskommissare der UdSSR vom 29.12.1939 bestätigten Satzung über Sondersiedlungen festgelegt ist (...).« Genau eine solche »Sondersiedlung« war Bylina. Vgl. Pelkaus, *Aizvestie*, S. 18

164 Russ. Gewicht; 1 Pud entspricht ca. 16,38 kg.

165 In den Erinnerungen von Deportierten heißt es, dass sie die ersten Briefe im Frühjahr 1945 erhalten haben. Diese Briefe waren aus jenem Teil Lettlands abgeschickt worden, der im Oktober 1944 von der Roten Armee besetzt wurde. Die Korrespondenz mit den im Kurlandkessel Ansässigen konnte erst nach dem 9. Mai 1945 wiederaufgenommen werden.

166 Wegen Papiermangel pflegten die Deportierten ihre Briefe in den ersten Jahren auf Birkenrinde zu schreiben. Vgl. Nollendorfs/Knoll, *Latvijas Okupācijas Muzejs*, S. 138.

167 D.P. = *Displaced Persons*: Ausländische Zwangsarbeiter und sonstige aus ihrer Heimat weggeführte nichtdeutsche Ausländer, die bei Ende des Zweiten Weltkriegs von den Alliierten im Deutschen Reich und den von ihm besetzten Gebieten vorgefunden wurden. *(Anm.d.Übers.)*

168 Während der Konferenz von Jalta vom 4. bis 11.2.1945 einigten die Alliierten sich auf die Repatriierung von Sowjetbürgern. Die Einwohner der 1940 von der UdSSR annektierten Gebiete wurden durch eine ungenaue Formulierung in der Einigung gerettet, die das Territorium der UdSSR in den Grenzen vom 1.9.1939 definierte. Trotzdem haben die Alliierten auf Druck seitens der UdSSR zwischen 1943 und 1947 insgesamt rund 2 272 000 Personen an die UdSSR ausgeliefert, darunter auch Flüchtlinge, die Russland nach dem bolschewistischen Umsturz 1917 verlassen und niemals die sowjetische Staatsbürgerschaft angenommen hatten. Im Januar 1946 lieferte die schwedische Regierung – ungeachtet der Proteste aus der Bevölkerung – 130 Letten, sieben Esten und neun Litauer an die UdSSR aus. Vgl. Tolstoy, *Die Verratenen von Jalta*, S. 534 ff., 553 ff.

169 Am 8.5.1945 gerieten in der sowjetischen Zone 36 000 lettische Soldaten in sowjetische Kriegsgefangenschaft. Vgl. Neiburgs, *Karagūstekņu traģēdija.*

170 Brief von Ligita Dreifelde an Viktors Dreifelds vom 16. Mai 1947.

171 Es liegen keine genauen Daten vor, wie viele Flüchtlinge sich von der sowjetischen Propaganda beeinflussen ließen und in die UdSSR zurückkehrten. Laut Schätzungen von Historikern dürften es nicht mehr als 3 Prozent von der Gesamtzahl der Flüchtlinge gewesen sein. Bekannt ist, dass 3650 lettische Soldaten 1945/46 freiwillig in die Sowjetunion zurückgekehrt sind. Vgl. Neiburgs, *Karagūstekņu traģēdija.*

172 Brief von Anna Dumpe und Jānis Dumpis an Viktors Dreifelds vom 7. Juli 1947.

[173] Folgende Unterlagen waren in der Visaabteilung des Innenministeriums der LSSR einzureichen: Von der Botschaft der UdSSR beglaubigte Einladung; Quittung über die Entrichtung der staatlichen Gebühr; vom Parteikomitee des Arbeitsplatzes beglaubigte Beurteilung; schriftliche Bestätigung, dass der jeweilige Ehepartner keine Einwände gegenüber einer Reise ins Ausland vorzubringen hat; ein Lebenslauf mit Angaben zu sämtlichen sich im Ausland befindenden Verwandten; Bescheinigung bezüglich des Wohnsitzes; Formblatt mit genauen Angaben über sämtliche lebenden und verstorbenen Verwandten ersten Grades; vier Passfotos.
[174] Vgl. Staris, *1941. gadā okupantu …*, S. 37–44.
[175] Ebenda. Laut den in Lettland provisorisch aufgestellten Listen waren rund 600 Kinder zu reevakuieren. Hierfür wurden insgesamt 180 000 Rubel bereitgestellt.
[176] Russ. *kukuschka* = Kuckuck.
[177] In Sibirien werden Ehefrauen oft nach ihrem Mann benannt; so wurde die Frau von Jānis zur Janowna, der »Jānis'schen« oder auch zur »Iwanowna«, da der lettische Name Jānis dem russischen Iwan entspricht.
[178] In der Hafenstadt Liepāja befand sich ein nach dem Krieg etablierter Stützpunkt der sowjetischen Marine; von 1969 bis zum Ende der Sowjetokkupation war sie geschlossene Militärstadt. *(Anm. d. Übers.)*
[179] »Verurteilt zu zehn Jahren Lagerhaft mit Sonderregime ohne das Recht auf Korrespondenz« war die Standarderklärung, die die Angehörigen in Fällen erhielten, da ein Häftling hingerichtet worden oder verstorben war. Das NKWD war damals der Auffassung, die Geheimhaltung des Todes beinhalte die Möglichkeit, neue Fälle zu fabrizieren und weitere »Mitwisser« des Verurteilten zu entlarven, zu deren »Überführung« die »Zeugenaussage« des Toten benutzt wurde.
[180] Einige Großhandelspreise vermitteln eine Vorstellung von den Lebenshaltungskosten: 1 kg Butter 45 bis 61 Rubel; 1 kg Kabeljaufilet 13 Rubel; 1 Wollkleid 313 bis 557 Rubel; Herrenhalbschuhe 313 Rubel. Vgl. *Informazionni sprawotschnik sprosa i predloshenija towarow*, Moskau 1949.
[181] Brief von Emilija an Ligita Dreifelde vom 17. Juli 1949.
[182] 1 kg Schwarzbrot kostete 14 Rubel, ein Eimer Kartoffeln 10 Rubel bzw. im Sommer unmittelbar nach der Ernte 5 Rubel.
[183] Brief von Emilija an Ligita Dreifelde, September 1949.
[184] Brief von Emilija an Ligita Dreifelde, August 1948.
[185] Brief von Emilija an Ligita Dreifelde, August 1948.
[186] Lielupe (dt. Kurländische Aa): einer der größten Flüsse Lettlands, der Jūrmala praktisch zu einer Halbinsel macht und einige Kilometer westlich von Riga in die Rigaer Bucht mündet. *(Anm. d. Übers.)*
[187] Santīm: 1 lats (Ls) = 100 santīmu (s). Der Lat war von 1920 bis 1940 und ist seit 1993 wieder die lettische Nationalwährung. *(Anm. d. Übers.)*
[188] In Bezug auf die Frage hinsichtlich des Vermögens der am 14. Juni 1941 deportierten Personen schwankten die sowjetischen Behörden zwischen den zwei Positionen, es entweder als herrenloses oder aber als nationalisiertes (d.h. enteignetes) Gut zu betrachten. Im März 1949 erließ das Präsidium des

Obersten Sowjets der LSSR ein Dekret, laut dem »(...) das Eigentum jener Personen, die aufgrund ihrer gegen die Sowjetmacht gerichteten Tätigkeit in den Jahren 1940/41 auf administrativem Weg nach außerhalb der Grenzen der LSSR verschickt wurden, der Nationalisierung unterworfen und in staatlichen Besitz übergeht«. Vgl. Riekstiņš, *Aizvesto manta.*

189 Die Zuteilung von Wohnfläche wurde in Sowjetlettland durch den Beschluss Nr. 81 »Über die Ordnung der Verteilung von Wohnfläche in der LSSR« des Ministerrats der LSSR und des Republikanischen Gewerkschaftsrats Lettlands reguliert. Auf dem Gebiet jedes Stadt- und Rayonsowjets waren eigene Normen hinsichtlich der minimalen Wohnfläche in Kraft, die dazu berechtigten, eine Verbesserung der Lebensbedingungen oder die Aufnahme in die Wohnungswarteliste zu fordern. In Riga betrug die minimale Wohnfläche pro Person 4,5 m^2. Vgl. *Pilsoņu dzīvokļu tiesības*, S. 31.

190 1964 betrug das Monatsgehalt eines Buchhalters 60 Rubel und das eines Ingenieurs 120 Rubel. Zum Vergleich Preise für Waren des täglichen Bedarfs: Roggenbrot 0,40 Rubel/Pfund; Rindfleisch 4 Rubel/kg; Butter 3,50 Rubel/kg; ein Wintermantel 150 Rubel; Damenschuhe von guter Qualität 40 Rubel; ein Herrenhemd 10 Rubel; Herrenschuhe von guter Qualität 30 bis 80 Rubel. Zitiert nach: Namsons, *Lebensbedingungen und Lebensstandard ...*, S. 65–91.

191 Die Zeitverschiebung zwischen Lettland und dem Oblast Tomsk betrug damals vier (heute fünf) Stunden. *(Anm.d.Übers.)*

192 Brief von Emilija an Ligita Dreifelde, Mai 1949.

193 Brief von Emilija an Ligita Dreifelde vom 21. Juli 1949.

194 Brief von Emilija an Ligita Dreifelde vom 17. Februar 1949.

195 Brief von Emilija an Ligita Dreifelde vom 20. März 1949.

196 Brief von Emilija an Ligita Dreifelde vom 24. Januar 1949.

197 Brief von Emilija an Ligita Dreifelde vom 2. September 1949.

198 Brief von Emilija an Ligita Dreifelde, Juli 1949.

199 Brief von Emilija an Ligita Dreifelde vom 19. März 1949.

200 Brief von Emilija an Ligita Dreifelde, Mai 1949.

201 Brief von Emilija Dreifelde an Ligita Dreifelde, Juli 1949.

202 Brief von Frida Dzene an Anna Dumpe vom 29. April 1950.

203 Abgesehen von den Opfern der Deportation vom 25. März 1949 wurden in Lettland zwischen 1945 und 1953 rund 76000 Menschen repressiert. Hinzu kommen 91 034 Personen, die nach dem Krieg in so genannten Filtrationslagern interniert wurden. Vgl. Zālīte, *Okupācijas režīmu ...*

204 Die vom Rat der Volkskommissare der LSSR am 18.1.1941 verabschiedeten »Allgemeinen Vorschriften für Arbeiter und Bedienstete staatlicher, kooperativer und öffentlicher Betriebe und Einrichtungen« sahen strafgesetzliche Verantwortung für das Versäumen der Arbeit vor: Personen, die sich sozial gefährlicher Tätigkeit oder gegen die bestehende Ordnung des Sowjetstaates gerichteter Untätigkeit schuldig gemacht haben, wurden gerichtlich verurteilt. »(...) Für Arbeitsversäumnis ohne wichtige Gründe sind Arbeiter und Bedienstete staatlicher, kooperativer und öffentlicher Betriebe und Einrichtungen dem Gericht zu übergeben und mit volksgerichtlichem Urteil zur Besserungsarbeit am Arbeitsplatz bis zu

sechs Monaten unter Lohneinbehaltung in Höhe von bis zu 25% zu bestrafen (§ 5 Abs. 2 des Dekrets des Präsidiums des Obersten Sowjets der UdSSR vom 26.6.1940). (…) Das Hauptindiz für Arbeitsversäumnis, welches diese als Verbrechen qualifiziert, ist das Fehlen wichtiger Gründe, die das verspätete Erscheinen, das Fernbleiben von der Arbeit oder das vorzeitige Verlassen der Arbeit rechtfertigen.« Vgl. *Darba likumdošana*, S. 78–81.

[205] Sarkanarmijas iela (Straße der Roten Armee): nach der Unabhängigkeit rückbenannt in Bruņinieku iela (Ritterstraße). *(Anm. d. Übers.)*

[206] Ropaži: Kleinstadt etwa 30 km östlich von Riga. *(Anm. d. Übers.)*

[207] Kalnietis, *Tumšie gadi*, S. 2.

[208] Ebenda.

[209] Im Beschluss Nr. 390-138 des Ministerrats der UdSSR vom 29.1.1949 ist präzisiert, dass folgende »Kategorien von Einwohnern« aus Estland, Lettland und Litauen zu deportieren sind: Kulaken und ihre Familien; Familienangehörige von Banditen und Nationalisten; Familienangehörige von exekutierten und überführten Banditen; ehemalige Banditen und ihre Familienangehörigen, die ihre antisowjetischen Aktivitäten wiederaufgenommen haben; Familienangehörige von Personen, die Banditen unterstützen. Vgl. Pelkaus, *Policy of Occupation Powers*, S. 294.

[210] Befehl Nr. 0068 des Ministers für Staatssicherheit der UdSSR vom 28.2.1949 über die streng geheime »Operation Brandungswelle« des Ministeriums für Staatssicherheit der UdSSR zur Deportation von Einwohnern der baltischen Staaten. Vgl. Strods/Kott, *The File on Operation »Priboi«*, S. 1–31.

[211] Vgl. Pelkaus, *Policy of Occupation Powers*, S. 298.

[212] Insgesamt nahmen an der Durchführung der »Operation Brandungswelle« in Estland, Lettland und Litauen 76 212 Personen teil; von diesen waren 28 404 Personen Partei- und Komsomol-Aktivisten und 18 387 so genannte »Vernichter« (die Vernichterbataillone waren Sondereinheiten, die sich aus bewaffneten Partei- und Komsomol-Aktivisten, ehemaligen Frontsoldaten und Partisanen sowie aus den östlichen Regionen der UdSSR zurückgekehrten Bürgern zusammensetzten). Die Übrigen waren Soldaten verschiedener Spezialeinheiten der Armee. Vgl. Strods/Kott, *The File on Operation »Priboi«*, S. 24.

[213] Vgl. Zālīte, *Okupācijas režīmu …*

[214] Während der Massendeportation vom März 1949 wurden aus Estland 20 713 und aus Litauen 31 917 Menschen verschleppt. Vgl. Strods/Kott, *The File on Operation »Priboi«*, S. 20.

[215] Vgl. Strods, *Latvijas cilvēku …*, S. 72.

[216] LVA, Fonds 1894, Aktenverzeichnis 1, Akte 463 (Erfassungsakte der Familie des Banditenhelfers Aleksandrs Kalnietis), und LVA, Fonds 1986, Aktenverzeichnis 1, Akte 17170, Band 1–9 (Kriminalakte von A. Kalnietis und anderen Personen).

[217] Ebenda, Blatt 32.

[218] Ebenda, Blatt 9.

[219] Ebenda, Blatt 7.

[220] Ebenda, Blatt 17.
[221] Vgl. Riekstiņš, *Genocīds*, S. 27.
[222] Genaue Daten über die Zahl der revidierten Fälle bzw. Personen, denen die Rückkehr aus der Deportation gestattet wurde, liegen nicht vor.
[223] Ein Hinweis auf die geheime Anordnung des Ministerrats der LSSR vom 16.12.1949 findet sich im Registrierjournal der Anordnungen des Ministerrats der LSSR (LVA, Fonds 270, Aktenverzeichnis 10, Akte 12), das Dokument selber befindet sich jedoch nicht im Fonds der Anordnungen des Ministerrats der LSSR (LVA, Fonds 270, Aktenverzeichnis 2, Akte 980). Eine Fotokopie des Dokuments befindet sich im Privatarchiv der Autorin.
[224] Kalnietis, *Tumšie gadi*, S. 5.
[225] Im Dekret »Über die Verschickung von Kulaken und ihren Familien sowie der Familien von Banditen und Nationalisten« des Innenministers der UdSSR, Kruglow, vom 12.3.1949 heißt es: »Die zu Verschickenden dürfen ihnen persönlich gehörende Wertgegenstände, Haushaltsgegenstände (Kleidung, Gefäße, kleines landwirtschaftliches, handwerkliches und Haushaltsinventar) und Lebensmittelreserven mit einem Gesamtgewicht von bis zu 1500 kg pro Familie mitnehmen.« Die kurze Frist der Durchführung der »Operation Brandungswelle« und der Schockzustand der Verhafteten machte jegliche Bedeutung dieser Vorschrift zunichte. Auch die »Beschickung« der Viehwaggons mit jeweils 50 bis 60 Personen ließ die Beförderung derartiger Gepäckmengen unmöglich zu. Es konnte lediglich das Allernotwendigste mitgenommen werden. Vgl. Pelkaus, *Policy of Occupation Powers*, S. 272; *Latvijas Vēstnesis* vom 4.3.1999.
[226] Kalnietis, *Tumšie gadi*, S. 3.
[227] Ein Zug bestand aus 55 bis 60 Waggons, in jedem Waggon waren bis zu 60 Menschen (vgl. Indrikovs, *Sāpju ceļš uz Austrumiem*). Die in dem Lager Internierten stammten hauptsächlich aus Sloka, Ķemeri, Babīte, Salas ciems, Taurupe, Suntaži, Meņģele, Ķeipene, Kastrāne, Jūrmala (sechs Waggons) und Riga.
[228] Riekstiņš, *Lauksaimniecības kolektivizācija …*, S. 59–69.
[229] Kalnietis, *Tumšie gadi*, S. 5.
[230] Georgi (lett. *Jurģi*): der 23. April, an dem in Lettland bis ins 20. Jahrhundert hinein die Knechte zu ihrer neuen Anstellung umzogen und der noch heute als Sinnbild des Umziehens gilt. *(Anm. d. Übers.)*
[231] Kalnietis, *Tumšie gadi*, S. 5.
[232] Das Dekret »Über die Einführung des Passsystems und die Meldepflicht« des Zentralen Exekutivkomitees und des Rats der Volkskommissare von 1932 wurde zunächst in den Städten umgesetzt; die Bauern erhielten keine Pässe und genossen somit keine Bewegungsfreiheit. Vgl. *Sowetskoe obschtschestwo …*, S. 675.
[233] Ein Ertragstag ist die Maßeinheit für die geleistete Arbeit, anhand derer der individuelle Arbeitslohn eines Kolchosbauern vom gemeinsam Erarbeiteten in Naturalien berechnet wird.
[234] Brief von Matilde Kaimiņa an Milda Kalniete vom 10. Juli 1949.

[235] Brief von Matilde Kaimiņa an Milda Kalniete vom 30. Oktober 1949.
[236] Brief von Matilde Kaimiņa an Milda Kalniete vom 6. Januar 1951.
[237] Brief von Voldemārs Kaimiņš an Milda Kalniete vom 12. September 1949.
[238] Brief von Arnis Kalnietis an Milda Kalniete vom 31. März 1950.
[239] Brief von Arnis Kalnietis an Milda Kalniete vom 9. Januar 1951.
[240] Kalnietis, *Tumšie gadi*, S. 11.
[241] Ebenda, S. 12.
[242] Ebenda, S. 13.
[243] Ebenda.
[244] LVA, Fonds 1987, Aktenverzeichnis 1, Akte 20293, Blatt 19.
[245] Da die Formulare der Erfassungsakte schlampig ausgefüllt wurden, sind die Angaben über Ligita Dreifelde in dem Buch *Aizvestie* [Die Verschleppten] ungenau. Im Familienarchiv befindet sich Ligita Dreifeldes Registrierungskarte, deren letzter Eintrag vom 15.4.1948 stammt. In dem Buch heißt es, sie sei am 15.4.1947 geflohen; zu diesem Zeitpunkt befand sie sich jedoch in Togur. Vgl. Pelkaus, *Aizvestie*, S. 560.
[246] LVA, Fonds 1987, Aktenverzeichnis 1, Akte 20293, Blatt 20.
[247] Ebenda, Blatt 17.
[248] Ebenda.
[249] Māra Vidnere hat den Einfluss der Deportation auf die Persönlichkeit der Deportierten untersucht und Antwort auf die Frage gesucht, welche Faktoren dazu beigetragen haben, unter extremen Bedingungen zu überleben. Allerdings widmet sich diese Untersuchung nicht den posttraumatischen Phänomenen im Leben der Deportierten. Vgl. Vidnere, *Ar asarām* ..., S. 312.
[250] 8. März: Der »Internationale Frauentag« war in der Sowjetunion ein offizieller Feiertag. *(Anm. d. Übers.)*
[251] Auf Grundlage eines Beschlusses des Ministerrats und des ZK der VKP(b) der UdSSR vom Dezember 1947 wurde das Kartensystem in der UdSSR abgeschafft und eine Währungsreform durchgeführt. Vgl. *Latvijas PSR vēsture*, Bd. 2, S. 248.
[252] »Posyltorg« war ein Warenversandsystem. Der Kunde bezahlte die von der Post zugestellte Ware per Überweisung.
[253] Bei vielen während ihrer Adoleszenz deportierten Mädchen entwickelten sich aufgrund des erlittenen Hungers Beckenknochen, Eierstöcke und Gebärmutter nicht vollständig, was häufig zu Unfruchtbarkeit führte. Da dieses Thema überaus schmerzlich ist, wird es in den Erinnerungen deportierter Frauen nur selten erwähnt.
[254] »Himmelsgrieß« (*debesmanna*): gequirlte, luftige Süßspeise aus Obstsaft (Johannis-, Moos- oder Stachelbeere, Pfaume, Apfel etc.), Wasser, Zucker und Weizengrieß (lett. *manna*). *(Anm. d. Übers.)*
[255] In Moskau begann die Trauerkundgebung um 10.00 Uhr; der Zeitunterschied zwischen Moskau und Tomsk beträgt vier Stunden.
[256] Die dröhnende Stimme von Juri Borissowitsch Lewitan stellte in der UdSSR ein Synonym für Ereignisse von besonderer historischer Bedeutung dar. So war er es, der am 22. Juni 1941 die Meldung über den Angriff Deutschlands

gegen die Sowjetunion verlas. Ihm wurde die Verlesung sämtlicher wichtiger Proklamationen Stalins und des ZK der KPdSU anvertraut.

257 Es liegen keine genauen Angaben über die Zahl der Toten und Verletzten vor; sie schwanken zwischen mehreren Hundert und mehreren Tausend. Vgl. Radzinskij, *Stalin*, S. 622.

258 Die »Ärzteverschwörung« war die letzte große Repressionskampagne, die zu Lebzeiten Stalins gestartet wurde; in ihrem Zusammenhang wurden mehrere überwiegend jüdische Ärzte und ihre Familienangehörigen der Spionage und des Terrorismus bezichtigt. Auf Beschluss des Präsidiums des ZK der KPdSU vom 3.4.1953 wurden die Ermittlungen eingestellt und 37 Personen rehabilitiert.

259 Über Berijas Verhaftung am 26.6.1953 wurde in der Presse nichts verlautbart. Davon erfuhr man erst aus dem Pressebericht über die Plenarsitzung des ZK der KPdSU vom 2. bis 7. Juli, in dessen Folge in der Presse eine Kampagne der Kritik an Berija begann – in mustergültiger stalinistischer Tradition. Nach einem sechsmonatigen Ermittlungsverfahren wurde Berija vom Gericht zum Tode verurteilt und am 23.12.1954 hingerichtet. Der »Fall Berija« gestattete es Malenkow und Chruschtschow, sich ihres gefährlichsten Konkurrenten um die Macht zu entledigen, alle Schuld an den Repressionen auf Berija und dessen Mitstreiter abzuwälzen und Stalin vorläufig vor der Verantwortung zu schützen.

260 Am 27.3.1953 verabschiedete das Präsidium des Obersten Sowjets der UdSSR ein Dekret über eine Amnestie, auf dessen Grundlage mit der Freilassung jener Personen begonnen wurde, die aufgrund politischer Motive bis zu fünf Jahren Haft verurteilt worden waren, sowie mit der Verbesserung der Lebensbedingungen von Häftlingen verschiedener anderer Kategorien. Vgl. *Sbornik sakonow* ..., Bd. 3, S. 409.

261 Auf Grundlage eines Beschlusses des Ministerrats der UdSSR vom 5.7.1954 wurden Kinder unter 16 Jahren nicht mehr als Sondersiedler geführt. Vgl. Riekstiņš, *1941. gada deportācija* ..., S. 709.

262 Mit einem Beschluss des Präsidiums des Obersten Sowjets der UdSSR vom 13.7.1954 wurde ein Beschluss des Präsidiums des Obersten Sowjets der UdSSR vom 26.11.1948 aufgehoben, der die Verschickung auf ewige Zeiten festlegte. Vgl. *Sbornik sakonodatelnich* ..., S. 125.

263 LVA, Fonds 1987, Aktenverzeichnis 1, Akte 20293, Blatt 25.

264 Auch mein Vater hat 1951 und 1953 Anträge geschrieben, die jedoch in der Erfassungsakte nicht enthalten sind. Vgl. LVA, Fonds 1894, Aktenverzeichnis 1, Akte 463, Blatt 20.

265 LVA, Fonds 1987, Aktenverzeichnis 1, Akte 20293, Blatt 30.

266 Ebenda, Blatt 34.

267 Der § 6 des Beschlusses Nr. 13 der Generalstaatsanwaltschaft der UdSSR vom 20.7.1954 ordnete an, »die politische Arbeit unter den Sondersiedlern zu intensivieren, indem sie in das aktive gesellschaftspolitische Leben eingebunden werden. Die Sonderumgesiedelten sind in Gewerkschafts- und Komsomol-Organisationen einzubinden, für Arbeitsleistungen zu fördern und zu belohnen sowie entsprechend ihrer Ausbildung und fachlichen Kompetenz am Arbeitsplatz einzusetzen.« Vgl. *Sbornik sakonodatelnich* ..., S. 127.

[268] Vgl. Sesina, *Shokowaja terapija*, S. 133.

[269] Brief von Ligita Kalniete an Viktors Dreifelds vom 5. November 1955.

[270] Nikita Chruschtschow verlas seinen Bericht auf dem XX. Parteitag der KPdSU am 25.2.1956 im Rahmen einer geschlossenen Kongresssitzung, an der auch ausländische KP-Führer teilnahmen. Offensichtlich hatte einer von ihnen den Redetext, der Anfang Juni in der US-amerikanischen, französischen und britischen Presse erschien, an die Medien weitergeleitet. Vgl. Wolkogonow, *Triumf i tragedija*, II/2, S. 230. In der UdSSR wurde der ungekürzte Wortlaut der Rede 1989 in dem Journal *Iswestija ZK KPSS* veröffentlicht (Nr. 3/1989, S. 128–170).

[271] Am 5.3.1956 verabschiedete das Präsidium des ZK der KPdSU den Beschluss »Über die Bekanntmachung des auf dem XX. Parteitag der KPdSU verlesenen Berichts ›Über den Personenkult und dessen Folgen‹ von N. S. Chruschtschow«. Mit diesem Beschluss galt der Bericht nicht mehr als »streng geheim«, es war jedoch verboten, ihn in der Presse zu veröffentlichen. Vgl. »O kulte litschnosti i ego posledstwijach« …, S. 166.

[272] Ebenda, S. 151–152.

[273] Vgl. Applebaum, *Der Gulag*, S. 533; Pohl, *The Stalinist Penal System*, S. 43; Bugaj, *40.–50. godi*, S. 132.

[274] Vgl. Shukow, *Borba sa wlastj* …, S. 50.

[275] Ebenda, S. 55; Naumow, *N. S. Chruschtschow* …, S. 24.

[276] »O kulte litschnosti i ego posledstwijach« [»Über den Personenkult und die Überwindung seiner Folgen«]. In: *Prawda* vom 2.7.1956.

[277] Am 19.12.1956 sandte das ZK der KPdSU den Brief »Über die Verstärkung der politischen Arbeit innerhalb der Parteiorganisationen und Volksmassen, um dem antisowjetischen Vorgehen feindlicher Elemente vorzubeugen« an die Parteiorganisationen, nach dessen Eintreffen die Festnahmen begannen. Vgl. Naumow, *N. S. Chruschtschow* …, S. 30–31.

[278] Am 24.3.1956 verabschiedete das Präsidium des Obersten Sowjets der UdSSR den Beschluss »Über die Revision der Fälle von Personen, die eine Strafe für Verbrechen politischer, dienstlicher oder wirtschaftlicher Art verbüßen«, dem mehrere Weisungen des Generalstaatsanwalts der UdSSR folgten, welche die Prozedur der Freilassung bzw. Revision der Fälle von Sonderumgesiedelten verschiedener Kategorien auslegten. Vgl. *Sbornik sakonodatelnich* …, S. 125.

[279] LVA, Fonds 1894, Aktenverzeichnis 1, Akte 463, Blatt 22.

[280] Ebenda, Blatt 34.

[281] LVA, Fonds 1987, Aktenverzeichnis 1, Akte 20293, Blatt 37.

[282] Brief von Ligita Kalniete an Viktors Dreifelds vom 3. Oktober 1956.

[283] Brief von Aivars Kalnietis an Viktors Dreifelds vom 25. Dezember 1956.

[284] Die Bescheinigung über die Streichung aus dem Sondersiedlungsregister befindet sich im Familienarchiv.

[285] Asari: eingemeindeter Stadtteil von Jūrmala. *(Anm. d. Übers.)*

[286] Imanta: linksdünischer, seit den 1960er Jahren von Plattenbausiedlungen beherrschter Stadtteil von Riga *(Anm. d. Übers.)*

[287] Brief von Ligita Kalniete an Voldemārs Dreifelds vom 28. bis 30. Mai 1957.

Quellen und Literatur

Dokumente des Lettischen Staatsarchivs (LVA)

LVA, Fonds 1986, Aktenverzeichnis 1, Akte 17170, Bde 1–9: *Latvijas PSR VDK par sevišķi bīstamiem pretvalstiskiem noziegumiem apsūdzētu personu kriminällietas (1940–1985)* [Kriminalakten von besonders gefährlicher staatsfeindlicher Verbrechen angeklagter Personen des KGB der Lettischen SSR (1940–1985)]. Kriminalakte von Aleksandrs Kalnietis und anderen Personen.

LVA, Fonds 1987, Aktenverzeichnis 1, Akte 20293: *1941. gada 14. jūnijā no Latvijas izsūtīto iedzīvotāju personu lietas* [Personenakten der am 14. Juni 1941 aus Lettland deportierten Einwohner]. Akte zur Deportation von Jānis Dreifelds.

LVA, Fonds 1894, Aktenverzeichnis 1, Akte 463: *1949. gada 25. martā no Latvijas izsūtīto iedzīvotāju personu lietas* [Personenakten der am 25. März 1949 aus Lettland deportierten Einwohner]. Erfassungsakte der Familie des Banditenmitwissers Aleksandrs Kalnietis.

LVA, Fonds 270, Aktenverzeichnis 2, Akte 980 (Anordnungen des Ministerrats der LSSR).

LVA, Fonds 270, Aktenverzeichnis 10, Akte 12 (Registerjournal der Anordnungen des Ministerrats der LSSR).

Dokumente des Lettischen Okkupationsmuseums (OMF)

Beržinskis, Voldemārs: *Atmiņas* [Erinnerungen]. OMF, Inv.-Nr. 2514

Stradiņš, Arturs: *Ērkšķainās gaitas* [Der dornige Weg]. OMF, Inv.-Nr. 3009

Familienarchiv

Aivars Kalnietis: *Tumšie gadi: atmiņas par izsūtījumu* [Die finsteren Jahre: Erinnerungen an die Deportation], Herbst 1990

Briefe von Aleksandrs Kalnietis an Milda Kalniete (5. Mai 1950 bis 27. April 1951)

Briefe von Arnis Kalnietis an Milda Kalniete (9. Januar 1951 bis 20. Juli 1952)

Briefe von Emilija Dreifelde an Ligita Dreifelde (5. Juli 1948 bis 2. September 1949)

Brief von Frīda Dzene an Anna Dumpe (29. April 1950)

Briefe von Jānis und Anna Dumpe an Viktors Dreifelds (7. Juli 1947; 22. Januar 1956 bis 19. Oktober 1959)
Tagebuch von Ligita Kalniete (9. Januar bis 8. März 1950)
Briefe von Ligita Kalniete an Viktors Dreifelds, 1947 bis 1957
Briefe von Ligita Kalniete an Voldemārs Dreifelds, 1956/57
Briefe von Matilde Kaimiņa an Milda Kalniete (10. Juli 1949 bis 19. Juli 1952)

Lettischsprachige Bücher und Artikel

Aizsilnieks, Arnolds: *Latvijas saimniecības vēsture 1914–1945* [Geschichte der lettischen Wirtschaft 1914–1945]. Stockholm 1968
Alks, Dzintris: *Latvijas mediķi politisko represiju dzirnās, 1940.–1953.g.* [Mediziner in Lettland zwischen den Mühlsteinen politischer Repression 1940–1953]. Riga 1993
Andersons, Edgars: *Latvijas vēsture. 1920–1940. Ārpolitika* [Geschichte Lettlands. 1920–1940. Außenpolitik], Bd. 2. Stockholm 1984
Avotiņš, E., J. Dzirkalis und V. Pētersons: *Kas ir Daugavas vanagi?* [Wer sind die Daugava-Falken?]. Riga 1962
Baltais, Mirdza Kate: *Piespiedu iesaukšana darbam Vācijā, militāram dienestam un evakuācija uz Vāciju* [Zwangseinberufung zum Arbeits- oder Militärdienst in und Evakuierung nach Deutschland]. In: Puisāns, Tadeušs (Hrsg.): *Okupācijas varu nodarītie postījumi Latvijā 1940–1990* [Von den Okkupationsmächten verursachte Verheerungen in Lettland 1940–1990]. Stockholm-Toronto 2000, S. 193–199
Bambals, Ainars: *1940./41. gada represēto latviešu virsnieku piemiņai: Virsnieku Golgātas ceļš un liktenis GULAGa nometnēs 1941–1959* [Zum Gedenken an die 1940/41 repressierten lettischen Offiziere: Der Golgatha-Weg und das Schicksal der Offiziere in den Lagern des Gulag 1941–1959]. In: *Latvijas Okupācijas muzeja gadagrāmata 1999. Genozīda politika un prakse* [Jahrbuch des Lettischen Okkupationsmuseums 1999. Politik und Praxis des Genozids]. Riga 2000
Bartele, Tatajana und Vitālijs Šalda: *Latviešu repatriācija no Padomju Krievijas 1918–1921* [Die Repatriierung von Letten aus Sowjetrussland 1918–1921]. In: *Latvijas vēsture* Nr. 4/1998
Bēgļu reevakuācijas līgums starp Latviju un Krieviju [Vertrag zwischen Lettland und Sowjetrussland zur Reevakuierung von Flüchtlingen]. In: *Likumu un valdības rīkojumu krājums* [Sammlung von Gesetzen und Regierungsbeschlüssen]. Heft 7 vom 18. September 1920
Beika, Aivars: *Latvieši Padomju Savienībā – komunistiskā genocīda upuri (1929–1939)* [Letten in der Sowjetunion – Opfer des kommunistischen Genozids (1929–1939)]. In: *Latvijas Okupācijas muzeja gadagrāmata 1999. Genozīda politika un prakse* [Jahrbuch des Lettischen Okkupationsmuseums 1999. Politik und Praxis des Genozids]. Riga 2000
Bērziņš, Alfreds: *Labie gadi. Pirms un pēc 15. maija* [Die guten Jahre. Vor und nach dem 15. Mai]. New York 1963

Bērziņš, Valdis und Ainars Bambals: *Latvijas armija* [Die Lettische Armee]. Riga 1991

Birznieks, M.: *No SS un SD līdz…* [Von SS und SD bis…]. Riga 1979

Bleiere, Daina und Iveta Šķiņķe (Hrsg.): *Latvija Otrajā pasaules karā* [Lettland im Zweiten Weltkrieg]. Materialien zu der internationalen Konferenz am 14./15.6.1999 in Riga. *Latvijas Vēsturnieku komisijas raksti 1* [Schriften der Historikerkommission, Band 1]. Riga 2000

Brancis, Māris: *Latviešu bēgļu gaitas Vācijā 1944.–1949. gadā* [Lettische Flüchtlinge in Deutschland 1944–1949]. In: *Latvijas Arhīvi* Nr. 4/2000, S. 175 ff.

Darba likumdošana. PSRS darba likumdošanas un KPFSR darba likumu kodeksa komentāri [Arbeitsgesetz. Kommentare zur Arbeitsgesetzgebung der UdSSR und zum Kodex des Arbeitsgesetzes der RSFSR]. Riga 1950

Dribins, Leo: *Ebreji Latvijā* [Juden in Lettland]. Riga 1996

Dunsdorfs, Edgars: *Kārļa Ulmaņa dzīve. Ceļinieks. Politiķis. Diktators. Moceklis* [Kārlis Ulmanis' Leben. Wegbereiter. Politiker. Diktator. Märtyrer]. Stockholm 1978

Dzintars, Jānis: *Komjaunieši Rīgas antifašistiskajā pagrīdē* [Komsomolzen im antifaschistischen Untergrund in Riga]. In: *LPSR ZA Vēstis* Nr. 10/1968, S. 10 ff.

Dzirkalis, J.: *Kāpēc viņi bēga. Patiesība par latviešu nacionālo fondu Zviedrijā* [Weshalb sie flohen. Die Wahrheit über den Lettischen Nationalfonds in Schweden]. Riga 1965

Ezergailis, Andrievs: *Holokausts vācu okupētajā Latvijā 1941–1944* [Der Holocaust im deutsch okkupierten Lettland 1941–1944]. Riga 1999

Feldmanis, Andrejs: *Avotos un literatūrā visbiežāk sastopamās kļūdas un neprecizātes, aprakstot uzbrukumu Masļenku sardzei 1940. gada 15. jūnijā* [Die häufigsten in Quellen und Publikationen anzutreffenden Fehler und Ungenauigkeiten bei der Beschreibung des Angriffs auf den Grenzposten Masļenki am 15. Juni 1940]. In: *Masļenku traģēdija – Latvijas traģēdija* [Die Tragödie von Masļenki – die Tragödie Lettlands]. Riga 2002

Feldmanis, Inesis: *Latviešu un citu ne vācu tautu ieroču SS vienības Otrajā pasaules karā: formēšana, ideoloģija un cīņas mērķi* [Aus Letten und anderen nichtdeutschen Völkern gebildete Einheiten der Waffen-SS im Zweiten Weltkrieg: Formation, Ideologie und Ziel]. In: Ērglis, Dzintars (Hrsg.): *Okupācijas režīmi Latvijā 1940.–1959. gadā* [Okkupationregime in Lettland 1940 bis 1959]. Riga 2004, S. 334–351

Feldmanis, Inesis, Aivars Stranga und Mārtiņš Virsis: *Latvijas ārpolitika un starptautiskais stāvoklis. 30. gadu otrā puse* [Lettlands Außenpolitik und internationale Stellung. Zweite Hälfte der 1930er Jahre]. Riga 1993

Freimanis, Gunārs: *Es sapni par dzimteni pagalvī likšu: atmiņu un dokumentu krājums* [Den Traum von der Heimat werd' ich unter das Kopfkissen legen: Erinnerungen und Dokumente], Bde 1–3. Riga 1993–1996

Freivalds, Osvalds: *Kurzemes cietoksniss: dokumenti, liecības un atmiņas par latviešu tautas likteņiem 1944/1945.g.* [Der Kurlandkessel: das Schicksal des lettischen Volkes 1944/45 in Dokumenten, Zeugnissen und Erinnerungen], Bd. 1. Kopenhagen 1954

Freivalds, Osvalds: *Lielā sāpju draudze: latviešu tautas posta, ciešanu un sāpju asinsliecinieki, Kristus ceļa gājēji – mocekļi* [Die große Gemeinde des Schmerzes: die Blutzeugen des Elends, des Leids und des Schmerzes der lettischen Nation, die Beschreiter des Christusweges und Märtyrer]. Kopenhagen 1954

Gore, Ilga, und Aivars Stranga: *Latvija: neatkarības mijkrēslis. Okupācija: 1939. g. septembris – 1940. g. jūnijs* [Lettland: der Dämmer der Unabhängigkeit. Okkupation: September 1939 – Juni 1940]. Riga 1992

Gūtmanis, Olafs: *Dzīves grāmata: atmiņu attēlojumi* [Das Buch des Lebens: Darstellungen von Erinnerungen]. Riga 1992

Indrikovs, Zenons: *Sāpju ceļš uz Austrumiem* [Der Leidensweg nach Osten]. In: *Kaujas Posteni* vom 26.4.1990

Kalme, Alberts: *Totālais terors: genocīds Baltijā* [Der totale Terror: Genozid im Baltikum]. Aus dem Engl. v. Mārtiņš Zelmenis. Riga 1993

Kangeris, Kārlis: *Latvijas statistikas pārvaldes materiāli par* Baigo gadu *Hūvera institūta arhīvā* [Materialien des Lettischen Amts für Statistik zum *Jahr des Grauens* im Archiv des Hoover Instituts]. In: *Latvijas arhīvi* Nr. 2/1994, S. 87–90

Kangeris, Kārlis: *Nacionālsociālistiskās Vācijas militārajos formējumos iesaistītie Latvijas iedzīvotāji: skaita problēma* [Einwohner Lettlands in militärischen Formationen des nationalsozialistischen Deutschland: ein Zahlenproblem]. In: *Latvijas Kara muzeja gadagrāmata* [Jahrbuch des Lettischen Kriegsmuseums]. Riga 2000, S. 139

KPFSR kriminālkodekss: ar pārgroz. līdz 1944.g. 15. apr. [Kriminalkodex der RSFSR: mit Änderungen bis zum 15. April 1944]. LPSR Tieslietu tautas komisariāts. [Moskau] 1944

Lasmane, Valentīne: *Pāri jūrai 1944./45. g. 130 liecinieku atmiņas* [Über die See 1944/45. Erinnerungen von 130 Augenzeugen]. Stockholm 1993

Latviešu karavīrs Otrā pasaules kara laikā. Dokumentu un atmiņu krājums [Der lettische Soldat während des Zweiten Weltkriegs. Gesammelte Dokumente und Erinnerungen], Bde 1–7. Münster 1970–1979

Band 1: *No 1939. gada septembra līdz 1941. gada jūnijam* [September 1939 bis Juni 1941]. Chefred. Osvalds Freivalds; Militärred. Oskars Caunītis. 1970

Band 5: *Kaujas Vidzemē, Zemgalē un Kurzemē* [Gefechte in Vidzeme, Zemgale und Kurzeme]. Zusammengestellt v. Rūdolfs Kociņš. 1977

Band 7: *Latviešu aviācija. Latviešu karavīru papildus un palīgvienības. Karavīru aprūpe. Latviešu leģiona ģenerālinspekcija. Otrā pasaules kara nos līgums* [Die Lettische Luftwaffe. Reserve- und Hilfseinheiten der lettischen Soldaten. Versorgung der Soldaten. Generalinspektion der Lettischen Legion. Ende des Zweiten Weltkriegs]. Hrsg. Vilis Hāzners, Alfrēds Jānis Bērziņš. 1979

Latvija citu valstu saimē. Kulturāli saimniecisks apskats [Lettland in der Familie anderer Staaten. Ein kulturökonomischer Überblick]. Riga 1939

Latvijas brīvības cīņas. 1918–1920. Enciklopēdija [Die lettischen Freiheitskämpfe 1918–1920. Eine Enzyklopädie]. Riga 1999

Latvijas Okupācijas muzeja gadagrāmata 1999. Genozīda politika un prakse

[Jahrbuch des Lettischen Okkupationsmuseums 1999. Politik und Praxis des Genozids]. Riga 2000

Latvijas PSR vēsture. [Geschichte der Lettischen SSR], Bd. 2: *No vissenākiem laikiem līdz mūsu dienām* [Von den prähistorischen Zeiten bis zur Gegenwart]. Riga 1986

Latvijas PSR vēsture [Geschichte der Lettischen SSR], Bd. 3: *No 1917. gada līdz 1950. gadam* [Von 1917 bis 1950]. Riga 1959

Latvijas valsts pasludināšana 1918. gada 18. novembrī [Die Proklamation des lettischen Staates am 18. November 1918]. Riga 1998

Latvju enciklopēdija [Lettische Enzyklopädie], Bd. 1. Red. A. Švābe. Stockholm: Trīs zvaigznes 1950

Latvju enciklopēdija 1962–1982 [Lettische Enzyklopädie 1962–1982], Bd. 3. Red. E. Andersons. Rockville 1987

Līce, Anda (Hrsg.): *Via dolorosa: Staļinisma upuru liecības* [Via dolorosa: Zeugnisse von Opfern des Stalinismus], Bde 1–4. Riga 1990–1995

Likumu un valdības rīkojumu krājums [Sammlung von Gesetzen und Regierungsbeschlüssen]. Heft 7 vom 18. September 1920

Lismanis, Jānis: *1915–1920. Kauju un kritušo karavīru piemiņai* [1915–1920. Zum Gedenken an die Schlachten und die gefallenen Soldaten]. Riga 1999

Miera līgums starp Latviju un Krieviju 1920.gada 11. augustā, Rīga [Der Friedensvertrag zwischen Lettland und Russland vom 11. August 1920, Riga]. In: *Likumu un valdības rīkojumu krājums* [Sammlung von Gesetzen und Regierungsbeschlüssen]. Heft 7 vom 18. September 1920

Neiburgs, Uldis: »Karagūstekņu traģēdija« [Die Tragödie der Kriegsgefangenen]. In: *Lauku Avīze* vom 8. Mai 2001

Neiburgs, Uldis: *Latviešu karavīri Vācijas un PSRS armijās: galvenās problēmas* [Lettische Soldaten in den Armeen Deutschlands und der UdSSR: Hauptprobleme]. In: Bleiere, Daina, und Iveta Šķiņķe (Hrsg.): *Latvija Otrajā pasaules karā* [Lettland im Zweiten Weltkrieg]. Materialien zu der internationalen Konferenz am 14./15.6.1999 in Riga. *Latvijas Vēsturnieku komisijas raksti 1* [Schriften der Historikerkommission, Band 1]. Riga 2000

Ozoliņš, Juris: *Mani sāpju ceļi* [Meine Via dolorosa]. Riga 1991

Pelkaus, Elmārs (Hrsg.): *Aizvestie. 1941.gada 14. jūnijs* [Die Verschleppten. Der 14. Juni 1941]. Riga 2001

Pilsoņu dzīvokļu tiesības [Wohnungsrechte der Bürger]. Riga 1969

Pretestības kustība Okupācijas varām Latvijā: atmiņās un dokumentos no 1941. līdz 1956. gadam [Die Widerstandsbewegung gegen die Okkupationsmächte in Lettland: in Erinnerungen und Dokumenten 1941–1956]. Riga 1997

Riekstiņš, Jānis: »1941.gada deportācija Latvijā« [Die Deportation in Lettland am 14. Juni 1941]. In: Pelkaus, Elmārs (Hrsg.): *Aizvestie. 1941. gada 14. jūnijs* [Die Verschleppten. Der 14. Juni 1941]. Riga 2001

Riekstiņš, Jānis: »Aizvesto manta« [Das Vermögen der Deportierten]. In: *Labrīt* vom 14. Juni 1994

Riekstiņš, Jānis: *Bāra bērni* [Waisenkinder]. Riga 1992

Riekstiņš, Jānis: *Ekspropriācija (1940–1959)* [Expropriation (1940–1959)]. Riga 1998

Riekstiņš, Jānis: *Genocīds: 1949.gada 25. marta deportācijas akcija Latvijā* [Genozid: die Deportationsaktion in Lettland vom 25. März 1949]. In: *Latvijas Vēsture* Nr. 3/1991, S. 24–29

Riekstiņš, Jānis: *»Kulaki« Latvijā (1940–1953. gads): kā varasvīri Latvijā »kulakus« taisīja un kādas sekas tas radīju. Dokumenti un fakti* [»Kulaken« in Lettland (1940–1953): Wie die Machthaber »Kulaken« machten und welche Folgen dies zeitigte. Dokumente und Fakten]. Riga 1997

Riekstiņš, Jānis: *Lauksaimniecības kolektivizācija un »kulaku« deportācija Latvijā. 1949. gads* [Die Kollektivierung der Landwirtschaft und die Deportation der »Kulaken« aus Lettland. Das Jahr 1949], Teil A. In: *LZA Vēstis* Nr. 1–2/2000, S. 59–69

Sociālistiskās revolūcijas uzvara Latvijā 1940. gadā. Dokumenti un materiāli [Der Sieg der sozialistischen Revolution in Lettland 1940. Dokumente und Materialien]. Riga 1963

Staris, Alfrēds: *1941. gadā okupantu izsūtīto Latvijas iedzīvotāju bērnu ērkšķainais atceļš uz dzimteni* [Der dornige Rückweg der 1941 von den Okkupanten deportierten Kinder von Einwohnern Lettlands in die Heimat]. In: *Latvijas Vēsture* Nr. 1/1995, S. 37–44

Stradiņš, Arturs: *Ērkšķainās gaitas* [Der dornige Weg]. Rēzekne 2001

Stradiņš, Jānis: *Atmiņai, atskārsmei un cerībai. Latvju tautas martirologu apcerot* [Für Erinnerung, Erkenntnis und Hoffnung. Gedanken zum Martyrium der lettischen Nation]. In: Līce, Anda (Hrsg.): *Via dolorosa: Staļinisma upuru liecības* [Via dolorosa: Zeugnisse von Opfern des Stalinismus], Bd. 1. Riga 1990, S. 8–19

Strods, Heinrihs: *Latvijas cilvēku izvedēji 1949.gada 25.martā* [Die Verschlepper der Menschen aus Lettland am 25. März 1949]. In: *Latvijas Vēsture* Nr. 1/1999, S. 68–73

Strods, Heinrihs: *Latvijas lauksaimniecības vēsture. No vissenākiem laikiem līdz XX gs. 90.g.* [Geschichte der lettischen Landwirtschaft. Von der Frühzeit bis zu den 1990er Jahren]. Riga 1992

Strods, Heinrihs: *Latvijas nacionālo partizāņu karš. 1944–1956* [Der Krieg der lettischen Nationalpartisanen. 1944–1956]. Riga 1996

Strods, Heinrihs: *PSRS Valsts Drošības ministrijas pilnīgi slepenā Baltijas valstu iedzīvotāju izsūtīšanas operācija »Krasta banga« (»Priboj«) (1949. gada 25. februāris – 23.augusts)* [Die streng geheime Operation »Küstenwoge« (»Priboj«) des Ministeriums für Staatssicherheit der UdSSR zur Deportation von Einwohnern der baltischen Staaten (25. Februar – 23. August 1949)]. In: *Latvijas Vēsture* Nr. 2/1998, S. 39–47

Strods, Heinrihs: *Vācijas projekti Igaunijas un Latvijas autonomijai 1942.–1944. gadā* [Deutschlands Entwürfe aus den Jahren 1942 bis 1944 für eine Autonomie Estlands und Lettlands]. In: *Latvijas Vēstures Institūta Žurnāls* Nr. 1/1992, S. 102–118

Strods, Heinrihs: *Zem melnbrūnā zobena: Vācijas politika Latvijā, 1939–1945* [Unter dem schwarzbraunen Schwert: Deutschlands Politik in Lettland 1939–1945]. Riga 1994

Šilde, Ādolfs: *Pa deportāto pēdām. Latvieši padomju vergu darbā* [Auf den Spuren der Deportierten. Letten in sowjetischer Sklavenarbeit]. New York 1956

Šilde, Ādolfs: *Pasaules revolūcijas vārdā* [Im Namen der Weltrevolution]. New York 1983

Šneidere, Irēne: *Komunistiskā totalitārisma un genocīda prakse Latvijā* [Die Praxis des kommunistischen Totalitarismus und Genozids in Lettland]. Materialien zur wissenschaftlichen Konferenz. Riga 1992

Unāms, Žanis: *Karogs vējā. Kara laika atmiņas divos sējumos* [Eine Fahne im Wind. Erinnerungen aus der Kriegszeit in zwei Bänden]. Waverly (Iowa) 1969

Upīte, Rūta: *Vēl tā gribējās dzīvot. Pārdzīvojumu stāsts* [So gern wollt' ich noch leben. Ein Erlebnisbericht]. New York 1979

Valters, Miķelis: *Mana sarakste ar Kārli Ulmani un Vilhelmu Munteru Latvijas traģiskajos gados* [Meine Korrespondenz mit Kārlis Ulmanis und Vilhelms Munters während der tragischen Jahre von Lettland]. Stockholm 1957

Vanaga, Melānija. *Dvēseļu pulcēšana* [Versammlung der Seelen], Bde 1–7. Riga 1993–1999

Veigners, Ilmārs: *Latvieši ārzemēs* [Letten im Ausland]. Riga 1993

Vidnere, Māra: *Ar asarām tas nav pierādams … (represēto cilvēku pārdzīvojumu pieredze)* [Tränen sind kein Beweis … (Leidenserfahrungen repressierter Menschen)]. Riga 1997

Vīksne, Rudīte: *Represijas pret Latvijas iedzīvotājiem 1940.–1941. un 1944.–1945. gadā: kopējais un atšķirīgais* [Repressionen gegen Einwohner Lettlands 1940/41 und 1944/45: Gemeinsamkeiten und Unterschiede]. In: Bleiere, Daina, und Iveta Šķiņķe (Hrsg.): *Latvija Otrajā pasaules karā* [Lettland im Zweiten Weltkrieg]. Materialien zu der internationalen Konferenz am 14./15.6.1999 in Riga. Riga 2000, S. 288–294

Zālīte, Indulis: »Okupācijas režīmu upuri *Latvijā* 1940.–1991.g.« [Opfer der Okkupationsregimes in Lettland 1940–1991]. Im Rahmen der Konferenz »Die Lettische Legion innerhalb der Geschichte Lettlands im Kontext der sowjetischen und deutschen Okkupation« am 10.6.2000 in Riga gehaltenes Referat

Zālīte, Indulis, und Sindija Dimante: *Četrdesmito gadu deportācijas. Struktūranalīze* [Die Deportationen der 40er Jahre. Eine Strukturanalyse]. In: *Latvijas Vēsture* Nr. 2/1998, S. 73–82

Žvinklis, Arturs: *Latviešu prese nacistiskās Vācijas okupācijas laikā* [Die lettische Presse während der Okkupation durch das nationalsozialistische Deutschland]. In: Bleiere, Daina, und Iveta Šķiņķe (Hrsg.): *Latvija Otrajā pasaules karā* [Lettland im Zweiten Weltkrieg]. Materialien zu der internationalen Konferenz am 14./15.6.1999 in Riga. Riga 2000, S. 353–359

Applebaum, Anne: *Der Gulag*. Berlin 2003

Berdinskij, Viktor: *Wjatlag* [Regionalverwaltung der Zwangsarbeitslager von Wjatka]. Kirow 1998

Bugaj, Nikolaj: *40.–50. godi: posledstwija deportazii narodow* [Die 1940er und 1950er Jahre: Folgen der Volksdeportationen]. In: *Istorija SSSR* Nr. 1/1992, S. 132 ff.

Champonnois, Suzanne, und Francois de Labriole: *La Lettonie: de la servitude a la liberté*. Paris 1999

Courtois, Stéphane, Nicolas Werth, Jean-Louis Panné u.a.: *Le livre noir du communisme. Crimes, terreur, répression*. Paris 1997

Eksteins, Modris: *Walking Since Daybreak: A Story of Eastern Europe, World War II and the Heart of the Twentieth Century*. Boston 1999

Ezergailis, Andrew (Hrsg.): *The Latvian Legion. Heroes, Nazis or Victims? A Collection of Documents from OSS War Crimes Investigation Files 1945–1950*. Riga 1997

Gordon, Frank: *Latvians and Jews between Germany and Russia*. Stockholm 2001

Informazionni sprawotschnik sprosa i predloshenija towarow. 1949 [Handbuch zu Warenangebot und -nachfrage. 1949]. Moskau 1949

Kangeris, Kārlis: *Die Baltischen Völker und die deutschen Pläne für die Räumung des Baltikums 1944*. In: *Baltisches Jahrbuch* 1988, S. 177–196

Namsons, Andrivs: *Lebensbedingungen und Lebensstandard der Landbevölkerung in Sowjetlettland*. In: *Acta Baltica*. Liber Annalis Instituti Baltici 4, 1964, S. 65–91

Naumow, Wladimir: *N. S. Chruschtschow i reabilitazija shertw massowich politischeskich repressii* [N. S. Chruschtschow und die Rehabilitation der Opfer politischer Massenrepressionen]. In: *Woprosi istorii* Nr. 4/1997, S. 24

Nollendorfs, Valters, und Matthias Knoll (Hrsg.): *Latvijas Okupācijas Muzejs/ Lettisches Okkupationsmuseum. Lettland unter sowjetischer und nationalsozialistischer Okkupation 1940–1991* (bilinguale Ausgabe lettisch-deutsch). Riga 1998

»O kulte litschnosti i ego posledstwijach«: doklad Perwogo sekretarja ZK KPSS tow. Chruschtschowa N. S. XX sjesdu Kommunistitscheskoi partii Sowetskogo Sojusa 25 fewralja 1956 goda [»Über den Personenkult und seine Folgen«: Bericht des Ersten Sekretärs des ZK der KPdSU, N. S. Chruschtschow, auf dem XX. Parteitag der KPdSU am 25. Februar 1956]. In: *Iswestija ZK KPSS* Nr. 3/1989, S. 128–170

Pelkaus, Elmārs (Hrsg.): *Policy of Occupation Powers in Latvia. 1939–1991: a collection of documents*. Riga 1999

Pohl, Otto J.: *The Stalinist Penal System: A Statistical History of Soviet Repression and Terror, 1930–1953*. Jefferson/North Carolina 1997

Radzinskij, Edward: *Stalin*. Moskau 1997

Reinhards, Ansis (Hrsg.): *Lettonie – Russie. Traités et Documents de Base in Extenso*. Riga 1998

Rossi, Jacques: *Le manuel du GOULAG*. Paris 1997

Sbornik sakonodatelnich i normatiwnich aktow o repressijach i reabilitazii shertw polititscheskich repressii. [Sammlung legislativer und normativer Akte zur Repression und Rehabilitation von Opfern politischer Repression]. Moskau 1993

Sbornik sakonow SSSR i ukasow Presidiuma Werchownogo Soweta SSSR. 1938–1975. [Sammlung von Gesetzen der UdSSR und Dekreten des Präsidiums des Obersten Sowjets der UdSSR. 1938–1975], Bd. 3. Moskau 1976

Shifrin, Abram: *The First Guide Book to Prisons and Concentration Camps of the Soviet Union*. Uhldingen 1980

Sics, Astrid (Hrsg.): *We Sang Through Tears. Stories of Survival in Siberia*. Riga 1999

Silabriedis, J., und B. Arklans: *»Political refugees« unmasked*. Riga 1965

Sistema isprawiteljno-trudowich lagerei v SSSR 1923–1960: sprawotschnik [Das System der Zwangsarbeitslager in der UdSSR 1923–1960: Ein Handbuch]. Memorial, GARF. Moskau: Zvenja, 1998

Sowetskoe obschtschestwo: wosniknowenije, raswitije, istoritscheski final [Die sowjetische Gesellschaft: Ursprung, Entwicklung und historisches Final], Bd. 2: *Apogei i strach stalinisma* [Höchste Stufe und Schrecken des Stalinismus]. Moskau 1997

Strods, Heinrihs, und Matthew Kott: »The File on Operation ›Priboi‹: A Reassessment of the Mass Deportations of 1949«. In: *Journal of Baltic Studies* Nr. 33.1/2002, S. 1–31

Taylor, Telford: *Munich: The Price of Peace*. New York 1980

These names accuse. Nominal list of Latvians deported to Soviet Russia in 1940-41, 2nd ed. with Supplementary list. Stockholm 1982

Tolstoy, Nikolai: *Die Verratenen von Jalta*. München 1985

Upīte, Rūta: *Dear God, I Wanted to Live*. New York 1982

Vestermanis, Marģers: *Retter im Lande der Handlanger. Zur Geschichte der Hilfe für Juden in Lettland während der »Endlösung«, Solidarität und Hilfe für Juden während der NS-Zeit*. Berlin 1998

Wolkogonow, Dmitrij: *Triumf i tragedija. Polititscheski portret J. W. Stalina* [Triumph und Tragödie: Ein politisches Porträt J. V. Stalins], Bd. II/2. Moskau 1989

Sesina, Marija: *Shokowaja terapija: ot 1953 k 1956 godu* [Schocktherapie: Von 1953 bis 1956]. In: *Otechestwennaja Istorija* Nr. 2/1995

Shukow, Jurij: *Borba sa wlastj w partijno-gosudarstwennich werchach SSSR wesnoj 1953 goda* [Der Machtkampf zwischen Partei und staatlicher Führungsspitze der UdSSR im Frühjahr 1953]. In: *Woprosi istorii* Nr. 5/6/1996, S. 50 ff.

Diena (»Der Tag«): führende lett. Tageszeitung
Jaunākās Ziņas (»Die neuesten Nachrichten«): Tageszeitung (1911–1940)
Kaujas Postenī (»Auf Gefechtsposten«): Wochenzeitung der Milizverwaltung des Ministeriums für Staatssicherheit der LSSR, später des Ministeriums für die Wahrung der Öffentlichen Ordnung der LSSR (1946–1970, 1989–1991; seit 1992 *Likuma Vārdā* [»Im Namen des Gesetzes«])
Labrīt (»Guten Morgen«): aus *Brīvā jaunatne* (»Die freie Jugend«, 1935–1940), *Jaunais komunārs* (»Der junge Kommunarde«, 1940–1941), *Jaunais latvietis* (»Der junge Lette«, 1943), *Padomju Jaunatne* (»Sowjetjugend«, 1944–1989) bzw. *Latvijas Jaunatne* (»Lettlands Jugend«, 1990–1993) hervorgegangene Tageszeitung (1994–1995)
Latvijas Vēstnesis (»Lettlands Bote«): Offizielle Zeitschrift der Republik Lettland (seit 1993)
Latvijas Vēsture (»Lettlands Geschichte«): Quartalsschrift der LU (seit 1991)
Latvijas Vēstures Institūta Žurnāls (»Journal des Lettischen Historischen Instituts«): Quartalsschrift der LU und LZA (seit 1991)
Lauku avīze (»Landzeitung«): Wochenzeitschrift (1988–2003, dann übergegangen in die Tageszeitung *Latvijas avīze* [»Lettlands Zeitung«])
Literatūra un Māksla (»Literatur und Kunst«): Wochenzeitschrift (1945–1995), dann übergegangen in *Literatūra. Māksla. Mēs* (»Literatur. Kunst. Wir«)
Tēvija (»Vaterland«): NS-Tageszeitung (1941–1945)
LZA Vēstis (»Die Botschaft der Lettischen Akademie der Wissenschaften«): wissenschaftliches Monatsjournal (seit 1947; bis 1989: *LPSR ZA Vēstis*)
Veselība (»Gesundheit«): 1958 gegründetes Monatsjournal des Ministeriums für Gesundheitsschutz der LSSR, seit 1992 privatisiert

Abkürzungsverzeichnis von Institutionen etc.

GARF	*Gosudarstwenni archiw Rossiskoi Federazii*	Staatsarchiv der Russischen Föderation
LNF	*Latvijas Nacionālais fonds*	Lettischer Nationalfonds
LPSR	*Latvijas Padomju Socialistiskā Republika*	Lettische Sozialistische Sowjetrepublik (LSSR)
LPSR MP	*Latvijas PSR Ministru Padome*	Ministerrat der LSSR
LPSR ZA	*Latvijas Padomju Socialistiskās Republikas Zinātņu akadēmija*	Akademie der Wissenschaften der LSSR
LZA	*Latvijas Zinātņu akadēmija*	Lettische Akademie der Wissenschaften
LRAP	*Latvijas republikāniskās Arodbiedrību padome*	Lettisch-republikanischer Gewerkschaftsrat
LTF	*Latvijas Tautas fronte*	Lettische Volksfront
LU	*Latvijas Universitāte*	Lettische Universität
LVA	*Latvijas Valsts arhīvs*	Lettisches Staatsarchiv
LVI	*Latvijas Valsts izdevniecība*	Lettischer Staatsverlag
LVVA	*Latvijas Valsts vēstures arhīvs*	Lettisches Historisches Staatsarchiv
LZA	*Latvijas Zinātņu akadēmija*	Lettische Akademie der Wissenschaften
OMF	*Okupācijas muzeja fonds*	Okkupationsmuseumsfonds
RGGU	*Rossijski gosudarstwenni gumanitarni universitet*	Staatliche Universität für Geisteswissenschaften
TASS	*Telegrafnoje agentstwo Sowetskowo Sojusa*	Telegrafenagentur der Sowjetunion
TTT	*Tramvaju un trolejbusu trests*	Tram- und Trolleybus-Trust
VEF	*Valsts Elektrotehnikas fabrika*	Staatliche Fabrik für Elektrotechnik

Weitere Abkürzungen

Gulag	*Glawnoje uprawlenije lagerei,* Hauptverwaltung der Lager
KPdSU	Kommunistische Partei der Sowjetunion
LA	Lettische Armee
LSSR	Lettische Sozialistische Sowjetrepublik
Petschorlag	Zwangsarbeitslager-Komplex im Gebiet des Flusses Petschora
RSFSR	Russische Sozialistische Föderative Sowjetrepublik

UdSSR	Union der Sozialistischen Sowjetrepubliken
Usollag	Zwangsarbeitslager-Komplex im Gebiet nördlich von Perm
Ustwymlag	Zwangsarbeitslager-Komplex im Gebiet der Autonomen Republik Komi
Wjatlag	Zwangsarbeitslager-Komplex im Gebiet von Wjatka/Kirov
ZK	Zentralkomitee

Zeittafel

Datum	Familie	Historische politische Ereignisse
1878		
6. I.	Jānis Dreifelds wird als Sohn von Kristaps Dreifelds und Paulīne Dreifelde geboren.	
1891		
14. I.	Ilze Emilija Gāliņa wird als Tochter von Indriķis Gāliņš und Lība Gāliņa geboren.	
1907		
5. III.	Aleksandrs Kalnietis wird geboren.	
1908		
7. V.	Milda Hermīne Kaimiņa wird als Tochter von Pēteris Kaimiņš und Berta Matilde Kaimiņa geboren.	
1912		
10. XI.	Jānis Dreifelds und Ilze Emilija Gāliņa heiraten in Kurland; nach der Hochzeit lässt sich das Ehepaar in Russland nieder.	
1914		
1. VIII.		Ausbruch des Ersten Weltkriegs; rund 850000 Einwohner Lettlands flüchten nach Russland. Infolge des Krieges kommen rund 30000 Lettische Schützen und Zivilisten ums Leben.
1. XI.	Geburt von Jānis und Emilija Dreifelds' Sohn Voldemārs	
1916		
9. I.	Geburt von Jānis und Emilija Dreifelds' Sohn Arnolds	

Datum	Familie	Historische politische Ereignisse
1917		
25. II.		Zar Nikolaus II. dankt ab. In Russland wird eine demokratische Republik errichtet.
25. X.		Bolschewistischer Staatsstreich in Russland, Errichtung einer Diktatur des Proletariats
1918		
18. XI.		Ausrufung der souveränen Republik Lettland
1919		
8. VI.	Geburt von Jānis und Emilija Dreifelds' Sohn Viktors	
Ende	Familie Dreifelds kehrt aus Russland nach Lettland zurück.	
1920		
Februar		Das Staatsgebiet Lettlands ist frei von sowjetischen und deutschen Interventen.
	Familie Kaimiņš kehrt aus Russland nach Lettland zurück.	
11. VIII.		Unterzeichnung des »Friedensvertrags zwischen Lettland und Russland«, in dem Russland »auf ewige Zeiten auf sämtliche souveränen Ansprüche auf das Volk und Territorium Lettlands verzichtet«
1921		
26. I.		Die Alliiertenkonferenz in Paris verabschiedet den Beschluss zur Anerkennung der Republik Lettland *de iure*.
1926		
9. XII.	Geburt von Jānis und Emilija Dreifelds' Tochter Ligita	
1931		
10. V.	Geburt von Milda Kaimiņas Sohn Aivars	
1937		
	Höchstwahrscheinlich wird Jānis Dreifelds' in der UdSSR lebende Schwester Aleksandra Vilnīte im Zuge der Stalinschen Säuberungen ermordet.	Im Zuge der Stalinschen Säuberungen finden Ende der 30er Jahre 70-80 000 in der Sowjetunion gebliebene Letten den Tod.

Datum	Familie	Historische politische Ereignisse
1937		
18. XII.	Heirat von Aleksandrs Kalnietis und Milda Kaimiņa	
1938		
22. VI.	Geburt von Aleksandrs und Milda Kalnietis' Sohn Arnis	
1939		
23. VIII.		Die Sowjetunion und Deutschland schließen einen Nichtangriffspakt; in einem Geheimen Zusatzprotokoll einigen sich die beiden Großmächte hinsichtlich der Aufteilung Europas in ihre jeweiligen Einflusssphären.
1. IX.		Überfall Deutschlands auf Polen; Beginn des Zweiten Weltkriegs
5. X.		Lettland sieht sich gezwungen, einen Beistandspakt mit der Sowjetunion zu unterzeichnen; in Lettland werden rund 21 000 sowjetische Soldaten stationiert.
11. X.		Der stellvertretende Volkskommissar für Staatssicherheit der UdSSR, Iwan Serow, unterzeichnet den NKWD-Befehl Nr. 001223 »Über die Prozedur der Deportation antisowjetischer Elemente in Litauen, Lettland und Estland«.
30. X.		Lettland und Deutschland unterzeichnen den »Vertrag über die Umsiedlung lettischer Bürger deutscher Volkszugehörigkeit in das Deutsche Reich«; innerhalb weniger Monate verlassen rund 45 000 Menschen das Land.

Datum	Familie	Historische politische Ereignisse
1940		
9. VI.	NKWD-Hauptmann Schustin unterzeichnet den Beschluss zur Festnahme von Jānis und Viktors Dreifelds sowie Emilija und Ligita Dreifelde.	
16. VI.		Die Regierung der UdSSR stellt der Regierung der Republik Lettland ein Ultimatum, in dem der Rücktritt der Regierung sowie für die Truppen der UdSSR freier Zugang in die Republik Lettland gefordert wird. Die lettische Regierung nimmt das Ultimatum an.
17. VI.		Truppen der UdSSR okkupieren die Republik Lettland.
14./15. VII.		Wahl zum Parlament (*Saeima*), bei der lediglich die Liste des »Blocks der Werktätigen« kandidieren darf
21. VII.		Die *Saeima* verabschiedet die Deklaration zum Beitritt Lettlands zur UdSSR.
5. VIII.		Lettland wird als 14. Sowjetrepublik in die UdSSR aufgenommen.
1941		
14. VI.	Jānis Dreifelds sowie Emilija und Ligita Dreifelde werden festgenommen und nach Sibirien deportiert. Aus Lettland werden 15 424 Menschen deportiert; insgesamt werden im »Jahr des Grauens« (*Baigais gads*) rund 34 250 Einwohner Lettlands repressiert.	
20. VI.	Auf dem Bahnhof Babynino wird Jānis Dreifelds von Emilija und Ligita getrennt.	
22. VI.	Jānis Dreifelds wird im Lager von Juchnow interniert.	Deutschland greift die Sowjetunion an.

Datum	Familie	Historische politische Ereignisse
1941		
Ende Juni	In der Nähe von Šķirotava bei Riga wird Aivars Kalnietis bei einem Fliegerangriff verletzt.	
29. VI.	Jānis Dreifelds wird aus dem Lager von Juchnow in den Wjatlag transportiert.	Im Lager von Juchnow sind rund 8000 Deportierte aus Lettland interniert; in einem abgezäunten Teil des Lagers werden rund 300 Offiziere der LA fest gehalten.
1. VII.		Die Deutsche Wehrmacht nimmt Riga ein; Beginn der zweiten Okkupation Lettlands.
10. VII.	Jānis Dreifelds wird im Wjatlag-Lager Nr. 7 interniert.	Insgesamt sind 3281 lettische Staatsbürger im Wjatlag interniert.
10. VII.	Emilija und Ligita Dreifelde werden in der Kolchose »Bolschoi Tschigas« im Rayon Parabel, Gebiet Nowosibirsk, angesiedelt.	
17. VII.		Hitler bildet das Reichskommissariat Ostland und bestimmt Alfred Rosenberg zum Reichsminister für die besetzten Ostgebiete. Zur Verwaltung des okkupierten Territoriums treffen 25 000 deutsche Beamte ein.
30. XI. und 8. XII.	Matilde Kaimiņa wird Augenzeugin, wie Juden kolonnenweise zur Exekution im Wald von Rumbula getrieben werden. An jenen zwei Tagen werden dort rund 25 000 Menschen ermordet.	Auf deutschen Befehl werden bis Januar 1942 rund 70 000 lettische sowie rund 14 000 aus Westeuropa deportierte Juden auf lettischem Gebiet ermordet.
31. XII.	Jānis Dreifelds stirbt im Wjatlag.	Zwischen Juli 1941 und Juli 1942 sterben im Wjatlag 2337 lettische Staatsbürger.
1943		
10. II.		Adolf Hitler befiehlt die Aufstellung einer der Waffen-SS zu unterstellenden lettischen SS-Freiwilligenlegion. Am 9. III. werden die ersten »Freiwilligen« einberufen.

Datum	Familie	Historische politische Ereignisse
1943		
Juni	Emilija und Ligita Dreifelde werden auf der Todesinsel Bylina angesiedelt, wo sie bis März 1944 bleiben.	
1944		
26. III.	Aleksandrs Kalnietis wird in die 19. (lett.) Division der SS-Freiwilligenlegion einberufen.	Insgesamt kämpfen rund 148 000 Letten innerhalb verschiedener deutscher militärischer Verbände. 89 000 von ihnen fallen oder bleiben vermisst, 22 750 geraten in alliierte und 14 000 in sowjetische Kriegsgefangenschaft.
1944		
13. X.		Die Rote Armee besetzt Riga und den größten Teil Lettlands. Beginn der dritten Okkupation Lettlands.
1945		
Frühjahr	Voldemārs, Arnolds und Viktors Dreifelds flüchten mit ihren Familien auf verschiedenen Wegen nach Deutschland. Nach Kriegsende befinden sich 80 000 bis 120 000 lettische Flüchtlinge in Deutschland.	
8. V.		Bedingungslose Kapitulation Deutschlands
9. V.	Aleksandrs Kalnietis taucht als Partisan in den Wäldern von Kurland unter. Nach der Kapitulation gehen rund 4000 Menschen als Partisanen in die Wälder von Kurland.	
30. X.	Aleksandrs Kalnietis kehrt zu seiner Familie nach Riga zurück.	
13. XI.	Aleksandrs Kalnietis wird von einer Einsatzgruppe des NKWD festgenommen.	
1946		
Winter	Emilija Dreifelde verirrt sich drei Tage lang im Wald und erleidet schwere Erfrierungen.	

Datum	Familie	Historische politische Ereignisse
1946		
Frühjahr	Emilija und Ligita Dreifelde erhalten den ersten Brief und das erste Paket aus Lettland.	
6. V.	Ein sowj. Kriegstribunal verurteilt Aleksandrs Kalnietis zu 10 Jahren Haft im Straflager mit besonders scharfem Regime und 5 Jahren Sonderumsiedlung.	
26. X.	Eine Ärztekommission des Gulag erklärt Aleksandrs Kalnietis für arbeitsunfähig.	
1947		
Frühjahr	Emilija und Ligita Dreifelde ziehen in das Dorf Togur um.	
Mai	Emilija und Ligita Dreifelde erfahren, dass Voldemārs, Arnolds und Viktors Dreifelds im Westen sind.	Die Gesamtzahl der im westlichen Exil lebenden Letten liegt bei bis zu 250 000.
1948		
April	Ligita Dreifelde erhält die Erlaubnis, nach Lettland zurückzukehren.	
Juni	Ligita Dreifelde trifft in Lettland ein.	
1949		
29. I.		Der Ministerrat der UdSSR verabschiedet den streng geheimen Beschluss zur Deportation von »Einwohnern verschiedener Kategorien« aus Estland, Lettland und Litauen.
25. III.	Milda Kalniete und Aivars Kalnietis werden festgenommen und nach Sibirien deportiert.	In Lettland wird vom Ministerium für Innere Angelegenheiten der UdSSR die streng geheime »Operation Brandungswelle« durchgeführt, in deren Zug rund 43 000 Menschen bzw. 2,28% der Einwohnerschaft Lettlands nach Sibirien deportiert werden.

Datum	Familie	Historische politische Ereignisse
1949		
20. IV.	Milda Kalniete und Aivars Kalnietis werden im Durchgangslager der Stadt Tomsk interniert; dort wird ihnen mitgeteilt, dass sie lebenslänglich verbannt sind.	
Mai	Milda Kalniete und Aivars Kalnietis werden im Straßendorf Sochta (Rayon Kolpaschewo, Gebiet Tomsk) angesiedelt.	
10. V.	Die Verwaltung der Abteilung für Innere Angelegenheiten des Oblast Tomsk schreibt die unionsweite Fahndung nach Ligita Dreifelde aus.	
Juli	Milda Kalniete und Aivars Kalnietis erhalten den ersten Brief aus Lettland.	
7. XII.	Ligita Dreifelde wird in Tukums verhaftet und durch diverse Gefängnisse etappenweise zurück an ihren letzten Sondersiedlungsort geschickt, das Dorf Togur im Rayon Kolpaschewo, Gebiet Tomsk.	
1950		
5. II.	Ilze Emilija Dreifelde stirbt in Togur.	
Mai	Ligita Dreifelde trifft in Kolpaschewo ein und wird aus dem Strafkonvoi entlassen.	
Juli	Milda Kalniete und Aivars Kalnietis erhalten die Erlaubnis, nach Togur umzuziehen.	
August	Ligita Dreifelde und Aivars Kalnietis begegnen einander.	
1951		
25. V.	Aivars Kalnietis und Ligita Dreifelde heiraten.	
1952		
Sommer	In Lettland stirbt Matilde Kaiņa; Arnis Kalnietis hat in Lettland keine Angehörigen mehr.	

Datum	Familie	Historische politische Ereignisse
1952		
22. XII.	Geburt von Aivars Kalnietis' und Ligita Kalnietes Tochter Sandra	
1953		
18. II.	Aleksandrs Kalnietis stirbt im Petschorlag-Lager AA-274.	
5. III.		Tod des Generalsekretärs des ZK der KPdSU Jossif Stalin
27. III.		Das Präsidium des Obersten Sowjets der UdSSR verabschiedet das Dekret »Über die Amnestie«, worauf sich die Lebensbedingungen von Sondersiedlern und Gulag-Häftlingen unterschiedlicher Kategorien verbessern.
1954		
2. VI.	Ligita Kalniete bittet in einer Petition an den Vorsitzenden des Präsidiums des Obersten Sowjets der UdSSR, Woroschilow, um Befreiung von der Sonderansiedlung. Die Bitte wird abgelehnt.	
5. VII.		Der Ministerrat der UdSSR verabschiedet den Beschluss »Über die Aufhebung verschiedener Einschränkungen des rechtlichen Status der Sondersiedler«.
August	Sandra Kalniete wird vom Sondersiedlerregister gestrichen. Aivars Kalnietis, Ligita und Milda Kalniete erhalten das Recht auf Bewegungsfreiheit innerhalb der Grenzen des Gebiets Tomsk; statt zweimal monatlich müssen sie sich fortan nur einmal jährlich auf der Kommandantur registrieren lassen.	

Datum	Familie	Historische politische Ereignisse
1955		
3. XI.	Nach siebenjähriger Unterbrechung kommt die Korrespondenz zwischen Ligita Kalniete und ihren Brüdern im westlichen Ausland wieder in Gang.	
1956		
25. II.		Auf dem XX. Parteitag der KPdSU verliest Nikita Chruschtschow sein Referat »Über den Personenkult und seine Folgen«, in dem die Stalinschen Repressionen entlarvt werden.
24. III.		Das Präsidium des Obersten Sowjets der UdSSR verabschiedet den Beschluss »Über die Prüfung der Fälle von Personen, die Strafen für politische, dienstliche oder wirtschaftliche Verbrechen verbüßen«. Der Beschluss ebnet den Weg für die Freilassung der Sondersiedler.
August	Aivars Kalnietis beginnt am Polytechnischen Institut von Tomsk ein Studium zum Elektroingenieur für Bergwirtschaft.	
30. XII.	Milda Kalniete und Aivars Kalnietis werden aus dem Sondersiedlerregister gestrichen.	
1957		
12. I.	Ligita Kalniete wird vom Sondersiedlerregister gestrichen.	
20. IV.	Familie Kalnietis kehrt nach Lettland zurück.	
1975		
11. V.	Milda Kalniete stirbt in Riga.	
1989		
8. VI.		Das Präsidium des Obersten Rats der LSSR verabschiedet das Dekret »Über die Rehabilitierung der in den 1940er und 1950er Jahren aus dem Territorium der LSSR verschickten Bürger«.

Datum	Familie	Historische politische Ereignisse
1989		
24. XII.		Der Kongress der Volksdeputierten der UdSSR verabschiedet den Beschluss »Über die politische und rechtliche Beurteilung des sowjetisch-deutschen Nichtangriffsvertrags von 1939«, durch den die Geheimen Zusatzprotokolle des Ribbentrop-Molotow-Pakts als bar jeder juristischen Grundlage und für ab dem Zeitpunkt ihrer Unterzeichnung als ungültig erklärt werden.
1990		
5. IV.	Die gegen Jānis Dreifelds angestrengte Strafverfolgung (Akte Nr. 20293) wird eingestellt und dieser rehabilitiert.	
21. IV.	Die Verschickung von Ligita Kalniete in die Sonderansiedlung wird von der Abteilung für Rehabilitierung des Innenministeriums der LSSR als unrechtmäßig anerkannt und Ligita Kalniete rehabilitiert.	
4. V.		Der Oberste Rat der LSSR verabschiedet die Deklaration »Über die Wiederherstellung der Unabhängigkeit der Republik Lettland«.
3. VIII.		Der Oberste Rat der Republik Lettland verabschiedet das Gesetz »Über die Rehabilitierung gesetzeswidrig repressierter Personen«.
1991		
28. II.	Die Verschickung von Aivars Kalnietis in die Sonderansiedlung wird von der Abteilung für Rehabilitierung des Innenministeriums der LSSR als unrechtmäßig anerkannt und dieser rehabilitiert.	

Datum	Familie	Historische politische Ereignisse
1991		
6. IX.		Der Staatsrat der UdSSR verabschiedet den Beschluss »Über die Anerkennung der Unabhängigkeit der Republik Lettland«.
1994		
26. IX.	Der Strafverfolgungsfall von Aleksandrs Kalnietis wird revidiert und es wird festgestellt, dass er auf Grundlage des Gesetzes der Republik Lettland »Über die Rehabilitierung gesetzeswidrig repressierter Personen« zu rehabilitieren ist.	

Das Gebiet um Kolpaschewo am Parabel, einem Nebenfluss des Ob, nordwestlich von Nowosibirsk

1 Kolpaschewo
2 Togur
3 Petropawlowka
4 Iwankino
5 Bylina, Insel im Parabel
6 Inkino
7 Kolchose »Bolschoi Tschigas«
8 Sochta
9 Parabel
10 Ob